ERSHISHIJIZHIZHONGGUO

《二十世纪之中国——乡村与城市社会的历史变迁》丛书

2012年列入"十二五"国家重点图书出版规划增补项目
2013年入选新闻出版总署国家出版基金资助项目
2013年入选新闻出版总署新闻出版改革发展项目
2012年列入山西出版传媒集团重大出版工程项目

丛书主编　王先明

二十世纪之中国——乡村与城市社会的历史变迁

聚同道于乡野：华北乡村建设工作者群体研究

（1926—1937）

任金帅　著

山西出版传媒集团

山西人民出版社　山西经济出版社

图书在版编目（CIP）数据

聚同道于乡野：华北乡村建设工作者群体研究（1926—1937）/任金帅著.
—太原：山西人民出版社，2013.11
（二十世纪之中国——乡村与城市社会的历史变迁/王先明主编）
ISBN 978-7-203-08354-2

Ⅰ.①聚… Ⅱ.①任… Ⅲ.①城乡建设-工作人员-群体-研究-华北地区-1926—1937 Ⅳ.①D 693.62

中国版本图书馆 CIP 数据核字（2013）第 255584 号

聚同道于乡野：华北乡村建设工作者群体研究（1926—1937）

著　　者：	任金帅
责任编辑：	张小芳　席　青
装帧设计：	柏学玲
出 版 者：	山西出版传媒集团·山西人民出版社　山西经济出版社
地　　址：	太原市建设南路 21 号
邮　　编：	030012
发行营销：	0351-4922220　4955996　4956039
	0351-4922127（传真）　4956038（邮购）
E-mail：	sxskcb@163.com　发行部
	sxskcb@126.com　总编室
网　　址：	www.sxskcb.com
经 销 者：	山西出版传媒集团·山西人民出版社　山西经济出版社
承 印 者：	山西出版传媒集团·山西新华印业有限公司
开　　本：	787mm×1092mm　1/16
印　　张：	30.75
字　　数：	440 千字
印　　数：	1-3 000 册
版　　次：	2013 年 11 月第 1 版
印　　次：	2013 年 11 月第 1 次印刷
书　　号：	ISBN 978-7-203-08354-2
定　　价：	73.00 元

如有印装质量问题请与本社联系调换

总　序　GENERAL PREFACE

ERSHI SHIJI ZHI ZHONGGUO

20世纪的中国，经历着史无前例的社会变迁。这一变动的时代性特征之一，一定程度上体现为传统时代的城乡一体化发展进程逆转为城乡背离化发展态势。伴随着中国与西方交锋以来军事、政治与经济的挫败，以及由此而来的知识分子的传统文化认同危机，现代化（或西方化）与城市化成为显而易见的社会潮流，传统城乡"无差别的统一"为日益扩大的城乡差异所代替，近代农民群体也从"士农工商"的中层政治身份一变而为"乡下人"这一饱含歧视色彩的社会底层，由此形成的城乡社会—经济与文化断裂不仅是20世纪社会结构畸形化与不平衡性的显著现象，也是至今仍横亘在中国现代化进程中的重大社会问题之一。

即使在当代社会发展进程中，巨大的城乡分离化也不容忽视，明显的城乡对比已经成为社会认同危机的主要表现之一。当新农村建设如火如荼却面临种种困惑时，当乡村人才的空心化现象日益突出时，当城市化的进程突飞猛进时，当城市景观和生活方式与国际接轨时，城市人与乡下人成为国人赫然的身份标识,现代日益扩大的城乡失衡与传统中国城乡之间的无差别的统一体形成鲜明对比时,深入研究城乡关系的历史变迁就成为一个理解当下中国政治、经济与文化发展的必要途径。此外,对于近代中国社会的认识,无论是政治家、社会学家还是经济学家,都不约而同地将之解析为城市与乡村两大基本单位,中国近代社会之不平衡性、半封建性、半殖民性等特点均可从城市和乡村社会结构的析分中被实证;而城乡之间的关系与特征,亦成为深度理解和把握近代中国历史的不可回避的焦点问题。

有时我们不得不惊叹"历史惊人地相似"!从20世纪二三十年代的"农业破产"、"农村衰败"、"农民贫困"成为举国至重的话题,到新世纪以来被广泛关注的"农民真苦、农村真穷、农业真危险"的当代"三农"话语;从1926年王骏声提出的"新农村建设"问题,到新世纪以来持续推进的"社会主义新农村建设"。尽管不同时代条件下,它所聚焦的时代主题内容会有所不同,但如此一致的话语或命题的背后却应该深伏着共趋性或同质性的深层致因。这至少给我们一个基本的提示,即农业、农村与农民问题,是百年来中国社会发展或乡村变迁中始终存在的一个重大课题。它是伴随着工业化、城市化与现代化进程而导致的传统城乡一体化发展模式破解后,乡村社会走向边缘化、贫困化、荒漠化和失序化的一个历史过程。"三农"的困境生成于工业化、城市化与现代化进程之中,这是近代以来城乡背离化发展态势下生成的一个"发展问题"。"三农"从来就不是一个孤立存在的问题,如果没有工业化、城市化、现代化进程的发生,"三农"不会凸现为时代性问题。当然,这并不意味着传统时代没有社会问题,但是问题的呈现和表达不会如此集中在"三农"方面。一个多世纪以来的历史演进的客观事实的确显示了"三化"(工业化、城市化与现代化)与"三农"二者的相关性。问题在于,会是怎样的相关?如何揭示二者互相影响和相互制约的内在关系,并寻求最佳的或最有效的协调方略?

传统农业始终是一个低产出的行业,大部分农民的收入不可能迅速提高,得到高收入的人都是进城从事其他行业的人。社会分工、社会分化始终伴随着城乡背离式发展趋向前行,从而整体上的贫富差距在城乡之间成为一种显性的社会不平等。人口逐渐从农村迁向城市,城乡之间的收入差别就是这种活动的推动力。但在先进国家里,这个工业化过程是在200多年里完成的。在此过程中总体的经济年增长率也不过2%~3%。这部分增长不是靠农业,而是靠在城市中发展起来的工业和服务业。农业生产的收入总是低的。为了平衡城乡之间的收入差距,政府都采取对农业补贴的办法,几百年来已经成为传统。反观我国的情况,在新中国成立后的30年工业化的过程中非但没有补贴农民,反而是剥削农民;再加上对农民的身份歧视,事实上农民成为低人一等的群体,造成严重的城乡二元化结构,城乡收入差别变得极其突出。改革开放后我国经济增长率达到10%左右,这部分增长几乎都是在城市中发生的,所以农业产出占GDP的比重从33%(1983年)降低到2005年的12%。在此过程中幸亏有几亿农民进城打工,沾上了工业化的光,否则城乡收入差距还会更大。我国农村金融的衰败,将大量农民储蓄调动到城市里搞非农项目,进一步使得农民收入增长困难。这一人类社会发展的共同规律,说明了总体上收入差距发生的过程是相伴着工业化过程而发生的。这也是库兹涅茨研究收入分配的倒"U"形曲线的原因。

"三农"问题形成的历史成因和时代特征,如果仅仅局限于现实的考量,或将既无法捕捉到问题的实质,恐也难以探寻到真正的求解之道。事实上,百年来关于中国乡村发展论争的各种主张和方案,以及由此展开的各种区域实验与社会实践,其丰富与多样、繁难与简约,已经有着足够的样本意义和理论认知价值。在百年中国的历史进程中审视"三农"问题的历史演变,或许会有更深刻的思想领悟!历史的选择和运行有着它既有的逻辑进程,因此有关中国乡村道路选择的理论思考和种种分歧,却依然为我们的历史反思和长时段观察提供了理性辨析的基础。

近年来,对于近代城乡关系的研究存在诸多薄弱之处。学界研究的主要态势要么关注城市化历史,要么偏重于乡村史研究,城乡关系仅仅作为这些研究的副产品而出现;城市与乡村是一个预设的、对立的地域单元。

但是事实上,无论是城市化进程还是现代化进程,从根本上来说其实就是一个乡村社会变迁的过程:从农业社会转变为工业社会,从农耕文明转变为城市文明,从传统生活方式向现代生活方式的演变过程。如何广阔而全面地呈现20世纪中国社会历史的变迁,并深入揭示一个世纪以来的历史演进轨迹与规律,从而为当代中国发展的路向选择和理论思维提供丰厚的历史经验与启示,当是这一丛书设计的基本诉求或宗旨。

王先明

2013年1月7日于津城阳光100国际新城西园

序 PREFACE

ERSHI SHIJI ZHI ZHONGGUO

乡村的理想守望者

传统中国的读书人，关心家事、国事、天下事，农事自然也在其列，但所论多钱粮租赋及乡村治术，立于农民利益本身和志于改造乡村者并不多见。依儒家的传统，耕田以事稼穑，读书以知礼仪，是立命修身的法则。不过在世俗生活中，耕读传家更多是用来指导家庭子嗣的分工，拓展家族发展的空间，也有分散风险的考量。这是家族的梦想，而不是社会的理想。居于乡间的士绅，多以其政治、道德、知识的权威来领导地方，沟通皇权与基层，维系着千年不变的社会秩序。不过到了"百年锐于千载"的近代，乡绅始终是传统的守护者，做不了乡村的改革者，甚至成为革命的对象。

在1905年清廷废除科举制后，读书人也渐渐从乡间移居到城市。在那里，新式的学校教育和工业化带来更多的机会，也有更舒适的西化生活。伴随地方精英的进城,城乡之间在经济、文化等方面的落差也日渐扩大,同时乡间苛捐杂税、社会动荡并不稍减。基于中国仍是宗法农业社会的基本国情,农村的相对衰落和失序并不代表其重要性的降低,仍是决定近代中国政治、经济、文化等走向的关键因素。近代的一些主要政治力量和知识精英对此都有清醒的认识。章士钊的"农国论"、梁漱溟的"农本社会论"虽然被批为与工业化潮流相逆,但立论的基本国情却不错,只是针对同样的病症,各人开出的"处方"不同罢了。

20世纪早期,在乡绅阶层从农村撤退的时候,共产党和国民党这两大政治力量开始在工农大众中寻求支持,践行其"革命理想"。这也是近代政党将斗争舞台由"朝堂"转向"群众"的重要标识。经过大革命时期的恩怨离合,两个政党都认识到争取农民支持的重要性。共产党很早就展现出在民众运动方面的天赋,此后更找到了土地革命及武装割据的路线,据此与国民党政权分庭抗礼。国民党则以"三民主义"为依据,竭力推动农村经济复兴,还通过重建农会、强化保甲来密切党农关系。不同的组织形态与工作方式导致效果判若云泥。共产党深入农民之中,以党员组织和农运分子为中心来贯彻党的主义,将"精神启蒙"和"土地革命"相结合,激发出实际的革命行动。而国民党始终依赖乡村保甲等组织和地方上的既得利益精英集团来实施社会控制,平权与减租的政策都未得到有效贯彻。

农村的贫穷、衰败和落后也引起知识界的广泛关注,以梁漱溟、晏阳初等为代表的知识分子怀抱着改变乡村面貌、复兴中国文化的理想,走进山东邹平、河北定县等地的村落,兴起了乡村建设运动。知识分子的"下乡",在某种程度上象征着知识精英的回流。在更深层意义上,他们既不同于共产党的农运积极分子,也不同于国民党治下的保甲长,他们寻求的是改良的道路。不要革命,不靠官僚,希望通过知识、理念和技术的输入,促进农村经济、教育、卫生和管理的进步,将农民从愚、穷、弱、私的状态下解放出来。这不是革命的蓝图,而是改良的试验。相较于共产党建立起的革命武装,相较于国民党握有的行政权力,他们拥有的只有知识和理想。在很多时候,还不得不依赖于国民党的官僚体制。这样的乡村建设注定是脆弱的,但这样的理想情怀无法不令人感动。

在20世纪30年代,乡村建设运动吸引众多知识分子和青年学生加入,政府也不能不加以注意。据统计,参加乡村建设运动的学术团体和教育机构达600多个,建立各种实验区1000多处。乡村建设运动除有少数知名学者的引领外,还有更多务实的工作者,这是一个初具规模的社会群体。回溯学术史的延展脉络,乡村建设运动研究自20世纪90年代以后受到学界的广泛关注,大体上对"人物史"、"思想史"、"运动史"的研究已经取得丰富的成果,近年更注重以整体史的眼光,探讨乡村建设运动与乡村政治、经济、教育、风俗变迁的关系。但是,在乡村建设运动的主体研究方面仍然不足,除乡建领袖人物、乡建派别差异等受到较多关注外,具体从事实务工作的乡建工作者群体的形象仍然模糊。

在这样的脉络下去看任金帅在南开大学历史学院完成的《聚同道于乡野:华北乡村建设工作者群体研究(1926—1937)》这一专著,难免感触良多。有些是在书内的,有些则在书外。本书是在博士学位论文的基础上修改而成,以1926—1937年间的华北主要乡村建设区域为中心,考察乡建工作者群体的产生背景、形成路径、群体特征、实践活动、工作方式、社会认同及群体走向等问题。作者广泛搜集档案资料、农村调查、个人文集及报刊文论,在此基础上勾画出乡建工作者群体的群像,并将群体与乡建进程、乡村社会紧密相联,对乡建运动的成败进行再审视。全书主题清晰,资料充实,本书的出版将有助于弥补已有研究之不足,完善对民国乡村建设运动的主体认识。

鉴于乡建研究已有的丰富成果,作者在研究视角方面进行了深入思考。他将自己的思想路径归纳为"一高一低"的结合:"高"者,是说立足于时代高度,将乡建运动置于当时农村变迁之大场景中,对乡建运动的内在构成要素及其与社会变迁的关联进行再审视。"低"者,是指眼光向下,既关注乡建领袖,也关注实务工作者;既关注性质结果的判断,更关注过程之推进。这一视角应该说是可取的。乡建工作者虽说是群体,但并非严格意义上的职业或者社团组合,群体认同的基础是共同的事业及改良的理想,这意味着群体的松散性和多变性。群体之中的个体选择,既有社会因素的影响,也受制于个人之观念与动机。作者在分析中贯彻了这一意旨,书中关于权力网络中的乡建工作者及群体分化走向的讨论都具有创新意义。

在具体的问题解析中,作者注重将社会运动主体的"群体"放置于历史演进的"过程"之中。不可否认,在许多学术议题上,对事件、组织、制度、思想乃至性质、结果、特点的判断都是应该虑及的基本问题。通常来说,组织活动、制度文本、思想论著等也提供史实建构和理论分析所需之史料,但容易产生的弊端就是忽视了"人"的主体性。表面看来,历史事件或许可以易于条理,因果联系似乎易于断定,但失去"人"的后果是丧失了历史的动态性和真实性。而在"过程"的层面,过去的乡建研究也不太注重,不论是全盘西化派学者如陈序经等人的批评,还是马克思主义派认为排斥革命则不能根本解决乡村问题的论断,都是着眼于结果。如以"根本解决"为标准,乡村建设运动的确回避了政治体制和土地制度的问题,但是直面了教育、卫生、经济乃至思想观念等方面的真实境况。只有进入历史的过程与细节当中,才会发现理想要"照进"现实有多么的困难。是先改变自己,还是改变乡民?是曲就于村落的传统,还是全力革新?是依赖于官僚体制,还是独立推进?当现实"撞破"梦想的时候,还被指为"吃乡建饭的新阶级"。理想,并不会因其远大而得到每个人的青睐。如此种种,当乡建工作者将个人命运投注于乡村的前途时,发现其中还存在这么多的隔膜。

作者根据所掌握的史料,对这些问题都进行了回答,群体的构成、工作及生活状态也逐步显现。乡建工作者群体拥有理想与知识,但走入农村做实际的工作,最难转换的仍是"角色"问题。在"上联下接"的动员方式中,他们承担了主要的实务工作,做出生活方面的牺牲,但在"农民化"和"理解农民"方面始终难以真正进入"角色"。他们为解救农民而来,农民自己却成为旁观者。这和共产党在农运之中直接去"做农民"和围绕农运积极分子来扩展党组织的方式是不同的。在群体之中,个体成员的思想认识也并非全然一致,有的"半路出家",有的又"半路还俗"。当乡建运动背负挽救乡村、复兴文化的使命而不能承受其重时,相当部分的乡建工作者却自知只是匆匆的过客,不会真的"落地生根"。这样的分析结果让人沮丧,让"理想"蒙上灰尘,却更贴近真实,也填补了乡村建设运动的"血肉"。

　　本书关于政治力量与社会力量、制度与人治问题的分析既是对全书观点的总结,也有助于从"群体"与"国家"、"社会"关系的角度来深化对乡建运动成败之因的认识。乡村建设运动希望在武装的暴力革命和政府的失败治理之间找到一条新路,但在如何处理与国家政权的关系问题上却面临着两难。作者认为,梁漱溟、晏阳初等人回避政治力量而主要依靠动员社会力量是基于对农村现实的判断。原因在于乡建工作者希望能够自下而上发现农村问题,愿意立于农民的立场来改良农村社会,避免为政府所左右。但是,既然是改良而非革命的行动,必然要在国民党所设定的体制内寻求空间。乡建运动能够得以开展,在相当程度上得益于地方实力官员的支持,尽管这些官员的支持是出于各种目的。但是中央政权对此只保持有限认同与支持,对运动的长久发展来说并非好事,而地方实力人物的权争变动,也会直接影响到乡建运动的开展。在这种情势下,工作者只能转而去借重人情与习惯的力量,藉此拉拢与民众的感情,动员民众参与乡建。作者揭示出的乡建运动中这种既想保持独立性又不得不借重于政治力量,既想融合于乡民之中但又无法真正走入田野,既想建立制度推进事业又不得不曲就于人情习惯的复杂状态,实际上说明,乡村的改革与进步的确需要国家与社会的联合推进。在世界范围内看,在由农业社会向工业社会转型的过程之中,农村都需要做出相当程度的"奉献",如劳力、人才、资本、土地等资源,这一不对等的流动需要由国家来加以校正。而当时的国民政府无法实现减租平权的承诺,虽有推行识字运动、经济建设等举措,却没有实际转移资源到农村,也无力建立起教育、卫生、医疗等方面的农村公共服务体系。

　　从农村的实际需求来看,乡村建设运动中的"政、教、富、卫"等事业所提供给农民的就是一种公共服务产品。这些都是农民所迫切需要的,而其中最为核心的还是"富"。但乡建工作很难直接提供"富源",只能以教育为先导,以文艺教育、生计教育、卫生教育、公民教育来推动农村的改变。这一道路未必不会成功,但注定是艰难漫长的。乡建运动依托的是学者、学术机构和社会团体,缺乏组织权威和社会资源。他们可以在教育方面尽展所长,提升农民的知识与观念,实际上这方面的成就也最为显著。但是经济方面的改变,却需要依靠国家与市场的力量方才能够立竿见影。

在实行家庭联产承包责任制后,农民有了耕作的土地,经济得到改善,原来革命所主张的"根本问题"似已经解决,但是农村的教育、卫生、医疗、观念等问题,一仍其旧。在工业化和城市化突飞猛进的同时,城乡差别仍在继续扩大。好在国家已经开始注重资源的回哺,在减免税负的同时,也在提升公共保障及服务的水平。但是中国农村太大,情况太复杂,农村依然需要全社会的关注与投入。数年前温铁军等农村问题研究学者在河北、山东等民国乡村建设运动的故地重开乡建研究院,虽然不太可能恢复昔日的荣光,但至少可以为新农村建设注入新的力量。相较之于不少农村基层政权热衷于建新房、显政绩,让农民"被上楼"的形式主义,他们在乡村推行的职业与技术培训无疑更有意义。

梁漱溟的晚年口述问,"这个世界会好吗?"他对中国文化的复兴仍然乐观。不要让中国的城、乡成为两个世界,不要让中国的城、乡成为身份的标签。只有在全国的农村真正兴盛后,国家的复兴才会实现。当市场遗忘了农民、农业和农村的时候,国家不应该遗忘,知识分子也不应该遗忘。民国乡建知识分子的衣冠背影早已远去,而今日的中国乡村仍然需要他们的呼召,也不会忘记他们的守候。

民国时期的乡村建设运动离挽救农村、复兴文化的理想还有很远的距离,但是当时下乡去的"洋博士"、"读书人"仍留下了深深的印迹。"洋博士"在和"庄稼汉"相遇的时候,开始难免会互相打量,评头论足,但在意识到互相的真诚以及生活、事业上的共同需要后,交情就会增进,原本两个不同的世界也有融合的可能。乡建运动在改变农村的同时,也塑成知识分子参与社会的"新传统",感召着后来人。

坐而论道,不如起而立行。论道易,立行难,而乡建工作者两者兼备。每阅及此,油生感佩。是为序。

魏文享

2013 年 1 月 27 日

目 录 CONTENTS
ERSHI SHIJI ZHI ZHONGGUO

绪 论
- 一、选题缘起 …………………………………………………………… 1
- 二、相关概念说明与研究范围界定 ………………………………… 3
- 三、学术史回顾 ………………………………………………………… 11
- 四、研究方案 …………………………………………………………… 35

第一章 乡建工作者群体产生的背景
- 第一节 近代城乡关系的结构性失衡及其影响 ………………… 42
  - 一、城乡殊分：农村经济危机的凸显 …………………………… 43
  - 二、精英离乡：乡村社会阶层的分化与人才流失 …………… 56
- 第二节 乡村建设运动与人才需求 ………………………………… 68
  - 一、"最强力之潮流"：乡建运动的兴起 ………………………… 68
  - 二、"下乡去"：新兴知识分子阶层的转向 …………………… 78

第二章 乡建工作者群体的形成及特征
第一节 工作者的选拔与训练 ………………………………… 89
　一、选拔与培养标准 ………………………………………… 89
　二、训练机构 ……………………………………………… 93
　三、训练内容 ……………………………………………… 106
第二节 群体的构成 …………………………………………… 114
　一、数量的统计 …………………………………………… 114
　二、社会身份的分析 ……………………………………… 119
第三节 薪俸待遇 ……………………………………………… 129
第四节 "人才中心圈"：群体之间的互动 ………………… 143
　一、互动之主、客观需求 ………………………………… 143
　二、全国性的互动与联合 ………………………………… 148
　三、区域性的交流与合作 ………………………………… 154

第三章 乡建工作者群体与乡村社会改进
第一节 进行社会调查 ………………………………………… 165
第二节 推进乡村民众教育 …………………………………… 175
第三节 复兴农业经济 ………………………………………… 195
　一、农业技术的改良与推广 ……………………………… 195
　二、建立合作社等新型农村经济组织 …………………… 199
第四节 推广医疗卫生 ………………………………………… 206
第五节 "模式化"的困境——人员与事业的脱节 ………… 216

第四章 权力网络中的乡建工作者群体
第一节 乡土社会权力结构与事务处理方式的近代走向 …… 229
　一、乡土社会权力结构的历史变迁
　　——以绅士为中心的考察 ……………………………… 232
　二、乡村事业内容的变更 ………………………………… 239

第二节 "上联下接"：工作方式方法之构想 …………… 246
　一、"上联士绅，下联民众"
　　　——民众动员方式的设想 ………………………… 248
　二、"问题上达，方法下达"
　　　——解决农村问题所需具备的知识条件 ………… 257
第三节 "礼待乡村领袖"：笼络地方绅士 ………………… 260
第四节 "为众人师"：拉近农民 …………………………… 274
第五节 工作开展之困难及其原因 ………………………… 288

第五章　社会认同视野下的乡建工作者群体
第一节 农民对乡建工作者的认识与态度 ………………… 308
第二节 "吃乡建饭的新阶级"：知识界对乡建工作者的
　　　评价 ……………………………………………… 315
第三节 基于政纲之评定：国共两党对乡建工作者的认知
　　　及立场 …………………………………………… 324
　一、有限的认可与联合：国民党对乡建工作者的立场 … 324
　二、乡村工作联合战线：共产党对乡建工作者的态度
　　　及其转变 ………………………………………… 331
第四节 乡建工作者群体的社会认同及其发展演变 ……… 346
　一、"乡村必需建设，民族必自救"：乡建工作者的社会认同
　　　及其特点 ………………………………………… 347
　二、制度安排与象征塑造：强化乡建工作者社会认同
　　　之路径 …………………………………………… 354
　三、批评与自我批评：基于社会认同的群际关系
　　　适应策略 ………………………………………… 359
　四、理想与现实的差距：乡村工作者社会认同的困境
　　　与消解 …………………………………………… 367

第六章　乡建工作者群体的分化与走向
第一节 "三条路"：工作反思与思想倾向的转变 …………… 375
第二节 "奔向延安"：群体的分化 …………………………… 396

第七章　乡村建设工作者群体的再审视
第一节 政治力量与社会力量：乡村建设力量的选择 ………… 417
第二节 法治与人治：乡村现代化进程中的
　　　　　"制度"与"人情" …………………………………… 433

参考文献 ………………………………………………………… 445
后　　记 ………………………………………………………… 467

绪 论 INTRODUCTION

ERSHI SHIJI ZHI ZHONGGUO

一、选题缘起

受时代环境的影响，20世纪二三十年代时乡村建设运动在国内产生，在时人看来这种运动是"朝野的一种新觉悟，民族国家的新机运"①。这种认识使乡村建设运动迅速蔓延至全国范围，有人形容其"有如天马行空、水银泻地、澎湃震吼，无远弗届"，成为是时"一切社会运动之主潮"。②自这场运动伊始至今，相关研究成果层出不穷，并集中在乡村建设"思想史"、"运动史"与"制度史"的范围，对于承担着筹划、开展乡村建设事业重任的工作者群体则关注较少。这一方面是因为大多数基层成员处于失语状态，如时人所言："乡运下层工作者有话而没有说的机会，一切的苦闷，都无可告诉。真好像哑子吃着黄连。"③能够反映这一群体内部构成、特征、思想与行为的史料较为少见且相当

---

① 孔雪雄：《中国今日之农村运动》，上海：中山文化教育馆出版物发行处1934年版，第1页。
② 齐植璐：《现阶段中国乡建运动之检讨》，《农村建设》第1卷第1期，1936年12月，第7页。
③ 郭震亚：《接到"乡运者的话"征稿启事以后》，《乡村建设·乡运者的话》第6卷第1期，1936年8月，第8页。

分散。另一方面则在于研究偏重于思想、制度与结果，而忽略了作为"群体"存在的工作者在运动发展进程中所起到的作用与影响。

正如马克思所言："历史什么事情也没有做……创造这一切、拥有这一切并为这一切而斗争的，不是'历史'，而正是人，现实的、活生生的人。……历史不过是追求着自己目的的人的活动而已。"①任何一场社会运动都是由一个或几个有着相似目的与诉求的群体有意识地发起、延续与发展的，乡村建设运动也不曾例外，"人，是一切事业的中心，有了适当的人，事业才能有新的生命，这个定律是不能否认的。乡村工作并不是如浅视者之所谓简单易行的工作，而是一件顶艰难，顶烦重，顶复杂的事业，因之，人的问题，便也成了它最基本的因素"②。但事实上我们对于承担着乡建实际工作的人群还知之甚少，更遑论他们对运动本身的走向产生着什么样的影响。因此要加深对乡村建设运动的认知，还需要脱离宏观的叙述模式与泛泛铺陈的写作手法，以"群体"为切入点，从新的角度审视民国这场史无前例的运动。我们必须回答一系列问题：这一群体是怎样形成并有着怎样的特点？他们如何开展建设事业？他们的工作对整个乡村建设运动的发展与走向起到了何种作用，又有着怎样的影响？

从另一层面来说，对于乡村建设运动的认识与评价，学界以往的主流观点认为，乡村建设理论与路线、方法的改良主义本质是运动失败的根源。但实际上，抛开有关"成败"的价值判断，作为乡村建设运动的主体力量，工作者群体的所作所为一定程度上左右着运动的成效也为不争的事实，"农村工作做得好或坏，一部分决定于客观的环境；然而农村工作人员的认识和能力，却也是一个主要的关键"③。探讨工作者群体对建设事业的开展所起到的作用与影响，将有助于形成对乡村建设运动的新认识，更能对今日"三农"问题的解决提供借鉴，对民国乡建工作者存在的问题，有则改之，无则加勉。这也不失为学以致用的一条坦途。

---

① 《马克思恩格斯全集》第2卷，北京：人民出版社1957年版，第118~119页。
② 许卓群：《乡村工作者应具之条件》，《民间》第2卷第20期，1936年2月，第10页。
③ 闵挽澜：《农村工作人员的进修问题》，《中国农村》第3卷第8期，1937年8月，第35页。

二、相关概念说明与研究范围界定

(一)概念说明

乡村建设、县政建设、社会群体等是本书将频繁涉及的重要概念,有必要进行简要说明。

1.社会群体

乡村建设工作者是否可被视为一个群体是本主题研究能否成立的根本所在。"社会群体"是社会学研究中的一个基本概念与课题,社会学家们对其有着不同的定义,如郑杭生等学者认为:"所谓社会群体,指人们通过一定的社会互动或关系而结合起来进行共同活动的集体。"①再如美国学者戴维·波普诺的观点:"社会群体就可定义为两个或更多的人,他们有共同的认同及某种团结一致的感觉,对群体中每个人的行为都有相同而确定的目标和期望。"②定义的表述虽有差异,但内核具备一致性:成为群体的关键在于有着共同的认同、互动与活动。

基于以上认识,对乡村建设工作者进行审视,可以发现这个人群已经具备了社会群体的主要特征:其一,对工作主旨有着共同的认同。乡建工作者普遍认为"救中国先救农村",进行乡村建设的目的是为了谋求解决农村乃至整个中国问题的出路,"现在全国从事乡村工作(亦即农村复兴工作)的公私机关不下百数。他们的最后目的,当然是复兴农村,复兴中国。而他们的共通目标,则是想在一个地区,用实验的方法,努力寻求整套的或部分的适切有效的复兴农村方案,以推行于全中国各个农村"。③虽有时人批评乡建团体之间分歧、矛盾层出,"只有小团结而没有大团结,只有不十分澈底的团结而没有精诚的团结"④,但此类问题的出现只是由于不同乡建团体的具体工作方针或实践路

---

① 郑杭生主编:《社会学》,北京:学术期刊出版社1989年版,第103页。
② [美]戴维·波普诺:《社会学》,李强等译,北京:中国人民大学出版社1999年版,第173页。
③ 章元善、许仕廉编:《乡村建设实验》第2集,上海:中华书局1935年版,第2页。
④ 杨开道:《乡村建设运动过去的检讨》,《现代读物》第4卷第8期,1939年8月,第10页。

径之间存在着差异,并不影响最终目标的一致。其二,有着一定程度的互动。在乡建领袖看来,乡建运动是一种改造社会的根本运动,充满了艰难险阻,需要群策群力方能实现突破,因此对工作者之间的互动与合作极为关注。晏阳初便认为要实现农村运动的目标,除了认清使命、决定方法和步骤外,"最要紧的,还是我们从事农村工作的同仁的合作精神……我们自己要是不能合作,不能团结,那根本就无希望了"①。因而力主在言行、生活上造就"农村运动者的风格",多方联合形成"人才中心圈"。乡建工作者既有对群体互动的呼吁与要求,又有群体互动的实践。为"惩前毖后,补偏救弊起见,拟挽各方提携团结,群策群力,藉增功效"②,民国时期在邹平等主要乡建实验区召开了3次乡村建设工作讨论会。与会者人数众多,第三次年会时有全国各乡建团体代表200余人参加③,其中大部分为从事实际乡建工作的同人,乡村工作讨论会实际上成为乡建工作者互动与交流的平台。其三,有着共同的活动。20世纪20年代后各地农村改进工作"不期而然地集于乡村运动一途"④,开展乡村建设运动。由于实验区分布于全国范围,各地情况不一,各乡建团体所拟订之工作方案、开展工作之重点均有不同程度的差异,然其大端均集于进行社会调查、推进乡村教育、复兴农业经济、推广医疗卫生等方面。立足于上述分析,本书认为乡村建设工作者是为一个社会群体,可利用有关社会群体的理论、方法展开相关研究。

需要注意的是,乡村建设工作者群体具有广义、狭义之分,而本书所着重论述的则是广义上的工作者群体。狭义上的工作者群体即为20世纪二三十年代时在全国各地兴起的独立的乡村建设团体、机构,如邹平山东乡村建设研究院、定县平教会等,它们许多有着相对明确与完善的宗旨、章程、组织、人员

---

① 晏阳初:《农村运动的使命》,见宋恩荣主编:《晏阳初全集》第1卷,长沙:湖南教育出版社1992年版,第303~304页。

② 章元善、许仕廉编:《乡村建设实验》第1集,上海:中华书局1934年版,第3页。

③ 江问渔、梁漱溟编:《乡村建设实验》第3集,上海:中华书局1937年版,第3页。

④ 梁漱溟:《乡村建设旨趣》,见中国文化书院学术委员会编:《梁漱溟全集》第5卷,济南:山东人民出版社1992年版,第577页。

及事业内容。而广义上的乡建工作者群体则是指20世纪二三十年代时，以实现农村近代化为目的，在不改变社会现存生产关系的前提下致力于采用科学技术、运用教育等方式开展乡村建设事业，以期解决农村问题、改进农村社会的人群集合，主要由各地规模不等，理论、方法乃至性质各异的乡村建设团体、机构所组成。整个群体内部成员相对分散，没有形成严密的正式组织结构与运作程序，成员之间的互动、群体规范的形成等更多的是基于对农村问题的相似认识、事业上的互相需要以及共通的精神情感。

就群体特征而言，在历史因素作用下，乡村建设工作者群体有着从分散走向联合的趋势或说处于过渡状态，从而与政党、社团等其他社会组织有着明显的区别。社会群体与社会组织同为社会实体形式，两者既有联系又有区别，主要差别"反映在正式化程度上，即实体内部结构是否比较稳定、成员关系是否明确"①。社会组织也被称为次级群体、正式群体、正式组织等，是"为了一定职能而组织成的群体"，可以说是社会群体的"更高层次"，也即"有明确目标与任务导向的、并有正式的规范体系、成员之间亦拥有具体分工合作关系的、一般规模比较大的社会群体"。②

社会组织的典型代表之一就是政党。政党是指代表一定阶级、阶层或集团的利益，旨在执掌或参与国家政权以实现其政纲的政治组织。"在通常情况下，在多数场合，至少在现代的文明国家内，阶级是由政党来领导的；政党通常是由最有威信、最有影响、最有经验、被选出担任最重要职务而称为领袖的人们所组成的比较稳定的集团来主持的。"③其重要特征在于：其一，拥有一定的政治纲领以及为实现纲领而制定的行动路线和政治策略。政治纲领通常规定着政党的政治目的、任务和政策等，集中反映着政纲所代表的阶级、阶层或社会集团的利益和意志。其二，有相应的组织系统和领导机构。一般政党都按照一定的组织原则建立起从中央到基层的组织机构，有相当一批具备政治经

---

① 陆学艺主编：《社会学》，北京：知识出版社1996年版，第98页。
② 张兴杰主编：《现代社会学新编》，北京：北京大学出版社2012年版，第129页。
③ 中共中央马克思恩格斯列宁斯大林著作编译局编：《列宁全集》第39卷，北京：人民出版社1986年版，第21页。

验、组织才能之人充当领导核心,进而统一全体党员乃至所代表的阶级、阶层、社会集团的思想和意志,并对组织行动进行筹划、指导。此外,政党都有一定数量的党员作为实现政治纲领和政治统治的工具及保障,并有着严格程度不等的党纪,从而控制和约束其成员的行为。①

相比之下,乡村建设工作者群体旨在实现自身在经济、文化等方面的利益与诉求,不涉及掌控政权等活动,这是与政党等社会组织最本质的区别。从基本特征上来说,工作者群体没有明确的阶级、阶层概念,也没有像政党那样具有系统化的指导理论,稍为成型的理论仅有梁漱溟的《乡村建设理论》,且适用范围也相当有限。从组织的严密程度来看,工作者群体构成复杂,大群体中包含众多小群体,协调群体内部成员的组织机构并不健全。虽在1933年到1935年间曾每年举行一次全国乡村工作讨论会,将全国范围的乡村建设工作者齐聚一堂,但也只是在形式上将工作者结成一个群体。其内容仅限于互相交流经验,会前不定纲领,会中不形成决议,会后亦没有常设机关制定统一的行动政策、方略。群体成员之间的联络、合作等互动常在较低的层级展开。再者,从功能、目标上看,政党的根本目的是夺取、控制政权,维护它所代表的阶级、阶层民众的根本利益。而工作者群体的主要目的在于开展乡村建设事业,改善农村经济、文化、社会状况,不以取得政权、控制政权为目的。尽管与政府有着合作,但目的主要在于影响政府政策,为开展建设事业创造条件,实现自身诉求。

总体来看,广义上的乡村建设工作者群体由20世纪二三十年代时致力于乡村建设事业的团体、机构所组成,是一个相对松散的社会群体,没有统一的纲领与方略,也没有严密的组织机构,在宗旨、事业活动以及情感精神方面所存着的内在一致性成为群体内聚力的源泉。这种群体凝聚模式与特征对工作者的定位、事业开展及走向均有着不同程度的影响。

2.乡村建设与县政建设

提及"乡村建设",人们往往会回溯到清末民初时一些人在农村从事的普及教育、提倡自治、改良农业、移风易俗等活动,如定县米鉴三、米迪刚父子在翟城村创办的"模范村",还有阎锡山在山西推行的"村政"。不过,这些活动或

---

① 李金河:《中国政党政治研究(1905—1949)》,北京:中央编译出版社2006年版,第64~65页。

致力于小范围的乡村社会改良，或试图建立健全基层行政组织，不能称为"乡村建设"，更难称得上为"运动"，如山西村政，虽名曰自治，实则是行政力量主导下的"官僚主义化"，"一面是太过不注意，一面是太过用力气……人民纯处于被动，其易有弊害，理所必然"。①而正如学者所言："乡村建设真正成为一种社会运动是在20年代末30年代初。"②这一时期所产生的乡村建设运动无论是在成因、动机、思想理论抑或实践活动方面都有着时代性特征，且运动所产生的社会影响在深度、广度方面相较此前的乡村社会改良工作不可同日而语。本书所论的"乡村建设"内容，则专指20世纪二三十年代这场全国范围的，先由社会与学界参与发起、后有政府响应的，以"救济农村"、"复兴民族"为旨归，在教育、经济、卫生等方面进行乡村社会改进的运动。

乡村建设运动本只在定县、无锡、邹平等地进行，然随着运动在全国范围的蔓延，尤其是定县、邹平和无锡实验区影响的扩大，国民党中央不得不开始正视乡村建设运动，并采取派遣专员实地考察，邀请乡建领袖讲授经验等方式增进对运动的了解。根据通过调查报告以及与乡建团体对话交流等途径所获取的信息，南京国民政府认为乡村建设运动有益于地方自治的推进。于是，在1932年12月10日至15日召开的第二次全国内政会议上，国民政府内政部提出了以县为地方自治单位，各省设立一个"县政建设研究机构"和实验县的建议，最后经过各方的商讨与协调，会议通过了《地方自治案》、《县政改革案》等重要提案，并决定改用"县政建设实验区"的名称。《县政改革案》于1933年7月经国民党中央政治会议批准后，下发各省遵照执行。此后不久，河北定县，山东邹平、菏泽，江苏的江宁和浙江的兰溪共5个县政建设实验县宣告成立，乡村建设运动至此演进至县政建设阶段。县政建设的主要内容"涵盖了政治改革、经济发展、文教卫生、社会保卫、风俗改善等诸多方面，是对以县为单位的乡村社会的整体改造"。③县政建设实验是政治力量主导的运动，乡村建

---

① 梁漱溟：《北游所见记略》，见中国文化书院学术委员会编：《梁漱溟全集》第4卷，济南：山东人民出版社1991年版，第904页。

② 郑大华：《民国乡村建设运动》，北京：社会科学文献出版社2000年版，第66页。

③ 李伟中：《20世纪30年代县政建设实验研究》，北京：人民出版社2009年版，第19页。

设主要是以社会为依托的运动,两者既有区别又有紧密联系,在当时并行不悖。县政建设的开始以及政治力量的介入在很大程度上影响了乡建运动的进行及乡建工作者的具体实践活动。

3.乡村与农村

"农村"与"乡村"均是相对于"城市"而存在的概念名词。就一般用法而言,农村与乡村是同义词,可以相互通用。如加以进一步的辨析,那么农村突出的是"农",即与农村产业的紧密联系,指的是以农业生产为主体的地域,而从事农业生产的人就是农民。农村强调的是一种职业、社会分工的概念,通行的词典也将农村定义为"以从事农业生产为主的人聚居的地方"①。相比而言,乡村的含义则要复杂许多。从近代到当代,学界分别从不同的角度对乡村的内涵与外延进行过大量阐述,其中较被认可的定义是将乡村界定为主要从事农业、人口分布较城镇分散的地方,主要包括县城以下的市镇、乡镇、村庄在内的广大地区。②这一定义突出的是乡村的行政区划意义以及与城市相对应的区位特征,而不仅仅是职业分途。从传统到近代,生活在乡村中的人包括了士农工商各个阶层,并在共同生活中形成了乡村社会。就本书而言,不拟对乡村、农村进行区分运用,一方面在于所用文献资料中乡村与农村常为交替使用,多为习惯性用法,因人而异,一般不加以区分;另一方面则在于乡村与农村在学理概念上的区分对所论内容没有太大影响,加以统一反而会对行文造成一定制约。

(二)研究范围界定

20世纪二三十年代时乡村建设运动遍及全国,参与其中的人员不仅数量众多,而且构成复杂,需要对群体加以界定以确定研究对象。社会学理论认

---

① 中国社会科学院语言研究所词典编辑室编:《现代汉语词典(第5版)》,北京:商务印书馆2005年版,第1004页。

② 童润之:《乡村社会学纲要》,正中书局1944年版,第21页;"国立"编译馆部定大学用书编审委员会主编、杨懋春著:《乡村社会学》,台北:"国立"编译馆1970年版,第189页;中国社会科学院语言研究所词典编辑室编:《现代汉语词典(第5版)》,第1482页;徐勇主编:《中国农村研究》(2004年卷),北京:中国社会科学出版社2006年版,第38页。

为，社会群体中各个成员之间所形成的相对稳定的互动模式构成了群体内部的组织结构，而这种结构主要包括成员角色结构和成员质量结构两个方面。其中群体成员角色结构由群体成员的数量、个体成员在群体中的地位、群体领袖的配备、群体成员间的交往关系等部分组成。任何群体的成员角色结构都是有层次的，主要划分为一般成员层和领导层，这种角色体系规定着群体成员对其他成员的态度和行为，并形成群体内部的人际交往网络。领导层处于掌握群体权力的最高位置，率领和指挥全体成员为实现群体目标、维护群体利益而斗争，一般成员层则按照自己所处的角色和既定的群体规范进行活动，结成一定的人际关系与互动合作。①

乡村建设工作者群体尽管属于一个较为松散的社会群体，但同样也有着相应的角色分层体系，如时人就常将其分为"领袖"与"技术"、"干事"等若干层级。②其中群体领袖如梁漱溟、晏阳初等人在群体内部关系网络中处于中心位置，并能对其他成员进行引导或施加影响。③这些群体领袖不仅通过构建理论、筹划事业等对群体的性质、功能和发展方向起着至关重要的影响，更通过个人威信与情感号召增强群体凝聚力，促进群体内部成员之间的团结与和谐，进而更好地发挥群体功能，实现群体目标，"他的意志是群体意见形成并取得一致的关键。他为社会上各个阶层各种职业的人们组成派别奠定了基础"④。一般的群体成员则直接承载着开展具体建设事业的重任，贯彻既定的理论、路线及方法，并在实际工作中反馈经验教训，以便进一步修正建设理论。这些基层工作者的所作所为也在很大程度上影响着乡村建设事业的走向与成效。不过，领袖与普通成员之间的职能划分也并非绝对的，很多领袖、骨干人物如杨效春、陈亚三、高赞非等除进行乡村建设理论、规划的研究与设计外，也常与基层工作者一道开展具体活动。

---

① 柴志明、冯溪屏主编：《社会学原理》，杭州：浙江大学出版社2005年版，第147页。

② 方悴农：《农村建设实施记》，上海：大华书局1935年版，第335页；张宗麟、周葆儒：《邹平简易乡师的过去与将来以及乡师在乡建运动中的地位》，《乡村建设》第5卷第4期，1935年9月，第1页。

③ 陈立旭主编：《社会学概论》，北京：中共中央党校出版社2005年版，第173页。

④ [法]勒庞：《乌合之众》，张好洁译，南京：江苏人民出版社2011年版，第86页。

包括领袖与普通成员在内的不同层级的群体成员在分工合作中共同构建理论、开展事业活动,将乡村建设运动发展成为一股强力的历史潮流,"历史是这样创造的:最终的结果总是从许多单个的意志的相互冲突中产生出来的,而其中每一个意志,又是由于许多特殊的生活条件,才成为它所成为的那样。这样就有无数互相交错的力量,有无数个力的平行四边形,由此就产生出一个合力,即历史结果,而这个结果又可以看作一个作为整体的、不自觉地和不自主地起着作用的力量的产物"①。因此,本书不仅将从事具体工作的"技术"、"干事"人才诸如调查员、农业推广员、合作指导员、保健员、教员等视为研究主体,也将若干领袖人物纳入考察范围,探讨整个群体如何筹划、推进乡村建设事业,对乡村建设运动又产生了怎样的影响。

就空间范围界定而言,20世纪二三十年代乡村建设运动潮流席卷全国,乡建机构与区域成千上百,其中邹平、定县、青岛各具特点,时人也多将此三地视为乡建模式的代表②,且学界在"华北乡村社会"研究领域中有着非常丰富的成果③,为考察乡建工作者所处的乡村社会环境,其在乡村固有权力结构制约与影响下如何生存与活动,其实践活动又在多大程度上改变了乡村社会状况等问题提供了绝好的知识背景。基于上述考虑,本书选取邹平、定县、宛西为研

---

① 中共中央马克思恩格斯列宁斯大林著作编译局编:《马克思恩格斯选集》第4卷,北京:人民出版社1995年版,第697页。

② 陈序经:《乡村建设运动》,上海:大东书局1946年版,第27页;陈晖:《华北乡村建设运动的检讨》,《复兴月刊》第4卷第4期,1935年12月,第1~17页。

③ 如黄宗智的《华北的小农经济与社会变迁》(中华书局1986年版),从翰香主编的《近代冀鲁豫乡村》(中国社会科学出版社1995年版),杜赞奇的《文化、权力与国家——1900—1942年的华北农村》(王福明译,江苏人民出版社1996年版),苑书义等的《艰难的转轨历程——近代华北经济与社会发展研究》(人民出版社1997年版),马若孟的《中国农民经济:河北和山东的农业发展:1890—1949》(史建云译,江苏人民出版社1999年版),内山雅生的《二十世纪华北农村社会经济研究》(李恩民、邢丽荃译,中国社会科学出版社2001年版),郑起东的《转型期的华北农村社会》(上海书店出版社2004年版),李怀印的《华北村治:晚清和民国时期的国家与乡村》(岁有生、王士皓译,中华书局2008年版),王先明的《变动时代的乡绅——乡绅与乡村社会结构变迁(1901—1945)》(人民出版社2009年版)等。

究的主要空间范围,将政府主导特色鲜明的青岛及华北其他较具规模的乡建机关与区域如辉县等作为对比或补充。

本书研究的时间上限定为1926年。是年夏,晏阳初、傅葆琛等人选定河北定县为乡村平民教育实验区,并在翟城村设立华北实验区办事处①,建立起基本的工作组织,为开展实际实验活动进行各方面准备,可谓乡村建设运动的起点,此后各地乡建团体、实验区层出不穷,形成全国范围的乡建运动。时间下限则定为1937年。抗日战争全面爆发后,山东、河北等地很快沦入敌手,部分当地的乡建团体停止乡建工作转向敌后抗战活动,另有部分则转移到华南、西南等地继续从事乡建工作,就华北地区而言,乡村建设运动暂时告一段落。因此,研究的时间范围为1926—1937年较为恰当。②

三、学术史回顾

(一)民国时期乡村建设工作者研究概述

就"乡建工作者研究"这一主题而言,无论是学界成果回顾,还是拓展研究领域,都离不开另一主题——"乡村建设运动"。任何社会运动都是时代的产物,"乡村建设运动的产生和发展,当然也有现实社会的客观条件"③。20世纪30年代乡建运动狂飙,"差不多已成为时代运动的中心"④。其一经发动便被赋予改造乡村社会、复兴民族国家的重任,得到社会各界与政府的关注,或进行实地考察,或进行理论反思与检讨,使得民国时期对乡村建设运动的研究基本沿两种路径展开,而有关乡建工作者的探讨并未有专门著述,多散见于上述成果中,下试梳理之:

---

① 在平教会所编制的各种文献资料中也以"华北试验区"的称谓出现。
② 台湾学者杨懋春也认为:"自民国十五年到廿六年,可以称为我国乡村建设运动时期。"(杨懋春:《近代中国农村社会之演变》,台北:巨流图书公司1980年版,第102页。)
③ 齐植璐:《现阶段中国乡村建设运动之检讨》,《农村建设》第1卷第1期,1936年12月,第7页。
④ 王枕心:《怎样团结农村工作同志——附议"全国乡村工作人员一致团结,共赴国难"案》,《中国农村》第2卷第10期,1936年10月,第66页。

1.实地考察及研究

通过实地考察所得对乡建工作进行研究、评价,是民国乡建运动研究的一种主要展开路径。资料显示,20世纪二三十年代,参加乡村建设运动的学术团体和教育机构达600多个,建立各种实验区1000多处。其中山东邹平以理论见长,中心人物梁漱溟又有着广泛的威信和声望,使该地成为乡建运动的中心之一;定县以实验见长,得到较多的国际支持,在人才、经费及规模方面亦堪称另一中心。此两者被称为乡村建设"新"、"旧"两派,自有相当代表性。此外青岛、江宁、兰溪等地亦各具特色,因此考察多在上述各地进行。所形成的重要考察报告主要有:

1934年孔雪雄的《中国今日之农村运动》,记述了"近十年来中国农村运动的事实和从事这些实际运动者所怀抱的理想",包括邹平、定县、江苏、镇平及南京晓庄、萧山东乡等处的各项实际运动情形。书中部分内容涉及山东乡村建设研究院学生招生、训练、学生自治、结业同学会组织以及乡农学校高级部等的情况,认为研究院的学生特别训练计划非常重要,办理的好则对将来山东乡村建设人才的安定与乡村事业的持续发展一定有很多帮助;在定县则考察了从事各项实验活动的乡建工作者组织——平校毕业同学会的组成及作用。从调查出发,作者认为农村运动是一件庞大、困难的工作,各处工作均有其特殊的立场,他们"那样埋头苦干实做的精神,至少是今日所需要而使我们敬佩的"。对乡建工作的过誉及过苛均是乡建工作的阻碍,但如果乡建工作者的目的"仅仅在于'验'运动者自己的理想或技术",视自己而不是农民为农村运动的基本动力,则是"一种最错误的工作"。①1936年袁植群在考察了鲁、冀、苏各省乡建工作后,将"考察所得,忠实的写出",著成《青岛邹平定县乡村建设考察记》一书。其中记述了邹平、定县、青岛乡村建设人才的训练及工作情况,认为青岛乡建不标榜精神而实干,邹平、定县则各具特色,"都有一种坚毅刻苦的精神,他们总想为老百姓做些有益的事业,这是值得赞佩的"②。

除学人自行考察游历外,官方考察团的考察报告亦有问世。受蒋介石委

---

① 孔雪雄:《中国今日之农村运动》,上海:中山文化教育馆1934年版,第413页。
② 袁植群:《青岛邹平定县乡村建设考察记》,成都:成都开明书店1936年版,第127页。

托,1932年中央军校等机构组织"平民教育研究团"赴定县实际考察。团员毛应章在归后著成报告——《定县平民教育考察记》,是为较早的官方考察报告。作者在考察期间较有针对性地调查了定县实验区各部的工作计划及成绩,包括工作者人数及具体工作情况,认为定县平校工作并非尽善尽美,如教员训练时间太短、程度不高等问题需要改进,但"平教的理论、原则以及办事的精神和方法,都可使我们佩服"①。同年,察哈尔教育厅亦派遣姜书阁赴定县调查平教经验,归后姜以私人游记形式著成《定县平民教育视察记》②。因属定县招待参观期,作者所行多由当地工作者安排,因此书中多载领导者讲演,而参观记录也只略及平教会在村工作人员之情况,但书末附载各种简章、规程及图表等内容,具有较高史料价值。

1934年五六月间李宗黄作为"江宁自治实验县社会教育考察团"一员,考察了邹平、定县、菏泽、青岛等七处乡建情况,归后根据考察记录及各地印刷品著成《考察江宁邹平青岛定县纪实》一书。书中认为邹平乡建工作者,"以都市中人能跳入农村,为乡民服务,其刻苦精神应为吾人楷模"。而定县所谓"四教",确已得到相当的收获。平民教育人员,尤其是以饱尝物质文明生活之留学生及大学教授,能摆脱都市,深入农村,以平民资格在教育上谋出路,其精神殊值钦佩。同时也表达了对乡建工作的担忧,希望各地能"融洽各方意见,携提地方公正有学识领袖,多用地方有用之人"③,以减少阻力。

1935年初,国民政府军事委员会委员长行营湖北地方政务研究会调查团编述《调查乡村建设纪要》④一书,记录了实地考察定县、邹平、菏泽、上海、无锡等地所得之情况。该书较为着重考察县政建设实施后各地乡村建设运动的发展情况,其中涵括了定县从事社会调查的工作者及工作,平校同学会、邹平乡建院、乡学村学组织与教员、青岛乡区建设办事处人员组成与活动,以及各

---

① 毛应章:《定县平民教育考察记》,南京:拔提书店1933年版,第87页。
② 姜书阁编述:《定县平民教育视察记》,张家口:察哈尔教育厅编译处1932年版。
③ 李宗黄:《考察江宁邹平青岛定县纪实·自序》,南京:正中书局1935年版,第8页。
④ 国民政府军事委员会委员长行营湖北地方政务研究会调查团编:《调查乡村建设纪要》,武汉:湖北地方政务研究会1935年版。

地县政建设开展后工作者在组织、性质方面的变化等内容。书后附有"日记",载有考察者参观各地人、事之所见所感,价值颇高。1936年马博厂受行政院委托,考察邹平等地县政建设情况后著成报告——《邹平定县等地考察印象记》,重点在于介绍各地乡建领导者及说明乡建运动之路线等内容,其中记述了对邹平、定县、青岛等地乡建工作者如辅导员、教员、保健员等的数量、工作方法及内容的理解与评价。作者认为各地乡建工作者基于理想改造乡村,不仅容易忽略法令,招致"政府当局的误会,甚至不能得到谅解",更易遭到地方豪强的"恶感和攻击",而乡村工作者克服这种种困难的根本解决办法在于"各方面的态度的改变和方法运用"。①

随着乡建运动的开展,学界与官方各种考察笔记的出版所在多有,但在乡建实际工作者看来此类著述"实则匆促游观,难于得真;而理论主张辗转传述于口耳之间,尤多失真"②。为查漏补缺,"举以饷世",1935年山东乡建院学生许莹涟等三人根据邹平、定县、青岛、无锡等地工作与考察所得编辑出版《全国乡村建设运动概况》一书。该书以山东乡村建设运动为主,重在阐释乡建理论,对各地乡建人才来源、训练、分配、待遇及组织、定位等情况多有记述。作者认为邹平各处村学乡学"大多能表现相当的社会活动……教员辅导员亦处处能表现其推动设计之能力"③。然少数村学乡学因工作者能力较差,并未产生积极之作用,乡建运动的成效很大程度上取决于实际工作者能否称职。

总体而言,此期的相关研究普遍注意到实际工作者在乡建运动中之地位、作用,大都认为乡建工作者埋头苦干之精神值得敬佩,但工作的若干方式方法需改进。以考察记录、报告形式为主的研究,局限性在于大都平铺直叙,重在直观感受而缺少学理性分析,所用材料近似,致使成文内容相近,但其价值不容忽视:其一,对史事记述较为丰富,从中可以梳理出各地乡建运动及工作

---

① 马博厂:《邹平定县等地考察印象记》,《行政研究》第1期,1936年,第113页。
② 许莹涟、李竟西、段继李编述:《全国乡村建设运动概况·序文》第1辑上册,邹平:山东乡村建设研究院出版股1935年版,第1页。
③ 许莹涟、李竟西、段继李编述:《全国乡村建设运动概况》第1辑上册,邹平:山东乡村建设研究院出版股1935年版,第233页。

者之概况,为深入研究奠定基础;其二,此类文献多为亲身实地调查得来,如孔著所用材料中"借助于参考书和别的调查报告者固然不少,但主要还是由笔者直接去观察或多方查访得来的"①。所载内容多为考察者所观所见,亲身感受得来,为乡建工作者研究提供难得之资料。更可贵的是,报告不仅有学界,亦有政府背景,从中可以看出学界及政府对乡建运动及乡建工作者之看法、理解,可供研究之资。

2. 学理论争及批判

五四以来围绕着中国现代化道路出现的四次大论战②,构成了现代化思潮发展的脉络,其中一次便是自 20 年代到 40 年代一直存在的"以农立国"还是"以工立国"的论战。1922 年章士钊在旅欧归国后,感言"使中国趋于沦亡者,恐怕就是此工业国之伪物质文明……所可幸者,我国受工业之毒尚不深,颇有挽救之望,此一点希望,即在乎农业"③。由此写成《农国辨》等系列文章,提出农业国的设想。其论一出,便遭到杨杏佛、恽代英、杨明斋等人的批驳④,认为其不过是"崇拜精神文明的人的一道新护身符"⑤。到 30 年代,中国本位文化与全盘西化之争逐渐升温,与之有着内在联系的"农化"还是"工化"辩论也再次活跃起来。这一时期力主"以农立国"的乡村建设运动自然成为论争的中心问题,各派知识分子围绕《独立评论》、《中国农村》等展开激烈争论与批判。

乡建运动尽管与 10 年前章士钊所主张的"农国论"有着内在的不同,但运动的农村面向,尤其是梁漱溟的东西文化观及提倡返回"农本社会"、"伦理本

---

① 孔雪雄:《中国今日之农村运动·写在前面》,上海:中山文化教育馆 1934 年版,第 5 页。

② 罗荣渠:《中国近百年来现代化思潮演变的反思(代序)》,见罗荣渠主编:《从"西化"到现代化——五四以来有关中国的文化趋向和发展道路论争文选》,北京:北京大学出版社 1990 年版,第 1~2 页。

③ 《章行严在农大之演说词》,见王均熙编:《章士钊全集》第 4 卷,上海:文汇出版社 2000 年版,第 404 页。

④ 杨铨:《中国能常为农国乎?》,《申报》,1923 年 10 月 28 日,第 3 版;戴英:《中国可以不工业化乎?》,《申报》,1923 年 10 月 30 日,第 3 版;杨明斋:《评中西文化观》,合肥:黄山书社 2008 年版,第 155 页。

⑤ 王星拱:《农业与工业》,《现代评论二周年纪念增刊》,1926 年,第 105 页。

位社会"的理论几乎将运动塑造成另一种旨在将中国拉回封建农业时代、建构"农国"的发展模式,自然遭到一大批学人的批判,"所有反对中国大革命的封建顽固派……鼓吹复兴中国文化的以梁漱溟为代表的新旧调和派,等等,都是站在主张以农立国的一边。而鼓吹新文化运动、西化、反帝反封的知识界则都是中国工业化的积极鼓吹者……现代新文化与中国传统旧文化之争,自然形成工业文明支持者与农业文明支持者的天然分野"①。有关乡村建设运动的学理研究正是在这种争论与批判的过程中形成的。

1936年4月出版的《中国乡村建设批判》②可谓乡村建设运动批判性研究的代表作。该书汇集了《中国农村》上刊出的相关研究文章,基本代表了具备马克思主义学术背景的"中国农村派"对乡村建设运动所持之观点,即农村问题的根源不在"愚贫弱私",而在国际帝国主义与国内封建主义的压迫,因此乡村建设不反帝反封建,试图以和平改造方式走渐进的农村改良道路是根本行不通的。由此论点出发,书中认为在错误的理论指导下,乡村工作者之工作内容、方法均有错误,对知识分子下乡能否承担复兴农村的重责,会不会变成新的"土豪劣绅"等问题持怀疑态度。此外还有千家驹的《中国的乡村建设》③,该书检讨了主要乡建团体的理论与活动,对各派政治立场进行分析与批判,其基本观点则与上书一致。1937年初薛暮桥的《中国农村经济常识》出版,指出乡村建设运动既不能抵御帝国主义的经济侵略,亦不能阻止地主豪绅们剥削农民,根本无法解决农村问题,因此作者认为乡村改良工作本身虽确为时代必需,却不能单靠它来改造农村、复兴民族,但乡村工作青年不应消极沉沦,相反应极力纠正过去之错误,充实工作内容,"使它成为一个民族解放和乡村改造运动"④。

---

① 罗荣渠:《中国近百年来现代化思潮演变的反思(代序)》,见罗荣渠主编:《从"西化"到现代化——五四以来有关中国的文化趋向和发展道路论争文选》,北京:北京大学出版社1990年版,第23页。
② 千家驹、李紫翔编著:《中国乡村建设批判》,上海:新知书店1936年版。
③ 千家驹:《中国的乡村建设》,大众文化社1937年版。
④ 薛暮桥:《中国农村经济常识》,大连:大众书店1946年版,第145页。

对乡村建设运动更为严厉的批判来自"全盘西化"论的坚实拥趸——陈序经。力主中国文化应"西化"的观点，使其对乡建理论及活动持强烈的批判态度。针对乡建运动的发展，1935年陈序经陆续写出《乡村建设运动的将来》等文章，1946年则加以系统化形成《乡村建设运动》一书，认为目前的乡建工作除青岛差强人意外，其他各地均不能名实相副。乡建运动已经有了许多失败，而且有不少还正在失败的途上，其原因之一便在于乡建工作者不尽职，"事实上今日一般之提倡与从事乡村建设的人，不但不能'自家创造出饭来吃'，连了深入民间也少能实行……一般热心于这种工作的领袖，每以为环境或他种关系，整天忙于招待参观来宾，招待关系上司，以至应付工作人员，管理各种事务，而好多普通工作人员又把这种工作当作进身之阶，吃饭之所，结果恐怕只是养出一个吃乡建饭的新阶级罢"①。

以上研究不免有过激性，但这种理论论争、学理批判，无疑有助于推动乡村建设研究向更深层拓展，对于我们今日审视乡建工作者的行为、作用，在问题意识方面亦颇具启发性。千家驹、李紫翔等人的观点很大程度上代表了一代马克思主义学人对乡村建设的认识，反帝、反封建及力图实现工业化的现实诉求使乡村建设的"改良主义"道路很难得到他们的认同。千家驹在书中写道："等到社会自身的矛盾解决，乡建运动亦自然会被放到最后的清算地位了。"②结果一语成谶，但不幸的是这种清算并非客观的学术层面的反思检讨，而是政治性清算。新中国成立后不久，乡建运动的学术研究全然沦为玩弄政治斗争与政治表现之手段。

（二）1949年以来乡村建设工作者研究概述

新中国成立后，尤其是1957年到"文化大革命"期间，马克思主义被教条化为进行历史研究与阐释的唯一工具，阶级斗争理论支配学界各类研究主题与话语模式，近代史研究"基本上在偏狭的'阶级斗争'和'三次革命高潮'的圈子里打转"③。在这种政治、学术氛围下，被视为"企图在现存的关系下，用和平

---

① 陈序经：《乡村建设运动》，上海：大东书局1946年版，第36~37页。
② 千家驹：《中国的乡村建设》，大众文化社1937年版，第89页。
③ 王先明：《中国近代社会史研究的历史、现状与未来》，《晋阳学刊》2004年第1期，第39页。

的方法,来达到国民经济之改革"①理想的乡村建设派,不仅与党的路线方针格格不入,再加上曾抵制土地革命、反对暴力夺权,自然被学界列为批驳对象。

梁漱溟因其较为完整的乡村建设理论及中西文化观成为众矢之的。1955—1958年先后出版的两辑《梁漱溟思想批判》及若干论文②,认为乡村建设运动在理论上反对马克思列宁主义关于阶级斗争的学说,反对中国共产党关于中国社会的阶级矛盾和斗争的观点,企图破坏中国新民主主义革命,维护和巩固封建地主阶级、官僚资产阶级和外国帝国主义的统治地位;在行动上则"从乡村入手",不仅争夺党在农村的革命根据地,以"乡农学校"为凭藉争夺党对农民的领导权,还进一步巩固封建主义残酷的剥削制度。总而言之,乡村建设运动即是为一种"反共、反人民、反革命"的运动。诸种论调的出现,意味着对乡村建设运动客观研究的中断,乡村建设"是地主建设,是乡村破坏,是国家灭亡"已然成为毋庸置疑的盖棺定论。当中学历史课堂都在要求加强马克思主义阶级和阶级斗争观教学,批驳胡适、梁漱溟等人的学说③时,一个失衡时代对乡村建设理论的认识已融成"地主资产阶级代表"、"唯心派"等标签深深烙印在梁漱溟等乡村建设者的身上。④

进入拨乱反正的20世纪80年代后,教条化的意识形态逐步得到改善,在思想解放的潮流以及改革开放的社会实践影响下,包括历史学在内的"人文社会科学均进入了破茧而出的'新时期'"⑤。史学界对乡村建设运动的研究渐趋回到正常的学术研究轨道上,而且党中央在这一时期极为关注乡村经济的

---

① 千家驹、李紫翔编著:《中国乡村建设批判·编者序》,上海:新知书店1936年版,第2页。

② 《梁漱溟思想批判》(第一辑),北京:生活·读书·新知三联书店1955年版;《梁漱溟思想批判》(第二辑),北京:生活·读书·新知三联书店1956年版;赵希鼎:《批判梁漱溟反动的乡村建设理论与实施》,《河南师院学报》1956年第1期;倪鹤笙:《批判梁漱溟反共、反人民、反革命的"乡村建设运动"》,《文史哲》1956年第1期;林琳:《就中国新民主主义革命的动力与对象问题驳梁漱溟》,《江汉论坛》1958年第3期。

③ 石工、君里:《在历史教学中加强马克思主义阶级和阶级斗争观点的教育——兼驳胡适、梁漱溟关于阶级和阶级斗争问题的反动观点》,《历史教学》1956年第1期。

④ 李紫翔:《梁漱溟的四十年》,上海:新知识出版社1956年版,第17页。

⑤ 行龙、胡英泽:《三十而立:社会史研究在中国的实践》,《社会科学》2010年第1期,第140页。

发展与建设,"1980年以后的五年中,全国的乡村建设,其规模之巨大和内容之丰富是历史上前所未有的"①。受这种现实环境的影响,历史学等学科对乡村建设运动的研究一时间蔚成风气。1987年鲁振祥著文《三十年代乡村建设运动的初步考察》,指出对乡村建设运动"给以实事求是的介绍和评价,是中国现代史、现代政治史和思想史研究的一个重要课题"②。此文可视为新时期乡村建设研究的开端。伴随着史学研究范式的更新以及各种学科理论、方法的借鉴与运用,乡村建设运动研究也在不断突破旧有框架与主题的限制,沿多条路径扩展开来,其中有关乡建工作者的研究则主要集中在以下几个问题上:

有关知识分子下乡问题研究。随着乡村建设运动的发展,知识界做出积极回应,形成"博士下乡"的潮流,对运动的发展有着重要的促进作用。李晔、李振军的《留美知识分子与20世纪30年代的中国乡村建设——以晏阳初在河北定县的实验为例》(《中国农史》2007年第2期),考察了定县乡村建设力量中留美知识分子的身份、学历、职务及贡献等问题,认为以晏阳初为代表的留美知识分子,以其特有的知识结构和思维方式,为探寻中国乡村现代化的独特发展之路做出了重要贡献。这是一次将西方的科学知识同中国乡村实际相结合的实验,并在一定程度上促进了中美文化的交流。冯杰的《博士下乡与"乡村建设"——以20世纪二三十年代河北定县平教会实验为例》(《河北大学学报(哲学社会科学版)》2007年第5期),从不同的角度考察了博士下乡的历史诱因、基本情况以及对乡村社会的治理及影响等问题,认为博士下乡将科技知识运用于生产实践,促进了定县农业经济的发展;"四教三式"的推行,密切了与高校和科研机构的合作,有利于农民素质的提高;县政研究院的设立,将学术研究与县政建设结合,促进了农村社会的进步。但"博士下乡"只是一种自发运动,没有步入制度化轨道,存在一些问题,最终只能是昙花一现。

有关乡建人才思想的研究。彪晓红、杨飞的《梁漱溟乡村建设的人才思想

---

① 《当代中国》丛书编辑部编辑:《当代中国的乡村建设·前言》,北京:中国社会科学出版社1987年版,第2页。

② 鲁振祥:《三十年代乡村建设运动的初步考察》,《政治学研究》1987年第4期,第37页。

及其借鉴意义》(《青岛农业大学学报(社会科学版)》,2007年12月,第19卷第4期),初步考察了梁漱溟乡村建设人才思想的形成及内涵,认为其重视知识分子在中国现代化中的作用,要求知识分子与农民相结合,发挥教育在培养人才中的作用,力主大力推进职业化教育以培养乡建人才等思想值得今日借鉴。该文在梁漱溟乡建思想研究领域有所拓展,然所用材料及分析均失之过简,尚有进一步研究的空间与必要。

有关乡建工作者工作制度的研究。民国乡村建设运动中成效最为显著的可谓定县卫生保健员制度,即使是乡建运动的批驳者也不得不承认这一点。因此,对定县保健员进行研究将有助于加深对乡建运动实际作用的认知。1998年定县乡建重要领导人陈志潜的回忆录《中国农村的医学——我的回忆》(四川人民出版社1998年版)出版问世,其中记述了定县农村卫生工作的创始和发展,包括较为详尽地介绍了定县卫生组织体系的创建,以及卫生员的产生、训练、组织及工作情况,史料价值极高。此后有关保健员的研究在医学史领域中不断出现。刘仲翔的《20世纪30年代定县的卫生保健运动》(《河北学刊》,2006年7月,第26卷第4期),主要讨论了平教会在定县开展医疗卫生调查、建立三级卫生保健网络、实施节育工作等活动。作者认为三级卫生保健网络的成功因素在于保健员与村民一起生活,容易接受监督,方便服务且花费极少,可持续性发展,而区保健院的设立,不仅为保健员提供支持,更提高了其地位,有利于工作之开展。王丽君等人的《定县模式村卫生员运行机制探讨》(《医学史研究》,2010年7月,第31卷第7期),探讨了20世纪30年代定县村卫生员的产生背景、运作机制及其历史地位等问题,认为定县村卫生员作用得以发挥的原因在于农村社会的现实需求,协和医学院对卫生员的帮助,以及卫生员选拔的道德要求,监督、评价等制度上及管理上的合理安排与人情网络的帮助等。

有关乡建工作者的评价研究。夏军的《杜威实用主义理论与中国乡村建设运动》(《民国档案》1998年第3期),探讨了杜威实用主义哲学对乡建工作者工作方式方法的影响,认为五四运动时期杜威实用主义哲学的传入及其对民国时期教育思想、体制的演变产生了重要影响,而作为民国社会教育史上重要组成部分的乡村建设运动,也不可避免地受到了实用主义的影响。实用主义哲学为乡建运动提供了科学的方法、手段，但一定程度上使教育工作者与广大乡民脱节。乡村教育工作者常常以指导者的面目出现在村民面前，固然此举使广大农民易于接受，但却不可避免地造成了乡建人员对农民指导有余而实际措施不力，后期工作过分放任，影响了其最终工作成绩。

丹麦教育史学者曹诗弟（Thoegersen，S.）的《文化县：从山东邹平的乡村学校看二十世纪的中国》（山东大学出版社2005年版），尝试从地方教育的角度研究乡村建设运动，对梁漱溟教育思想、邹平的实验学校、共学处、高级小学、乡村建设师范学校及村学乡学中教员工作与学生训练等情况进行了较为深入的探讨。作者认为乡村建设运动与当地民众之间存在不少问题，邹平的乡村教育实验与梁漱溟的预期设计落差较大，并对学生参加山东乡村建设研究院的动机及训练效果表示了质疑，"乡村建设运动对一些有扎实的综合知识以及在乡村问题上接受过某些专门培训的骨干分子有迫切的需求。但是，到底是上述课程毕业的学生真能满足这种需求，还是学生们仍然只是把这种课程看作是自己继续求学深造并离开农村的一种学业资历？这一点我们不得而知"①。

郑大华的《关于民国乡村建设运动的几个问题》（《史学月刊》2006年第2期），认为虽然20世纪二三十年代兴起的乡村建设运动是一场社会改良运动，但并不能因此抹杀这场运动的意义。当时包括归国留学生、大学校长、教授和专家学者在内的成百上千的知识分子抛弃优越生活，"深入民间"，走与农民相结合的道路，不仅是对传统的"学而优则仕"观念的超越和否定，有利于自身价值的实现，更有助于农民知识文化与科学技术的进步。刘重来对乡建工作者亦持肯定态度，在《民国时期乡村建设运动述略》（《重庆社会科学》2006年第5期）一文中，认为大多数乡建工作者都对国民党统治下的政治腐败、社会黑暗、经济凋敝以及老百姓处在水深火热之中的悲惨状况深为不满。其中不少人不为名利，深入农村，脚踏实地寻求中华民族自救自强道路的探索和献身精神，以及在普及农村教育、发展农村经济、培养农业人才、传授和

---

① [丹]曹诗弟（Thoegersen，S.）：《文化县：从山东邹平的乡村学校看二十世纪的中国》，泥安儒译，济南：山东大学出版社2005年版，第122页。

推广农业技术、改变农村社会风气等方面所做的大量工作,是值得肯定的。

孙诗锦的《定县实验与农村复兴运动》(《史学月刊》2006年第7期),以河北省县政建设院的产生为切入点,探讨是时政府和民间在重构国家权威上的一致性,认为知识分子在乡建运动的发展过程中选择"走向民间"来完成自清末以来的启蒙运动的形式,实际上充当了沟通国家与社会的桥梁,中央政府则通过这个桥梁完成了与民间社会的接触和碰撞,双方合作的意义就在于此。

刘荣争的《〈独立评论〉与20世纪30年代的乡村建设论争》(《学术探索》2007年第2期),考察了20世纪30年代围绕《独立评论》展开的关于中国发展道路问题以及乡村建设运动的争论。文中认为这场关于乡村建设的论争,反映的是知识界对处于内外交困的中国乡村社会发展道路的不同观点,其中通过发展城市和工业化来救济乡村的观点引起了很大反响,并使时人产生了"对乡建运动的质疑"。这实际上反映出的是当时学界对乡村建设的认同问题。其硕士论文《〈独立评论〉视野下的知识分子与乡村建设运动论争(1932—1937)》(西南大学硕士学位论文2008年),认为围绕乡村建设的种种争论反映了20世纪30年代知识分子自身在内外断裂状况下的紧张与冲突,同时也表明了仅仅依靠知识分子的直接参与无法彻底解决乡村存在的诸多问题,应理性看待知识分子主导下的乡村建设运动,乡村建设需要社会多方合作,探索多元化的道路。

有关乡建工作者政治立场问题研究。蒋宝麟的《"帝国主义"与"封建主义":20世纪30年代知识界关于乡村建设运动的论争》(《史学月刊》2008年第5期),认为对帝国主义与封建主义的不同认识和态度,是"论争各方的重要分野,但在某些具体问题上,对立的'双方'亦有不少相近之处。而且颇具诡论意味的是,被批判者一方的'阵营内部'一直都不稳固。……即使在同一乡建团体中,不同人对于'帝'、'封'问题的认识也有不同,而且个人自身的观念在不同的时段和社会环境中亦有差别"。

有关乡村建设派别与互动的研究。李德芳的《试论南京国民政府初期的村治派》(《史学月刊》2001年第2期),考察了村治派的崛起、思想倾向与历史地位等问题,认为村治派从文化保守主义与政治民主主义的视角阐扬乡村自治思想,促进了乡村自治思潮的发展,在中国社会政治思想史上有着重要意义。

吴星云的《民国乡村建设派别的主要分歧》(《历史教学》2004年第12期),认为不同乡村建设派在从事乡村建设的初始动机、理论方法,乡村工作指导思想,对乡村建设根本意义与具体目标的理解,以及乡村组织的建设等方面均始终存在差异与分歧,而这些分歧使这场社会改造大潮最终潮起潮落,难以完成中国乡村建设的历史使命。

曹天忠对乡村建设派别概念及互动方面研究较多:《乡村建设派分概念形成史考溯》(《广东社会科学》2006年第3期),考察了乡村建设派分概念的形成及派分的成因,认为划分乡村教育派别的路径主要有两条,即两极的比较归纳与多元的区别分析,两者分别反映了早期乡教少数派独大的实际和后期乡教发展进入极盛阶段时派分纷呈的历史;《1930年代乡村建设派别之间的自发互动》(《学术研究》2006年第3期),考察了不同乡建派之间的互动,认为其中平教派和国民基础教育派的表现尤为突出。这种互动联系有助于各派之间打破区域局限,取长补短,共同提高,实是当时社会思想资源由分散走向统一整合的表现,并可为今天新农村的建设提供借鉴;《民国时期乡村建设的派分与联合》(《社会科学战线》2008年第2期),认为全国乡村工作讨论会起着桥梁与纽带的作用,促使民间各派之间"从小而大",以及民间各派与官方"自下而上"两大方面的联合,其中"自下而上"的联合成效不彰,制约了整个乡建的效果。通过对联合程度的考察,作者指出乡建派与中国共产党的关系没有原来所说的那样紧张,而与国民政府的合作也不如想象中的那样密切。对全国乡村工作讨论会的专题研究还有姜新、贾晓燕的《民国乡村工作讨论会评议》(《徐州师范大学学报(哲学社会科学版)》,2008年5月,第34卷第3期),考察了会议的筹备过程、内容及影响等问题,认为乡村工作讨论会促进了"乡村建设工作"的合作,促进了"乡村建设经验"的交流,在诸多方面扩大了"乡村建设运动"的影响。

上述成果显示出对乡村建设工作者的研究在进入新世纪以后得到学界越来越多的关注,并呈现多元发展态势,主要围绕着乡村建设人才思想、工作者产生背景、行为活动、派别的形成及互动、作用及评价等多方面展开,展现出广阔的发展空间。其中对于乡村建设工作者"派别"的研究成果突出,既注重探讨派别形成的历史成因,考察不同乡村建设派别之间的互动,并给予一定的评价与定位,有助于乡村建设研究主题的拓展与新认识的形成。但作为一个正在形成与扩展的新领域,相关的研究只能说尚处于起步阶段,存在着有待完善与继续深入发掘的空间。如在研究视野方面,尽管已经注意到作为"群体"形式存在的乡村建设工作者"派别"的形成、作用与互动,然一方面对群体内部成员结构、特征等面相的分析严重不足,有碍于形成对乡村建设团体、机构的基本认识;另一方面对群体之间互动状况的展示尚显欠缺,很多成果基本处于"史实再现"的表层描述,与其他异质社会群体之间的互动虽也有研究涉及,但对于互动如何形成以及所产生的作用与影响的分析尚不够深入。再者,以"派别"为对象的研究,其预设前提便是乡建团体、机构之间的"差异",而忽视了"共性"。相对于差异而言,乡建团体、机构之间的共性及由此而形成的合作所产生的作用与影响更为强大。事实也正是如此,各地乡建团体、机构基于宗旨目的、事业内容、情感价值等方面的共性形成了一个规模庞大、成员构成复杂的社会群体——"乡村建设工作者群体",并以第一次全国乡村工作讨论会的举办为形成标志。从乡村建设运动的构成要素来看,这一群体是开展运动的主体力量,因此以这一群体而非单个团体、机构为研究对象,分析群体的形成、结构、特征、社会认同及对乡村建设运动所产生的作用与影响,无疑能够从新的视角发现新问题,形成新认识。这样一个研究方向显然值得努力。

另外,徐秀丽的《20世纪30年代的乡村公务人员——见之于农村复兴委员会的调查》(《河北学刊》,2005年11月,第25卷第6期)一文值得提及。当下学界对于近代以来县以下乡村政治结构与变迁的研究成果层出不穷,但对于制度变迁的"主体人"及"作用人"的研究却因材料难寻等制约因素而少见问世。作者即是有感于相关政治制度下的"行政人员",或者说乡村的公务人员,其形象反较清代模糊的问题,以行政院农村复兴委员会所主持的河南等四省农村调查为突破口,考察了乡村公务人员的类别、出身背景、产生途径、主要职责、经济收入、行为方式及社会评价等问题。文章认为对乡村政治人物情况进行研究,不仅是近代农村研究的应有之义,而且是"分析乡村政治变革广度和深度的必要尺度"。此外,还有王先明有关绅士群体的研究[①]、王奇生有

---

① 王先明:《近代绅士——一个封建阶层的历史命运》,天津:天津人民出版社1997年版。

关民国县长群体的研究等成果①。此类研究虽与本主题无直接联系,但具备内在关联性与相通性,其研究主旨、思路、方法均具备相当之参考价值。

除上述学术成果外,对乡村建设运动人物、思想、实践、区域模式等方面的研究亦部分涉及乡建工作者的情况,有助于本主题的探讨,因此也需要做进一步梳理:

1. 乡村建设人物及思想研究

乡村建设代表人物及其思想是以往学界较为关注的研究主题,所取得的成果颇多,主要有中国文化书院学术委员会编的《梁漱溟全集》(山东人民出版社1989—1993年版),凌耀伦、熊甫编的《卢作孚集》(华中师范大学出版社1991年版),宋恩荣主编的《晏阳初全集》(湖南教育出版社1992年版),马勇的《梁漱溟教育思想研究》(辽宁教育出版社1994年版),宋恩荣、熊贤君的《晏阳初教育思想研究》(辽宁教育出版社1994年版),詹一之、李国音的《一项为和平与发展奠基工程——平民教育之父晏阳初评介》(四川教育出版社1994年版),善峰的《梁漱溟社会改造构想研究》(山东大学出版社1996年版),晏阳初纪念文集编辑委员会编的《晏阳初纪念文集》(重庆出版社1996年版),朱汉国的《梁漱溟乡村建设研究》(山西教育出版社1996年版),高国舫的《浅论梁漱溟的乡村建设方略》(《浙江社会科学》1997年第2期),王安平的《卢作孚的乡村建设理论与实践述论》(《社会科学研究》1997年第5期),孙继文的《梁漱溟"乡村建设"述论》(《河南大学学报(社会科学版)》,1998年3月,第38卷第2期),徐有礼的《论三十年代宛西乡建运动的理论依据》(《郑州大学学报(哲学社会科学版)》,1998年5月,第31卷第3期),吴相湘的《晏阳初传——为全球乡村改造奋斗六十年》(岳麓书社2001年版),郑大华的《梁漱溟传》(人民出版社2001年版),史炳军的《评梁漱溟改造中国乡村社会的理论与实践》(《人文杂志》2002年第4期),万新芳的《宛西自治"三自主义""理论群体"初探》(《史学月刊》2002年第10期),贾可卿的《梁漱溟乡村建设实践的文化分析》(《北京大学学报(哲学社会科学版)》,2003年1月,第40卷第1期),

---

① 王奇生:《革命与反革命:社会文化视野下的民国政治》,北京:社会科学文献出版社2010年版,第338~393页。

郝宏桂的《论梁漱溟乡村建设实践中工业化思想》(《民国档案》2003年第3期),李文珊的《晏阳初、梁漱溟乡村建设思想比较研究》(《学术论坛》2004年第3期),史振厚的《晏阳初乡村改造思想形成的理论背景》(《河南社会科学》,2004年7月,第12卷第4期),王国宇的《论晏阳初乡建思想的科学性与民主性特征》(《河南社会科学》,2004年7月,第12卷第4期),邓红的《中国乡村建设思潮的个案解析:论"定县主义"》(《河北大学学报(哲学社会科学版)》2005年第4期),郝宏桂的《晏阳初"乡村建设"理论与实践的历史启示》(《民国档案》2006年第4期),吴星云的《民国乡村建设与中国农村现代化路径》(《广东社会科学》2006年第6期),盛邦和的《梁漱溟"乡村建设"思想及其发展观叙论》(《江苏社会科学》2007年第3期),金青山的《简析梁漱溟乡村建设思想》(《兰台世界》2007年第10期),王欣瑞的《现代化视野下的民国乡村建设思想研究》(西北大学博士学位论文2007年),张忠民的《和谐的努力与幻灭——略论近代中国的"乡村建设运动"》(《社会科学》2008年第7期),王欣瑞的《从〈东方杂志〉解读民国乡村建设思想》(《西北大学学报(哲学社会科学版)》,2008年11月,第38卷第6期),崔军伟的《民国时期中华职业教育社的乡村建设思路及其启示》(《广西社会科学》2009年第9期),周祥林的《从静默净心到乡村建设——论梁漱溟的实践伦理思想及其启示》(《贵州社会科学》,2010年9月,总249期第9期),郭齐勇、龚建平的《梁漱溟哲学思想》(北京大学出版社2011年版)。此外中国共产党的乡村建设思想也在逐渐得到关注,如王景新的《中国共产党乡村建设思想90年发展脉络》(《广西民族大学学报(哲学社会科学版)》,2011年7月,第33卷第4期),王景新、鲁可荣的《中国共产党早期乡村建设思想研究》(中国社会科学出版社2011年版)等。

其中较具代表性的有:朱汉国的《梁漱溟乡村建设研究》一书,探讨了梁漱溟乡村建设的旨趣、思想基础、基本理论及其在山东的乡村建设实验等问题,试图通过对这些问题的说明,系统地勾画梁漱溟的思想特征,并结合历史上对乡村建设理论的批判,对梁漱溟的乡村建设做客观而全面的评价。该书认为梁漱溟与同时代的乡村改良者相比,不仅有一套系统的乡村建设方案,而且把乡村建设与整个中国的建设结合起来,因此乡村建设失败的根源不在于理论不系统,而在于对帝国主义、军阀问题缺乏正确认识,不承认中国有阶级,亦没有认清土地问题对乡村建设的重要性。贾可卿的《梁漱溟乡村建设实践的文化分析》,认为梁漱溟的乡村建设理论并未脱离中体西用的改良模式,将传统人文关怀置于思想的顶点,使他在面对现实社会状况及历史发展趋势时陷入文化主义构建的乌托邦中。但梁漱溟强调农民的重要性,力主从农村入手解决现代化问题,重视知识分子在农村中的作用,倡导科学教育在乡间的普及等思想直到今天依然有着积极意义。

2.整体与区域:乡村建设"运动史"研究

较早将乡村建设作为一种"社会性运动"而进行整体研究是在社会学领域进行的,如杨雅彬的《中国社会学史》(山东人民出版社1987年版)、《近代中国社会学》(中国社会科学出版社2001年版),韩明汉的《中国社会学史》(天津人民出版社1987年版),李善峰的《乡村建设运动:一个社会学的考察》(《社会学研究》1989年第5期),吴怀连的《农村社会学》(安徽人民出版社1991年版)等,对乡村建设运动的旨趣、思想基础、具体方案及乡村建设实验等方面进行了不同程度的再现和评论。

此后有关乡建运动的整体研究与区域、模式个案分析的成果也日渐增多,主要有朱汉国的《梁漱溟乡村建设研究》(山西教育出版社1996年版),徐有礼等的《30年代宛西乡村建设模式研究》(中州古籍出版社1999年版),马瑞的《梁漱溟儒家政治人格及其乡村建设实践》(《河南大学学报(社会科学版)》,2000年11月,第40卷第6期),郑大华的《民国乡村建设运动》(社会科学文献出版社2000年版),徐有礼的《宛西自治:一场夭折的区域现代化实验》(《史学月刊》2002年第10期),郭剑鸣的《试论卢作孚在民国乡村建设运动中的历史地位——兼谈民国两类乡建模式的比较》(《四川大学学报(哲学社会科学版)》2003年第5期),刘重来的《论卢作孚"乡村现代化"建设模式》(《重庆社会科学》2004年第1期)及其主编的《卢作孚社会改革实践与中国现代化研究》(香港天马出版有限公司2004年版),杨乃良的《广西乡村建设与地方自治研究(1930—1949)》(甘肃人民出版社2004年版),刘重来的《卢作孚与民国乡村建设研究》(人民出版社2007年版),赵入坤的《民国安徽的乡村建设》(《江淮论坛》2007年第4期),魏本权的《青岛模式与邹平模式——20世纪二三十年代中国乡村建设的路径与模式刍论》(《东方论坛》2008年第1期),朱考金、王思明的《民国时期江苏乡村建设运动初探》(《中国农史》2008年第4期),刘家峰的《中国基督教乡村建设运动研究:1907—1950》(天津人民出版社2008年版),郑国的《"都市化":民国乡村建设运动中的青岛模式》(《东方论坛》2009年第4期),朱考金的《民国时期江苏乡村建设运动研究》(中国三峡出版社2009年版),祝彦的《"救活农村"民国乡村建设运动回眸》(福建人民出版社2009年版),李伟中的《20世纪30年代县政建设实验研究》(人民出版社2009年版),鞠忠美的《梁漱溟乡村建设运动对社会主义新农村建设的几点启示》(《山东社会科学》2010年第5期),陈志国、倪根金的《政府主导下的华南乡村建设——民国广东"中山模范县"的个案研究》(《中国农史》2010年第3期),池桢的《国家、地方与乡村建设——1930—1940年河南宛西地方自治研究》(《史林》2010年第5期)等。

整体性研究的成果中较具代表性的有郑大华的《民国乡村建设运动》。正如作者所言,该书是"目前为止国内外第一部比较系统、全面研究民国乡村建设运动的学术专著"。书中先考察了乡村建设运动兴起的背景、过程以及梁漱溟、晏阳初两人各具特色的乡建思想,次及定县、邹平、无锡、徐公桥、乌江、镇平和江宁等地的具体乡村建设实验活动,最后围绕乡村建设运动的性质、内容评估和成败得失等问题,对乡村建设运动的历史定位做一总结,认为"对于乡村建设运动中广大知识分子'深入民间',走与农民相结合的道路的行为,应予以肯定的评价,决不能因乡村建设运动的改良性质及其复兴农村经济的失败,而否认其历史意义"①。总体而言,该书所用资料翔实,涵括内容丰富,可谓乡村建设"运动史"研究的典型,其中部分内容涉及乡建工作者的训练、活动、工作方式方法及生活待遇、社会认同、自我反思等问题,但由于并非该书所论之重点,故略显简略,尚有进一步深入拓展的空间。

整体性研究有助于概观了解,广度有余而深度不足。20世纪80年代以来尤其是90年代以后,"区域化研究构成了近代史研究的主要内容之一"②。受

---

① 郑大华:《民国乡村建设运动》,北京:社会科学文献出版社2000年版,第550页。
② 王先明:《走向社会的历史学——社会史理论问题研究》,开封:河南大学出版社2009年版,第208页。

"研究路向选取的区域化特征"日渐明显的影响,乡村建设运动研究也开始转向个案分析,比较有特色的成果有刘重来的《卢作孚与民国乡村建设研究》,尝试在民国时期乡村建设运动的宏观大视野之下,对卢作孚领导的嘉陵江三峡地区乡村建设实验进行个案研究。该书从卢作孚的人生轨迹、乡建思想、乡建模式、乡建成就、乡村城市化探索、以工辅农及其西部情结、人格魅力等诸方面对该地区的乡建运动进行了较为全面、系统的研究,认为卢作孚是中国西部乡村建设的先驱,其乡建实践对今天的城乡统筹、西部大开发和建设社会主义新农村具有重要的现实意义。

3.改良与革命:乡村建设运动性质论争

朱汉国的《梁漱溟乡村建设性质新论》(《史学月刊》1995 年第 6 期),通过考察梁漱溟乡村建设的主旨、理论内涵及革命性问题,认为梁的乡建理论与具体实践,"既不是完全的复古主义;也不是如梁漱溟自我标榜的那样,是什么'转变新局面创造新文化',而是在'中体西用'总原则下,'沟通调和'中西文化具体事实的一种社会改造运动",终究"只能说是改良主义的"。①实际上,自 20 世纪 30 年代开始,乡村建设运动身上"改良主义"的标签从未曾去掉,梁漱溟则被视为乡建领袖中文化保守主义的代表人物,有关其"改良主义"的论文、著作不胜枚举,如郑大华、孙继文等人的观点,"乡村建设理论不是一个济世良方,即使在当时历史条件下,也终于逃脱不出资产阶级改良主义的窠臼"②。这种认识是目前学界的主流观点,但主流之下亦有一些"低音"在对梁漱溟及乡建运动做着别样的解释。

马勇的《梁漱溟评传》(安徽人民出版社 1992 年版),基于对乡村建设文化哲学层面的分析,考察梁漱溟对中西社会文化,特别是传统社会的认识,认为梁的乡村建设理论"决不是激进的革命派或破坏主义者,但他也不是由向来的论者所批评的那样为封建保守势力的代表。他的思想代表了当时一部分中国知识分子的理想,这一部分知识分子由于所处的社会地位、家庭环境、教育

---

① 朱汉国:《梁漱溟乡村建设性质新论》,《史学月刊》1995 年第 6 期,第 66 页。
② 孙继文:《梁漱溟"乡村建设"述论》,《河南大学学报(社会科学版)》,1998 年 3 月,第 38 卷第 2 期,第 84 页。

经历等不同,决定了他们的理想往往是美妙而空洞,幻想多于现实"①。

李在全的《教会大学与中国近代乡村社会——以福建协和大学乡村建设运动为中心的考察》(《教育学报》,2005年12月,第1卷第6期),以处于"边缘"地位的福建协和大学的乡村建设为研究中心,通过检视和探讨民国时期教会大学的乡村建设运动及其与近现代中国农村社会的关系,认为将这一运动失败的根本原因归结为其改良性质的结论值得重审和反思。实际上改良方式使得农村社会中国家和社会、传统与现代、政府与民间、精英与大众等诸多因素和资源得以较好的互动、整合、利用和优化,"如果摆脱'革命'和'改良'这样非此即彼的'二元对立'的话语分析,我们会发现民国时期的乡村建设的大方向和实际内容是符合农村现代化规律和历史潮流的"。

诚然如此,20世纪上半叶为探寻中国农村问题乃至整个中国问题的出路,社会各阶层人士提出多种发展理论与模式并从事实践活动。对这些理论主张、实践活动,我们需要做"同情之理解","任何模式都有其学理层面的价值,也有其现实试验的意义。当然,任何模式也都是有限的,历史的发展和演进最终都超越了模式本身。不过,历史所积累的认识价值却是永恒的"。②因此我们应避免"理论预设",对乡建运动做"先验性"的定性与评价,而应该在深入研究中寻求这一运动真正的意义及经验所在。

4. 乡村建设与乡村社会变迁

进入21世纪,史学界有关乡村建设运动的研究出现新的转向,逐渐从"运动史"、"思想史"研究转向更深层次,问题意识更明显的探索,如乡村建设运动对乡村政治、经济、教育、风俗变迁的影响等。这些研究均有助于本主题的材料扩充、问题意识深化及思路的拓展,因此有必要做一整理:

(1)乡村建设与乡村权力结构变迁

较早涉及这一主题的代表性研究有沈松侨的《地方精英与国家权力——民国时期的宛西自治,1930—1943》("中央研究院"近代史研究所集刊第21期,1992年6月)一文。该文以"宛西自治运动"为切入点,试图厘清20世纪中

---

① 马勇:《梁漱溟评传》,合肥:安徽人民出版社1992年版,第181页。
② 王先明:《历史学视野下的"三农"问题》,《光明日报》,2004年6月28日,B3版。

国政治发展过程中国家与社会关系的变化轨迹。作者认为主导宛西自治的彭禹廷、别廷芳、陈舜德等人凭借各类资源,运用不同策略,揭橥"三自主义",推动自治运动,并与致力于强化国家权威的南京国民政府之间产生不断的冲突与对抗,改变了传统士绅与国家之间的既定关系模式,揭示了现代中国政治权威多元化的发展趋向。但由于受是时社会经济条件的限制,宛西自治运动始终无法突破民国时期地方政治过程中"土豪劣绅"专擅垄断的基本模式,仍是少数地方精英在缺乏健全法制结构的情形下,依仗强制性的横暴力量所开展。因此,就其本质而论,民国时期的宛西自治只能说是在国家权力功能不彰,导致政治失序、地方权力结构全盘瓦解下的过渡性产物,不足以为现代中国国家与社会关系的调整提供一条可行的路径。

21世纪以来,村治问题与县政建设运动逐渐成为学界较为关注的问题。李德芳的《民国乡村自治问题研究》(人民出版社2001年版),考察了河北定县、山西省等地以及南京国民政府的乡村自治理论、主张、方针和实践,着重分析和总结了村治活动的贡献和失败的原因。徐秀丽主编的《中国农村治理的历史与现状:以定县、邹平和江宁为例》(社会科学文献出版社2004年版)同样以村治问题为研究对象,考察与对比了新中国成立前后以三个区域乡村自治或村民自治为核心的农村治理改革运动,认为无论是在民国抑或当代,乡村治理虽然都是由政府推动和主导的,官方的权威机构在乡村治理中起着决定性的作用,但从形式、制度上看,乡村治理的主要公共权威却是民间的自治机构和其他民间组织。于建嵘的《乡村建设运动对农村政治结构的影响——对湖南省衡山县的实证研究》(《衡阳师范学院学报(社会科学版)》,2002年8月,第23卷第4期),考察了民国湖南省衡山县的乡村建设实验,认为国家行政权力借乡建运动下沉到基层,不仅乡镇实现行政官僚化、保甲体制出现半行政化趋向,传统绅权也出现了与基层政权合二为一的趋势。王先明、李伟中的《20世纪30年代的县政建设运动与乡村社会变迁——以五个县政建设实验县为基本分析样本》(《史学月刊》2003年第4期),详细考察了县政建设运动产生的原因及五个实验县的特点,认为由于乡村社会结构的变动和国家政治结构并未出现地域性的根本差别,因此尽管在具体的进程和操作方式上有所区别,甚至在参与力量和主体上也有所不同,县政建设运动在整体上却有着共同的历史特征。其研究表明对于中国这样一个后发展中国家来说,国家政权的优先合理化是乡村现代化启动的前提,同时,对于乡村现代社会力量的培育才是乡村现代化持久发展的根本保证。张海英的《"县政改革"与乡村建设运动的演进》(《河北师范大学学报(教育科学版)》,2004年5月,第6卷第3期),通过对定县实验内容的考察,认为乡村建设运动是一个系统工程,教育与社会建设、学术与政治之间存在着互相制约、互相影响、互为条件的密切关系。以教育作为改造社会的手段存在极大局限性,其目的是否能够达到,最终还要看各种条件与环境是否具备。何建华的《试论晏阳初平教运动对政府的影响》(《华中师范大学学报(人文社会科学版)》,2010年1月,第49卷第1期),考察了晏阳初及平教会在20世纪20年代到40年代的平民教育运动及定县县政改革对国民政府产生的影响,认为定县县政改革所产生的许多实际改革方案为中央及各省所采用,"新县制"改革更是在多方面受到了定县改革的影响。

(2)乡村建设与乡村现代化

美国学者艾恺的《最后的儒家——梁漱溟与中国现代化的两难》(江苏人民出版社1996年版),以传记形式考察了梁漱溟的哲学、文化思想及乡建实践活动,认为理想主义的儒家人生观妨碍了他对政权性质的理解,导致乡村建设在政治上处于一种模棱两可的地位,既不是革命的,也不是保守的,而是一种"革命的保守主义",这部分导致了国共政权对乡建运动的不认同。最后作者指出梁漱溟的传统主义和"现代化及政治成功的需要是不相容的"[①]。

曹立新的《化农民与农民化:乡村建设运动中大众传媒的功能与策略分析——以〈农民〉报为中心》(《新闻与传播研究》2004年第3期)一文,从传播学的角度通过对《农民》报的功能与策略分析,认为以《农民》报为代表的大众传媒具有一种"媒介"作用:既是信息沟通和交流的媒介,也是方法、观念探索及对话的媒介。这些传媒通过编制、传播各种乡村建设的讯息和信息流,悄然播撒了乡村变革的种子,为当时的乡村建设运动孕育出一种全国性"气候",而这种"气候"反过来又推动了乡村建设运动的发展。

---

① [美]艾恺:《最后的儒家——梁漱溟与中国现代化的两难》,王宗昱、冀建中译,南京:江苏人民出版社1996年版,第280页。

王蓉的《南京国民政府的乡村建设与农民负担问题》(《福建论坛》(人文社会科学版)2008年第9期),认为南京国民政府主持的乡村建设一方面试图加强对乡村社会的控制与整合,另一方面则力图从乡村汲取更多资源用于建设,但由于赋税征收制度的种种弊端以及建设方式存在的问题,导致农民负担加重,进而影响到政府对乡村社会的整合与控制。

虞和平的《民国时期乡村建设运动的农村改造模式》(《近代史研究》2006年第4期),力图突破立足于政治史、思想史和文化史角度的研究,从社会经济史和现代化史的视野,考察乡村建设运动的社会性质、经济性质以及在中国农村改造历程中的历史意义等问题。作者认为乡建运动的主题目的和内容是试图对旧有的农村政治、农业经济和农民素质进行具有一定现代化性质的改造,即对乡村政治进行自治化和民主化的制度改革,对农业经济推行企业化和市场化的股份制合作社建设,对农民素质实施知识化和文明化的普及教育,从而显示了一种农村改造的现代性模式。这种从改良主义出发的模式在半殖民地半封建社会的近代国情背景下,不能成为解决中国农村问题乃至整个中国问题的有效途径,但其中一些思想认识和具体做法,显示了一种比较系统的具有一定现代化意义的农村建设路径,具有一定的历史意义。

吴瑞娟的《民国乡村建设运动与农村社会生活习俗变迁——从农村妇女地位及农民业余生活变化分析》(《沧桑》2010年第1期),考察了乡村建设运动对农村社会生活习俗变迁的影响,认为运动促使妇女地位改观,农民业余生活更加丰富,而且乡村建设者们的宣传教育为此后农村生活的进一步变迁奠定了基础。

李国忠的《苏维埃运动、乡村建设运动与中国农村的社会变迁比较》(《赣南师范学院学报》2002年第5期),考察了苏维埃运动和乡村建设运动的相似与不同及其原因,认为从现代化的角度来看,虽然它们都距离目标比较遥远,但苏维埃运动建立一个独立且强有力的政权,把广大人民群众动员起来是加速实现现代化的最佳途径,昭示了一种方向。张东雁、蒋永甫通过对比研究得出相似的结论,在《教育推动、行政主导与制度变革——20世纪20、30年代乡村建设的三种路径比较》(《广西社会科学》2011年第3期)一文中,认为在各种势力主导的乡村建设实践中,只有中共的苏维埃根据地建设抓住了中国农村贫困原因的症结,因而能够引起农民的广泛共鸣。中共通过对农村旧有政治经济制度的彻底改造,最大限度地实现了农民的社会动员。

从乡村建设运动产生至今日已近百年,相关研究成果只能用恒河沙数来形容。受学识水平所限,以上对乡村建设运动的学术史回顾未必准确,但应该说可以反映出这一领域研究的线索与现状。综上所述,尽管近几年乡村建设研究已经出现新的方向,并向更深层拓展,但学界对这一运动的研究依然偏重在"运动史"、"制度史"与"思想史"领域。

毋庸置疑,学界对上述领域的研究已经达到相当高度,但这些领域显然不能涵括乡村建设运动的丰富内容。对这些领域的偏重不仅使对乡村建设运动的总体认识处于一种"骨干已初具而血肉尚模糊"①的状态,更使得研究陷入一定程度上的"瓶颈"状态,与理论、方法、视角日益多元的近代史研究总体发展走向也渐趋脱节,主要表现为研究主题的重复,观点的陈因,很多成果停留在"泛泛而谈"的描述层面,甚至流于主观价值评判,很难形成新的认识。

要改变这种研究现状,推动乡村建设运动研究实现新的发展与突破,拓展问题意识、研究视角、主题,以及吸收新的研究理论与方法,诚可谓当务之急。而实现突破的一条可行性路径则可归纳为"一高一低":"高"指的是站在时代发展的高度,一方面对运动本身的内在构成要素进行再审视,如对乡村建设思想的研究不仅要关注领袖人物的思想内涵,还要探讨其思想的形成根源、发展脉络,更应以长时段的眼光考察乡村建设思想的形成、发展、流变及影响;另一方面将乡村建设运动置于近代社会变迁的大场景中,将其与是时社会经济、文化、结构的剧烈变动相结合,分析其中的相互关联、作用及影响,进而更准确地把握乡村建设运动的历史地位,而不仅仅是做"倒放电影"式的价值评判。"低"则主要指"眼光向下",不仅应关注领袖人物,注重运动的性质、结果,还应大力挖掘运动的发展过程与运动的主体等内容,考察以往被忽视的诸如乡村建设运动是由谁开展、如何得以展开,参与乡村建设人群的心态、社会认同,乡村建设团体之间以及与异质社会群体之间的互动及影响等面相,填补运动的"血肉",从而使研究突破"史实再现"的模式而真正深入运动

---

① 罗志田:《二十世纪的中国思想与学术掠影》,广州:广东教育出版社2001年版,第271页。

内部场景,获得有关乡村建设运动产生、发展、成效、局限及其根源所在的更为全面、深刻的认识。

在上述可能实现突破的研究取向中,本书选取乡村建设运动的主体力量——"乡村建设工作者群体"为研究主题,尝试以"群体"为切入点,将以往被有意或无意割裂的运动主体、客体结合起来进行分析,探讨这一群体的概况及其对乡村建设运动发展所起的作用及影响,以期实现乡村建设研究的新突破。就目前而言,对乡建工作者的群体性研究可以说仍是乡村建设运动研究领域中的一个薄弱环节,相关研究成果不仅数量少,且或过于简略,或过于宏观,缺乏对这一群体应有的分析与研讨,还有较为广阔的研究空间。本书尝试加强对这一问题的研究,着力对华北若干乡建区域的工作者群体进行全面剖析,并试图立足于这种分析,再审视乡村建设未能达到预期目的之根源所在。

四、研究方案

(一)研究目标与研究方法

研究目标:以1926—1937年间的华北主要乡村建设区域为中心,考察乡建工作者群体的产生背景、形成路径、群体特征、实践活动、工作方式、社会认同及群体走向等问题,并尝试立足于对上述问题的分析,探讨乡建工作者对乡村建设运动发展与走向的影响,以及乡建过程中如何处理社会与政治力量、制度与人情之间关系的问题。

研究方法:本书主要采用实证研究方法,并尝试借鉴社会学、心理学中有关群体组织、运作、行为、角色、心理等的理论方法与研究思路,力图多角度、多层次地对乡建工作者群体进行剖析。

(二)研究重点、难点与创新之处

本书的研究重点在于通过对乡建工作者的选拔方式、知识背景、社会身份、工作内容、工作方式方法的分析,探讨工作者对乡村建设运动走向及成败的影响。难点在于有关乡建工作者生活状况及具体实践工作的案例材料相当分散,且搜寻难度较大。

本书的创新点在于：就研究思路而言，从乡村建设"运动史"、"制度史"、"思想史"的研究转向对"人"的研究；就内容而言，以往学界的研究成果虽部分涉及乡建工作者，但尚无专门研究，不成系统；就资料而言，本书力求全面搜集有关乡村建设运动的报纸、期刊、地方志、回忆录及调查报告等史料，并尝试发掘、利用档案材料。

（三）研究主旨与结构安排

全书共分为七章，主旨在于通过对乡村建设工作者群体的全面考察，探讨其对乡村建设运动发展进程所产生的作用及影响。

任何一个社会群体的形成都不是偶发性的，而是基于一定的社会条件。这些条件制约甚至决定着群体的发展、成员结构乃至群体目标、功能等的实现。因此，厘清乡村建设工作者群体产生的时代背景，可以为更深入地理解这一群体奠定基石。工作者群体的形成、发展壮大与乡村建设运动的发展密切相关，其根源则在于近代以来城乡关系的结构性失衡。近代以来城市化、工业化的进程并未与农村社会的发展形成良性互动，城乡关系的结构性失衡日渐明显，最终导致了城市的畸形膨胀与农村的极度萧条，形成两相隔绝的局面。这种分离与对立既无益于乡村社会的进步，也危及城市的发展，不仅使城市内出现社会犯罪率高、贫民生活困难、知识分子"冗余"等严重社会问题，更使农村经济、社会结构出现剧烈变动，几近全面崩溃。为"救济农村"、"复兴民族"，部分知识分子将乡村建设运动视为解决农村乃至整个中国问题的途径，于是设立机构、制定计划、培养乡建人才，致力于推进乡村建设运动。与此同时，麇集于都市中的另一些知识分子或为民族国家前途着想，或为谋求生路，纷纷响应"下乡去"的呼声，转向农村开始从事乡建工作。两条途径构成了乡建工作者产生的时代性背景。城乡关系的结构性失衡以及由此催生出的乡村建设运动的发展是本书第一章的重点研究内容。

随着20世纪二三十年代农村危机的不断加深，越来越多的知识分子投身于乡村建设事业，而部分规模较大的乡建团体、机构也在选拔、培养相当数量的专门人才。由此，一个以宗旨目的上的统一、事业内容上的一致、情感价值上的相近等为内聚力的群体逐渐形成，而1933年时在邹平举办的首届全国乡村工作讨论会即可视为该群体形成的一个重要标志。要认识这个群体，首先须对群体的内部结构、特征等进行分析与考察,于是转向对工作者群体的剖析也就成为第二章的主要内容,即着重探讨乡建工作者群体的形成路径及特征,考察工作者的选拔标准与方式、相关训练机构与训练内容,并对群体数量、籍贯、年龄、待遇、社会身份及群体互动等情况进行分析,以期实现对这一群体的概观了解。

作为一个颇具规模的社会群体,乡村建设工作者群体有着相应的群体目标与诉求,即振兴农村、复兴民族国家。为达此目的,经过一定的选拔、培养后的工作者在不同的岗位承担起贯彻乡村建设理论、路线,推进乡村建设事业的重任,他们的行为与活动直接影响着事业的走向与成效,可谓乡村建设运动的灵魂。在了解群体概况之后,第三章则转入梳理工作者群体所从事的诸如社会调查、乡村教育、农业经济、医疗卫生等方面的实际工作,并结合乡村建设运动的客观发展脉络分析工作者群体的工作成效及影响。

无论是在近代还是在当下,乡村建设都是公认的极为困难的事业,乡村建设工作者群体在上述几项事业方面所取得成效显然不是唾手可得,所出现的问题也有其致因所在。要想更深入地考察工作者群体的工作场景,对工作者开展工作的方式方法进行剖析就成为必然的逻辑展开。基于上述思考,第四章立足于工作者群体所取得的成效及存在的问题,着重考察工作者开展工作的方式方法。杜赞奇的研究表明,近代华北乡村社会处于"权力的文化网络"中——一个由各种集团和组织交织而成的天衣无缝的一个网络,"任何追求公共目标的个人和集团都必须在这一网络中活动,正是文化网络,而不是地理区域或其他特别的等级组织构成了乡村社会及其政治的参照坐标和活动范围"①。当乡建工作者成为推进新式乡村公共事务的主体力量与领导中心时,难免会威胁到原本处于权力网络中心的集团或组织的权威地位,从而引起诸多猜忌与抵触。然而乡村建设运动并不考虑或试图改变乡村的权力结构,使自身组织机构与工作人员成为乡村社会的领导者,而是通过各种方式努力获得地方势力的理解与同情。因此,摆在工作者面前的最大难题便在于如何处理

---

① [美]杜赞奇:《文化、权力与国家——1900—1942年的华北农村》,王福明译,南京:江苏人民出版社1996年版,第14页。

与绅士、民众各方面的关系，如何获得各方的认同与支持，而这成为乡建工作能否顺利开展的关键。乡建领袖为解决这一难题设计了诸如"上联下接"等工作方案，但在实际工作中，部分工作者由于各种主、客观原因并未能很好地贯彻这些方案，进而影响着乡建工作的开展。

乡村建设工作者群体的工作内容及方式不仅关乎乡村建设运动的进展，还影响着其他社会群体对乡村建设运动及工作者群体的评价。而来自外界的评价以及自身的工作体验复又影响着工作者群体的社会认同。为更全面地揭示除开展建设事业之外的群体面相，第五章则以工作者群体的社会认同为切入点，一方面分析工作者的心理、情感状态及其变化，一方面揭示工作者群体与其他异质社会群体之间的互动与群际关系。乡村建设运动在当时被看作是民族国家的"新希望"，得到社会各界的关注与评价。来自农民、学界、政治势力以及自我的评价既是工作者群体工作成效的一种表达，亦是时人对工作者群体的认同。而这些认同尤其是政治势力的认同成为日后影响工作者群体分化与走向的重要因素。

尽管乡村建设工作者群体为事业的开展做出各种努力，也取得了一定的成效，但乡村建设运动的发展始终未能完成所承载的救民救国重任，甚至并没有达到乡建领袖们的预期目的。自身的工作体验以及外界的评价也使工作者对乡村建设运动产生不同的认识。1937年抗战的全面爆发，导致华北主要乡村建设实验区失去继续开展事业的环境，工作者群体遂以此为契机出现分化与不同的走向，对这一问题的分析则是为第六章的主要内容。随着抗战的全面爆发，华北大部分地区的乡村建设团体、机构不是停止活动，就是转移到大后方开辟新的建设区域，而工作者群体也在局势的变动中产生分化。一部分工作者抱定信念转移后方继续从事建设，也有不少来不及转移的工作者就地加入国共两党领导的抗日救国活动。与此同时，还有相当一部分工作者果断地放弃乡建道路，投身于中国共产党领导的新民主主义革命事业。总之，以抗战的全面爆发为契机，整个工作者群体出现分化，走上不同的道路。

以上六章展示了乡村建设工作者群体伴随乡村建设运动的发展从形成、壮大到分化的发展历程，以及工作者群体的工作内容、工作方式及社会认同等具体问题。但群体研究显然不能止步于群体本身，尚需"走出群体看群体"，进行总体上的评价与更深层的思考。因此,第七章立足于上述各章节的分析,对工作者群体进行总体评价,并对乡建过程中如何处理社会、政治力量以及制度、人情之间关系的问题进行审视。乡村建设工作者群体是乡村建设运动的主体力量,其政治地位与工作得失实际上提示着乡建工作应如何处理社会、政治两者关系的问题。乡村建设运动起初是一种社会自发型的运动,推进乡建实践的工作者多为自愿参与的知识分子,没有政治身份、地位与权力,因此在开展工作时不免遭到政府猜忌、豪绅阻挠,使工作成效大打折扣。从乡村建设到县政建设,部分乡建机构变成政府机关,而工作者则成为行政人员。政治力量的介入虽使乡建工作受到的障碍大大减少,但又出现乡建机构"衙门化"与工作者"职业化"现象,乡建运动仍然问题层出。这实际上形成一种悖论:乡建工作进展不顺利则难以推进,进展顺利(借用外力主要是行政力量,以推行政令的方式强行开展某些建设事业如社会调查、农业推广等,虽在短期内即可完成既定任务,但常因措施不当无法达到建设乡村的目的,也得不到农民的支持,所表现出的民众"参与"也多是出于被迫、无奈而非自愿所为)则无法收到实效。如何处理乡建工作中社会力量与政治力量的分际问题,在当时就众说纷纭,到今日恐怕仍是一个值得讨论的话题。

再者,各地乡村建设运动虽在目的、内容及实践方面多有不同,但就宏观主旨而言,却都是致力于探索"对农村政治、农业经济和农民素质的现代性改造"①。不同的乡建团体、实验区试图通过乡村社会改造,以期实现农村现代化的意图可谓确凿不移。不同学科对"现代化"的定义不尽相同,但核心内容则大同小异,可归结为"经济领域的工业化,政治领域的民主化,社会领域的城市化以及价值观念领域的理性化的互动过程"②。就当时的中国农村而言,现代化的路向体现在契约合作型团体组织的形成,农业技术的改进,公共卫生标准的提高以及农民文化素质的提升及观念的转变等方面。这些转变无不需要一系列制度乃至法令的支持,但出于对政治强制力的忌惮以及培养民众自

---

① 虞和平:《民国时期乡村建设运动的农村改造模式》,《近代史研究》2006 年第 4 期,第 95 页。
② [美]西里尔·E.布莱克编:《比较现代化·译者前言》,杨豫、陈祖洲译,上海:上海译文出版社 1996 年版,第 7 页。

发力、组织力的考虑,乡建工作者极为强调发动农民的积极主动性,开展工作不以制度为依托,而往往以绅士、农民的喜好为基准,竭尽所能以减少工作阻力。这虽在一定程度上有利于乡建工作的开展,但由于过于顺应环境而不是改造环境,使工作"不但无生机,即本身亦恐减绝"①。因此,在乡村建设过程中如何处理制度变革与人情依赖的关系也是一个不得不加以关注的问题。

---

① 《李星三同学上梁漱溟先生王平叔先生两信》,《乡村建设》第 2 卷第 27、28、29 期合刊,1932 年 5 月 11 日,第 40 页。

第一章 CHAPTER ONE

乡建工作者群体产生的背景

近代以来城市化、工业化的进程并未与农村经济的发展形成良性互动,城乡关系的结构性失衡日渐明显,从根本上导致了农村经济的衰败与破产。然农村、农民关乎民族国家的兴衰荣辱,面对20世纪二三十年代外敌入侵不断加剧的局势,"救国先救农村!"更是成为人所共识。受此时代环境的影响,一些知识分子如晏阳初、梁漱溟等试图从改造整个乡村入手,通过乡村建设实现救亡图存的历史重任,一时间从者如云。运动迅速蔓延到全国范围,各地从事乡建工作的团体、实验区多以千计,成为一股强力的历史发展潮流。与此同时,麇集于都市的部分知识分子或为民族国家前途着想,或为谋求生路,纷纷响应"下乡去"的呼声,转向农村参与乡村建设事业。通过以上两条途径,知识分子与乡村建设运动实现结合,进而形成一个数量可观的乡村建设工作者群体。

第一节　近代城乡关系的结构性失衡及其影响

海通以来，一代又一代学人向西方寻求工业文明与资本主义经济发展的"真理"，以实现民族国家的救亡图存。然在帝国主义、封建主义压迫之下，民族资本主义的发展始终步履蹒跚，再加上"惟尊重工商而漠视农业"①观念的影响，本为立国之基的农业经济与乡村社会也被遗忘在角落，城乡关系一直未能协调发展。"在中国，因为处于半殖民地状态之下，要像欧美资本主义国家那样按部就班的发展，调和农村和都市成为一种和谐的有机的生产系统，已经不复可能，换言之，工业化在半殖民地的政治形态之下，终不能有完成之一日，因之农村与都市的对立，不特不能得到丝毫的缓和，抑且会更加尖锐化持续化。"②困厄中的近代化进程打破了城乡一体的传统发展模式，并造就了城乡"各自独立，不相连络"③的局面，使两者在经济、人口、文化等方面均出现结构性失衡④，造成城市的畸形膨胀与乡村的极度萧条。而在制约社会发展的

---

①　《农村衰落与城市集中的危机》，《合作讯》第 55 期，1930 年 2 月，第 6 页。
②　《押解知识分子下乡》，《华年》第 5 卷第 15 期，1936 年 4 月，第 272 页。
③　朱通九：《都市经济与农村经济》，《经济学季刊》第 5 卷第 2 期，1934 年 8 月，第 49 页。
④　20 世纪 30 年代日本学者中泽办次郎将近代城市与乡村的关系归结为六条纽带，即金融、交换、税制、人口、文化与土地，可作为考察是时城乡关系之参考。（[日]中泽办次郎：《都市经济与农村经济·原序》，邱致中译，上海：有志书屋 1936 年版，第 3 页。）

诸要素中,经济要素起着至关重要的作用,"物质生活的生产方式制约着整个社会生活、政治生活和精神生活的过程"①。近代以来,城乡在经济方面的失衡成为乡村经济破产的根源所在,而经济的破产又催生出乡村社会全面危机的爆发。显然,城乡经济关系的演变是城乡关系中最核心、最本质的内容,决定着城乡社会的发展变化,因此本节着重围绕这一问题展开论述。

一、城乡殊分:农村经济危机的凸显

传统社会构筑于自给自足的农耕经济基础之上,治乱兴衰的关键在于乡村,而与之相对的城市则承担着政治、军事治所及商品交换地等角色。由于此时的城市尚不具备生产能力,所需物资均由乡村供给,因此两者在分工合作中实现着有机的统一,并不存在分离与隔绝的问题。然近代以来,伴随着西欧资本主义的渗透及国内工业化的发展,其"出产品"——现代意义上的城市得以蓬勃发展,"工业一天发展一天,都市也就一天发展一天"②。但受诸多因素的影响,乡村社会却并未能同步进步,以往由乡村支配城市发展的局面逐步被逆转。"农村对都市的不同作用,一般地说来,在古代是决定的,积极的,主动的;在中世是相关的,相对的,并行的;在近代是被决定的,消极的,被动的。"③一方面,城市近代工商业的发展不断吸收着周边乡村地区的资源,"近代都市,对于那做其本身之实质的支持者的近代农村说,其中心是金融、交换、税制三大榨取机关,同时继续通过都市和农村间的人口、文化、土地等一切的榨取纽带,而从各方面吸收农村底生产力,以资自身底膨胀和发展"④。另一方面,政治的失序及天灾人祸的频仍导致乡村生存环境日渐恶化,而各种资源如人才、资金等也因之不断流入城市。城乡差距在这种不均衡的发展中

---

① 《马克思恩格斯全集》第13卷,北京:人民出版社1962年版,第8页。
② 吴景超:《都市社会学·孙序》,上海:世界书局1929年版,第1页。
③ 邱致中:《都市社会学原理》,上海:有志书屋1934年版,第97页。
④ [日]中泽办次郎:《都市经济与农村经济·原序》,邱致中译,上海:有志书屋1936年版,第3页。

迅速扩大,并产生日渐分离的趋向,"近代社会之特征的表现,可以见于都市之急速地膨胀,以及与此相对的农村之急激地疲弊这两种倾向"①。这种分离的必然结果就是"促成农村与城市成一绝相悬殊之世界。苟不急图挽救,则此后城市日发展,农村日空殆为不可免的现象"②,成为农村经济破产的根本原因所在,最明显表现在金融与人口方面:

金融是为整个国民经济运作的"血脉",渗透在社会的方方面面。20世纪二三十年代以来,都市金融的膨胀程度日甚一日,"现在中国都市金融市场最显著的现象,就是农业金融一天一天枯缩,现金一天一天从内地流到都市,而且最后流到都市中的巨擘上海来。这种现象,并不是一班理论家的高谈,而是眼前确凿不移的事实"③。膨胀的原因一方面源于农产品价格的下跌。1931年后世界性经济萧条的出现沉重打击了包括中国在内的众多亚非发展中国家的农业部门,国内农产品价格出现大幅下跌,如1931—1936年间的上海市粳米价格较1926—1930年下跌1.98元/市担,跌幅近25%,同期广州市米价从10.79元跌至9.74元/担,跌幅近10%,天津市场上上海籼价格自1930年的最高额15.12元/石,跌到1933年的9.02元/石,跌幅超过40%。④其他农产品如小麦、棉花、生丝、茶叶等价格均出现大幅下滑,甚至"人造丝市场几全部被其(日本)垄断"⑤。更为具体的数字可见中央农业实验所调查所得数据,见下表:

---

① [日]中泽办次郎:《都市经济与农村经济·原序》,邱致中译,上海:有志书屋1936年版,第1页。

② 《农村衰落与城市集中的危机》,《合作讯》第55期,1930年2月,第5页。

③ 谷春帆:《中国都市金融的现状》,《中学生》第41号,1934年1月,第10页。

④ 许道夫编:《中国近代农业生产及贸易统计资料》,上海:上海人民出版社1983年版,第92、96、93页。

⑤ 《日货倾销长江流域》,《银行周报》第18卷第37期,1934年9月,第3页。

表 1-1　1912—1933 年 10 月上海等地麦谷指数波动表

时间	谷价指数（以 1933 年 1 月作 100 的基本指数）				麦价指数（以 1933 年 1 月作 100 的基本指数）			
	上海	无锡	定海	芜湖	上海	丹阳	阳谷	茌平
1912 年	93	73	140	120	98	173	76	60
1931 年	142	139	180	172	124	93	113	90
1932 年	122	133	140	132	111	109	101	99
1933 年 10 月	72	90	60	110	83	96	72	69

资料来源：归廷铨：《农村经济没落之原因及其救济方案》，《东方杂志》第 32 卷第 1 期，1935 年 1 月，第 85 页。

河南省各县农产品价格跌落的情况则更为严重：

表 1-2　1912—1933 年河南省各县农产物价格指数表

县名	麦价指数（以 1933 年 1 月之价格为 100）					棉价指数（以 1933 年 1 月之价格为 100）				
	1912 年	1931 年	1933 年 4 月	1933 年 7 月	1933 年 10 月	1912 年	1931 年	1933 年 4 月	1933 年 7 月	1933 年 10 月
辉县	65	101	100	57	65	62	103	100	125	100
孟津	53	112	112	112	59	—	113	115	92	85
武安	80	99	89	78	77		101	50	90	72

资料来源：《河南省各县农产物价格指数表（一）》，《农情报告》第 2 年第 4 期，1934 年 4 月，第 31 页。

同时，农产品价格的跌幅远高于工业品。就天津市场批发价指数而言，原材料指数从 1930 年的 1.1046 跌至 1933 年的 0.8320，跌幅近 25%，而同期制造品指数从 1.1941 跌至 1.1415，跌幅仅 4.40%[1]，华北地区统计资料见下表：

---

[1] 南开大学经济研究所编：《1913 年—1952 年南开指数资料汇编》，北京：统计出版社 1958 年版，第 13 页。

表 1-3　1932—1935 年河北农产品购买力的变动（1932 年指数为 100）

年份 类别	1932 年	1933 年	1934 年	1935 年
农产品价格指数	100	78	73	91
农用品价格指数	100	84	84	109
农产品购买力	100	93	87	83

资料来源：张培刚：《民国二十五年的中国农业经济》，《实业部月刊》第 2 卷第 4 期，1937 年 4 月，第 63 页。

统计数字清晰地显示，在物价的变动中，农村与城市之间的"不等价之交换的市场关系更其尖锐的扩大和加深了"①。农民不得不出售更多的农产品以支付肥料、工具及赋税等费用，导致 1932 年以后国内"白银流通呈反向态势"②，即资金从城市输往农村的流向逐渐逆转，"销路之滞钝而流入之资金大减，他方面因农村日用物品又必须由都市购入农村，原来赖以周转之少数现金遂以抵偿入超之方式向都市不断的集中"③。

除因商品交换导致农村资金流入城市外，尚有相当比例的资金是通过租税剥削等方式从农村吸收而来。就城市发展的普遍历程而言，金融资本的数量必然随工商业之发达而日益增加，但近代中国重要城市中的工业"大多规模狭小，生产效率低微，而在地域上，业别上，分配又不均衡，新式工业，仍未取得领导之地位"④。国内城市金融的膨胀并非工商业发达之自然结果，其构

---

① [苏]马扎亚尔：《中国经济大纲》，徐公达译，上海：新生命书局 1933 年版，第 8 页。

② [日]城山智子：《大萧条时期的中国：市场、国家与世界经济（1929—1937）》，孟凡礼、尚国敏译，南京：江苏人民出版社 2010 年版，第 102 页。

③ 赵宗煦：《江苏省农业金融与地权异动之关系》，见萧铮主编：《民国二十年代中国大陆土地问题资料》，台北：成文出版社 1977 年版，第 46019 页，转引自李金铮：《民国乡村借贷关系研究——以长江中下游地区为中心》，北京：人民出版社 2003 年版，第 181 页。

④ 谭熙鸿、吴宗汾主编：《全国主要都市工业调查初步报告提要》，上海：中华书局 1948 年版，第 23 页。

成亦不是"纯工商业资本与金融资本之联合组成,而一般军阀官僚地主资本,实占绝对多数"①。而这"一般军阀官僚地主资本"无疑来源于乡村,如在河北省"自九一八以后,税捐之重,为之骤加……除法定田赋之外,附加征收,达二十余项之多,致粮银一元,附加税竟多至七八元或五六元者。而预征钱粮,各县多有;催缴欠赋,牵及民国十五六年以前的旧账……民国二十一年度的农民,前有民国五年以来的旧欠,后有民国二十一年度以外的预征,前后催剥,其何以堪!"②乡间繁重的苛捐杂税几乎榨干了农民的每一滴血汗,榨取所得则随豪绅、军阀等流入都市,助长着都市金融的畸形膨胀。此外,农村一般富户为躲避乡间不靖之环境也携资偕眷避居都市,更使资金不断集中于都市,而农村金融日益枯竭。

正如时人所言:"以年年内地的荒乱,军匪的蹂躏,以及贸易上的逆调,使农村资金渐渐流向都市。军阀官僚从民众身上所刮取的膏血,大都寄存于租界内各帝国主义银行。而土豪乡绅,亦多携其产业投身都市,征逐于公债,标金等投机市场。于是遂形成都市的充血与农村的贫血之现象。"③在多种因素作用下,上海等城市的资金量急剧增加,"按在民国二十年底,上海银两存底为六千一百八十万两;迄去年十一月底,已增至一亿三千七百万两。又二十年底,上海银洋存底为一亿七千三百万元;迄去年十一月底,已增至二亿二千九余万元"④。城市金融的增加也明显地体现在银行业的迅速发展上。在20世纪二三十年代经济普遍萧条的环境下,银行的数量却"如雨后春笋的添设","无论中国的社会经济经历了怎样的危机,而中国的银行业却能'得天独厚',有它蓬勃的发展……1928年添设的银行有12家,1929年有6家,1930年有11家,1931年有11家,即以1932年空前的沪战与金融危机,亦开了6家新银行"⑤。不仅银行数量在不断增长,银行资本也迅速膨胀。

---

① 夏运生:《华北金融研究》第1辑,出版社不详,1939年版,第10页。
② 马乘风:《最近中国农村经济诸实相之暴露》,《中国经济》第1卷第1期,1933年4月,第6页。
③ 甘祠森:《都市经济与农村经济》,《商兑》第1卷第7期,1933年5月,第11页。
④ 高家栋:《复兴农村与改善农村金融问题》(上),《银行周报》第17卷第32期,1933年8月,第5页。
⑤ 千家驹:《救济农村偏枯与都市膨胀问题》,《新中华》第1卷第8期,1933年4月,第16页。

表1-4　1932年与1929年银行营业盈余对比表

银　行	1932年	1929年	增长额	增长比
中央银行	8 000 000元	1 700 000元	6 300 000元	370.6%
中国银行	1 400 000元	1 000 000元	400 000元	40%
交通银行	1 050 000元	500 000元	550 000元	110%
上海银行	860 000元	510 000元	350 000元	68.6%
金城银行	850 000元	200 000元	650 000元	325%
……				
总　　计	15 980 000元	6 815 000元	9 165 000元	134.5%

资料来源：马乘风：《最近中国农村经济诸实相之暴露》，《中国经济》第1卷第1期，1933年4月，第10~11页。

一方面资金源源不断流入城市、银行，同时由于内地治安不靖、经济衰退的程度日深，银行不愿意向内地尤其是农村放贷，导致只有资金的流入而没有流出，"通商大埠既对内地各都市收缩信用，内地各都市对各城镇也紧缩信用，各城镇对各乡村也紧缩信用，所以现金就渐次集于通商大埠"①。而城市中并不发达的工商业也不是投资的最佳选择，大量资金遂成为"游资"，被用于购置公债、投机房地产等，"与产业及内地农工业之发展愈疏"②，造成城市的虚假繁荣。反观广大农村，则因资金流失而陷入周转困难的境地。农业生产的方方面面无不需要资金支持，"即如一般工业之制造经营，必需充足流动及长期之资金……农业者则需要农地，农具，河道，仓库，运转器具，种子，肥料，预防及医治植物及牲畜疾病之药品，耕种之费用，牲畜之饲料，农工之资，以及维持家族日常生活所必需种种之物品"③。但收入的减少已然造成农民"以终岁勤劳所得代价，几难供一饱之用"④，更难有余力对农业生产进行投资。资金的缺乏使许多农民不得不举债以维持各种农业生产及生活，因而农民负债率

---

① 梁漱溟：《乡村建设理论》，见中国文化书院学术委员会编：《梁漱溟全集》第2卷，济南：山东人民出版社1990年版，第502页。
② 夏运生：《华北金融研究》第1辑，出版社不详，1939年版，第13页。
③ 林和成：《中国农业金融概要》，出版社不详，1935年版，第2页。
④ 马乘风：《最近中国农村经济诸实相之暴露》，《中国经济》第1卷第1期，1933年4月，第28页。

也能部分地反映出农村金融的困乏,见下表:

表1-5　1933年晋冀鲁豫农民负债比例

省份	河南	河北	山西	山东
报告县数	63	109	71	82
借贷家数比例	41%	51%	61%	46%
借粮家数比例	43%	33%	40%	36%

资料来源:《各省农民借贷调查》,《农情报告》第2年第4期,1934年4月,第30页。

以上资料显示的只是静态的数据,就动态而言,20世纪二三十年代的农民负债率可以说一直处于增长状态。仍以资料较为详尽的定县为例,据对5村526家的统计,1929年时负债户有171家,占总户数的33%;1930年时负债户增至230家,占总户数的44%;1931年时负债户增至305家,占总户数的58%。短短两三年时间内,负债率增加了25%。1932年到1933年间借债户的数量虽然有所减少,但只是由于农村经济状况的恶化使债主不愿轻易放款而贫民无法顺利借到款项所致,实际上潜在的负债户并未减少。到1934年,负债户数继续增加,超过此前的比例。①负债额也在不断增加,从1929年到1931年,此5村526家农户借款总额一年多过一年,1930年的总额比1929年增加64%,1931年比1930年增加42%,比1929年增加133%。每年平均每家借款额,1930年比1929年多22%,1931年比1930年多7%,比1929年多30%。②而1926年到1927年间对北平郊外乡村的调查也显示,"近年以来水、旱、兵、匪等灾不断发生,人民的生计一年不如一年,因此借钱的家数也一年多一年"③。

城乡关系的失衡同样表现在人口方面,即农民离村率的增高与都市人口的迅速膨胀。农民离村的原因复杂,既有因天灾人祸、捐税繁重等造成的生活困难,也有城乡差距及工商业利益的引诱,可以说是"当时综合社会环境的产

---

① 李景汉:《定县农村借贷调查》,《中国农村》第1卷第6期,1935年3月,第57页。
② 李景汉:《定县农村借贷调查》,《中国农村》第1卷第6期,1935年3月,第58页。
③ 李景汉:《北平郊外之乡村家庭》,上海:商务印书馆1933年版,第115页。

物"①。各地具体的离村率不一,但离村的现象与趋势相当明显,"在山东……不但地主阶级离开农村,即农民也不得不离村,最甚的地方是沂县,能居住于乡村的人口仅占全县人口的十分之三,耕地都已荒废。处于这种状态的,不仅是以上几省(江苏、四川等),不过程度上有差异而已"②。更为直观的统计数据可见于实业部中央农业实验所之调查,如下表:

表1-6 离村农家数及其占报告各县总农户之百分比

省名	共有县数	报告县数	全家离村之农家		有青年男女离村之农		有报告各县之总农户数	有报告各县之总农户数占全省总农户之百分比(%)
			家数	占报告各县总农户之百分比(%)	家数	占报告各县总农户之百分比(%)		
河南	104	94	172 801	3.9	267 059	6.1	4 377 200	86.2
山东	108	93	196 317	3.8	410 385	7.9	5 191 800	87.7
河北	130	120	117 559	3.0	331 264	8.5	3 888 500	92.4
山西	105	82	20 852	1.4	50 927	3.5	1 458 000	77.9

资料来源:《各省农民离村调查》,《农情报告》第4卷第7期,1936年7月,第173页。

为增进了解,具体到县的调查资料见下表:

表1-7 河北、山东农民离村比较表

地区		平均每村离村人口统计			调查县份总人口之离村率		
		村数	离村人口	平均每村离村人口	总人口	离村数	离村率
山东	沾化	20	512	25.7	5857	513	8.70%
直隶	遵化	18	241	13.4	9085	241	2.65%
	唐县	24	281	11.7	6177	281	4.55%
	邯郸	18	77	4.5	4236	77	1.82%
	盐山	—	—	—	803	70	8.72%
总 计		80	1111	13.9	26158	1182	4.25%

资料来源:[日]田中忠夫:《国民革命与农村问题》上卷,李育文译,北平:村治月刊社1931年版,第109~110页,转引自王印焕:《1911—1937年冀鲁豫农民离村问题研究》,北京:中国社会出版社2004年版,第5页。

---

① 王印焕:《1911—1937年冀鲁豫农民离村问题研究》,北京:中国社会出版社2004年版,第18页。
② [日]长野朗:《中国土地制度研究》,陆璞译,上海:新生命书局1933年版,第172页。

以上各表的调查统计数字已然显示出离村问题"已普遍于全国的任何穷乡僻壤,并且日益严重化了"①。在华北区域,全省各县平均"全家离村之农家"占总家数的比例以山西省的 1.4% 为最低,最高为河南的 3.9%;而全省各县平均"有青年男女离村之农家"占总家数的比例也以山西的 3.5% 为最低,最高为河北的 8.5%。县一级的材料中,平均离村率最低的为直隶邯郸的 1.82%,最高则为直隶盐山的 8.72%。

以上数字仅就平均而言,离村的人口总数各地情况不一,很多地区离村率高得惊人。据南开大学经济学院在 1932 年的查访所得,山东各地的离村比率中昌邑(尤其是南部)为 35%,日照全县平均在 20% 以上,其西北乡和北乡则约为 40%,鲁南的费县、莒县、临沂等地离村农民更是占到全村人数的 60% 左右。②如果考虑到农村人口的基数,背井离乡的农民数量将极为惊人,如山西有 11.7 万余人离村,河南则多达 131.5 万人离村。③如此之多的离村农民中,有意愿及能力离村的多为青壮年,从 1934 年 1 月到 3 月,在定县外出谋生者中准确知道其年龄的共有 1338 人,其中 20—44 岁者就有 899 人,占到总数的 67.2%。④而对直隶省盐山县 150 户农家的调查同样显示这一现象,在 45 个离村者中,20—49 岁的就有 31 个,占到总数的 68.9%。⑤

如此多的农民离村后为谋求生路,或选择逃难他方,或转向别村继续务农,或进入都市以寻找谋生的机会,相关统计数据见下表:

---

① 饶涤生:《日趋严重的农民离村问题》,《申报月刊》第 4 卷第 12 号,1935 年 12 月,第 72 页。
② 王药雨:《山东农民离村的一个检讨》,《大公报》1934 年 5 月 23 日,第 11 版。
③ 古楳:《中国农村经济问题》,上海:中华书局 1936 年版,第 13 页。
④ 李景汉等:《定县经济调查一部分报告书》,定县:河北省县政建设研究院 1934 年版,第 100 页。
⑤ [日]田中忠夫:《中国农业经济研究》,汪馥泉译,上海:大东书局 1934 年版,第 115~116 页。

表 1-8 全家离村农民之去向比例表

省名	到城市逃难	到城市做工	到城市谋生	到城市住家	到别村逃难	到别村务农	迁居别村	到垦区开垦	其他
河南	20.9	16.8	12.3	9.4	8.8	16.3	6.8	5.2	3.5
山东	11.7	22.3	13.9	6.3	8.5	17.3	5.7	7.7	6.6
河北	15.4	24.3	17.8	6.3	6.0	18.1	5.0	5.1	2.0
山西	11.8	21.1	17.6	9.1	5.2	19.5	7.9	5.1	2.7

资料来源:《各省农民离村调查》,《农情报告》第 4 卷第 7 期,1936 年 7 月,第 177 页。

由表中数据可知,全家离村后以逃难、做工、谋生、住家等形式进入城市的农户占全家离村农户的一半以上,山西有 59.6%,河北有 63.8%,山东有 54.2%,河南有 59.4%。而在离村的青壮年农民中,进入城市的比例更高。据统计,以工作、谋事、求学等形式进入城市的比例在以上四省中分别为 65.9%、68.6%、66.6%、66.8%。①

大量离村农民涌入都市一定程度上促使大中小城市人口数量以较快的速度增长,尤其以与农村关系较为贴近的中小城市(镇)的增幅最为明显:华北超大城市中的北京市区与郊区人口总和从 1912 年的 112.9 万增加到 1935 年的 157.2 万,增幅近 40%,天津市区人口从 1917 年的 71.9 万增长到 1928 年的 93.9 万,增幅 30.6%;中等城市中的烟台市、太原市人口分别从 1928 年的 10.2 万、10.1 万增至 1936 的 14.5 万、20.0 万,增幅分别为 42.2%、98.0%;小城镇中的邢台、通州、集宁人口分别从 1917—1918 年的 1.7 万、1.9 万、2.1 万增至 5.1 万、3.8 万、4.3 万,增幅分别为 200%、100%、104.8%。②而城市性别比例的变化则更进一步说明了人口的增长部分源于农村人口的涌入。全国人口的平均性别比例 1912 年时为 121.7,1949 年为 109.7;而北京 1917 年为 173.2;天津 1929

---

① 《各省农民离村调查》,《农情报告》第 4 卷第 7 期,1936 年 7 月,第 178 页。
② 张利民等:《近代环渤海地区经济与社会研究》,天津:天津社会科学院出版社 2003 年版,第 452~454 页。

至1948年平均值为149.65,其中1932年曾高达179.61;青岛1937年为145.9;济南1934年为162.34;中等城市中太原1928年为282.77,张家口1928年为277.47。①如此之高的性别比例无疑是大量男性青壮年农民进城谋生的结果。

城乡在金融、人口之间日渐扩大的差距是城乡关系失衡甚至隔绝、对立的缩影,"都市不惟是农村的前驱,并且是农村的大对头。农村的手工业,被都市的工厂制度排挤了;农村的人口和资本,被都市的工商业所吸收了;农村的领袖,被都市的机关所引用了。农村处处是吃亏,都市处处是得势,不是一个社会竞争的失败者,便是一个社会进化的落伍者"②。早在1915年时便有人指出此趋势之危害,"我国频年以来,国势日就贫弱。一般人士,倾心于欧美诸国之富强,悉力提倡重商主义,又误以各国都市之繁盛,为其工商发达之原因,遂群以'振兴市面'为唯一之策画。所谓振兴市面者,则唯注意于酒肆茶寮餐馆剧场一切奢侈危害之事业。于通商惠工之政,反视为缓图,徒使无业之民,麇集于都市……循此以往,吾恐不特农业日益凋敝,工商断难振兴,且恐生利之分子日减,危害之分子日增,乱亡困穷,指日可俟。以此而求富强,是南辕而北辙也"③。诚然,在城乡分离的状态下,农村不能为城市发展提供动力,城市亦不能推动农村的进步,脆弱的农村经济在20世纪二三十年代日益严峻的国内外局势影响下败象逐渐显露,终濒于破产。

农村金融的紧缩使经济周转困难,"内地农村,则极感资金枯涸之苦,以致农村生产,日见衰落;农村经济,日趋下游;农民消费力,亦日益薄弱"④。资本的稀缺导致高利贷在农村盛行一时,"自耕农需要生产资本,佃农更须支付田租,加以种种苛捐杂税,天灾人祸,都使农民需要资金……需款愈急则借贷的条件愈苛……高利贷资本者亦有机可乘,任意把利息增高,在农村中发展起来"⑤。据1934年中央农业实验所公布的统计数据可知,河北、山西、山东、河

---

① 张利民等:《近代环渤海地区经济与社会研究》,天津:天津社会科学院出版社2003年版,第470页。
② 杨开道:《农村问题》,上海:世界书局1932年版,第14页。
③ 雪村:《都市集中与农村集中》,《东方杂志》第12卷第9期,1915年9月,第6~7页。
④ 杨荫溥:《中国都市金融与农村金融》,《新中华》第1卷第8期,1933年4月,第1页。
⑤ 李景汉:《中国农村问题》,上海:商务印书馆1937年版,第51页。

南等华北四省平均农民借款年利率以 2—4 分（20%—40%，以下以此类推）为最普遍，比例为 71.1%，1—2 分约占 4.0%，4—5 分及以上者占 17.3%，而最高利率甚至有 10 分以上者。① 如果按年利超过 20% 或月利 1.67% 以上即属高利贷的标准划分②，那么农民的借款行为中仅有 9% 不属于高利贷。高利贷种类繁多、规制不一，共同之处则在于借贷条件之苛刻，如在河南辉县、林县等地盛行"出门三声炮"、"六顶十"等"宰头利"，即本金 100 元在交付时先扣下 30 元、40 元抵第一期利息，农民实得只有 70 元、60 元，更有"驴打滚"、"拱钱"等按日或按月计算复利，"筋斗翻"等按月翻倍甚至三倍偿还之条件。③ 如马克思所言："高利贷不改变生产方式，而是象寄生虫那样紧紧地吸在它身上，使它虚弱不堪。"④ 一旦被迫负上此等债务，农民"即如投入万丈深渊而没由自拔，往往以小康之自耕农，寝假而流为佃农、雇农，甚至流离失所，铤而走险，以酿成今日哀鸿遍野，匪盗如毛之危状"⑤。生计尚且朝不保夕，改良农业更属天方夜谭。高利贷的盛行可谓农村经济破产的重要原因之一。

受生计困难所迫而产生的农民尤其是青壮年农民离村趋势反过来又加剧着农村经济的衰败。一般而言，伴随城市内工商业的发展进程，会出现"城市化"的现象，即人口在城镇和城市相对集中的过程。然而，近代城市人口的膨胀却并非这一过程的历史演绎，而只是特定时代环境的畸形产儿，"不能谓都市发达之现象，只能谓农村衰落之反应；不能谓为社会经济之进步，但能谓为农业国家之病征。长此以往，则中国农村经济将益破坏，农民购买力将益衰

---

① 《各省农村金融调查》，《农情报告》第 2 年第 11 期，1934 年 11 月，第 109 页。

② 李金铮：《借贷关系与乡村变动：民国时期华北乡村借贷之研究》，保定：河北大学出版社 2000 年版，第 52 页。

③ 王天奖：《近代河南农村的高利贷》，《近代史研究》1995 年第 2 期，第 39 页。

④ 中共中央马克思恩格斯列宁斯大林著作编译局译：《资本论》第 3 卷，北京：人民出版社 1975 年版，第 674 页。

⑤ 《财政部赋税司钱币司关于国民党第五次全国代表大会萧铮等提积极推行土地政策等五案规划研究的往来函件（1936 年 3 月—4 月）》，见中国第二历史档案馆编：《中华民国史档案资料汇编》第 5 辑第 1 编财政经济（七），南京：江苏古籍出版社 1994 年版，第 101 页。

落,中国工商企业将益无发展之机"①。

青壮年农民的离村意味着农村劳动力的流失,一定程度上影响着农业生产,"都市的离村,是农村人口为移住于都市的离村。因此减少农村人口与农村生产力,招致了人口底都市集中;而且这正占农村人口离村底的主要部分,在农村问题——不,在社会问题上,是最严重的问题"②。因天灾人祸的影响,1931年时,陕西19个县平均每县被遗弃的耕地面积占总耕地面积的70%;河南省唐河县"因土匪骚扰,奸掳烧杀,农工远逃,荒田无人种者太多"③。荒地的增加使重要农产品产量减少,如1931—1937年间的稻、麦、棉、大豆产量相比于1924—1929年间有不同程度的减少。④产量下降的直接后果就是农民收入水平的降低,更无力改良农业以提高收入,城市工商业也因农村购买力的下降而发展迟滞,整个国民经济进而陷入恶性循环,正如日本学者田中忠夫之分析:"农民离村,在正常的状态,可以调节农村人口,调节农村生活困难,而且能阻止更大的农民离村,同时都市中的工商业资本底增加,购买力底增大,可以促进农村底发达;但在现代的中国,农村底破坏力依然发挥其强力,农村底疲惫不安,尽继续着失业农民底增加、食粮底缺乏、土地底不均、农产物底低落、死亡率底增加等,种种的社会的罪恶,不绝地发生,——不,而且在继续地激成,都市中的工商业资本底增加,购买力底增大,也因了农村底疲惫不安,不但不能表现大的效果,甚至于表现其自己破坏。"⑤

近代农村经济的破产在城乡关系的不断失衡中几成一股不可遏制之趋势。"中国国民经济基础,本在于农村,而农村一切文化建设,反远逊于都市,况且我国都市成为帝国主义者的整个倾销场,都市消耗愈多,农村经济,被剥

---

① 鲁荡平:《都市与农村》,《社会杂志》第1卷第4期,1931年4月,第4页。
② [日]田中忠夫:《中国农业经济研究》,汪馥泉译,上海:大东书局1934年版,第128页。
③ 章有义编:《中国近代农业史资料》(第三辑 1927—1937),北京:生活·读书·新知三联书店1957年版,第910页。
④ 其他农产品如甘薯、油菜籽的产量等虽有增加,但增幅极少,并不能弥补稻、麦、棉、大豆等产量降低所产生的损失。见许道夫编:《中国近代农业生产及贸易统计资料》,上海:上海人民出版社1983年版,第340~341页。
⑤ [日]田中忠夫:《中国农业经济研究》,汪馥泉译,上海:大东书局1934年版,第141~142页。

削更甚,国民经济,有整个破产的危险,农村建设,更谈不到,结果都鄙文野之差,不啻有霄壤之别。"①而经济环境的恶化又加速着乡村政治、文化结构的剧烈变动,促成乡村社会全面危机的爆发。

二、精英离乡:乡村社会阶层的分化与人才流失

伴随着传统小农经济的瓦解与崩溃,社会结构也在发生着剧烈变动,其中绅士阶层的分化与流动是为主要构成内容。有清一代的政权格局中,国家正式权力仅在名义上拥有对社会的无限控制权,实际上权力的行使也只是到县一级行政机构而止,其下并没有正式的官僚机构。县以下基层社会中的地方事务主要依赖于拥有非正式权力的地方精英实施治理,"官僚是和绅士共治地方的"②。

在封建等级制度之下,绅士是为"四民之首"与官民"中介",凭借等级身份特权及文化权威成为地方领袖,主持学务、公产运作、水利建设、教化、济贫、保卫、解决纠纷等事务,如圣谕十六条所载:敦孝弟以重人伦,笃宗族以昭雍睦,和乡党以息争讼,重农桑以足衣食,尚节俭以惜财用,隆学校以端士习,黜异端以崇正学,讲法律以儆愚顽,明礼让以厚风俗,务本业以定民志,训子弟以禁非为,息诬告以全善良,诫窝逃以免株连,完钱粮以省催科,联保甲以弭盗贼,解仇忿以重身命。③甚至当皇权压迫力强时,地方绅士也与之抗衡,充当着地方"保护人"的角色,维护地方利益,"世之有绅衿也,固身为一乡之望,而百姓所宜矜式,所赖保护者也"④。绅士通过对地方事务的领导,对官、民关系的灵活处理,实现三者利益的均衡,共同维系着传统乡土社会的稳定。

然 1905 年的废科举兴学堂之举,"可以说从制度层面,也从文化层面揭开

---

① 曾济宽:《怎样解决中国农村问题》,《中国建设》第 8 卷第 5 期,1933 年 11 月,第 13~14 页。
② 吴晗、费孝通等:《皇权与绅权》,上海:观察社 1948 年版,第 50 页。
③ 《清朝文献通考》卷 21《职役一》,杭州:浙江古籍出版社 1988 年版,考 5047。
④ 《绅衿论》,《申报》同治壬申五月一日(1872 年 6 月 6 日),第 1 页。

了乡村社会走向近代的历史序幕"①。社会制度的变革强制性地引发了绅士阶层的结构性社会流动。科举制的废除以及不久后王朝政治体制的土崩瓦解，推倒了绅士阶层赖以生存和发展的两大基石，成为其历史命运的根本性转折点。绅士原为四民之首而今"坐失其业，谋生无术"②，被迫顺应政策之导向，进入各式新式教育机构，"科举既议停减，旧日举贡生员年在三十岁以下者，皆可令入学堂肄业"③。在新旧学制的更易中，新学堂为绅士阶层的流动选择提供了最基本的途径。自19世纪以来，尤其是废除科举制度后，全国士绅群体中约有五分之一，即近30万人通过各种途径，接受了程度不等的新学教育。④

这些接受新式教育的"新士绅"除以"出仕"为谋生之术外，也转向农、工、商、军以及教育等行业寻觅向上流动的途径。相对于20世纪之前适度型封闭的社会流动⑤，以及20世纪初的"绅—官"、"绅—商"的单调流动格局，这一时期绅士阶层的社会流动在广泛性及多向性上不可同日而语。如在湖北地区，清末20年间接受新式教育的绅士至少有2万余人，约占全部士绅人数的43%，其中转向教育文化、法政、军事行政、实业者之比例分别为40%、15%、8%与5%⑥；据1928年对河北定县62村内中学毕业及中学以上各门类毕业之男子从事的职业统计显示，除从事学校教员、务农、工厂职员、经商等职业外，还扩展到军

---

① 王先明：《变动时代的乡绅——乡绅与乡村社会结构变迁(1901—1945)》，北京：人民出版社2009年版，第31页。

② 刘大鹏：《退想斋日记》，太原：山西人民出版社1990年版，第149页。

③ 《管学大臣等奏请试办递减科举注重学堂折》，《东方杂志》第1期，光绪三十年正月二十五日(1904年3月11日)，第124页。

④ 贺跃夫：《晚清士绅与近代社会变迁——兼与日本士族比较》，广州：广东人民出版社1994年版，第92页。

⑤ 王先明：《近代绅士——一个封建阶层的历史命运》，天津：天津人民出版社1997年版，第149页。

⑥ 苏云峰：《中国现代化的区域研究》(湖北省，1860—1916)，台北："中央研究院"近代史研究所1987年版，第471页。

人、医生、铁路职员、文牍、党部职员等。①近代绅士阶层空前规模的开放型社会流动不仅造成了整个传统绅士阶层继替的中断，而且由于新式职业如教师、军官、文职员属等普遍存在于城市，使得大批乡土精英脱离乡村、进入城市，如湖北黄冈"在科举时代，人才颇盛，晚近从事于军政界者，多侨居外埠"②。

地方精英离乡除受社会职业分化等因素的影响外，乡村社会经济、政治环境的恶化也迫使其不得不逃离乡村进入城市，或退隐田园不问世事。新政以降，历届政府为兴办近代化的地方事务以及满足自身经费需要，不断增加向乡村摊款的数额③，许多地方原有的精英与领袖不堪重负，纷纷离职退隐乡间，而"赢利型经纪"大行其道，"到了二三十年代，由于国家和军阀对乡村的勒索加剧，那种保护人类型的村庄领袖纷纷'引退'，村政权落入另一类型的人物之手，尽管这类人有着不同的社会来源，但他们大多希望从政治和村公职中捞到物质利益。村公职不再是炫耀领导才华和赢得公众尊敬的场所而为人追求，相反，村公职被视为同衙役胥吏、包税人、赢利型经纪一样，充任公职是为了追求实利，甚至不惜牺牲村庄利益"④。

"满铁资料"为这一现象提供了详细的例证。在沙井村、冷水沟、寺北柴、吴店村等地的乡村精英有意退出或躲避地方公职，如寺北柴村长的回答："问：村长难为，最难对付的是县衙胥役还是村民？答：都不好对付……我整天公务缠身，无法顾及自己的事情。问：与村民的关系怎样？答：当我向他们征集摊款时，他们很不愿意交纳，好像这些钱都将归我自己使用。"⑤在侯家营等地的地方精英虽未曾退出乡政，但影响力亦大大衰减。⑥河北临城县"在以前只

---

① 李景汉编：《定县社会概况调查》，定县：中华平民教育促进会 1933 年版，第 233 页。

② 湖北省政府民政厅：《湖北县政概况》第 2 册，湖北省政府民政厅 1934 年版，第 485 页。

③ 行政院农村复兴委员会编：《陕西省农村调查》，上海：商务印书馆 1934 年版，第 151~156 页；行政院农村复兴委员会编：《河南省农村调查》，上海：商务印书馆 1934 年版，第 73 页。

④ [美]杜赞奇：《文化、权力与国家——1900—1942 年的华北农村》，王福明译，南京：江苏人民出版社 1996 年版，第 149 页。

⑤ [美]杜赞奇：《文化、权力与国家——1900—1942 年的华北农村》，王福明译，南京：江苏人民出版社 1996 年版，第 207 页。

⑥ [美]杜赞奇：《文化、权力与国家——1900—1942 年的华北农村》，王福明译，南京：江苏人民出版社 1996 年版，第 152、158、160、161 页。

要纳税将届,村长在街上鸣鸣锣,村中农民马上便把钱送到村长家中"。但到30年代后,随着农民的普遍贫困化,以往"鸣锣"式征收方式已不再有效,村长不得不自行垫付捐税,因此,"一般农民,都以作村长为畏途,无人再愿接充。故最近数年来,该村的村长,都是由县政府的强迫和指定,选择小有产的农民来充任"①。

在两湖地区"保护型经纪"的垮台同样明显。自1911年到1920年,湖南先后为北洋军阀汤芗铭、傅良佐、张敬尧所统治,境内混战不断,"岁余以来,南北五陷五复,往来十决十荡。战火所及,血肉横飞;戎马一经,闾里皆虚。商业凋残,士民流离,田园荒芜,学校蔓草"②。连年军兴致使政府军费、摊派不断增加,地方绅士为维护自身及地方权益,集议成立地方财产保管处,"各县士绅控告知县或保管员亏诺卷逃之案层见叠出,推原其故或由保管处并未遵章组设或虽组设而未按章办理以及办理不善任用非人,种种弊端类予绅民以控告之口实,而地方财产坐受莫大之损失,孰非慎重公款之道……限文到十日内呈覆倘有未经设立之处,亦即克日遴选正绅组织成立具报"③。而后来保管处职员反"因恐受逼迫,随相率辞职求去"④。宁乡县奉"省令县设清乡分局,知事王大年自兼局长……大年贪鄙暴戾,浮收田赋且向地方诛求无已,保管处长王泽洪、保管员萧志清迭请辞职以相拒,人民亦赴省控告"⑤。这充分说明在政权无限摊派、征款的压力之下,保护型经纪丝毫没有生存空间,纷纷退去。而包税法之推行更使赢利型经纪大盛,如张敬尧督湘时为顺利筹措款项,"所有差缺,莫不以投标法行之,于是流氓盗贼,各出其敲诈劫来之物,以相交易。委任到手,取偿于民,其利十倍或百倍,而民则展转憔悴投之水火矣"⑥。湘潭因军

---

① 远:《河北省一个农村经济的调查》,《中国经济》第2卷第8期,1934年8月,第4页。

② 中共湖南省党史委编:《湖南人民革命史·新民主主义革命时期》,长沙:湖南出版社1991年版,第12页。

③ 《各县设置财产保管处》,《大公报》(长沙)1917年2月16号,第7版。

④ 《财产保管处职员总辞职》,《大公报》(长沙)1927年2月28号,第7版。

⑤ 《宁乡县新志》卷1《县年记》,见《民国宁乡县志》(二),南京:江苏古籍出版社;上海:上海书店;成都:巴蜀社2002年影印本,第589页。

⑥ 《湘督摧残缙绅记》,《湖南》第1卷第3号,第3~4页。

需紧急,县署指名抵借,"捐款责成城乡某绅董某事,讵该绅等不特不念重灾之后,为人民请命,反雷厉风行,苛派勒征,稍有延缓,即迁队临门坐收,乡民受痛殊深"①。总而言之,到 20 世纪二三十年代时,在政权压力、战乱等因素影响下,乡村中"有声望的乡村精英不是逃离村庄,便是由富变穷,那种名副其实的保护人在逐渐减少。到了 30 年代,富有而有声望的人在经济中的领导作用日渐减弱,其在政治中的作用更是如此"②。

除乡村固有绅士阶层的分化外,新式教育的飞速发展也在加速着农村人才的流失。清末新旧学制更易的过程中,近代化面向的新学教育制度逐渐取得优势,得到社会的认可。"新学兴办后数年,社会上看到从学堂出身的人,都得到特殊的享受,一切生活与在社会上的地位都优于其他人民,于是稍稍有资财的父母都设法遣送子女进学堂,希望得一张文凭,于是在乡间的送其子弟进小学,拥有财产稍多的送其子女赴国外留学。"③由是,新式学堂如雨后春笋纷纷涌现,1902 年时全国新式学堂共 222 所,到 1922—1923 年则增至 178 981 所④,学堂所培养出的学生数量也呈直线上升,学生人数从 1902 年的 6804 人,增长到 1923 年的 6 819 486 人,再到 1930 年的 11 516 998 人,不到 30 年间增长了近 2000 倍。而在这些新式学堂学生中有相当比例的人来自农村,1931 年时全国专科以上学校中农村学生数就占到总数的 25%强⑤,据 1935 年 15 省市普通中学生的调查显示,来自农村的学生比例最高达 83.4%,最少亦有 22.5%,其中部分地区的统计数据具体见下表:

---

① 《湘潭乡民之呼吁》,《大公报》(长沙)1926 年 1 月 28 号,第 7 版。

② [美]杜赞奇:《文化、权力与国家——1900—1942 年的华北农村》,王福明译,南京:江苏人民出版社 1996 年版,第 177 页。

③ 张宗麟:《乡村教育》,上海:世界书局 1933 年版,第 17 页。

④ 参见郝锦花、王先明:《清末民初乡村精英离乡的"新学"教育原因》,《文史哲》2002 年第 5 期,第 146 页。

⑤ 教育部编:《第一次中国教育年鉴》丁编教育统计第一学校教育统计,上海:开明书店 1934 年版,第 58 页。

表 1-9 山东、河北等省市普通、师范、职业三种学校乡村学生比例表

	普通中学				师范学校				职业学校				三种学校合计			
	调查校数	学生总数	乡村学生数	乡村学生所占%	调查校数	学生总数	乡村学生数	乡村学生所占%	调查校数	学生总数	乡村学生数	乡村学生所占%	调查校数	学生总数	乡村学生数	乡村学生所占%
河北	13	3923	2405	61.3	4	967	885	91.5	2	343	307	89.5	19	5233	3597	68.7
山东	6	1798	1499	83.4	3	880	815	92.6					9	2678	2314	86.4
北平	8	2792	1569	56.2	1	355	78	22.0					9	3147	1647	52.3
青岛	2	623	152	24.4									2	623	152	24.4

资料来源：童润之：《我国中等学校乡村化程度的调查》，《教育杂志》第 26 卷第 10 号，1936 年 10 月，第 37 页。

不过,新式学堂在"地域分布、各专业学堂比例、主要教学内容等方面都始终疏离于乡村社会"①。从分布地域看,京师大学堂、高等学堂、专门学堂、实业学堂、师范学堂全部集中在京城、省城或其他重要城市,中学堂基本上都设在各府、厅、直隶州的所在地,小学堂也多设在州县所在地,甚至服务乡村社会的农业学校也大多设在城区；②就教学内容而言,学生接受"七科之学"教育后所掌握的知识与技能很大程度上是工业文明的产物,只有"集中在都市才有取得职业的可能"③。即便是学农的学生也由于农业教育并不与国情相适应而

---

① 郝锦华：《新旧学制更易与乡村社会变迁》，北京：人民出版社 2009 年版，第 280 页。
② 应星：《社会支配关系与科场场域的变迁——1895—1913 年的湖南社会》，见杨念群主编：《空间·记忆·社会转型："新社会史"研究论文精选集》，上海：上海人民出版社 2001 年版，第 255 页。
③ 吴晗、费孝通等：《皇权与绅权》，上海：观察社 1948 年版，第 170 页。

学无所用,"过去的农业教育完全失败,所谓农业人才简直是破坏农村的人,而今用他们来复兴农村,依然要破坏农村,故不论他们学的适用与否,单看他们奢侈怠惰的都市恶习就够了"①。接受新式教育的必然结果就是"人才来自田间而不归于田间","一个乡间出来的学生学得了一些新知识,却找不到一条桥可以把这套知识应用到乡间去……乡间把子弟送了出来受教育,结果连人都收不回"。②

此外,"学而优则仕"、"光宗耀祖"等传统观念也激励着乡土人才进入新式学堂,"一般社会之教育观念,以为学校毕业生不是一个官,也是一个绅士,所以农家为增光门庭,愿意送子弟入学"。即便是较为贫困的农户也竭尽心机送子弟进入学堂,如一个学生的回忆:"我不是有钱人家的孩子,只怪我父母当初错爱了我。他们仍然摆不脱封建时代读书中举的观念。他们觉得种田人吃亏的地方太大了(我家一直到我父亲一代才变成收租吃饭的小地主),所以巴不得送他的子弟去进洋学堂,以为学了 ABCD,声光电化,就可以像前清一样,中举入学,升官发财,扬名声,显父母,光大门庭。"③这种为谋取官职而接受教育的动机也使人才滞留于城市,因为"县城的官不如省城多,省城又不如京城多……没有一个大学毕业生愿在乡村住的,在县城中也不乐意久居"④。

由上述可知,伴随着 20 世纪初以来政治经济、社会结构的剧烈变动,"农村中比较有志力的份子不断的向城市跑,外县的向省会跑,外省的向首都与通商大埠跑"⑤,乡村人才向城市的流动已然成为一种趋势。如河北省良乡县吴店村在 20 世纪 30 年代时地主全部居住在城里,栾城县的情况大体接近,大地主全部居住在县城或其他大城市,中小地主也多定居在城里。在湖北省"近数年来,士大夫阶级类多全家去乡,侨居他埠,而无产失业之徒,或从戎,或附

---

① 蓝梦九:《农村复兴之路》,《中国建设》第 8 卷第 5 期,1933 年 11 月,第 43 页。
② 费孝通:《乡土重建》,上海:观察社 1948 年版,第 72 页。
③ 古楳:《乡村教育讲话》,上海:中华书局 1948 年版,第 28~29 页。
④ 何思源:《士大夫教育之恶果及教育改造途径》,《东方杂志》第 31 卷第 6 号,1934 年 3 月,第 15 页。
⑤ 潘光旦:《政学罪言》,上海:观察社 1948 年版,第 168 页。

匪。其土著大多数为自耕农,识字甚少,程度极低"①。海丰"二十年前乡中有许多贡爷、秀才、读书、穿鞋的斯文人,现在不但没有人读书,连穿鞋的人都绝迹了"②。

就历史观之,乡绅或因博得功名头衔或因经济实力增长而迁居市镇的现象亦属常见,但这种迁居大都是暂时的,最终仍是"告老还乡",回归乡里。但在20世纪以后,绅士向都市的迁居则是永久的,使得这种流动呈现"单程单向性"。近代以来城市的发展速度要远超过农村,"作为整个人类摇篮的、绵延了数千年的带有中古韵味的原始村落正一个个地被五光十色的现代建设群所取代"③。城市社区不再仅仅承担着军事、政治中心的职能,而成为一定区域社会发展的中心,不仅是工业、商业、运输业和服务业等非农产业的聚集地,是一定区域的生产中心、流通中心和消费中心,而且是一定区域的政治中心、文化中心和社会交往中心。这种中心作用"使得城市社区在发展过程中,比农村社区和集镇社区能得更多的便利条件,因此,比农村社区和集镇社区更为发达和繁荣"④。城市的劳动生产方式、消费生活方式、文化娱乐方式、人际交往方式等,较之农村社区和集镇社区更加先进、更加多元化,吸引着乡间的精英离村进城,"农村生活太枯寂了,太无味了,所以一般有知识的人,能作领袖的人,都厌恶农村生活,都抛弃农村生活到城市里去"⑤。

再者,从乡村到城市的地域流动还意味着可以获得更多向上流动的机会。在都市富丽堂皇的工业文明对比下,"士农工商"的传统等级观念发生错位,农村地位越来越低下以致"被人漠视"⑥。"我国古时重士农,轻工商,所以农民

---

① 湖北省政府民政厅:《湖北县政概况》第4册,湖北省政府民政厅1934年版,第1104页。

② 彭湃:《海丰农民运动》,见《第一次国内革命战争时期的农民运动资料》,北京:人民出版社1983年版,第140页。

③ 王先明:《从〈东方杂志〉看近代乡村社会变迁——近代中国乡村史研究的视角及其他》,《史学月刊》2004年第12期,第6页。

④ 黎昕主编:《中国社区问题研究》,北京:中国经济出版社2007年版,第10页。

⑤ 杨开道:《我国农村生活衰落的原因和解救的方法》,《东方杂志》第24卷第16号,1927年8月,第6页。

⑥ 言心哲:《农村社会学概论》,上海:中华书局1939年版,第9页。

的地位非常高尚,农民的生活也非常的满意。不过到了近来,工商业一天一天的发达,工商的地位也逐渐提高。从前的工匠,现在变成了工程师和制造家;从前的市侩,现在变成了商业家和资本家。但是农民呢,他们的生活一天一天的变坏,他们的地位一天一天的降低,被旁的阶级的同胞压迫和讪笑了。"[1]晏阳初也曾说道:"十年前,若有人提倡农村建设,是挨骂的,以为这是失意政客,落伍学者的玩意儿,因为自己无出路,不得已才往农村跑。旧的士大夫,自居四民之首,不辨菽麦,不务稼穑,'村夫'、'农夫'成了他们骂人的口头禅!"[2]从这个层面看,由农村进入都市不仅意味着地域的流动,更是向上流动的必要条件,"社区的大小影响到职业结构、训练、机会、见识以及它的居民的就职愿望,从而增加或减少对他们有利的社会流动的机会。再者,自从城市发展以来,它们几乎完全垄断了个人进行社会攀升的机会。农村出身低贱的人除非迁徙到城市,否则就几乎没有任何向上爬的机会"[3]。

区位流动与上升流动在意义上的统一也在促使着绅士涌入城市,"地域流动可说是社会和职业流动的必要条件,也可说是它们的先决条件。居住地区的改变是士绅生涯和事业进程中的组成部分。士绅与农民的区别最后通过分化为城里人和乡下人的趋向更显著地表示出来。士绅为政治权力、经济利益和社会地位而向政府行政中心流动"[4]。从农村定居城市是一种成功,能获得令人羡慕的社会地位,而从城市回到农村则会被人耻笑,一旦离乡进城就很难逆转,昆明绅士朱元的例子很好地说明了这一点。由于在农村里生活困难又陷入孤立,朱元将全家搬到城里,后因生意经营出现困难而想重归农村,但因怕被村民讥笑遂打消了念头。在对经营进行改良后生意逐渐兴隆,朱元也

---

[1] 杨开道:《我国农村生活衰落的原因和解救的方法》,《东方杂志》第24卷第16号,1927年8月,第6~7页。

[2] 晏阳初:《农村建设要义》,见宋恩荣主编:《晏阳初全集》第2卷,长沙:湖南教育出版社1992年版,第36页。

[3] 周荣德:《中国社会的阶层与流动:一个社区中士绅身份的研究》,上海:学林出版社2000年版,第269页。

[4] 周荣德:《中国社会的阶层与流动:一个社区中士绅身份的研究》,上海:学林出版社2000年版,第273页。

成为县城里一个相当富有的商人,"他为弃农经商获得成功而感到自慰。许多以前看不起他的人已改变了态度,并转而羡慕他了"①。

乡土人才的流失对乡村所产生的影响是多方面且极为深刻的。作为乡村社会中的"知识阶层"以及教育、文化等事业的承担者,绅士的大量流失本身就意味着农村文化的退步,而民国以降新式学堂的兴起虽有风起云涌之势,却基本设在大中小城市而鲜及乡村。以河北省为例,到1928年为止,大约有1/4的村庄尚未设立小学,有些县份甚至高达70%以上。②即便是在已经设立的农村小学中,教员的程度、经费设备等问题也极为堪忧,高中程度以上的学生毕业后已然不愿回归乡村,更遑论专科以上程度的毕业生,如河南辉县"教员程度也很幼稚,师范或中学毕业生是不大愿意在乡下当教员的"③。名曰办学、实则谋利的现象亦屡见不鲜,更使乡村教育有名无实,"乡村中土豪劣绅把持小学,藉办学的美名,一面联络官府,一面欺骗农民,这类事实也很多。在教育行政当局,也因为交通不便,经费拮据,有时虽有整顿的心,而苦于力量不足,倘若遇到不自检束的行政人员,竟有利用乡村现成的势力,那末贻误就更大了"④。相对于传统以乡村为重心的教育制度与教育内容安排,近代化进程中所形成的教育及文化新格局从根本上导致了城乡文化的二元化结构,"年年大批的毕业学生自乡村跑到都会,不见一个返到乡间……乡村小学教师宁愿来都市为书局报馆抄写……都会的漩涡卷去了乡村的干柱,剩下的只有老弱和稚幼……乡村衰败了,没有一些生气,和黄褐的土块成了调和的色彩,死静、凄零、枯暗、荒塞、简陋占据了整个乡村"⑤。

就乡村政治结构而言,很多以往充当乡村领袖、地方权威角色的绅士在民

---

① 周荣德:《中国社会的阶层与流动:一个社区中士绅身份的研究》,上海:学林出版社2000年版,第260页。
② 朱汉国、王印焕:《20世纪20—30年代华北农村教育滞后问题及其对社会的影响》,见张国刚主编:《中国社会历史评论》第2卷,天津:天津古籍出版社2000年版,第178~179页。
③ 行政院农村复兴委员会编:《河南省农村调查》,上海:商务印书馆1934年版,第97页。
④ 张宗麟编:《乡村教育及民众教育》,上海:商务印书馆1940年版,第56页。
⑤ 《乡村颓败了》,上海:《民国日报》1930年1月12日,转引自王奇生:《革命与反革命:社会文化视野下的民国政治》,北京:社会科学文献出版社2010年版,第328~329页。

国历届政权压力之下被迫离乡、隐退,处境渐趋没落。传统士绅社会功能与职责的萎缩使农村基层政权产生权力真空,致使"乡村士绅质量蜕化,豪强、恶霸、痞子一类边缘人物开始占据底层权力的中心"①。此等"新绅士"之权威并非来源于"功名身份",而是凭藉强制性的武力、财力盘踞一乡一地为非作歹,"土豪劣绅,平日假借功名,或恃其财势,勾结官府,包庇盗匪,盘踞团局,把持乡政,侵吞公款,鱼肉良民。凡诸所为,俨同封殖"②。政治环境的恶化又加剧着乡村人才等资源的流失,使城乡关系的失衡更进一步加深,而农村社会更趋落后、保守,给日后包括乡村建设运动在内的种种复兴农村的举措造成巨大障碍,"农村社会到城里去的人……多半是比较能干,有志气的青年。他们是农村社会的精华,他们跑了,农村社会没有适当的人才,生活的各方面,都要受很大的影响……农村社会人才缺乏,领袖短少。无论那一方面的工作。都不容易办理"③。

诚如时人所言:"普通所谓农村问题,泛指农村所发生的一切社会经济问题,间亦包含有政治问题。时不问古今,国不分文野,若果有农村组织的形成,便会有农村问题的存在,但其发生的原因,思想的背景,内容的简复,乃至于解决问题的方法,并其影响所及的范围,恒随时代和场所的关系而发生非常的差异。封建时代的农村问题与文明今日的农村问题,大相悬殊,固不待言。"④20世纪二三十年代农村问题的日益恶化,既有"天灾人祸"的原因,又有国外资本主义入侵、国内城乡关系失衡的影响,在成因及程度上已远远超越了传统乡村基于人地矛盾而产生的周期性动荡,从单纯的经济凋敝问题转变为"空前的生存危机"⑤。农村的全面崩溃为时人所知,"我国的农村生活,衰落已达

---

① 许纪霖:《近代中国变迁中的社会群体》,《社会科学研究》1992年第3期,第87页。
② 《省农会重要宣言》,见广州农民运动讲习所旧址纪念馆编:《广东农民运动资料选编》,北京:人民出版社1986年版,第421页。
③ 杨开道:《农村社会学》,上海:世界书局1935年版,第56页。
④ 曾济宽:《怎样解决中国农村问题》,《中国建设》第8卷第5期,1933年11月,第10页。
⑤ 王先明:《从〈东方杂志〉看近代乡村社会变迁——近代中国乡村史研究的视角及其他》,《史学月刊》2004年第12期,第6页。

极点。无论从那一方面去看——社会方面,经济方面,政治方面,教育方面,都是一点生气也没有。简直可以说是已经死了一半或是一多半。"①如何救济农村便成为一个时代性的重任。

---

① 杨开道:《我国农村生活衰落的原因和解救的方法》,《东方杂志》第 24 卷第 16 号,1927 年 8 月,第 5 页。

第二节　乡村建设运动与人才需求

一、"最强力之潮流"：乡建运动的兴起

20世纪二三十年代时乡村全面破产的迹象已日益明显，"农村破产，农村衰落之声浪，充斥宇内，大有举国皇皇不可终日之慨！"①在工商业根基未稳，"整个民族经济建筑于农业之上，一切维持民族秩序及推进社会进化的政治制度思想学术礼俗文化等，都由农业为经济总基础之上产生而出"②的近代中国，乡村破产的影响难以估量，不仅乡村本身陷入一片死寂，城市工商业的发展也因之陷入困境，救济乡村的呼声甚至最早起于城市而不是乡村，"前几年（十九年到二十四年）农业生产力大被破坏，乡村购买力随以降低；国际贸易出口入口相率的急剧减退，影响百业，牵动全国。救济乡村的呼声，不发于乡

---

① 谢大祉：《自农村回来以后》，《教育周刊》第206、207期合刊，1934年10月，第12页。
② 蓝梦九：《农村复兴之路》，《中国建设》第8卷第5期，1933年11月，第43页。

村而发于都市"①。乡村问题成为"全国各行各业各阶层各部分一共同的问题"②,使世人不得不将注意力集中在如何救济乡村上,"过去,大的灾荒,如19世纪70年代中期席卷华北的灾荒,几乎得不到什么议论,也很少激发起对农村苦难的兴趣,但此时的农业萧条加剧了城市商业和工业的萧条……每个阶层都感觉到,如果不能找到某种改进农业的方法,中国就永远不能独立和强盛,也将无法发挥其经济发展的潜力"③。

乡村问题得到关注一定程度上也源于孙中山及国民党的政治纲领,"近年以来,南方革命政府确立,同时中国国民党的政纲中,对于这类问题(农村问题)也有详细的规定之后,国内各省,才有要求农运,农业以及村治的呼声。这中间农民运动虽是稍有过于激进,甚或有濒于错误的地方,然而农村问题的呼声,好像应时而起"④。大革命时期国共两党领导的农民运动展示出惊人的力量,如湖南的农民运动"如暴风急雨,顺之者存,违之者灭。结果把几千年封建地主的特权,打得干干净净"⑤,使国人意识到中国的希望在于农村能否得到改进,民国"十六年以后,因受'国民革命'之影响,国内教育学者,有一种新觉悟。即认清中华民族唯一之出路是改造乡村。谓中国社会,大多数是乡村,必先使乡村兴盛,然后整个社会始能兴盛。如乡村无新生命,则中国亦不能有新生命。吾人只能从乡村之新生命中求中国之新生命,必不能希望从中国之新生命中求乡村之新生命。于是有所谓'乡村改进'之试验"⑥。

九一八事变后中日摩擦的不断升级,更使乡村问题上升到民族国家生死

---

① 梁漱溟:《答乡村建设批判》,见中国文化书院学术委员会编:《梁漱溟全集》第2卷,济南:山东人民出版社1990年版,第628页。

② 梁漱溟:《乡村建设理论》,见中国文化书院学术委员会编:《梁漱溟全集》第2卷,济南:山东人民出版社1990年版,第479页。

③ [美]马若孟:《中国农民经济:河北和山东的农业发展:1890—1949》,史建云译,南京:江苏人民出版社1999年版,第14页。

④ 根培:《高呼建设声中之农村问题》,《村治月刊》第1卷第10期,1929年12月,第1页。

⑤ 中国国民党浙江省党部农人部编印:《十六年以前的国内农人运动状况》,出版社不详,出版时间不详,第45页。

⑥ 卢绍稷:《中国现代教育》,上海:商务印书馆1934年版,第143页。

存亡的高度,要抵御强敌,就必须首先振兴农村,巩固与发展国力,"慨自东北事变,予我民族国家以绝大之狙击,而形成空前之国难。两年以来,国人困心衡虑,昕夕筹谋,则谓御侮救亡,必先充实国力。惟中国以农立国,必立国之基石巩固,然后一切措施,有所附托。故充实国力,又以复兴农村为根本要图。于是复兴农村问题,遂被朝野共同之注视,而为最严重之问题矣"①。"救中国先救农村!"②遂成为时人所共识。

受此时代环境的影响,20世纪二三十年代时国内救济农村的呼声"特别高唱入云"③,而乡村建设运动也应运而生。面对民族国家的危机,一部分"甘心立愿的智识份子去走到乡下,作一种广义的促兴农业工夫——乡村建设工作"④,如梁漱溟、晏阳初等人试图从改造整个乡村入手,通过乡村建设运动来完成救亡图存的重任,"求中国国家之新生命必于其农村求之;必农村有新生命而后中国国家乃有新生命"⑤。乡村建设运动所承载的历史使命使其被看作是"朝野的一种新觉悟,民族国家的新机运"⑥。在这种认识影响下,运动迅速蔓延至全国范围,"已形成了现阶段一切社会运动之主潮;在全国有六百多个团体从事乡建工作,有一千多个地方创办乡建机关,有数万知识分子直接间接的加入乡建阵线,风声所被,有如天马行空、水银泻地、澎湃震吼,无远弗届,可以说是已走到登峰造极的黄金时代了!"⑦其中在华北地区展开建设事业的乡村建设团体机构、实验区主要有以下几个:

(一)山东邹平县的山东乡村建设研究院(以下简称"研究院")

山东乡村建设研究院的前身为河南村治学院。1929年1月,王鸿一、彭禹

---

① 陈国钧:《复兴农村之我见》,《中国建设》第8卷第5期,1933年11月,第1页。
② 章元善、许仕廉编:《乡村建设实验》第2集,上海:中华书局1935年版,第1页。
③ 千家驹:《中国农村建设之路何在——评定县平教会的实验运动》,见千家驹、李紫翔编著:《中国乡村建设批判》,上海:新知书店1936年版,第97页。
④ 李肅:《论智识份子下乡》,《乡村建设》第3卷第25、26期合刊,1934年,第15页。
⑤ 梁漱溟:《河南村治学院旨趣书》,见中国文化书院学术委员会编:《梁漱溟全集》第4卷,济南:山东人民出版社1991年版,第911页。
⑥ 孔雪雄:《中国今日之农村运动》,上海:中山文化教育馆出版物发行处1934年版,第1页。
⑦ 齐植璐:《现阶段中国乡建运动之检讨》,《农村建设》第1卷第1期,1936年12月,第7页。

廷等人创办《村治月刊》，呼吁兴村治以救中国，并于当年年底在辉县百泉创立河南村治学院。不久后，学院因故被迫停办，而梁耀祖、梁漱溟等人则在韩复榘的支持下转向山东继续从事乡村建设活动。历经数月筹备后，山东乡村建设研究院于1931年6月正式宣告成立，院址设在邹平县。研究院的工作主要分为研究、训练与实验三大项，分别由乡村建设研究部、乡村服务人员训练部、邹平实验区承担。1933年国民政府通过《县政改革案》等法案，将邹平及菏泽划为县政建设实验县，并在菏泽设立山东乡村建设研究院分院。在梁漱溟、孙则让等的主持下，实验县本着"政教富卫"合一的理念，招收、训练乡村建设人才，从事地方行政改革实验、地方自治实验、社会改进实验等工作。

（二）河北定县的平教会

定县的乡村建设运动主要由中华平民教育促进会主持展开。1926年夏，平教会骨干晏阳初、傅葆琛等人选定河北定县为乡村平民教育实验区，以翟城村为中心设立起相关机构。1926年冬到1930年秋是为定县实验工作的准备时期，期间着重于农业教育、农民教育研究和农村调查。在经过长达4年准备期后，晏阳初等人意识到"县"不仅是行政区域的单位，"实在是一个社会生活的单位"[①]，因此"县"为实行实验的最好单位区域，遂将平教会本部及全体职员移至定县办公。此后平教会集中全力，通过社会式、学校式、家庭式教育对农民进行文艺、生计、卫生与公民教育，进而解决农村中存在的愚、贫、弱、私等问题，此即"四大教育三大方式"。1932年第二次全国内政会议后，河北省政府成立县政建设研究院，内分调查、研究、训练、实验四部，以定县为实验区，以晏阳初任研究院院长，各部设主任一人。河北省县政建设研究院与平教会进行分工合作，共同推进定县的县政改革与乡村建设运动。从平民教育到乡村建设，平教会的宗旨与理论吸引着大量知识分子参与其中，并依据"科学"的精神构建，推行扫除文盲、保健制度、农业表证制度及合作社等多项建设事业。

---

① 晏阳初：《中华平民教育促进会定县工作大概》，见宋恩荣主编：《晏阳初全集》第1卷，长沙：湖南教育出版社1992年版，第246页。

(三)青岛市政府主导的乡村建设运动

青岛乡村建设运动始于 1932 年。是时,市长沈鸿烈鉴于青岛因敌占日久,造成城乡"畸形之发展,苦乐不均,阶级悬殊"①等问题,遂决定以城市力量为依托建设周边乡村,以谋共同发展。由于"市府及主管各局所,皆远在青岛,耳目所及,究不免查察难周,况乡村区域辽阔,各种设备又多未完善"②,青岛市政府遂根据当地情形将所辖各乡村划为五区,每区于经济较为繁荣之处设乡村建设办事处 1 处,随即成立李村、九水、沧口、阴岛、薛家岛 5 处乡区建设办事处(后发展到 11 处乡区建设办事处或乡区建设办事分处)。各办事处工作人员由市政府及工务、社会、教育、公安各局、农林事务所各派职员 1 人组成,并由市政府指定 1 员为主任,常驻各办事处服务。③乡村建设办事处致力于设立村公所,筹建模范新村以整治村治;调查农村经济概况,设立农工银行、消费合作社等发展农村经济;取缔旧式婚丧仪仗,查禁毒品,改革地方不良习惯;设立村息讼会,救济孤残,促进地方公益;筹建乡区小学以促进教育;办理警务,训练乡区保卫团以维持地方治安。青岛的乡村建设运动无论是动机、事业计划、人员构成还是经费来源均出于青岛市政府,带有鲜明的政府主导以及以城市为中心,工业反哺农业的特色,也因之取得颇为不俗的成绩,时人好评不断。

(四)宛西地方自治

因内地匪患不靖,20 世纪二三十年代时彭禹廷、别廷芳等地方绅士分别在宛西的镇平、内乡、淅川、邓县等地组织民团,开展地方自卫。后意识到地方秩序的稳定只能依靠地方力量来维持,遂"自动的决定办理县地方自治"④,成立宛西自治委员会和四县联防办事处,公推彭禹廷为自治委员会主任。1933 年彭禹廷被暗杀后,别廷芳继之成为宛西自治的领袖人物。宛西自治派以"三自主义"即自卫、自治、自富主义为理论依据,创办宛西乡村师范培养自治人

---

① 青岛市李村乡区建设办事处编印:《李村乡区建设纪要·序一》,出版社不详,1934 年版,第 1 页。
② 《沧口乡区建设办事处召集各村长谈话并劝告书》,青岛市档案馆藏,档号:B0032001007970150。
③ 《青岛市乡区建设办事处规则》,青岛市档案馆藏,档号:B0032-001-00797。
④ 镇平县十区自治办公处编:《镇平县自治概况》,镇平县十区自治办公处 1933 年版,第 1 页。

才,开展户口调查与保甲编查、清丈土地、设立工厂、办理合作社、推广农业建设、救济贫弱、发展教育、编练民团、改良风俗等多种事业。①

(五)清河社会实验区

早有进行社会实验意向的燕京大学社会学系于1928年时得到美国罗氏基金的捐款用于教授、研究社会学,遂决定在清河镇设立试验区。经是年冬杨开道等人的初步调查并获得当地绅商阶层支持后,1930年2月清河社会试验区正式成立。实验区由张鸿钧任主任,下设执行委员会,分经济、社会、卫生与研究四股,分工协作。该区的工作原则为:以调查为基础,实事求是;以通盘计划应付整个问题;以经济为一切上层建筑之基础;一切均与本地及外界各专门机关合作;尽量聘用本地人才,加以训练,以免人存政举,人亡政辍;一切设施均与当地情形相合,力求简单与经济,以奠资历之基础。实验区所开展的事业主要包括儿童、妇女教育等社会服务工作,农村合作、农业推广等农村经济工作以及农村卫生、农村调查等。实验区隶属燕京大学社会学系,工作人员也统由社会学系委派。②

(六)辉县乡村建设实验区

河南辉县百泉乡村建设实验区成立于1936年春,承此前河南村治学院之"余绪",由辉县县政府、河南省立百泉乡村师范学校、河南省立第五区农林局等主办机关,及河南大学农学院、中国银行等赞助机关合组而成。实验区以集中政治、经济、教育各方面人力、物力,从事乡村建设实验工作,改进乡村为宗旨,以"卫"为中心,以"养"和"教"辅之,致力于促进农业工业化、农村都市化、农民具备科学化与现代化的精神和能力。区设委员会,下设办事处,分总务、教育、生计及社会四部,另设一设计委员会负设计之责。全区事业经费由各机关分别负担,区内办事人员亦由各机关派充。③

除上述主要乡村建设团体机构、实验区外,还有河北的涿县平民教育促进

---

① 《镇平县地方自治始末》,第63页,镇平县档案馆藏,档号:306全宗第11卷。
② 章元善、许仕廉编:《乡村建设实验》第1集,上海:中华书局1935年版,第68~70页。
③ 《河南辉县乡村建设实验区成立旨趣及办法大纲》,《乡村改造》第5卷第9期,1936年7月,第26页。

会、省立实验乡村民众教育馆,及山东的齐鲁大学乡村服务社等,各自均致力于建设乡村、改造乡村社会的各种活动,虽持续时间长短不一,但均有相应的贡献,在华北乡村建设运动史上留有足迹。

任何事业的基础在于人才,乡村建设运动亦不例外。要谋乡村建设的大规模展开,必须有足以担任建设事业的大量人才,否则"空作一种无目标、无计划的运动,无有具体的成绩表现,不久也会渐渐地沉寂下去,一如已往的一切运动,不过是昙花一现!"①但乡村建设运动所遇困难之一就在于人才的缺乏。面对农村的不断衰败,稍有知识与能力之人大部分选择离乡进城,同时,农家优秀子弟因接受新式教育而留在都市,毕业于大学或者专科学校农业相关专业之学生也因教育本身存在的问题"反觉学不能致用"②。存留于乡间的大部分为目不识丁的农民,"即有二三乡绅,堪任指导全村之责任,然廉洁者多束身远避,不问村事;所负农村指导责任者,大抵结党营私,把持公益,或逢迎官长,关说人情,或武断一方,鱼肉乡里;真能热心公益者,千人之中,不得一二。呜呼,如此而欲望农村之改造难矣!"③因而,当各地乡村建设运动如火如荼般展开时,对于具有实用农业学识与技术之各种人才"俱感缺乏"④。梁漱溟游历考察江苏昆山、河北定县翟城村、山西太原等地的乡村改进运动后也感言:"要作农村改进运动时,所最感困难的问题:一就是村中无人,一就是村中无钱。"⑤

出于解决人才困难问题以及实现乡村建设之本意,各乡建领袖及团体将注意力转向社会中现有的知识分子,呼吁他们下乡参与乡建工作,并加强人才的培养与训练,"在眼前中国乡村总破产的局面下,农民的愚蔽,以及在政

---

① 晏阳初:《农村建设育才院的捐启稿》,见宋恩荣主编:《晏阳初全集》第1卷,长沙:湖南教育出版社1992年版,第476页。

② 曾济宽:《怎样解决中国农村问题》,《中国建设》第8卷第5期,1933年11月,第29页。

③ 顾复编:《农村社会学》,上海:商务印书馆1935年版,第38页。

④ 晏阳初:《致中华教育文化基金董事会请款书》,见宋恩荣主编:《晏阳初全集》第1卷,长沙:湖南教育出版社1992年版,第251页。

⑤ 梁漱溟:《北游所见记略》,见中国文化书院学术委员会编:《梁漱溟全集》第4卷,济南:山东人民出版社1991年版,第877页。

治上所受到的种种压迫,和进一步的建设工作都期待着智识份子一齐回乡,去作一种拯救和谋画建设的工夫,农民方有复苏的希望"①。

早在村治学院时期,王怛吾便认为"村治乃为一种精神事业,而非仅政治形式,亦非仅学说理论",其实现并非仅为政府官吏之责任而为知识阶级所应尽之天职,"今日救贫救弱之道,舍村治实无良策,而救贫救弱之志愿,舍知识阶级又将谁属,是则谓村治为知识阶级之责任,实碻当而无疑议也"。因此,要促成知识阶级下乡服务的风气,否则"但凭法令之督率,与言论之鼓吹,村治村治,终等于不兑现之支票"②。

梁漱溟也持相近的观点,认为"中国问题是整个文化问题,而包有政治问题、经济问题……因此,知识分子、教育工夫,遂为解决中国问题的要件"。知识分子是"众人之师",天然适合来做乡村建设的工作,"如果不能尽其天职,只顾自己贪吃便宜饭,而且要吃好饭,那便是社会之贼"。③在系统的乡村建设理论中,梁漱溟更进一步指出"知识分子与乡村居民打并一起"是解决乡村问题乃至整个中国问题的关键,"乡村问题的解决,第一固然要靠乡村人为主力;第二亦必须靠有知识、有眼光、有新的方法、新的技术(这些都是乡村人所没有的)的人与他合起来,方能解决问题。没有第一条件,固然乡村问题不能解决;没有第二条件,乡村问题亦不能解决"。④知识分子下乡后能够切身感受农村的困苦,进而提升自身建设乡村、改造乡村的热忱,而乡村民众在外来知识分子影响下,也可以"渐得开化,不再盲动于反对的方向去;不为土豪劣绅所操弄,乐近知识分子而不疑"。于是,在两者的结合中可以产生出改造乡村社会的"一个新动力","仿佛下层动力得了头脑眼目,又像上层动力得了基础

---

① 李鼐:《论智识份子下乡》,《乡村建设》第3卷第25、26期合刊,1934年,第13页。
② 王怛吾:《村治之危机与生机》,《村治月刊》第1卷第12期,1930年2月,第3~5页。
③ 梁漱溟:《乡村建设理论》,见中国文化书院学术委员会编:《梁漱溟全集》第2卷,济南:山东人民出版社1990年版,第459、482页。
④ 梁漱溟:《乡村建设理论》,见中国文化书院学术委员会编:《梁漱溟全集》第2卷,济南:山东人民出版社1990年版,第351页。

根干"。①基于上述理念,由梁漱溟主导的山东乡村建设研究院便将"倡导知识分子回乡运动"定为宗旨之一②,同时努力建构以研究院乡村服务人员训练部为核心的人才培养体系,促进乡村建设事业的开展。

在定县的晏阳初也认为"人才上的条件"是开展定县实验必备的基础,"农村建设的对象是农民,怎样去改造农村生活,怎样去改造农村教育,这都不是少数人所能包办得了的,必须要农民自己起来干。如要农民自己起来干,指导的人尤不可少"。③乡村运动要成功必须先"造人","必使从事农村工作的人,有热诚的信仰,有牺牲的精神,有了人才,然后才能推动农村"。④定县平教会历年行政会议均在强调要注重成熟人才"质与量的增加"以及有志青年的培养、训练。⑤

除乡村建设同人积极呼吁、争取知识分子下乡外,还有许多学人也站在不同的角度力促知识分子下乡参与乡村建设工作,不断加强着这一呼声而促使其渐成为一股潮流。如有的学者立足于农民知识的短缺,指出乡村建设离不开知识分子的引导。乡村建设运动的主体力量本应为乡村民众,但因历史、地理、政治及经济等种种原因,乡村民众处于一种"无知无识"的状态,"不特他们自己找不到出路,不知道自救,反而有开倒车去自寻死路的。既是这样,若是让他们自己去建设,没有人帮助,如何能够建造出新的社会组织出来?"⑥因

---

① 梁漱溟:《乡村建设理论》,见中国文化书院学术委员会编:《梁漱溟全集》第2卷,济南:山东人民出版社1990年版,第473页。

② 梁漱溟:《山东乡村建设研究院工作报告》,见中国文化书院学术委员会编:《梁漱溟全集》第5卷,济南:山东人民出版社1992年版,第389页。

③ 晏阳初:《对在定县工作同志的讲话》,见宋恩荣主编:《晏阳初全集》第1卷,长沙:湖南教育出版社1992年版,第463页。

④ 晏阳初:《乡村运动成功的基本条件》,见宋恩荣主编:《晏阳初全集》第1卷,长沙:湖南教育出版社1992年版,第305页。

⑤ 晏阳初:《在二十三学年度第七次行政会议上的讲话》,见宋恩荣主编:《晏阳初全集》第1卷,长沙:湖南教育出版社1992年版,第350页。

⑥ 唐现之:《乡村建设运动中的几个基本问题》,《中华教育界》第22卷第4期,1934年10月,第59页。

此,不愿国亡种灭的知识分子应立刻觉悟,"由学欧西,日本,苏俄的路上转回来,跑到农村去。启发乡农的知识,引伸乡农的力量,将农村的各种问题告诉它,并教给以解决的方法;使乡农自身,作这个运动的主力"①。

　　乡村问题的复杂性使其很难仅仅通过理论探索实现解决,更需要进行实地研究以求得真知。由此出发,部分学人认为乡村建设的成功需要知识分子对农村问题进行理论研究,更应从事实际事业而少做空谈,"为乡村建设运动的前途计,我觉得今后劳心的人也要劳力,即所谓心力并用。实行的办法,便是奉劝一部分知识分子下乡去,与乡下人为伍,做推进乡村的工作,乡间人得了这般知识分子的指导,自然欣喜万分。知识分子到乡间去所做的事很多,如教农民识字,破除乡间迷信,改良乡村卫生,教导新式生产技术,这许多事并不难办,只要知识分子本身觉悟,愿意抛弃从前奢侈的都市生活,能到乡间去吃苦,一切事都可望办得有成绩"②。参与暑期农村服务团的谢大祉更是饱含感情地写道:"作者今本十二万分的热忱,希望知识份子,莫再留恋都市之物质文明,而空喊其到农村去之口号,即日相率下乡,抱着'救苦救难'的宏愿,抱着'我不入地狱谁入地狱'的精神,拯救那336 000 000的农民民众于水深火热之中,而登于衽席之上! 这,是我们应负的责任! 这,是我们应尽的天职! 因为——农民是我们的天! 农村是我们的地! "③

　　近代以来城乡关系失衡所导致的乡村人才流失使乡村建设运动陷入人才窘境。随着运动的迅猛发展,人才问题日渐凸显,"大家都不能不有一种觉悟,就是研究实验工作的成绩纵不能说尽善尽美,却有普及推行于实验县以外县份的必要,因为今日的时机太迫切了,不能等待整套制度之完成,所以因事实的需要,除一方面研究实验尚待继续努力外,一方面又进入了推广时期。在这个时期,范围既然日见扩大,问题也就更多了,问题之中,最主要的厥为人才问题"④。为推动运动的发展,呼吁知识分子下乡已然成为乡建者之共识,"所

---

① 胡时三:《论乡村建设》,《大道月刊》第1卷第6期,1934年4月,第3~4页。
② 董汝舟:《推行中国乡村建设运动应有的认识》,《经世》第1卷第8期,1937年5月,第42页。
③ 谢大祉:《自农村回来以后》,《教育周刊》第206、207期合刊,1934年10月,第13页。
④ 瞿仲捷:《农村建设与农村人才的培养》,《民间》第2卷第8期,1935年8月,第8页。

谓乡村建设运动,自然是知识分子下乡的运动"①。与此同时,城市中日渐明显的知识分子"冗余"现象也逐渐引起知识界的注意,不断有学者发出"下乡去"等呼声,敦促知识分子与乡村社会相结合,进而谋求自身以及民族国家的出路。主体不一但理念内核却基本一致,乡建者与知识界所发出的呼声共同昭示着历史行进的路向,终促成知识阶层的转向——"下乡去"。

二、"下乡去":新兴知识分子阶层的转向

城乡关系之失衡"不独有害于乡村,而且损及于都市"②,不仅使乡村社会趋于全面崩溃,也使城市内出现社会犯罪率高、贫民生活困难等问题,而知识分子的"冗余"现象也在城市的畸形膨胀中日益凸显,其直接导因便在于教育制度和社会需求的脱节、乡村社会阶层的分化及地方精英向城市的单程流动。

清末以来,新式教育的蓬勃发展无疑是近代化历程中浓墨重彩的一笔。然各种教育制度、设施均移植自日本与欧美国家,而与本土社会的需求相脱节,"教育与社会,不是整个有机的组合。学校不适应于实现生活迫切的要求"③。这种脱节终使整个教育系统在20世纪20年代后出现全面危机,"中国目前之教育,无论在数量与质量上,均不足以适应国家之需要,而弊害之最显者,尤莫如教育设施,与国民实际生活不相应,以致未受教育者,尚能秉其家庭社会递相传习之知能道德,各自安于艰苦之生活。而既受教育者,则知识技能之修养既不成熟,德行气质又往往涉于浮夸与游惰,训至学校多一毕业之学生,社会即增一失业之分子,家庭即少一有用之子弟,诟病交起,弊害丛生。"④

---

① 徐宝谦:《乡村建设运动的精神基础》,《乡村建设》第6卷第3期,1936年9月,第2页。
② 易家钺:《中国都市问题》,《民铎杂志》第4卷第5号,1923年7月,第17页。
③ 蒋梦麟:《国联中国教育考察团报告书中几个基本原则的讨论》,《独立评论》第40号,1933年3月,第10页。
④ 《确定教育设施之趋向案》,见黄季陆主编:《抗战前教育政策与改革》,《革命文献》第54辑,台北:"中央"文物供应社1971年版,第269页。

新式教育与社会需求相脱节的最明显表征在于文、法类学生过多以致出现严重的就业困难。自清末新政到民国肇建，由于官方对法政人才的迫切需求，法政类专业与仕途形成"制度性连结与过渡开展"①，法政类学系、学堂的数量随之出现急剧增长。据中华教育社统计，1923年时全国有法政专门学校33所，学生10 864人，接近于大学校的数量与学生数，远高于其他专门学校。②到1931年，全国专科以上学校中，文法等文类院科数有110.5个，理工等实类院科数仅为76.5个；文、法等文类系组数有395个，理工等实类系组数仅为281个。就学生人数而言，1931年全国专科以上学生总数44 167人，文科有32 940人，占总数74.5%强，其中更有80%以上为文哲与法政科毕业生。③如此之多的文、法类毕业生难以被社会岗位与政府机构所接纳，成为最大的失业学生群体，"'毕业即失业'一句话变为学界中一个普通口头禅"④。据李樸生统计，1936年全国毕业的2104名大学生中无确定出路的就有1054人，占总数一半强。⑤而从1934年9月到12月，全国学术工作咨询处共收到国内外专科以上学校毕业生所填的调查表与登记表435份，求职者中仅文、法科毕业生就有275人，约占到总数的63.2%。⑥

除文、法类学生供远大于求外，工、商类学生也因国内资本主义经济的迟缓发育而"寻不到适当的职业"⑦。由于民族产业的困顿，学生人数的增长超过了社会工商业的容纳能力，"依存于民族资本主义，为民族资本主义捧场而取得职业地位的……小资产阶级的知识份子，便没办法安顿自己。于是便只可在

---

① 刘恒妏：《论百年来台湾法学教育之变迁》，"国立"台湾大学法律学研究所博士论文，2005年，第113页。

② 中华教育改进社编：《中国教育统计概览》，上海：商务印书馆1924年版，第11页。

③ 教育部编：《第一次中国教育年鉴》丁编教育统计第一学校教育统计，上海：开明书店1934年版，第48、53页。

④ 陈岱孙：《关于大学毕业生职业问题一个建议》，《独立评论》第211号，1936年7月，第8页。

⑤ 李樸生：《救济失业大学生》，《独立评论》第207号，1936年6月，第7页。

⑥ 程振基：《解决青年失业问题的几项研究资料》，《全国学术工作咨询处月刊》第1卷第1期，1935年1月，第3页。

⑦ 董汝舟：《中国农村经济的破产》，《东方杂志》第29卷第7号，1932年12月，第21页。

知识的买卖上去干那一套循环教育的把戏。最近这一个循环圈扩大到无可扩大，而以民族产业为中心的如上述的诸般为知识份子所可做的事业，则萎缩日见急骤。于是知识份子，便只好纷纷失业，只好纷纷求业而不得"①。

即便是讲求农业进步、实施农业教育的农业专门学校甚至大学农学院"都免不了两重的大失败"②。农学教材先采用直译的日本式讲义，后改用原版的欧美教科书，培养出的学生根本不了解中国农村、农业，更谈不到去建设、改良农村、农业。农业学生毕业后反不能"业农"，"除去拿几本最新版本的美国课本来和用旧版本的朋友们抢冷板凳坐，睁着眼去误人子弟，或者把头弄尖去做个'专门'（钻门）人才外实无事可做"③。一时间，无论是学工、学农，还是学商，无论是国内还是留洋的学生均不惜代价，"奔走"、"钻营"于军政学三界，"成功的固然洋洋得意……利用其一时的在位，肆行搜刮。而失败者便被遗弃在十字街头……留住在城市里成为高等的无业流氓"④。

清末新政以来新旧学制更易所加速的绅士阶层的分化及乡土人才向城市的单程流动（见前文）更加剧着知识分子"冗余"的程度，使知识阶层的"失业恐慌"成为严重的社会问题，"以频年学校所造人材不合需要或由于残余封建势力所包围，以致新离学校之毕业生，每以进身无门，辗转于饥寒线上而不能自拔，年来此事影响之严重，至波及国家前途之安危……且为形成社会之种种危机"⑤。一些关注农村的学者由此从救济与复兴乡村的角度出发，呼吁知识分子下乡以缓解矛盾。随着20世纪20年代以后乡村危机的不断加深，这种主张逐渐得到众多响应。于是，在"下乡去"——这一时代性呼声的逐日高涨中，知识阶层开始出现新的转向。

"下乡去"的口号可以追溯到五四运动时期。五四运动"实际上是一场思想和社会政治相结合的运动，它企图通过中国的现代化来实现民族独立、个人

---

① 哲生：《知识份子失业的定命》，《新中华》第2卷第14期，1934年7月，第5页。
② 叔永：《农业教育与改良农业（一）》，《独立评论》第21号，1932年10月，第14页。
③ 布口：《我们需要什么样的农林教育？》，《独立评论》第57号，1933年7月，第6页。
④ 陈建业：《生产教育与政治教育》，《东方杂志》第31卷第6号，1934年3月，第2~3页。
⑤ 胡鸣龙：《知识分子的失业救济与学术运动》，《中国新论》第1卷第3期，1935年6月，第29页。

解放和社会公正"①。参与其中的知识分子如陈独秀、胡适等人高扬"民主"、"科学"之旗帜,注重个人平等与解放,并通过对旧思想的激烈批判以及对新思想的热情宣传使民主观念深入人心。但"不先有了平民教育,那能行平民政治?"②在农业人口占绝大多数的中国,农民是最多数的平民,关注平民的思维指向必然落足于农民、农村上。由此,许多教育团体开始将目光转向乡村,倡导乡村教育,"五四运动是中国教育界一个关键……在思想界与教育界上都引起了许多极有力的,极有时代价值的运动,乡村教育便是其中之一。当时最初喊出乡村教育,或下乡运动者,大都是不得意而稍稍具有革命性的留学生。他们目击欧美各国自大战停止后,积极注意生产事业,于是整顿乡村亦为计划之一。反观吾国教育正在注意最上层的教育,竞派留学生,竞办大学,于是便喊出这个乡村教育的口号来"③。

虽然"乡村教育"在当时还仅限于报章文字,实际方面则是"喊者自喊,应者自应",但至少使农村问题得到一定的关注,而青年知识分子下乡从事乡村工作的趋势已现,"从五四运动以后,有些青年发生了一种觉悟,以为他们的知识实在肤浅得很,不足应用于实际,因而求知识的欲望一天高似一天;这一种青年乃以提高知识为他们的目的,令人很可钦佩。同时,有些青年发生了另一种觉悟,以为普通一般人民的知识实在都够不到水平线,不足以言救国,因而服务社会的心肠也一天热似一天"④。

1919年时李大钊更是直接发出青年应"下乡去"的呼声。倾心于布尔什维克主义的李大钊看到俄国革命之所以能取得胜利的原因之一在于许多青年"把自己家庭的幸福全抛弃了,不惮跋涉艰难的辛苦,都跑到乡下的农村里去,宣传人道主义、社会主义的道理",进而意识到要输入新文明、改造旧社会,也需要青年下乡去开发农村,因为"我们中国是一个农国,大多数的劳工

---

① [美]周策纵:《五四运动史》,陈永明等译,长沙:岳麓书社1999年版,第500页。
② 《发刊词》,《平民教育》第1期,1919年10月,见张允侯等:《五四时期的社团》(三),北京:生活·读书·新知三联书店1979年版,第6页。
③ 张宗麟:《乡村教育》,上海:世界书局1933年版,第18~19页。
④ 教育杂志社编:《乡村教育研究及研究法》,上海:商务印书馆1925年版,第1页。

阶级就是那些农民。他们若是不解放,就是我们国民全体不解放……去开发他们……除去我们几个青年,举国昏昏,还有那个?"由此呼吁"青年呵!速向农村去吧!……那炊烟锄影、鸡犬相闻的境界,才是你们安身立命的地方呵!"①

"五四"之后另有一些致力于农学、农业社会学的学者也立足于农村救济的角度倡导"归农运动",如吴觉农认为我国完全是"以农业立国","我国从开国以来,完全是以农业立国。试一阅我国的农业史,凡是承平的时代,都是农民生活余裕的时期;一遇灾欠,农村就引起不安,从而地方亦随之而不安了。因为农民居中国全人口的90%,衣食住器具杂用之所出产,工之所制造,商之所懋迁,都是仰给于农民"②。农村对于国家文化、生产、国际地位及税收存在重大关联,但农民生活"近年以来,外受外国资本家及工商业的压迫;内受政治纷扰及贪官污吏的荼毒;所以越弄得不堪设想",而农民却"还是酣睡着,深深地酣睡着,没有指引的人们,没有领袖的人物,谁能使他们苏醒转来呢?"③由此他认为除了有觉悟的青年男女"归农"以外,再没有别的方法去振兴农业,改善农民生活水平。

杨开道更明确地指出农民的好坏、农业的发达关乎国家兴衰,但事实上"数千年来,我国农业一点没有进步;农村的衰落,一天甚似一天;农民的痛苦,也一天深似一天……我国农业没有办法去改良,农民的困苦没有办法去救济,无论都市或乡村都是不能安宁的"④。由此他号召发起以振兴农业、救济农民为目的的"归农运动",倡导知识分子下乡去充任乡村领袖、教员。杨开道认为乡村社会缺乏的是贤明的领袖,如果有知识分子领导乡村社会,开展农业事务,组织公共团体,维持公共福利,则乡村就有了适当的指导者,各种农业事务如合作等皆可次第发展,农村公共的教育、治安、卫生、娱乐也能步步进行,进而达成"新"的乡村。除领袖外,知识分子还可充任乡村教员。农村教育

---

① 李大钊:《青年与农村》,见中国李大钊研究会编注:《李大钊全集》第2卷,北京:人民出版社2006年版,第304~308页。

② 吴觉农:《中国的农民问题》,《东方杂志》第19卷第16号,1922年8月,第2页。

③ 吴觉农:《中国的农民问题》,《东方杂志》第19卷第16号,1922年8月,第4、20页。

④ 杨开道:《归农运动》,《东方杂志》第20卷第14号,1923年7月,第24页。

实为一种救济农民、振兴农业的重要手段，如有知识分子教授农民以健全的人格及必需的农业技术，造就"新"的农业与农民，待有了农学知识，农民就可自发地改良技术、振兴农业。此外，知识分子还应从研究农学、经营农业等方面扶助农业的发展、救济农民的困苦。总之，只有城市知识分子下乡并与乡村相融合，才能拯救"已到末路"的国运。

然而20世纪20年代初时农村问题本身尚未成为社会矛盾的焦点，在理论认识层面及实际经济政策制定上，农业经济的发展优先度要远低于工业经济。正在此时所产生的有关中国经济发展道路应"以农立国"，还是"以工立国"的论争中，国粹派代表人物章士钊的农本论遭到恽代英、杨明斋等人的激烈批驳①，称其论不过是"崇拜精神文明的人的一道新护身符"②。受此影响，无论是出于改造社会的诉求，抑或出于振兴农村经济的愿望，五四运动后"下乡去"的呼吁仅停留在书面上。随后在国民革命中出现的国共两党与农民的结合，也只是实现政治诉求的民众动员，知识分子真正"下乡去"，与乡村社会实现融合则是伴随乡村建设运动的兴起而实现的。

20世纪30年代后乡村社会所出现的全面崩溃使复兴乡村成为挽救国家民族命运的关键，但振兴乡村需要"很大的财力和人力"，正需要知识分子下乡贡献力量。都市人才冗余与乡村人才缺乏正成互补之势，"在这样一个农村复兴运动的热烈的潮流中，青年下乡，确是目前最有希望的一条出路，因为现在的城市中满布着失业的青年，而乡村且闹着人才贫乏的恐慌，要解决这个矛盾现象，智识青年下乡是最妥当的办法。事实上，今日荒芜的农村，也只有热血的青年才能负开垦的责任"③。由此，学人或主张各类知识分子充任乡村领袖、教员、顾问，或主张全国学生调查、整理乡村，倡导与动员知识分子下乡

---

① 《章行严在农大之演说词》，见王均熙编：《章士钊全集》第4卷，上海：文汇出版社2000年版，第403页；杨铨：《中国能常为农国乎？》，《申报》1923年10月28日，第3版；戴英：《中国可以不工业化乎？》，《申报》1923年10月30日，第3版；杨明斋：《评中西文化观》，合肥：黄山书社2008年版，第155页。

② 王星拱：《农业与工业》，《现代评论·二周年纪念增刊》，1926年，第105页。

③ 王赞源：《青年对下乡运动应有的认识》，《学校生活》第98期，1935年1月，第5~6页。

担起重责。此类言论不绝于耳,一时成为舆论所向,"到田间去,乃中国社会上最时髦的一句口头禅"①。如陈掖神就认为如果要下决心改造农村、唤醒农民,首先需要知识分子联合起来,自发、誓愿地下乡去做宣传工作,使农村民众能够普遍地觉醒。具体来说,就是需要城市或农村的党员一致联合起来,回到农村做农村事业的指导者、农村革新思想的传播者;需要学生下乡去,既避免无事可为而成为"高等游民",又可使农村得到教员、顾问;需要公务员下乡去干实际的政治工作,打破官民隔阂,知晓农民苦楚;需要技术人员下乡,辅助农民改良农业,以使农业科学化。②庄泽宣也指出国内"非驴非马"的高等教育养成的只是"一班所谓高等游民,高不成低不就,成为贪官污吏、土豪劣绅",对于社会无所用处。而社会所急需的是民生问题的解决之方,"中国今日唯一的出路是一方面作大规模的移殖人民计划,同时一方面作大规模的整理乡村计划"。由此他建议将全国高等教育学生分为三股,以其中一股专门从事内地乡村的整理工作,"如此,然后殖民可以成功,乡村可以整理,学生可以有出路,民众可以有生财之道,而中国方可转危为安"③。

正如时人所言,"大学'毕业即失业'……成为社会严重的问题。那知风云际会,'复兴农村'的声浪高涨,乡村中正需要知识份子;所以'下乡去,复兴农村'成为目前的'二者兼顾'唯一的策略"④。一方面是城市知识分子寻求出路,另一方面是乡村建设运动渴求人才的参与,较为系统的建设方案与事业内容也为知识分子下乡提供了岗位与平台,"下乡去"呼声终在此时落实为大规模的实践。全国各主要乡建区域如邹平、定县等地均有大量下乡的知识分子在从事基层乡建工作,其中1929年时平教会全体职员包括大学教授、学院院长、留美的博士、硕士离城进乡之举,更是得到极高的赞誉:"这是迄今为止中国

---

① 熊今悟:《都市社会之形成及其病态》,《社会半月刊》第1卷第5期,1934年11月,第46页。

② 陈掖神:《知识份子应到农村去》,《教育周刊》第206、207期合刊,1934年10月,第9~11页。

③ 庄泽宣:《高等教育革命——中国教育改造的出发点》,《东方杂志》第30卷第12号,1933年6月,第6页。

④ 尤蔚祖:《失业大学生下乡之五道防线》,《复兴月刊》第3卷第8期,1935年4月,第6页。

历史上最宏大的一次知识分子迁往乡村运动，帝制科举出身持有者、中国大学教授、学院院长和国家机构退休工作人员，以及许多美国重点大学的博士和硕士们，纷纷离开城里的职位和舒适的家，来到偏僻的定县农村，寻找复兴古老落后的人民生活的方法和途径，从根本上实现民主。"①对参加第二次乡村工作讨论会的团体及实验区的调查显示，各处有偿及义务工作者的数量，少者如金陵大学农学院农业专修科有20余人，多者如定县则有上千人。②

　　下乡去的知识分子以及各实验区所培养出的人才构成了乡村建设运动的主体力量——乡建工作者群体。这一群体承担着乡村建设的实际工作，所作所为关乎乡村建设运动的发展与走向。然而，"归农运动"的产生很大程度上源于教育制度与社会需求的脱节，也因之存在着一定的缺陷，如知识分子所受的西式的、适应工业化需求的教育既无法在发育不良的近代城市中找到立足之地，更不适用于几乎处在"中世纪状态"的乡村社会。另一方面在动机上也显得较为复杂，很多知识分子下乡去参与乡村建设事业只是受制于城市里的就业困难而不得不做出的一种被迫或说无奈的选择，同时也有一部分人的加入则是出于好奇甚至投机的心理。在这些消极因素影响下，乡村建设工作者群体所起到的作用难以一语定之，需要进一步的分析与探讨。

---

① 晏阳初：《中国平民教育运动的总结》，见宋恩荣主编：《晏阳初全集》第2卷，长沙：湖南教育出版社1992年版，第210页。

② 章元善、许仕廉编：《乡村建设实验》第2集，上海：中华书局1935年版，第500~536页。

第二章 CHAPTER TWO

乡建工作者群体的形成及特征

从广义上来说，乡村建设工作者群体是接受过一定乡村建设理论、乡村知识等方面的训练，并深入乡间，领导乡村建设事业以及从事基层工作的人，是乡村建设运动的主体力量。"乡村建设固然困难，建设中原社会之乡村事业尤其困难，因为乡村事业纷纭繁多，非有充裕之人力与财力，不足以表现成效。"[1]各乡建团体机构、实验区为顺利推动工作，克服普遍存在的人才困境，一方面呼吁知识分子下乡，一方面也致力于成立专门机构进行工作者的选拔与训练。随着20世纪二三十年代乡村建设运动在全国范围内的"狂飙"，工作者的数量也在不断增长，渐具规模。由于各乡建团体机

---

[1] 江问渔、梁漱溟编：《乡村建设实验》第3集，上海：中华书局1937年版，第400页。

构、实验区的性质、依托力量不同,工作者的身份、学识、待遇等属性构成也较为复杂,并在不同程度上影响着建设事业的开展与走向。因此本章拟就对乡建工作者的选拔、训练、薪金、互动等进行考察与分析。

第一节　工作者的选拔与训练

改造乡村绝非易事,且乡村建设事业涵括丰富,从而对乡建工作者的素养提出了较高要求,如定县实验区的标准即为"要有本国的学术根底,科学的知识技能,又要有创造的精神,吃苦耐劳的志愿与身体,还要有国家世界的眼光,因为研究实验的区域,虽只在一县一乡一村,其目的是为整个民族生活改造而研究"[①]。为获得大量合格的乡建工作者,部分较有实力的乡建团体机构结合自身特点设立起专门机构,招收并培养乡建工作者,对新加入的人才与已有的工作者进行学识以及实地的训练,使其掌握乡村工作的各种知识与技能,理解、贯彻乡村建设理念,同时注重进行精神陶炼以养成服务于乡村建设事业的志愿。

一、选拔与培养标准

近代以来乡村社会趋于全面破产,救济乡村、复兴民族的呼声随之高涨,

---

① 晏阳初:《农村运动的使命》,见宋恩荣主编:《晏阳初全集》第1卷,长沙:湖南教育出版社1992年版,第299页。

"我国农村社会生活的应当改进,几乎异口同声"①。然乡村改进工作困难重重,能担此重任者必须具备相当的能力与素质。各乡建团体机构也对工作者应具备的素质提出了需具备一定共性的众多看法,从而构成工作者选拔与培养的标准。

下乡工作者首先应有坚定的意志、优良的品格,"乡村工作,事至辛苦,意志薄弱的不能干,没有决心的不能干,生活舒适的不能干"②。胡时三就认为乡村建设必须依靠品行端正的知识分子进行引导方能走上正路,"引导乡村运动的人,必靠知识分子;尤其要一般知识分子,都觉悟这乡村运动的急切和应该,一致的参与或扶助。作这运动的人,必须品行端正,毫无恶嗜,忍苦耐劳的,才可以。不然,任你好的方法,将被它葬送"③。青岛市政府也指出:"乡村建设,实非易举,其服务人员,须具有科学的头脑;强健的体魄;刻苦耐劳的精神"④,方能承担从事乡村地区的开发及建设工作。

不但一地、一区的乡村建设事业需要工作者具备优良的意志品格,而要使各地的乡建工作能够协调一致,"形成一个全国一致的大力量",也必须注重对工作者精神层面的甄别。如侯存信便认为在选拔工作者时必须注重:"(1)必品格端正,诚朴坚卓。(2)对事业具有深心大愿,坚强信念。(3)对团体能尽最大的爱护力量。(4)肯虚心受教,有向上意志。(5)无贵族官僚习气,无偏执怪诞性格。(6)不怕不吹不捧。"⑤

态度方面的修养也极为重要。乡村建设需要知识分子进行引导,但近代以来城乡地位差距不断拉大,浸淫都市文明的知识分子一旦回到农村不免会带有优越感,对农村、农民投以歧视的眼光。如不克服此种心态,则难以与农民打成一片进而得其信仰,更难以动员农民参与建设事业。"到乡村去,待人接物的态度也是很重要的。我们到乡村里去工作,乡下人的生活习惯,行动见闻,是与

---

① 杨开道:《农村社会学·孙序》,上海:世界书局1935年版,第1页。
② 姚菊士:《农村工作者应有的修养》,《农贷消息》第1卷第9、10期合刊,1940年2月,第5页。
③ 胡时三:《论乡村建设》,《大道月刊》第1卷第6期,1934年4月,第7~8页。
④ 《关于薛家岛办事处条陈建议事项的训令》,青岛市档案馆藏,档号:B32-1-798。
⑤ 侯存信:《从事乡运工作者与指导者所应具备的条件》,《乡村建设》第6卷第1期,1936年8月,第3页。

常住在都市的人都有不同的,尤其乡村农民的心(理)障碍来的更多。因此我们到了乡间与农民相交接很难得到合适的态度。如果在语言或行为上有时不觉的表现出某种态度,不合乡民的心理,便可立刻引起他们的怀疑与憎恶,这样在工作上就要受到莫大的影响。"①因此,工作者必须具备谦和的态度,如在与农民的交流上,要有说话的艺术、诚恳的态度,"说话要简截(洁),要搔着痒处。态度有壮有和有表情。能够运用方言土语,更现(显)得亲热。切忌长篇大论,左一个意思,右一个意见,七段八段说不完。弄得人昏昏欲睡了"②。

改造农村工作还应具备农村、农业方面的专业知识与技能,"一切方法,只在人的运用,'人的问题',实为一切问题中之基本问题……一切学问的研究,如:教育,政治,经济……皆不过是建设乡村的方法,改造乡村的资藉;单单有了资藉的方法,是不够的,还须有能深深了解此方法而且会运用它的人去行使,才能合适妥当,才有结果可得"③。王湘岑也感言工作者要建设乡村,必须从建设自我做起,使自己拥有"充分应手的工具","乡村间的问题,是非常复杂,非常繁难的。想着解决复杂而繁难的问题,就非有充分的知识,相当的技能不可"。④

由上可知,时人认为乡建工作者所应具备的素质相当复杂,"一、我们先要农民化,然后才可化农民……二、要有宗教家的精神,政治家的手腕,菩萨的心肠……三、要有哲学家的头脑,科学家的方法……以上一点,是我们下乡者的基本精神。他如体力之锻炼,信心之培养,还待乎青年诸君自己不断的努力,来负起这巩固我们民族基础的大使命"⑤。许卓群所列工作者应具备之条件更是多达十条,即慈母的心肠、充实的知能、乐观的心情、耐苦的习惯、诚恳的态度、高尚的道德、脚夫的手足、革命家的精神、科学家的头脑、领袖者的才能。他甚至认为此十个条件也"还只能说是乡村工作者最低限度应有的储备。为了这仅系乡村

---

① 孟辉峰:《谈到乡村去》,《乡村建设》第6卷第1期,1936年8月,第2页。
② 超然:《在乡工作所感到的》,《乡村建设》第6卷第20期,1937年7月,第6页。
③ 马仲安:《乡村运动与乡村运动者》,《乡村建设》第2卷第9期,1932年10月,第9页。
④ 王湘岑:《乡村建设从何处作起》,《乡村建设》第2卷第1期,1932年8月,第42页。
⑤ 王赞源:《青年对下乡运动应有的认识》,《学校生活》第98期,1935年1月,第6页。

工作者最低限度应有的储备的缘故,我们无论如何不该再加以马虎!"①

乡建事业的推进需要知识分子的引导,更需要地方民众的参与,"要组织训练农民,启发农民自己的力量,使农民自己能解决自己的问题……不应仅是经过我们的手,来达到农民的要求,必须用农民自己的手来达到农民自己的要求"②。因而在工作者的选拔标准上,除呼吁知识分子下乡外,各乡建团体、机构也注重"就地取材",培养本地人才。

下乡的知识分子虽处于乡建事业的领导地位,但终属外来人员而往往缺乏地方认同感,少能尽心任事,"盖农村建设,虽人人皆知其重要,而实际真能到乡村服务者,则非真正乡村人不可"③。起用本地人才则可获得当地支持,激发乡土感情,有利于工作的开展与延续,"以本地人干本地事,能使地方上的民众感到这是自己的事,要自己干,不应当靠别人,这样干起来自然感到亲切而肯努力,如果是异乡人,则无论如何去努力联络当地人的感情,总因生活习惯不大相同,语言尤其隔膜,收效是不大好的,况且本地人的疑惑外地人,甚至排挤异地人,更是极普遍的事"④。1930年时北平燕京大学社会学系主办的清和实验区就将工作原则之一定为:"尽量聘用本地人才,加以训练,以免人存政举,人亡政辍。"⑤浙江省立湘湖乡村师范有感于"知识分子下乡工作……往往受环境和工作者自身的兴趣所支配,三五年继续不断地干下去,已经算是很长了,终身埋头干乡村工作,往往不为社会环境所许。因此,常常容易发生'人亡政息'的结局"⑥。进而发起组织成立"湘湖青年团",将一批"土著青年"加以特殊训练,倚为乡建工作骨干,通过造就"新农夫",抿除知识分子与乡农之间的隔阂,以利于工作的开展及延续。

再者,起用地方人才不仅能激发乡土感情,亦可消除乡村社会的"距离

---

① 许卓群:《乡村工作者应具之条件》,《民间》第2卷第20期,1936年2月,第12页。
② 梁漱溟:《农民运动与合作》,见中国文化书院学术委员会编:《梁漱溟全集》第2卷,济南:山东人民出版社1990年版,第104页。
③ 章元善、许仕廉编:《乡村建设实验》第1集,上海:中华书局1935年版,第141页。
④ 通翕:《乡村建设之理论与实际》,《陇铎月刊》第3期,1939年,第14页。
⑤ 章元善、许仕廉编:《乡村建设实验》第1集,上海:中华书局1935年版,第69页。
⑥ 江问渔、梁漱溟编:《乡村建设实验》第3集,上海:中华书局1937年版,第493页。

感",最大限度地减少客观环境的制约作用。在筹划定县卫生体系的建构时,陈志潜意识到城市所培养出的医生与护士无法深入乡村社会,不仅农村经济无法负担费用,医校毕业生也存在训练不足、无法获得农民信任等问题①,由此形成起用平校毕业生作为保健员的思想,认为起用本地人才开展卫生工作既经济又易获得农民信任,"他们土生土长并易于生根于当地……被同胞村民信赖的村民们比必须花费宝贵的时间来显示其可靠性的外来者更为有利"②。正是本着这一思想,平教会才能在定县以较少的人力、物力成本构筑起相对完备、高效的三级卫生保健网络。

到 20 世纪 30 年代中后期,基于多年乡村建设工作的经验,选拔当地人才作为事业骨干的思想逐渐成为各地乡建领袖们的共识。方悴农立足于对 1935 年前后乡村建设人才培养情况的分析,认为应注重选拔"对农村事业已经有相当认识根底和兴趣的青年,最好是生长农村,与农村生活不能分离的农家子弟;在事实上加以严格的训练,一面尽量选取有一艺之长的人,一面毫不客气的淘汰庸碌无用的人和投机取巧的分子"③。而从事乡村基层工作十余年的瞿菊农在总结教训后也认为知识分子训练不足,不能认清农村问题,无法消除的心理障碍与优越感亦阻碍着乡村工作的进行,因此,"真正的乡村工作者,最好是从乡村自身,以他的能力与他所受的教育而取得领袖地位的人。这是最自然的,在乡村中工作的人,应当有这种认识。乡村工作者的作用,是培养真正的,自动的,为本村,从本村所产生的服务领袖"④。

二、训练机构

乡村建设事业本身的要求以及乡村工作严苛的环境对工作者的素质与能

---

① 晏阳初:《定县的乡村建设实验》,见宋恩荣主编:《晏阳初全集》第 1 卷,长沙:湖南教育出版社 1992 年版,第 274 页。
② 陈志潜:《中国农村的医学——我的回忆》,成都:四川人民出版社 1998 年版,第 87~88 页。
③ 方悴农:《农村建设实施纪》,上海:大华书局 1935 年版,第 335~336 页。
④ 徐宝谦编:《农村工作经验谈》,上海:青年协会书局 1936 年版,第 89 页。

力提出了较高要求,然合格的人选则极为缺乏。虽然"下乡去"的呼声自五四运动后即风行一时,然知识分子下乡难也是事实,吴景超就将原因归结为:其一,知识分子的出路,在都市中比乡村中要多若干倍;其二,乡下缺乏研究学问的设备;其三,乡村中物质文化太低,不能满足知识分子生活程度上的需要;其四,知识分子最亲近的家庭宗族,亲戚朋友都不希望他下乡。① 真正能走向乡间的还是少数,与农村的数量相比更显得渺小,"他们的数量太少,中国太大,单靠他们自身直接的努力,的确无济于事"②。即便是下乡去的知识分子大都没有经验,思想、行为、学识方面不免与乡村格格不入,必须加以训练方能敷用,"近年以来,知识分子,始稍稍转移其视线于乡村运动,所谓'到民间去',实一极有希望之社会运动。然因我国历来传统教育制度,对于农村需要,向少注意,故学校毕业生,往往不能吃苦耐劳,且缺乏农村建设之专门技术与行政能力。结果,知识分子之肯下乡工作及下乡能继续持久者,仍居少数,以后各地从事乡村工作人员,咸感人才缺乏。故嗣后训练人才之工作,实据首要地位"③。

"复兴民族,首当建设农村,首当建设农村的人。"④ 没有相当数量的人才从事实际工作,乡村建设运动必然落空,如晏阳初所言:"对乡村建设有热情是好事而且是必要的,但只有热情,只不过是狂慕,并无实际的意义。除非学者和科学家对乡村建设认真而艰苦进行研究,和有系统地对行政和技术人员进行培训,那么,现在席卷全国的乡建运动,必将和过去许多次运动一样,注定要化为乌有的。"⑤ 由此,为谋求建设事业的顺利开展,部分乡建团体机构、

---

① 吴景超:《智识份子下乡难》,《独立评论》第62号,1933年8月,第9~11页。

② 唐现之:《乡村工作者的培养之商榷——一个训练乡村青年的办法》,《乡村建设》第4卷第22期,1935年4月,第23页。

③ 章元善、许仕廉编:《乡村建设实验》第2集,上海:中华书局1935年版,第492页。

④ 晏阳初:《农村建设要义》,见宋恩荣主编:《晏阳初全集》第2卷,长沙:湖南教育出版社1992年版,第35页。

⑤ 晏阳初:《定县的乡村建设实验》,见宋恩荣主编:《晏阳初全集》第1卷,长沙:湖南教育出版社1992年版,第283~284页。

实验区设立起各具特色的训练机构以培养合格人才,主要有以下几种①:

(一)研究院式训练——山东邹平、菏泽、济宁

1931年6月15日,山东乡村建设研究院正式宣告成立。研究院内部分为乡村建设研究部、乡村服务人员训练部与试验区,前两者承担训练乡村建设人才的重任。研究部的任务在于研究乡村建设理论,制定有关计划、方案和政策,由梁漱溟任主任。研究部招收的对象是大专院校的毕业生或具有同等学力者,每期招收30人左右,学制为2年,如"于修业期间,得有研究结果,提出论文经部主任及导师评定合格者,亦得请由院长核准予以提前结业"②。除供给膳宿外,每月给予津贴10元,学生结业后大都留研究院各部门服务。

乡村服务人员训练部的任务是"预备到乡村服务的人才",招收学生注重就地取材,具体条件为:"一、世代居乡,至今其本人犹住家在乡村的。——这是为他不失乡村生活习惯,尤其要紧的,为是他熟谙乡村情形。二、曾受过相当的教育(略如初中),具有普通知识的。——非有知识和运用文字的能力,不能为公众作事。三、年纪在二十岁以上,三十五岁以内的。——这是为年力正富可以有为,而又不要太年轻。"③招考时先由报考委员会分组出发到预定各县(每一届招生有预先指定的县份),召集当地人士宣传乡村建设的意义和研究院进行乡村建设的办法,待得到地方人士一定的理解与支持后,分区就地进行招生考试。

学生入学后,以40名为一班,实行"部班主任制"管理方法。每班置班主任

---

① 因乡村建设理论、理念与实践路径的不同,并非所有实验区都像邹平、定县等地培养现成的人才,如在山东青岛、河南辉县乡建区工作者的组成主要是政府机关现任职员,"邹平与定县都是用全力去培养乡村力量,发展乡村文化。他们的理论是发展乡村以救济都市;青岛却以目下都市的力量去发展乡村。因为这个原故,青岛只利用了市政府固有的力量,人才,机关,以扩大其工作的范围,而定县邹平却要重新培养力量,训练人才,创立机关,以为乡村建设的基础"。(陈序经:《乡村建设运动》,上海:大东书局1946年版,第26~27页。)

② 梁漱溟:《山东乡村建设研究院设立旨趣及办法概要》,见中国文化书院学术委员会编:《梁漱溟全集》第5卷,济南:山东人民出版社1992年版,第233页。

③ 梁漱溟:《山东乡村建设研究院设立旨趣及办法概要》,见中国文化书院学术委员会编:《梁漱溟全集》第5卷,济南:山东人民出版社1992年版,第234页。

及助教各 1 人，班主任对学生在学习、生活各方面的活动均负有指导之责，有班主任"应与学生同起同居共饮食"、"以时常聚处为原则"的规定。举凡学生精神陶炼、学识培养、身体锻炼等均有课程作业，并以班主任的指导作为中心。学生每天都要写日记，由班主任阅改。各班学生成立自治团，凡经院划归该部自行办理的教务、庶务、卫生等事，也均在班主任指导下进行处理。各班班主任之上，由训练部主任总其成。训练部第一任主任由副院长孙则让兼任，后改为陈亚三。

1934 年 6 月研究院菏泽分院成立，暂设乡村服务人员训练班 3 班，置班主任 3 人，教员 3 至 5 人，军事主任 1 人，军事教练员 1 人，协助分院院长及教育长分别教导各班学生事宜。分院投考资格略有差异，初中以上程度方可投考。训练期限定为 1 年，并分为 3 个阶段，"第一为认识问题时期，在开学以后三月内，举凡中国政治问题，经济问题，教育问题，以及各种社会问题，均使之有相当明了，并示以解决之方。第二为技术训练时期，定为六个月，授以建设乡村必需之各种技术，以资应用。第三为实习时期，此在最后三月行之，意在求实际经验之取得，又在入学之三月内，对学生之思想，行动，学识，均作严密之考查，三月后举行甄别试验，凡不及格者，均淘汰之"①。

1936 年时一向倾心于乡学、村学等社会本位教育系统建构的梁漱溟意识到师范教育的缺乏会导致教育事业无法持久发展等问题②，另一方面由思想偏左的张宗麟主持的简易师范也出现学潮，研究院遂决定将乡村服务人员训练部纳入师范教育体系，改称"山东省第一乡村建设师范学校"，简易乡村师范学校（前身为 1933 年设立的县学师范部）③的两个班也被并入第一乡建师范学校的简师部，此后对学生实行军事化管理，分发制服，按时出操，打靶和野

---

① 许莹涟、李竟西、段继李编述：《全国乡村建设运动概况》第 1 辑上册，邹平：山东乡村建设研究院出版股 1935 年版，第 144 页。
② 梁漱溟：《社会本位的教育系统草案》，《乡村建设》第 3 卷第 5 期，1933 年 9 月，第 1 页。
③ 张宗麟、周葆儒：《邹平简易乡师的过去与将来以及乡师在乡建运动中的地位》，《乡村建设》第 5 卷第 4 期，1935 年 9 月，第 1~2 页。

外训练。①研究院菏泽分院与原有的省立第五师范合并,改称"山东省第二乡村建设师范学校"。两个师范学校内部均设特别师范部招收高中生,1年毕业;普通师范部招初中生,3年毕业;简易师范部招小学毕业生,4年毕业。②

就性质而言,第一乡村建设师范学校成立之后仍从属于研究院,"是研究院的一个教育单位"③。虽然不同学部的学制有差异,但训练目标则一致,即"一、乡村服务之精神陶炼;二、各种实际问题之认识及其解决途径之了解;三、解决各种实际问题知能之指授"④。因此可以说乡村建设师范学校仍在研究院的人才训练体系内运作。此外还有一个乡村建设专科学校,设在济南。学校目标在于培养程度较高的技术人才,内分农业、经济、教育各方面,入学程度以高中毕业为准,修业年限3年,3年毕业以后还要进行实习,"这个学校,等于一般专门学校大学的程度,不过是专门培养在乡村服务的人员而已"⑤。

除研究院内部的研究部、训练部,第一、二乡村建设师范学校外,1936年时为适应山东乡村建设运动的发展,研究院还在济宁成立了"乡村服务人员训练处",进行大规模的乡建人才训练。鉴于菏泽乡农学校的成功,1935年时山东省政府决定在济宁等14个县推行乡农学校,1936年又制定"三年计划",拟将全省各县以下"裁区长及区公所而划分为若干乡,各乡成立乡农学校"⑥。乡农学校的校长、教员均是研究院学生,每校编制以最低5人计,则全省近千

---

① 贾巨川:《山东省第一乡村建设师范学校及邹平乡村建设实验情况》,见山东省政协文史资料委员会、邹平县政协文史资料委员会编:《梁漱溟与山东乡村建设》,济南:山东人民出版社1991年版,第243页。

② 万永光:《梁漱溟先生及其在山东从事乡村建设的活动》,见山东省政协文史资料委员会、邹平县政协文史资料委员会编:《梁漱溟与山东乡村建设》,济南:山东人民出版社1991年版,第30页。

③ 马勇:《梁漱溟教育思想研究》,沈阳:辽宁教育出版社1994年版,第266页。

④ 季良:《新兴的一种师范教育——乡村建设师范学校》,《乡村建设》第6卷第11、12期合刊,1937年3月,第4页。

⑤ 梁漱溟:《我们在山东的工作》,见中国文化书院学术委员会编:《梁漱溟全集》第5卷,济南:山东人民出版社1992年版,第1018页。

⑥ 王冠军:《回忆抗战前的山东乡村建设》,见山东省政协文史资料委员会、邹平县政协文史资料委员会编:《梁漱溟与山东乡村建设》,济南:山东人民出版社1991年版,第15页。

个乡农学校约需 4000 多名工作者,而研究院已毕业之学生不过千余,"甚感不敷分配,师资顿成问题"。为预备充足的人员推行乡农学校,1936 年 4 月时研究院将全省 12 个师范学校①将要毕业的八九百名学生,集中在济宁进行为期半年的训练,"毕业以后,再到乡村实习两月,然后分派到各乡农学校工作,担负下级行政的责任"②。在训练过程中,学生不仅要学习乡村建设理论,还需接受较为严格的军事训练,为抗战做准备。③乡村服务人员训练处本属临时机构,1937 年初时改为长期设立,以使"对于全体乡村服务人员的补充或抽调以及进修等项,有一个全省统筹分配的机关",并拟于是年 6 月训练 1200 人,但未能实行。

此外,研究院还承办各种短期训练班,培训部分急需或特殊的人才,如 1934 年时奉山东省政府的委托办理县长训练班及自卫干部训练班,将在各县候差的山东警官学校毕业实习生 100 余人,集中于菏泽分院进行训练,"前者为考取待用之县长人员,后者为山东省立警官学校毕业生均于二十三年结束"④。

可以说,邹平乡村建设人才的培养自始至终围绕着研究院展开。研究院研究部毕业留院学生担任乡村服务人员训练部、乡村建设师范等处的教师⑤,而

---

① 然据当时乡村服务人员训练处学生回忆为 8 个学校,即临沂、惠民、济南、平原、聊城等 8 校师范生,共 600 余人,均系男生。(薛海云口述、申登麟整理:《在济宁"乡村服务人员训练处"的回忆》,政协兖州县委员会文史资料研究委员会编:《兖州文史资料》第 3 辑,济宁:山东省出版总社济宁分社 1987 年版,第 53 页。)

② 梁漱溟:《我们在山东的工作》,见中国文化书院学术委员会编:《梁漱溟全集》第 5 卷,济南:山东人民出版社 1992 年版,第 1017 页。

③ 薛海云口述、申登麟整理:《在济宁"乡村服务人员训练处"的回忆》,见政协兖州县委员会文史资料研究委员会编:《兖州文史资料》第 3 辑,济宁:山东省出版总社济宁分社 1987 年版,第 56~57 页。

④ 许莹涟、李竟西、段继李编述:《全国乡村建设运动概况》第 1 辑上册,邹平:山东乡村建设研究院出版股 1935 年版,第 146 页。

⑤ 张宗麟、周葆儒:《邹平简易乡师的过去与将来以及乡师在乡建运动中的地位》,《乡村建设》第 5 卷第 4 期,1935 年 9 月,第 3 页。

训练部、师范学校学生毕业后则下乡担任乡农学校、乡学、村学的教职员,动员、组织民众开展乡村建设工作。为加强对下乡工作学生的指导,研究院设立"乡村服务指导处",制定巡回导师制度,并开办院刊《乡村建设》等"为各地同学与本院联系通讯,随时解答各种问题"①。在济宁的"乡村服务人员训练处"虽不属研究院机构,但也基本由研究院同人主持。这样,以研究院为中心构成了一个结构相对完整的人才培养体系,有利于乡村建设理念的灌输与乡村建设事业规划的执行。

(二)平民教育式训练——定县

相对于山东邹平、菏泽乡建区而言,定县实验区主要以平民学校为中心,从平民教育入手培训农民,使其具备一定之知识与技能,进而成为推进乡村建设的中坚力量。

乡村建设运动离不开知识分子,但要想成功,则根本还需要农民自为。晏阳初认为乡村运动的基本条件最重要的一点是"认清目标","最大的目标是'造人'……而人的原料仍然是在农村里,农村中的青年农民即是推动乡村工作的中心力量,我们必须抓住他们"②。因此平教会一面继续物色"成熟人才",邀请各界专家学者加入平教会及定县实验区的工作,如1932年时有陈志潜、黄懋义、姚石菴等人加入③,1934年时有周先庚、陈行可等人加入④,一面也在不断强调要注重有志青年的培养、训练。⑤在此思想引导下,平教会的乡村建设将推行平民学校、组织平校毕业同学会列为乡村建设首要工作,"(a)平民

---

① 王冠军:《回忆抗战前的山东乡村建设》,见山东省政协文史资料委员会、邹平县政协文史资料委员会编:《梁漱溟与山东乡村建设》,济南:山东人民出版社1991年版,第4页。

② 晏阳初:《乡村运动成功的基本条件》,见宋恩荣主编:《晏阳初全集》第1卷,长沙:湖南教育出版社1992年版,第305页。

③ 晏阳初:《在全体职工会议上的讲话》,见宋恩荣主编:《晏阳初全集》第1卷,长沙:湖南教育出版社1992年版,第212页。

④ 晏阳初:《在二十三学年度第一次行政会议上的讲话》,见宋恩荣主编:《晏阳初全集》第1卷,长沙:湖南教育出版社1992年版,第288页。

⑤ 晏阳初:《在二十三学年度第七次行政会议上的讲话》,见宋恩荣主编:《晏阳初全集》第1卷,长沙:湖南教育出版社1992年版,第350页。

学校(识字)这是改进一切工作的基础。(b)平校毕业同学会是民众参加乡村改进工作的基础。"①青年农民的培养工作便从平校开始,"先进行最低限度的求知工具——文学教育为宜。先办初级平校,一方面开其知识,一方面得有机会与之接触,由师生关系而生感情,无形中形成社会意识,继以同学会组织,以养成团体活动的第二天性,从而输入四大教育"②。

平民学校属学校式教育范围,分为初级平民学校、高级平民学校,学制为4个月,每日2小时,学期短而且没有固定数量。从平教会的工作报告可知平校的大致发展脉络:1928年设表证平民学校24所,然其目的纯在示范,并没有以此为推行平民教育之工具。1929年设表演平民学校14所,各个表演平校均有向附近各村推行平民教育之责任,普通平校因之陆续成立至162所。1930年时平教会改善表演平校办法,分区共设立15所表演平校,进而完成推行制度建设,结果各县成立普通平校共316所。1931年时分全县为3个实施区,各择一村镇为实施中心村,并设表演平校20所,分布各区以担任推行工作,结果全县成立普通平校417所。1932年时平教会鉴于推行制度的实验已告一段落,遂缩小工作范围,将推行表演工作集中于研究区内的60个村子,并设表演女平校5所,作推广妇女教育之实验,结果研究区内成立男女普通平校共86所。1933年定县划为县政建设实验县后,扫除文盲的工作转由实验县政府担任。③从1928到1933年定县最多时有472所平民学校,平均每村一所。④

平民学校因经费、人才及性质等关系,内部组织略有不同,有的一人独任,有的合任,负责教职与校务。平校课程完全根据四大教育进行安排,初级平校中文艺教育占46%,生计教育占22.5%,卫生教育占2.5%,公民教育占10%。

---

① 晏阳初:《定县的乡村建设实验》,见宋恩荣主编:《晏阳初全集》第1卷,长沙:湖南教育出版社1992年版,第282页。

② 晏阳初:《在欢迎来宾会上的讲话》,见宋恩荣主编:《晏阳初全集》第1卷,长沙:湖南教育出版社1992年版,第223页。

③ 晏阳初:《中华平民教育促进会定县实验工作报告》,见宋恩荣主编:《晏阳初全集》第1卷,长沙:湖南教育出版社1992年版,第334页。

④ 晏阳初:《中国平民教育运动的总结》,见宋恩荣主编:《晏阳初全集》第2卷,长沙:湖南教育出版社1992年版,第211页。

高级平校中文艺教育占 57%,生计教育占 11%,卫生教育占 7%,公民教育占 25%。文艺课为《千字课》的读、写、作及注音符号,唱歌画图等;生计教育为珠算、农业或家事;公民教育则为三民主义讲解等。①

平民从平校毕业后获得了一张"识字公民"证书,并自动成立起"平校毕业同学会"(也被译为"平校同学协会")。成立同学会之目的在于使平校毕业生能继续接受四大教育,不至于荒废所学、前功尽弃,更要养成青年农民求知的欲望与团结的力量,"使其参加四大教育的活动,推动或介绍四大教育到乡村民众"②。定县实验区的各种基层工作者多从中分化而来,成为推动乡村建设事业的内生性力量。

每村同学会设委员长 1 人,并依四大教育的内容设文艺委员、生计委员、卫生委员、公民委员各 1 人,处理一切会务,领导一切活动,如文艺方面成立读书会、演新剧等,生计方面成立自助社、合作社、农产展览会等,卫生方面如种牛痘运动、拒毒运动等,公民方面如禁赌、植树、自卫等。③其会章如下:"(1)本村平民学校毕业的同学,都是本会会员,16 岁以上的为成人会员,16 岁以下的为青年会员。(2)本会会员,都要相亲相爱,帮助村人做事,不许和人生气,也不许帮人生气。(3)本会由会员大会选举村委员 3 人至 7 人,合成村委员会,村委员会自己选举委员长 1 人。(4)村委员长和委员,应当是亲身种地的农民。(5)村委员长和委员,应当按照大家的意见,替大家做事。(6)村委员会每月开会一次,遇有要事,由村委员长临时召集。(7)村会员大会每季开会一次,遇有要事,由村委员会临时召集。(8)村委员会任期一年。(9)本同学会经费,由会员及本村捐助……"④1932 年时,定县各村组织比较健全的全村男女

---

① 孔雪雄:《中国今日之农村运动》,上海:中山文化教育馆出版物发行处 1934 年版,第 115 页。

② 晏阳初:《中华平民教育促进会定县实验工作报告》,见宋恩荣主编:《晏阳初全集》第 1 卷,长沙:湖南教育出版社 1992 年版,第 339 页。

③ 晏阳初:《中华平民教育促进会定县实验工作报告》,见宋恩荣主编:《晏阳初全集》第 1 卷,长沙:湖南教育出版社 1992 年版,第 339 页。

④ 孔雪雄:《中国今日之农村运动》,上海:中山文化教育馆出版物发行处 1934 年版,第 118~119 页。

同学会有72处,成立乡联合会4处,到1935年10月时,全县已有138个行政村成立了村同学会,会员共计6983人。①

定县虽没有山东乡村建设研究院一般完整的人才培训系统,但其特点在于通过平民学校直接对青年农民进行训练,并组织同学会,从中培养、选拔一线工作者,减少了中间环节,既经济又符合促进农民自为的乡村建设理念。研究院依托研究部学生实践乡村建设理论,而平教会则依靠青年农民展开乡建工作,由此也被称为"青年会式"②的乡村建设模式。

(三)地方乡村师范式训练——宛西、辉县

宛西乡村自治人才的培养训练主要在镇平、内乡、淅川、邓县四县联办的"宛西乡村师范"内进行。为办理地方自治,1931年前后宛西自治派领袖镇平的彭禹廷、内乡的别廷芳、淅川的陈重华、邓县的宁洗古等人开始筹建宛西乡村师范,"决定校址设于天宁寺,招收四县学生,经费由四县负担,以彭禹廷任校长,一切计划由彭作主,因为彭禹廷任过河南村治学院院长,办学有经验"③。1933年3月,宛西乡村师范正式开学。起初设校务委员会,彭禹廷被暗杀后改称董事会,由内乡、镇平、淅川、邓县四县自治领袖及学校校长、教导主任等组成。起初担任名誉校长的有彭禹廷、别廷芳、赵平甫、陈重华,应聘担任校长的有孙伏园、张含清、全廉波、袁伯厦、刘震夏(后三人均系宛西人)。董事会每年举行两次例会,研究学校经费开支和招收新生、分配毕业生以及课程安排等。同时董事会也是宛西自治的决策机关,宛西地方大事多数通过召开乡师董事会进行商议。

宛西乡村师范依照实行地方自治的需要培养乡村师资和地方自治基层干部,实行笔杆、锄杆和枪杆"三杆"教育。笔杆指文化科学知识,锄杆指学农业知识和农业生产技能,枪杆则指军事知识,目的在于使学生在自卫、自治、自

---

① 晏阳初:《定县实验区工作概略》,见宋恩荣主编:《晏阳初全集》第1卷,长沙:湖南教育出版社1992年版,第409页。

② 陈序经:《乡村建设运动》,上海:大东书局1946年版,第27页。

③ 陈自立:《宛西乡师回忆片段》,见河南省政协文史办公室编:《河南文史通讯》1988年第2辑,第34页。

养诸方面获得知识与技能,"要求培养出来的学生既能文,又能武,既能当教师,又能种田,也能当兵打仗"①。围绕这个教育方针,乡师不仅开设国文、数学、理化、史地、生物、体育、音乐、美术、教育通论、教育行政、教材教法、农业经济及合作、地方自治、农业常识等文理科的各种必修课程,讲授《宛西三自办法提要》、《植物经验谈》、《治河改地》等自编教材,还组织学生进行农业实习,参加种地、植树、养蚕等活动。乡师下设师范班,专门培训镇平、内乡、邓县、淅川四县的校长或教师,1933 年春曾招收 5 班简师部学生,学制 5 年。1935 年秋季乡师增设宛西联立中学初中 5 班,简师班招收学生改为 4 年制。1937 年设立高师班,学制 3 年。学生来源一是附设联中毕业的学生,二是其他学校初中毕业的学生;附设有培养地方自治人员的自治班,学生毕业后担任联保主任或保长;另有训练班,"是专门训练四县民团大小头目的"②。

宛西乡师不仅培养出了一批热爱地方自治事业的优秀教师、校长,将地方自治的思想灌输给普通民众,而且自治班学生毕业后被派到各区、乡担任自治指导员、联保主任、保长、教育委员、学校校长、农场或林场场长等职,"为宛西自治的推行提供组织保证"③。此外,各县开办的诸种短期培训班也延请宛西乡师教职员授课,如 1933 年内乡开办民团干部训练所,调集全县常备、后备民团中下级干部集中训练,最后两个月时聘请宛西乡师教职员讲授三民主义浅说、地方自治、农民常识、注音符号等课程。1934 年 8 月抽调宛西乡师内乡籍学生 89 名成立自治班,除军事训练外还特别注重于民众教育、生计教育、保甲制度,收效颇佳,"现在各联保,任壮丁联队副,兼民众学校校长者,即本期毕业学生"④。

宛西自治的人才训练方式具有极强的地方色彩,不仅学生、经费均出于本

---

① 黄天锡:《宛西乡村师范回忆》,见中国人民政治协商会议河南省委员会文史资料委员会编:《河南文史资料》1994 年第 2 辑,第 205 页。

② 杨廷寅:《宛西乡村师范和宛西自治的回忆》,见中国人民政治协商会议河南省委员会文史资料委员会编:《河南文史资料》1988 年第 25 辑,第 8 页。

③ 刘清涛、唐玉萍:《宛西自治始末》,见中国人民政治协商会议南阳市委员会学习文史资料委员会编:《南阳文史资料》第 3 辑,北京:中国文史出版社 2000 年版,第 90 页。

④ 章元善、许仕廉编:《乡村建设实验》第 2 集,上海:中华书局 1935 年版,第 234 页。

地,乡师的学制和课程也是"根据宛西自治的需要确定的,不受国民政府教育部的规定限制"①。所有宛西地方自治干部、乡建服务人员乃至小学教员,均须接受乡师的训练,学习三民主义、三自主义等理论,并进行地方自治内容的培训后,方能成为基本合格的干部或教员,才可担任区长、联保主任、保长、甲长、校长和教员等职务。宛西流传着一则旧闻,1935时留法学生曾敬先返回内乡后被邀请到乡村师范教授音乐,但未得别廷芳应允,"不要说留法国,就是留八国,不上我天宁寺师范,连个甲长也干不了"。可见乡师的教育是"为宛西自治派服务的独特教育"②。宛西自治派通过地方性师范学校进行人才的培养,一定程度上保障了自治工作者的纯粹性,使其具备相同的学识、思想甚至地方认同感,与地方自治的推行相得益彰,诚如学者所言:"30年代后期,宛西地区,尤其是内乡、镇平等自治派势力强大的县,基层行政组织和学校几乎完全为经过乡师学习或训练的人所掌握,从而保证了三自主义在地方的实施。"③

(四)联合培养式训练——华北农村建设协进会

1936年4月时,清华大学、南开大学、燕京大学等6个团体机构有鉴于"农村工作之艰巨与夫建设人才之缺乏",遂共同合作组建起"华北农村建设协进会"。协进会致力于改造传统教育方式,认为"欲寻求切合需要之建设方案,必须深入民间;欲训练具有专门知识技能而又有农民身手之建设人才,亦必非深入民间不可。换言之,各大学如欲培养农村建设人才,欲使学生充分明了农村实况,习于农民生活,势不能不扩大其研究范围,充实其研究对象而以扩大之民间为实验室,为工作场也"④。致力于建构"民间实验室",从学生时代起即实现生活的"农民化","以实地从事农村建设之研究,实施区域为各校各科学生之实验室与工作场"⑤,以使大学生充分明了农村实况、习惯农民生活,

---

① 江廷俊:《宛西乡村师范杂记》,见中国人民政治协商会议内乡县委员会文史资料委员会编印:《内乡文史资料》第7辑,1989年,第98页。

② 江廷俊:《宛西乡村师范杂记》,见中国人民政治协商会议内乡县委员会文史资料委员会编印:《内乡文史资料》第7辑,1989年,第102页。

③ 徐有礼等:《30年代宛西乡村建设模式研究》,郑州:中州古籍出版社1999年版,第125页。

④ 《华北农村建设协进会工作大纲(附录)》,《民间》第3卷第23期,1937年4月,第15页。

⑤ 《华北农村建设协进会工作大纲(附录)》,《民间》第3卷第23期,1937年4月,第15页。

并掌握农村工作的知识、技能，毕业后可直接入农村服务。

协进会分为经济组、民政组、社会行政组、社会卫生组及教育组等，成员分别负责培养农村合作、农业发展、保健卫生等方面的实际工作人员，以定县、济宁①作为"试验场"，为学生提供实地工作的机会。济宁实验区设农业、经济、社会、民政、工程等系，其中卫生及教育两系的工作主要在定县实验区开展，各系设主任一人，并聘导师、副导师、助理导师多人，负责教授课程培养学生，而实验区的学生多来自协和医学院，在此从事农村卫生事业学习。②经济组、民政组及社会行政组的主要工作则因"政治上之便利"在济宁展开③。在民政工作方面主要是整顿户籍；在财政方面主要是清丈土地、整理地籍、核实田亩；在建设工作方面主要是农业推广、农田水利、农业合作等；在教育工作方面则延续邹平实验县的办法，县以下设"乡农学校"。

到济宁的各大学学生通过参与实地工作，进而获得从事农村工作的宝贵经验，成为一名合格的乡建人才，如南开经济研究所在济宁培训的两班研究生，虽然"第二班的工作在1937年秋由于日本人的侵略而中断。然而第一班获得了完全的成功。所有的毕业生都根据他们的专业得到了合情合理的分配。

---

① 1936年下半年时，华北农村建设协进会与山东省政府洽商选择济宁作为实验县，济宁专区公署专员梁仲华也表示支持，于是由协进会代管县政府的行政，按照协进会农村建设实验方案进行工作，从县长、秘书以至各科科长都由协进会成员按照分工各自选派人员担任。中华平民教育促进会因在定县进行实验工作，所以虽是协进会的成员，但未参加济宁县的实际工作。关于其他各大学在济宁县政府中的人员安排如下：县长张鸿钧（燕京大学），秘书牛藟鄂、王大恩（燕京大学），民政科长乐永庆（南开大学），财政科长王文钧（南开大学），建设科长梁桢（燕京大学）。协进会主持县政后，在民政工作方面，主要是整顿户籍工作；在财政方面，主要是清丈土地、整理地籍、核实田赋工作；在建设工作方面，主要是农业推广、农田水利、农业合作等工作；在教育工作方面，原来济宁县实行的是所谓"政教合一"，县以下设"乡农学校"，相当于乡公所，协进会主持县政之后，在这一方面一仍旧制，只充实了民众教育的内容。（黄肇兴、王文钧：《何廉与南开大学经济研究所》，见中国人民政治协商会议全国委员会文史资料研究委员会《文史资料选辑》编辑部编：《文史资料选辑》第35卷第102辑，北京：中国文史出版社2000年版，第95~97页。）

② 《华北农村建设协进会工作积极进行》，《大公报》1937年7月5日，第10版。

③ 作者不详：《华北农村建设协进会训练研究委员会记录》，出版社不详，出版年代不详，第197页。

随便举出几个人来,刘君煌是土地问题专业的,在浙江的一个实习县做土地登记造册工作;黄肇兴是农村合作毕业的,成为山东的合作事业的指导;李建昌是专攻地方财政的,被任命为江苏一个实习县的财政科长"①。

协进会在华北开展工作尚不到两年便因抗战的爆发先后迁往汉口、重庆,最后到达贵阳定番,虽然存在时间短,各组成机构也"没有太多精力去顾及该组织的发展"②,协进会在学术研究方面并无太大的贡献,然其地位不容忽视。如许仕廉就认为"华北农村建设协进会,非但在国内为破天荒之创举,在全世界上亦未见先例"③,此言不虚。联合培养的方式可收事半功倍之效,更重要的是各大学学生在济宁、定县深入参加乡建工作,其意义在于"大学教育已具体地与乡村建设发生连锁关系了"。影响所及一方面使大学学生获得了乡村工作的重要经验,另一方面使乡村建设运动本身获得了人才与动力,有助于发展,"这样的交相影响,互为因果,才能促进社会的进步。换言之,乡村建设运动在今日,其影响已及于政府、社会、教育各方面,到了这几方面都注意乡村建设,而且共同致力于乡村建设,则乡村建设的力量愈增雄厚,而有其无限的前程"④。

三、训练内容

如何根据乡村社会及乡村建设事业的需要对工作者进行针对性的训练是人才培养的关键问题。各地的乡建领袖普遍认为要参与乡村建设事业首先应对乡村社会有相当程度的认知,掌握乡村工作的各种知识与技能,并能理解、贯彻乡村建设理念;其次在掌握书本知识的基础上还需要进行实地训练,在实践中获得经验与真知;此外精神层面的培养也至关重要,以养成工作者不畏艰辛、吃苦耐劳的意愿,三者连锁进行方能造就合格的乡建人才。如在人才

---

① 何廉:《何廉回忆录》,朱佑慈等译,北京:中国文史出版社1988年版,第65页。
② 李翠莲:《留美生与中国经济学》,天津:南开大学出版社2009年版,第351页。
③ 《华北农建协会创设济宁实验区》,《大公报》1937年1月9日,第10版。
④ 晏阳初:《十年来的中国乡村建设》,见宋恩荣主编:《晏阳初全集》第1卷,长沙:湖南教育出版社1992年版,第570页。

训练方面较为成熟的山东乡村建设研究院便将训练内容归纳为三种:"一、实际服务之精神陶炼。——要打动他的心肝,鼓舞他的志趣,锻炼他吃苦耐劳、坚韧不拔的精神;尤其要紧的,是教以谦抑宽和处己待人之道。二、为认识了解各种实际问题之知识上的开益。——非有一番开益其知识的工夫,则于各种实际问题恐尚不易认识了解。三、为应付解决各种实际问题之技能上的指授。——例如办公事的应用文,办合作的应用簿记,办自卫的军事训练等。"①在开展乡村建设事业的过程中,研究院、平教会等乡建团体机构从单纯的倡导、呼吁知识分子下乡,逐渐转变为注重人才选拔、培养标准与方式的制度性建构:

(一)学识训练

没有对乡村社会的深刻认知,不了解乡村建设的意义,则不足以承担建设重任,因而人才培养的首要目标在于使工作者掌握乡村工作的各种知识与技能。就学识训练而言,山东乡村建设研究院的课程颇具代表性:

研究院研究部的课程主要有两类:一是基本研究,二是专科研究。基本研究的科目有党义、社会进化史、乡村建设理论、军事训练等。专科研究的科目有农村经济、农业改良、产业合作、乡村自治、乡村教育、乡村自卫及其他项目。无论是基本研究,还是专科研究,都强调理论联系实际。训练部的课程则分为五大部分:甲、党义研究,包括三民主义、建国大纲、建国方略及其他科目;乙、乡村服务人才之精神陶炼;丙、村民自卫之常识及技能之训练,包括自卫问题研究、军事训练、拳术及其他科目;丁、乡村经济方面之问题研究,包括经济学大意、农村经济、信用生产消费各项合作、簿记、社会调查及统计、农业常识及技术、农产制造、水利、造林及其他科目;戊、乡村政治方面之问题研究,包括政治学大意、现行法令、公文程式、乡村自治组织、乡村教育、户籍土地各登记、公安、卫生、筑路、风俗改良及其他科目。②以上是训练部成立后最

---

① 梁漱溟:《山东乡村建设研究院设立旨趣及办法概要》,见中国文化书院学术委员会编:《梁漱溟全集》第 5 卷,济南:山东人民出版社 1992 年版,第 234~235 页。

② 梁漱溟:《山东乡村建设研究院设立旨趣及办法概要》,见中国文化书院学术委员会编:《梁漱溟全集》第 5 卷,济南:山东人民出版社 1992 年版,第 235 页。

初的课程设计,历届训练部的课程设置虽多有增减,但大致不出上列范围。①另有一份关于训练部第四届学生课程的详表,如下:

表2-1 《山东乡村建设研究院第四届训练部课程纲要》(邹平本院之部)

	课 程	课时(小时)	课 程	课时(小时)
甲级(基本训练)(共16周,总计750小时)	三民主义(包含讲授及研究)	45小时	军事训练(包括学科卫科)	180小时
	乡村建设理论	180小时	中国文化要义	90小时
	社会学及中国社会问题	90小时	农业常识及中国农业问题	75小时
	经济学及合作	90小时	团体活动或乡村访问	每逢星期日
甲级(选科训练)(共30周,总计1440小时)(甲)共同必修科目(总计630小时)	军事训练(包括学科术科)	90小时	乡村建设理论	90小时
	农业	60小时	应用文	60小时
	经术(济)学及合作	75小时	现行法令	75小时
	统计调查	90小时	县政实验计划研究	90小时
乙级(基本训练)(总计2112小时)	三民主义	60小时	军事训练(包括学科术科)	270小时
	国文	352小时	中国文化要义	120小时
	学术文选读	220小时	田间劳作	220小时
	外国语	260小时	心理学	120小时
	社会学及中国社会问题	120小时	经济学及中国社会问题	120小时
	政治学及中国政治问题	120小时	农业常识及中国农业问题	120小时
	乡间访问	——		
乙级(选科训练)(总计1745小时)(甲)共同必修科目(总计860小时)	国学	80小时	应用文	75小时
	现行法令	75小时	调查统计	90小时
	教育问题研究	120小时	乡村建设理论	240小时
	县政实验计划研究	120小时	世界大势	60小时

资料来源:《本院招生之前前后后》,《乡村建设》第5卷第1期,1935年8月,第1~3页。

---

① 王冠军:《回忆抗战前的山东乡村建设》,见山东省政协文史资料委员会、邹平县政协文史资料委员会编:《梁漱溟与山东乡村建设》,济南:山东人民出版社1991年版,第3页。

除基本训练科目、选科训练中的共同必修科目外,研究院为训练部甲、乙两级学生还开设有选修科目,分教育组与经济组,开设心理学、教育问题研究、乡村教育、教育法及教材研究、政治问题研究、礼俗研究、公共卫生、自卫研究(包括公安户籍)、乡村学之实习与研究、合作研究、会计学、财政金融研究、作物改良等内容,课程时数从30小时到190小时不等。①就纲要所列课程安排来看,除因乙级学生程度较低而开设有较多课时的国文、外国语外,甲乙两级基本训练、选科训练的全部课程基本围绕着乡村建设理论、农村社会、经济、政治问题、军事训练等展开,重在培养对乡村社会的认识与乡村工作的各种技能,与研究院的乡村建设宗旨、乡村建设事业安排相契合。

训练部课程的安排虽较为完备,但学生受训时间仅为一年,课程量相当繁重,且合适的教员也不敷使用,如训练部学生所言:"以上所列的科目不是短短一年期间尽能学会的,而且也难请到那许多专家教师。"课程的实际安排因人因时常有变动,例如:"某一届训练部曾请到定县李子堂先生教凿井技术,那么就在课程中设有此一科目。又如请到了南京大学农学院助教金先生来邹平设厂制造酱油,那便属于课程中农产制造之事了。"②无疑影响着对学生的培养。

除以课堂课程形式进行的训练外,阅读参考资料、书籍也是增加知识与能力的途径。为此,院刊《乡村建设》设有为乡建工作者推荐书籍之栏目,每期介绍有关乡村建设运动的书籍,"这一栏:专预备辟给与从事于乡村运动的同志而需要补充读物的读的,她的标准有三:一、切合于中国的;二、切合于实际的;三、浅显畅达的;四、易于购得的"。如第2卷第6期评论陶行知所著的《中国教育改造》,为工作者提供参考并以示鼓励,"这种思想,实可作为从事乡村建设同志们的实验参考;这种精神,实能坚决我们的意志:愿与天下从事乡村建设同志共读之!"③有鉴于乡建工作者因工作繁忙、经费缺乏等原因,"很不

---

① 《本院招生之前前后后》,《乡村建设》第5卷第1期,1935年8月,第2~4页。

② 王冠军:《回忆抗战前的山东乡村建设》,见山东省政协文史资料委员会、邹平县政协文史资料委员会编:《梁漱溟与山东乡村建设》,济南:山东人民出版社1991年版,第3页。

③ 《书报介绍》,《乡村建设》第2卷第6期,1932年9月,第17页。

容易得到外界各地所推行实验的好方法,来帮助我们事业进行上的顺利",方悴农著成《农村建设实施记》以资工作者参阅,并附有"很容易买得到,也比较容易看的"参考书籍、刊物、资料近 200 种,建议工作者"手头要是还没有或借不到时必须随时量力,买来一用"①。

(二)实地训练

乡村工作错综复杂,工作人才之养成,仅靠课堂、书本中获得的学识尚不足用,"必须有多年实地服务农村经(验)才益切实用"②。更有学者认为人才的培养不仅需要加强实地训练,最好能完全在农村中进行。如王九荃便认为在城市附近的环境中训练农村服务人才,难免沾染"大学式的华贵办法","如果再聚一团学者式的学员,授以不澈底的短期训练,送到民间去;教他们负起指导农村建设的责任来,恐怕是不十分恰当"。人才的训练需要在农村中进行以获得适应乡村建设的技能,"造就人才,将来的工作既以农村为目的地。惟一的训练目标有二:第一是充分具有勤俭耐劳能与农民共甘同苦的精神。第二是充分学得适应农村建设的真实知能"③。

定县的"博士下乡"可谓属人耳目,但下乡去的多,中途离乡的也多,"大约有 1/3 的同事半途而废,离开我们回北京去"④。其致因不仅在于无法忍受低劣的物质条件,还在于自身的学识能力在乡间无法施展,"往实际方面走,当然越往下走,问题越多,不能头头是道,只见处处逢着难关;拿不出办法来,只有放手"⑤。即便是在坚持下来的人中,有的虽有热情,也希望和农民一同工作、生活,但由于"缺乏应变能力"而成绩寥寥。有鉴于此,平教会在 1937 年后决定"采'寓训练于工作'的办法。由工作主持人率领研习生工作,使研习生在

---

① 方悴农:《农村建设实施记》,上海:大华书局 1935 年版,第 349 页。
② 晏阳初:《为请求创办农村建设育才院补助费呈稿》,见宋恩荣主编:《晏阳初全集》第 1 卷,长沙:湖南教育出版社 1992 年版,第 456 页。
③ 王九荃:《训练农村指导人才基本的条件》,《民间》第 2 卷第 2 期,1935 年 5 月,第 15 页。
④ 赛珍珠:《告语人民——与晏阳初谈平民教育运动》,见宋恩荣主编:《晏阳初全集》第 2 卷,长沙:湖南教育出版社 1992 年版,第 600 页。
⑤ 晏阳初:《农民抗战与平教运动之溯源》,见宋恩荣主编:《晏阳初全集》第 1 卷,长沙:湖南教育出版社 1992 年版,第 538 页。

实地工作上得学问,得实际经验"①。

而在山东,"村学工作,虽具有如是之位置,但两年来,始终未做到好处"②。受"工作实地经验之启示",乡村建设研究院同人"在在均觉乡村工作人员非具有高尚的人格、锐敏的眼光与丰富的学识与能力,不能担当"。1934年后研究院开始调整人才培养方案,出现"一新的转向":研究部学生需加入邹平实验县设计委员会各组为设计研究员,并担任编纂邹平一年有半之实验报告,以使学生各本所学,用心于实际问题的研究,沟通学历与事实,增加经验,获得办法,而训练部学生须"就地取材",课程应根据乡建事业、社会的要求及学生的兴趣、能力进行重排,如训练部在培养第四届学生时开设有"田间劳动"、"乡村学实习"等必修或选修课程,并安排甲、乙两级学生每逢周日进行团体活动或乡村访问,增加乡间实习时间,尽力"对学生的培养向深厚里去"。③

宛西乡师课程安排的重点也在于教育课与农业课,重视学生的实地学习,"有条件的都搞实验,如养蚕不但设几间房供学生喂蚕,还种几十亩湖桑,通过喂养学到技术,再推广到各县。这样办法,把学到的知识应用到实际中去,学了知识,也增强了劳动观念"④。

在增加工作者实地经验的各种举措中,最具变革意义的莫过于改造学校教育尤其是大学教育,使之与乡村建设运动接轨。华北乡村建设协会直接以山东济宁为"实验场",使各大学学生能够参与到乡村实际工作中来,如南开经济研究所加入华北农村建设协进会后,增加农村调查内容,并将课堂教学与实地工作相结合,先后在济宁培养两班研究生,大致分为土地问题、乡村合

---

① 晏阳初:《在平教会长沙办事处周会上的讲话》,见宋恩荣主编:《晏阳初全集》第1卷,长沙:湖南教育出版社1992年版,第506页。

② 梁漱溟:《一年来的山东工作》,见中国文化书院学术委员会编:《梁漱溟全集》第5卷,济南:山东人民出版社1992年版,第775页。

③ 张俶知:《山东乡村建设研究院培育人才之新转向》,《乡村建设》第5卷第4期,1935年9月,第1页。

④ 江廷俊:《宛西乡村师范杂记》,见中国人民政治协商会议内乡县委员会文史资料委员会编印:《内乡文史资料》第7辑,1989年,第100页。

作、地方政府与财政三组。①为了使学生具备处理农村实际问题的能力，每个学生不仅需要进行半年的实习考察，以"了解到在全国各个地方进行的农村复兴工作的规模、特点、意义和限度"，还"应当在济宁县的一个由华北农村复兴协进会实习部和县政府联合选定的地区，通过积极参加与他选择的专业有关的活动，以获得实际的经验和知识"。到结业时，每个学生应当在指导教师的协助下，形成一个解决某一农村问题的实验方案，"这个方案经过必要的润色，如果确实可行的话，就应当写成论文。论文经研究所鉴定后，该生即算完成研究生学业，具备了在农村建设实际工作中担任高级职务的能力"。②

(三) 精神陶炼

乡村工作障碍重重，难以收到速效，参与者不免会因理想与现实之间的差距而产生极强的挫败感，导致热情减退而意志渐趋消沉，工作敷衍了事，"从事乡村工作的同人，也感觉到国难的严重，自身工作的困难百出而成效很难在短时间内表现，不期然而发生心理的烦闷，随时有迫不及待的心理，当前的应付又是满路荆棘，更使人有俟河之清之感"③。有鉴于此，乡建领导者还强调进行精神层面的陶炼，"第一步先要有一个严刻的修养的工作，把意志，思想，技能重新加以估量，确定和培养然后方足与言乡村工作"④。参加第二次全国乡村工作讨论会的乡建团体也普遍认为，训练人才不应以资格为重，不应在乎在教育制度上的地位如何，既要训练其职业，也要训练其精神，尤其要重视人格的陶冶。⑤

研究院领袖梁漱溟等笃信要组织民众，开展建设事业进而实现民族复兴，必须使农民能够"活起来"，而根本则在于乡建工作者"自己先要活起来"，"如果做乡村工作的人本身无勇气、无力量、无大志愿、无坚毅精神，则什么事也不必作、不能作！"⑥工作者甚至要以"出家的精神"办理乡村工作，"你有十分

---

① 何廉：《何廉回忆录》，朱佑慈等译，北京：中国文史出版社1988年版，第64页。
② 何廉：《何廉回忆录》，朱佑慈等译，北京：中国文史出版社1988年版，第64~65页。
③ 瞿菊农：《乡村运动的自省与对于社会的要求》，《民间》第3卷第1期，1936年5月，第3页。
④ 齐植璐：《乡村工作人员应有之夙养》，《农村建设》第1卷第3期，1937年1月，第8页。
⑤ 章元善、许仕廉编：《乡村建设实验》第2集，上海：中华书局1935年版，第39页。
⑥ 梁漱溟：《精神陶炼要旨》，见中国文化书院学术委员会编：《梁漱溟全集》第5卷，济南：山东人民出版社1992年版，第500页。

精神,他或许才有五分;你有二分,他连一分也没有。中国此刻在严重局面中,必需有大的创造才能过此难关。可是大的创造需要大的精神,需要生命力格外强"。①由此,研究院专开一门"乡村服务人员之精神陶炼",由各班主任负责,内容包括合理人生态度的指点,中国历史文化分析与人生实际问题讨论,核心在于使学生领会民族精神、应用民族精神,以不畏艰难困苦、不求名利的态度从事乡建工作,"乡村建设是一个很大很远的工程。我们要有深心大愿,方可负荷此任。大家如果为俗见俗肠所扰,则没有力量担负此远大的工程"②。此外,研究院每天举行的"朝会"也重在激发学生的志愿与热情,是为"精神陶炼之重要节目"③。其中每周周一的朝会为联合纪念周,周三朝会为报告校务或当周学生应注意的事项,周五的朝会则为专题讲演,此三天的朝会全体学生均需参加,其余四天的朝会为各班班主任指导、训勉该班同学,时间分别进行。

总之,从致力于通过宣传呼吁的方式动员知识分子下乡,转变为探索人才选拔、培养标准与方式的制度性建构,既是多年乡村建设实际工作经验与教训的总结,也是乡村建设运动的全面深化在思想层面的表现与要求。这种思维指向、思想内容的质的改变及其对实践活动的引导,一定程度上解决了乡建人才从何处来以及如何培养的问题,有助于乡建工作者来源渠道的扩大,个人品质和工作能力的提高。这些思想的形成与贯彻,促进了乡村建设运动的发展,构成了民国时期乡村建设人才思想的重要内容,对当下有关农村建设人才的培养,思想、机制的探索,亦有颇多可借鉴之资。

---

① 梁漱溟:《乡村工作人员修养法》,见中国文化书院学术委员会编:《梁漱溟全集》第5卷,济南:山东人民出版社1992年版,第808页。

② 梁漱溟:《精神陶炼要旨》,见中国文化书院学术委员会编:《梁漱溟全集》第5卷,济南:山东人民出版社1992年版,第492页。

③ 季良:《新兴的一种师范教育——乡村建设师范学校》,《乡村建设》第6卷第11、12期合刊,1937年3月,第5页。

第二节 群体的构成

就乡村建设工作者的群体构成而言,数量与身份两因素至为重要。工作者的数量一定程度上可以反映出推动乡村建设事业能力的大小,而工作者的身份则影响着推动乡村建设事业顺利发展的程度。华北主要乡建区中山东邹平、河北定县、河南宛西四县、辉县、青岛等地的工作者出身、学识不尽相同,不仅对当地乡村建设运动的发展有着不同的影响,由此产生的对乡村问题的认识、乡建工作的方式等方面的差异,与理论层面的分歧一同促成了乡村建设团体、机构"派系林立"的景象。

一、数量的统计

"无论任何农村建设工作,成功的要素有三,一为办法,一为人才,一为经费;而三者之中,尤以人才为最要。因为办法是人想出来的,经费是人找出来的;没有人才办法是空办法,没有人才经费是白糟蹋;然而只要有了上好的人才,不会没有办法,不愁没有经费的。"①工作者数量的多少,一定程度上反映着乡村建设力量的强弱以及社会关注度的高低。山东邹平、菏泽,河北定县,

---

① 章元善、许仕廉编:《乡村建设实验》第 2 集,上海:中华书局 1935 年版,第 117 页。

河南宛西等地是为华北地区主要的乡建人才训练基地,在30年代培养出众多乡村建设工作者,大致数量可见下表:

表2-2 华北主要乡建区工作人员培养情况表

山东乡村建设研究院	训练部第一届	1931年,乡村服务人员训练部第一届招收旧济南道属27县中等程度之学生280余人,又前后收附学生20余人。1932年6月结业后各回本县地方服务。
	训练部第二届	1932年,第二届招收鲁西鲁南41县中等程度之学生280余人,又收外来附学生40余人,先后分派邹平、菏泽两县地方实习。
	训练部第三届	1933年邹平划为县政建设实验县,研究院将工作重点转到实验与推广建设事业上,并将训练工作暂停一年,将院内所有教师与毕业学生通统分配到实验县工作。1934年,训练部第三届恢复招生,共招收同学300余人(邹平本院及菏泽分院总数),其中菏泽分院招生计录取官费生100名,自费生69名,除一小部分留邹服务外,其余200余人均分配于各县乡农学校工作。
	训练部第四届	1935年,第四届招收县政建设实验区菏泽、济宁、定陶等14县及邻近各县学生共280名,就菏泽分院训练;不限省籍学生80—100名,就邹平本院训练。
	研究部第一届	1931年招收曾受高等教育之本省籍学生30人,又外省前后来附学者10余人,为两年研究,多半留本院及实验区服务。
	研究部第二届	1934年招考第二届,名额18名,外籍生受官费待遇,名额不超过1/3,修业期改为1年。
	研究部第三届	1935年招考第三届,名额18名,本省与外省并收;外籍学生不得逾全额1/3。最终录取本省籍学生6名,外省籍河北2名,四川、云南、安徽、江苏各1名。
	乡村服务人员训练处	1936年设立,训练全省乡村师范应届毕业生800人左右。
	乡村建设师范	1936年训练部并入师范教育系统,改称第一、第二乡村建设师范。但当年限于经费及设备等问题,除普通师范部暂缓招生外,仅决定招特别师范部两班100人。简师部前后共招有两期学生,共两班,第一期45名,第2期学生50名。①

① 1933年邹平设立县学,预设"升学预备部、职业训练部、自由研究部、乡村师范部等,办理本县所需要而所属各区独力所不办之教育"。(梁漱溟:《社会本位的教育系统草案》,《乡村建设》第3卷第5期,1933年9月,第7页。)但因条件限制,仅成立了师范部,由杨效春、张石方主办,当年即招考了第一期新生45名,课程参酌鲁省简易师范课程与县学师范部的课程安排。1935年改为简易乡村师范学校,8月招收第2期学生50名,至此共有师范生95名,其中有女生3名,男生92名,完全都是来自田间的少年,后并入乡村建设师范简师部。(张宗麟、周葆儒:《邹平简易乡师的过去与将来以及乡师在乡建运动中的地位》,《乡村建设》第5卷第4期,1935年9月,第1~2页。)

续表

宛西乡师	师范部	简师 24 班,1440 多人;高师 11 班,约 550 人;初中 10 班,约 500 人
	自治班和短训班	培养出公教人员约 2500 人
定县实验区	平教会	1926 年,66 人;1927 年,78 人;1928 年,82 人;1929 年,204 人;1930 年,152 人;1932 年,224 人;1935 年,约 500 人。
	平校毕业同学会	1932 年时,定县各村组织比较健全的全村男女同学会有 72 处,成立乡联合会 4 处。1935 年 10 月时,全县已有 138 个行政村成立了村同学会,会员共计 6983 人。

资料来源：梁漱溟:《山东乡村建设研究院工作报告》、《一年来的山东工作》,《梁漱溟全集》第 5 卷，第 390、771 页；梁培宽编:《梁漱溟先生纪念文集》,北京：中国工人出版社 1993 年版，第 43~44 页；许莹涟、李竟西、段继李编述:《全国乡村建设运动概况》第 1 辑上册，第 144 页；《本院研究部第三届训练部第四届招生简章》,《乡村建设》第 4 卷第 29 期,1935 年 6 月，第 33 页；《本院招生之前前后后》,《乡村建设》第 5 卷第 1 期,1935 年 8 月，第 1 页；晏阳初:《在除夕聚餐会上的讲话》,《晏阳初全集》第 1 卷，第 200 页；薛海云口述、申登麟整理:《在"济宁乡村服务人员训练处"的回忆》,《兖州文史资料》第 3 辑，第 52~53 页。

以上所列三地培养出的工作者数量相对可观。自 1931 年山东乡村建设研究院成立后,研究部结业 3 届学生,训练部有 4 届学生毕业,有较为精确的数字统计:"过去历届乡村服务人员之训练……关于本省(山东)方面,学生有 1325 人,其籍贯除荣成、黄县、掖县外,下余 105 县,皆有研究院结业生,每县最多者 87 人,最少者 1 人,平均为 12.5 人;关于外省方面:学生有 324 人,分布于 19 省,170 县,以河南籍为最多,热河为最少,每县平均为 1.9 人云。"①此外,研究院所主持的乡村服务人员训练处毕业学员也有 800 人左右,再加上曾在乡村建设讲习会、自卫干部训练班、军事人员乡村服务训练班等临时性训练

---

① 《研究院结业生统计》,《民间》第 3 卷第 8 期,1936 年 8 月,第 23 页。

班受过训练者,梁漱溟估计参与乡建工作的"同人同学总计不下四千余人"①。1935年时在定县实验区,不仅平教会工作人员达到前所未有的约500人,平校毕业生也有近7000人。这些工作者在经过较为系统的训练后在各地担任不同层级的职务,成为推行乡村建设事业的基本组织与中心动力。宛西乡村师范虽没有抗战前培养数量的精确调查数字,但宛西镇平、内乡、淅川、邓县四县的地方自治人员几乎均从乡师毕业生中选拔或必须经过乡师训练才会被授予一定职务。可以想见,宛西乡师自开办以来所培养、训练出的工作者亦不在少数。

仅有单方面的数量分析尚显不足,有必要与他处乡建团体、机关的工作者数量进行对比。第二次乡村工作讨论会召开之前,平教会曾对即将与会的团体发出调查表,了解各地乡建团体、机关的创立动力、创立人、主管人员、有薪给工作人员、义务工作人员、本年度预算、工作用款主要来源、工作以往、方针沿革等情况,预备刊印后分发,以供参考,促进彼此的认识与联络。此次调查虽只收回40张调查表(不含平教会),但弥足珍贵,其中有关工作者数量的内容可见下表:

表2-3 第二次乡村工作讨论会与会机关、团体工作者数量调查表

乡建机构、团体名称	工作者数量		乡建机构、团体名称	工作者数量	
	有薪给	义务		有薪给	义务
江西省农业院	约60人	无	金陵大学农学院	30人	无
金陵大学农学院农业专修科	10人	10余人兼任	河北省省立保定师范学校	不详	不详
河北省私立博野四存中学校	30人	1人	山西铭贤学校	75人	无
安徽省政府霍邱复兴农村工作人员训练班	40人	2人	燕京大学宗教学院	不详	不详
南阳县实验小学	22人	不详	长沙北山小学校	6人	1人
中华平民教育促进会	233人	约千余	涿县平民教育促进会	3人	8人
江苏省立教育学院	102人	不详	中华职业教育社	25人	3人

---

① 梁漱溟:《告山东乡村工作同人同学书》,见中国文化书院学术委员会编:《梁漱溟全集》第6卷,济南:山东人民出版社1993年版,第28页。

续表

乡建机构、团体名称	工作者数量		乡建机构、团体名称	工作者数量	
	有薪给	义务		有薪给	义务
国立北平师范大学乡村教育实验区	5人	6人	中法大学附设第一、二、三农林试验场碧云寺及温泉小学校	12人	不详
山东省立民众教育实验区	8人	7人	山东省乡村教育辅导委员会	常委3人	18人
呼延农村教育实验学校	31人	各分社	农村复兴委员会	25人	不详
国立中央研究院社会科学研究所	不详	不详	山西乡村建设研究会	3人	2人
华北工业改进社	8人	不详	华北农产研究改进社	50人	12人
上海商业储蓄银行农业部	40人	不详	教育短波社	无	50人
北平民社	10人	24人	乌江农业推广实验区	22人	4人
北平大学农学院农村建设实验区	4人	1人	上海市高桥农村改进会（筹备会）	6人	4人
齐鲁大学农村服务社	8人	不详	巴县乡村建设实验区	39人	49人
武进县农村改进委员会	1人	3人	湖南棉业试验场	159人	不详
华北农业合作事业委员会	28人	9人	陕西农业合作事务局	30人	9人
中国华洋义赈会救灾总会	177人	约150人	武邑县圈头镇有限消费合作总社	无	不详
北平研究院群治部自治试验村事务所	10人	6人	镇平县地方建设促进委员会	16人	37人
遂平县立职业学校	12人	2人			

资料来源：章元善、许仕廉编：《乡村建设实验》第 2 集，第 495~536 页。

由上表可知，在有调查数据的 41 个乡建团体中，除平教会、华洋义赈救灾总会、江苏省立教育学院、湖南棉业试验场的工作者数量超过百人外，绝大多数不容乐观，较多者不过七八十人，大多数在 20—50 人之间，最少者仅有三五人，如武进县农村改进委员会成员 4 人，山西乡村建设研究会成员 5 人，北平大学农学院农村建设实验区成员 5 人。

工作者数量多达几千人的山东、定县等地尚在感慨人才困难,如平教会认为五年实验工作的成功"实难断言",首要的原因便在于人才出现问题,"这种改造全生活的实验,关系的方面太多,无处供给所需要的各种人才"。①其他各处多以几人乃至几十人之力,办一乡乃至一县乡村建设,谈何容易?人才的匮乏事实上已然使众多乡建团体难以维持,成"昙花一现"之景,乡村建设运动本身及前途亦因此引起诸多质疑,"乡村建设工作有三要素,即办法,经费,和人才。'办法'包括理论,计划,及组织,差不多在各建设机关都不致发生问题,所困难者即'经费'、'人力'之缺乏。现在,才财两难几乎成为各处的流行病,因之发生两个现象,一为事业进展之迟缓,二为事业维持之困难……所以建设机关一面只管尽量的增加,一面又只管尽量的消灭,其结果只于替搜罗资料的人多制造许多名词和数字,整个看来,仍是一个很大的浪费"②。各界批评乡村建设"缺少持久力"之类的声音不绝于耳,一定程度上影响着对运动的认同。

二、社会身份的分析

各乡建团体机构、实验区性质、依托力量的不同,使工作者的身份等属性构成较为复杂,呈现多元化,有城市知识分子、政府公职人员、学生、青年农民等。主体的复杂性也一定程度塑成了乡村建设团体、机构的"派系"色彩。

(一)学生群体

山东邹平的乡建工作者主要是来自农村家庭的学生。研究院自成立起就建构起较为严密的人才训练体系,设研究部负责培养高级人才、干部,设训练部负责培养基层工作者。学生的选择亦有一定标准,如世代居乡的,具有初中程度的文化水平等,"总之,本院所最欢迎的学生,是世代居乡的,家庭务农的,而其本人则是有普通学识的,年富力强的,最好还是又有点服务经

---

① 晏阳初:《中华平民教育促进会定县实验工作报告》,见宋恩荣主编:《晏阳初全集》第1卷,长沙:湖南教育出版社1992年版,第309页。

② 齐植璐:《现阶段中国乡建运动之检讨》,《农村建设》第1卷第1期,1936年12月,第14~15页。

验的"①。研究部、训练部学生的部分资料,见下列几表:

表 2-4 第一届研究部学生学历表

学历	研究院肄业	大学毕业	大学肄业	专门学校毕业	专门学校肄业	学院肄业	高中毕业	高中肄业	后师毕业	后师肄业	各种养成所毕业	合计
人数	1	6	5	2	1	4	1	2	1	2	5	30

表 2-5 第一届训练部学生学历表

学历	大学肄业	政治学校毕业	工业专门学校毕业	商业学校毕业	职业学校毕业	中学毕业	中学肄业	前师毕业	前师肄业	师范讲习科毕业	高小毕业	党训班毕业	警训班毕业	自治训练班毕业	武术养成所毕业	蚕桑养成所毕业	尊经学社毕业	私塾	合计
人数	10	1	1	3	7	80	36	17	3	49	52	27	3	4	2	3	2	1	301

表 2-6 第一届研究训练两部学生年龄统计表

年 龄	人 数	百分比
16—20	19	5.69%
21—25	183	54.79%
26—30	95	28.44%
31—35	33	9.88%
36—40	4	1.20%
合 计	334	100.00%

---

① 杨效春:《从乡村教育的观点看看山东乡村建设研究院》,《中华教育界》第 20 卷第 5 期,1932 年 11 月,第 83 页。

表 2-7　第一届研究训练两部学生家庭职业统计表

职　业	人　数	百分比
农	305	91.32%
教	13	3.89%
商	12	3.59%
工	2	0.60%
政	2	0.60%
合　计	334	100.00%

表 2-8　第一届研究训练两部学生曾经服务年数统计表

年数	未满一年	一年	二年	三年	四年	五年	六年	七年	八年	九年	十年	十一年	十二年	十三年	十四年	十五年	十六年	未曾服务	合计
人数	11	37	47	69	19	28	22	9	9	9	8	1	1	1	0	1	1	61	334

以上各表资料来源：杨效春：《从乡村教育的观点看看山东乡村建设研究院》，《中华教育界》第 20 卷第 5 期，1932 年 11 月，第 81~83 页。

由上列各表可知，就学历程度而言，研究部学生学历普遍较高，其中大学毕业者占 20%，大学肄业者约占 16.67%，学院肄业者占 13.33%，各种养成所毕业者占 16.67%；训练部学生中以中学毕业者为最多，占总人数的 26.58%，次之是高小毕业者，占 17.28%，再次之者为师范讲习科毕业者，占 16.28%，中学肄业者占 11.96%。就年龄而言，研究、训练两部学生多为 21—30 岁的青年，其中 21—25 岁者占 54.79%，26—30 岁者占 28.44%，共 83.23%。就出身而言，两部学生绝大多数来自于务农家庭，共有 305 人①，占总人数的 91.32%，而且大多

---

① 既有来自普通农民家庭的，也有来自地主家庭的学生，就目前资料情况来看，无法做出更为精确的统计。

具备一定的乡村服务经验,其中服务 1—6 年者占 66.47%,未曾服务的占 18.26%。可以说,具体的学生情况与所拟定之标准基本吻合,此后研究部、训练部历届招收学生之情况亦大致如此。

研究院学生在经过 1 到 2 年的系统训练并结业后,或留院任职,或任实验县干部,或充当乡农学校、乡学村学等的教职员,贯彻研究院乡建理念与规划,"都不同程度地为乡村建设事业作出了贡献"①。到 1937 年时,"山东 107 个县中,有 70 多个被韩复榘定为乡村建设实验区。分布各地的下属工作人员五六千人,都是曾经在山东乡村建设研究院或山东乡村服务人员训练处受过训的。邹平成立乡学 200 余所,约占全县村数的五分之四"②。分散在各处但在学识、理念方面具有内在一致性的工作者为山东乡村建设运动的开展奠定了基础。

(二)下乡知识分子与青年农民

定县实验区的工作人员主要由平教会职员及接受过平民教育的农民——平校毕业同学所承担。

自从晏阳初在第一次太平洋国民会议中作了题为"中国—建设力量——平民教育"的演讲,打出平民教育的旗号后,晏阳初及平教会就受到海内外社会各界的关注与赞扬。1926 年后平教会意识到农民关乎国家民族之前程,遂决定回国开展农民教育工作,"要把农民智慧发展起来,培养起来,使他们有力量自动的起来改造,改造才能成功;自动的起来建设,建设才会生根;自动的起来运动复兴民族,民族才有真正复兴之一日"③。这些平教会职员相信"只有到乡村去,和农民在一起生活和工作,才能给他们办点实事,使其受益",因而在 1929 年时平教会全体职员包括教授、学院院长、归国的博士、硕士等一并

---

① 马勇:《梁漱溟教育思想研究》,沈阳:辽宁教育出版社 1994 年版,第 236 页。
② 郭蒸晨:《对邹平乡村建设实验的实证研究》,见政协邹平县委员会编:《邹平文史资料选辑》1997 年第 8 辑,第 81 页。
③ 晏阳初:《中华平民教育促进会定县实验工作报告》,见宋恩荣主编:《晏阳初全集》第 1 卷,长沙:湖南教育出版社 1992 年版,第 308 页。

迁出北京、迁入定县,"在乡村安营扎寨,和农民一样,住进茅屋里"①。此举轰动一时,被称为"博士下乡"运动。

平教会独具的科学实验理论、建设模式、广阔的实验区不断吸引着知识分子参与其中,如陈筑山,在日、美等国留学 11 年,曾任第一届国会参议员、北京法政专科学校校长,1926 年辞职加入平教会,任平民文学部主任;郑锦,在日本留学 10 年,创办国立北京艺术专科学校,后辞职加入平教会,任视听教育部主任;孙伏园,法国留学生,北京大学教师以及《北京晨报》副刊主编,辞职加入平教会后任《农民报》主编。此外还有熊佛西、瞿菊农、冯锐、陈志潜、汤茂如、李景汉等众多留学或在国外从事研究的高级人才,可以说"定县实验的进行,是国内第一流人才、创制第一等计划、做出来的第一等工作"②。这些下乡知识分子或参与建设规划,或领导一线工作,"实足与工作以新生命而于'质'、'量'方面均有增益"③。

平教会的职员人数虽在不断增加,但仅靠平教会的力量来推动整个定县实验区的工作并不现实,也不能实现通过乡村建设达到复兴民族的根本目的,"农村运动的使命,在民族再造;民族再造的中心,在农村青年"。为此,平教会在定县以平民学校为中心,从平民教育入手训练乡村民众,"先办初级平校,一方面开其知识,一方面得有机会与之接触,由师生关系而生感情,无形中形成社会意识,继以同学会组织,以养成团体活动的第二天性,从而输入四大教育"④。通过平校的教育使农民具备一定能力并形成组织,进而谋乡村建设工作的开展,解决农村社会愚贫弱私的问题。平校的情况可见下表:

---

① 晏阳初:《中国的新民》,见宋恩荣主编:《晏阳初全集》第 1 卷,长沙:湖南教育出版社 1992 年版,第 169 页。

② 吴相湘:《晏阳初传——为全球乡村改造奋斗六十年》,长沙:岳麓书社 2001 年版,第 128 页。

③ 晏阳初:《在除夕聚餐会上的讲话》,见宋恩荣主编:《晏阳初全集》第 1 卷,长沙:湖南教育出版社 1992 年版,第 203 页。

④ 晏阳初:《在欢迎来宾会上的讲话》,见宋恩荣主编:《晏阳初全集》第 1 卷,长沙:湖南教育出版社 1992 年版,第 223 页。

表 2-9 20 世纪 30 年代初定县实验区学校种类简表

校别	实验学校			表演学校			各街村平民学校		
	初级	高级	青年补习	初级	高级	青年补习	初级	高级	青年补习
程度	招收完全不识字者	略识文字者及初级毕业者	1.高级毕业者 2.初小毕业者	完全不识字者	初级毕业或略识字者	1.高级毕业者 2.初小毕业者	完全不识字者	初级毕业或略识字者	1.高级毕业者 2.初小毕业者
期限	四个月每日两小时	四个月每日两小时	半月制五个月全日制两个月	四个月每日两小时	四个月每日两小时	半月制五个月全日制两个月	四个月每日两小时	四个月每日两小时	半月制五个月全日制两个月
教员资格	本部职员	本部职员	本部职员	专科学校一年制毕业生	专科学校一年制毕业生	专科学校三年制毕业生	各街村小学教员及街村长佐	各街村小学教员及街村长佐	各街村小学教员及街村长佐

资料来源：姜书阁编述：《定县平民教育视察记》，第 114~115 页。

再有 1930 年华北试验区（定县）第二乡区平校学生年龄统计表：

表 2-10 1930 年华北试验区第二乡区各年龄学生人数及百分比表

年龄	10—12	12—14	14—16	16—18	18—20	20—22	22—24	24—26	26—28	28—30	30—32	32—34	……	总计
人	106	194	216	183	139	116	89	54	31	24	22	6	…	1197
百分比	8.86	16.21	18.04	15.28	11.61	9.69	7.43	4.51	2.60	2.01	1.84	0.50	……	100.00

资料来源：汤茂如主编：《定县农民教育》，定县：中华平民教育促进会学校式教育部 1932 年版，第 143 页。

由以上两表可知,平教会在定县所开办之各种初级、高级平校招收的几乎全是不识字或仅识一点字的农民。而在年龄方面,如以 15—35 岁为青年计,则平校同学中以青年为最多,14—34 岁共 880 人,占总人数的约 73.5%,次之则为 12—14 岁年龄段的占 16.2%。就出身而言,则以农民为最多,工、商的占极少数,"全体学生,有 1030 人是作农的,占 86.66%,其他管家的占 5.36%,占次多数;其余 7.98%,分布于工商各界"①。

从平校毕业的青年农民组成"平校毕业同学会",是定县"推动一切社会事业之原动力"②。实验区的各种基本工作人员如保健员、表证农家等均由同学会而产生,许多乡村改进事业也由同学会承担,"平校毕业同学会仿佛是农村改造中坚分子之结合,平教会以此为平教运动的传接者。只要是进过平民学校的人,因为有了这个组织,他就一面成了一个关系密切的被运动者,一面并且是一个运动者了。因为他们在平校毕了业,在村庄中总算是比较明白有为的人,组织起来,就可以在村庄中主持发动一切的事业,再因有平教会的指导与外边的发生关系,所以在乡村运动中遂能显现很大的作用"③。进入县政建设阶段后,乡镇委员会下设"公民服务团",取代"平校同学会",分政务、教育、经济、保健四组,服务乡镇建设事宜④,而平民学校的毕业生则成为"公民服务团"的骨干——现役团员的主体组成,在乡村社会改革的各个方面继续发挥作用。

(三)政府公职人员

以政府公职人员身份参与乡建工作的代表是山东青岛、河南辉县。青岛的乡村建设工作前后由李村、阴岛、薛家岛、水灵山岛等 11 个乡区建设办事处或乡区建设办事分处一体承担。乡区建设办事处内部的组织宛如一个"具体而微的市政府",下设社会股、教育股、公安股、工务股、财政股、农林股,如薛家岛乡区建设办事处设有主任、秘书、办事员,下分财政局、工务局、社会局、

---

① 汤茂如主编:《定县农民教育》,定县:中华平民教育促进会学校式教育部 1932 年版,第 144 页。
② 章元善、许仕廉编:《乡村建设实验》第 2 集,上海:中华书局 1935 年版,第 469 页。
③ 孔雪雄:《中国今日之农村运动》,上海:中山文化教育馆出版物发行处 1934 年版,第 119 页。
④ 李伟中:《20 世纪 30 年代县政建设实验研究》,北京:人民出版社 2009 年版,第 156 页。

林务局、农务局、教育局、港务局、公安局等8个局所和1个保安分队,共有工作人员60多名。①乡区办事处的工作,视各该区的需要而为增减,并依三大原则展开:"(1)因地制宜,因时制宜。(2)乘机利导,以事业与民众关系之缓急,而定举办的先后。(3)由官府人员来办,藉以免除官民间之隔阂。"②

据以上三个原则,办事处工作人员由市政府从各局抽调而来,设主任1人,由市长委派,总览全区政务,主任以下有股长数人,由市政府、公安、工务、教育四局及农林事务所各派选一人充任,辅助主任处理区务。③人员产生办法先是由各局所职员自愿报名,再由各市政府局所根据各部门的实际情况以及乡村的需要,并综合各位职员的身体素质、专业修养与技术水平情况,最终决定所要派往乡区建设办事处工作的人员名单。④这些被派往各个"乡区建设办事处"工作的各名市政府局所的职员还仍在原部门挂职。如果原部门需要他们,他们就要随时回到原来的岗位上,然后原部门再派其他人前往替代他们的工作;如果原部门没有特殊需要,那么日常工作还是主要负责处理乡区建设办事处的日常事务。

办事员的工作内容由乡区建设办事处主任和市政府及各局所共同安排决定,一般沿袭原职工作,即来自工务局的职员主要负责乡区的工务事项,来自教育局的职员主要负责乡区的教育文化事项,来自公安局的职员主要负责乡区的公安事项,来自农林事务所的职员主要负责乡区的农林事项等。办事员除受乡区建设办事处主任的领导外,同时也受原部门的节制,约束力较强,"市长及各局所长,按月下乡轮流巡视"⑤。总之,办事员虽在乡区建设办事处从事乡建工作,但仍然是市政府或各局所的职员,也就是说青岛的乡村建设

---

① 薛成文:《沈鸿烈时期的薛家岛》,见青岛市黄岛区政协文史资料委员会编:《黄岛文史资料》1989年第1辑,第5~6页。
② 李靖宇:《青岛乡村工作见闻略记》,《乡村建设》第6卷第6期,1936年11月,第24页。
③ 袁植群:《青岛邹平定县乡村建设考察记》,成都:开明书店1936年版,第5页。
④ 《市长谕令》,青岛市档案馆藏,档号:B27-4-191。
⑤ 沈观准:《青岛市政调查实况》,《中国建设》第7卷第5期,1933年5月,第118页。

事业几乎全由政府公职人员所承担。①

辉县乡村建设实验区与青岛的情况类似,由辉县县政府、百泉乡师、河南大学农学院等多个政府机关、学术机构合作组成。实验区委员会由各机关主管人员及地方公正人士2人担任,公推正、副主席各1人,区内办事人员由各机关派充。工作则按各机关原任业务性质分配,例如百泉乡师任教育,农林局任生计,辉县县政府任社会,合之为整个实验区的事业,分之则为各机关自身之事业。全区事业经费亦由辉县县政府、百泉乡师及农林局三个主办机关平均分担。②

总体来看,各乡建区的工作者成分不一,有毕业学生、知识分子、青年农民,还有政府公职人员。出身背景、学识、工作方式以及对乡村问题的看法上的不同,与乡村建设理论的差异一同促成了乡建派系的纷呈,"所谓小节目的不同,原因约有几端:第一是运动的领袖,在学识上和经验上,不一定都相同,因而对于社会各有不同的看法;第二是运动的地域,在经济上,教育上,和风俗习惯上,不一定都相同,对着不同的问题自然产生不同的做法;第三是运动所需要的条件,例如人才的制限,经费的制限,都有大小的不同,也自然产生不同的结果"③。

虽然20世纪30年代时乡村建设运动在各地风起,然因派别之分却几成孤立之势,影响着建设事业质与量的提升,"农业之改良也,推广也;农村之复兴也,建设也;其声浪弥漫全国,其事业普遍南北,应运而勃生之种种农村工作机关;若教育馆也,实验区也,改进会也,试验场也,大大小小,屈指难数,其声势不可谓不浩大!可是各自为政,缺乏联络,因之彼此隔阂,所以功效不宏"④。随着乡村建设事业的不断深化,乡建团体、机关谋求合作以壮大力量成为必然的

---

① 《各局所委员委派办事处职员案》,《乡村建设月刊》第1卷第1期,1933年3月,第104页。

② 《河南辉县乡村建设实验区成立旨趣及办法大纲》,《乡村改造》第5卷第9期,1936年7月,第27~28页。

③ 孙伏园:《全国各地的实验运动》,《民间》第1卷第1期,1934年5月,第2页。

④ 徐旭:《从读"乡村建设实验"说到乡村建设实验》,《中华教育界》第22卷第4期,1934年10月,第71页。

选择,"中国乡村建设运动,已散布于各省,而其发展又甚速,各地之名称与应用方法,容有不同,而其精神与主义则一……为避免设施重复起见,调整与合作之力量,甚为重要;而调整与合作,更为将来中国乡村建设运动发展之原动力也"①。

因身份的不同,工作者开展建设事业的成效也有着较大差异,一定程度上促进着"政教合一"等乡村建设思想与实践路径的发展。如青岛乡区建设办事处办事员依托政府力量,工作开展顺利,"进步之速,一日千里"②。而在定县,平校同学在推行四大教育时则常受阻挠,"因为他们是志愿工作人员,所以他们在村政府里没有合法地位,而且村里的一些保守长者们甚至常常反对他们的改造活动"③。对比之下,优劣立显,部分主要依靠社会力量展开事业的乡建团体机构如山东乡村建设研究院、平教会等逐渐将目光转向政治,谋求"政教合一",新设的实验区也立足于"政教合一"开展工作,如河北民众教育实验学校实验区即认为"今日农村建设必然要走政教合一的道路;以教育为先锋,以政治为后盾,在一个共同计划之下联锁进行,方能收到美满的效果"④。

---

① 汤孟若:《乡村建设运动》,《现代读物》第 2 卷第 27 期,1937 年 2 月,第 85 页。
② 李宗黄:《考察江宁邹平青岛定县纪实》,南京:正中书局 1935 年版,第 151 页。
③ 晏阳初:《中国平民教育运动的总结》,见宋恩荣主编:《晏阳初全集》第 2 卷,长沙:湖南教育出版社 1992 年版,第 221 页。
④ 赵锺骏:《河北省民众教育实验学校实验区近况》,《乡村建设》第 6 卷第 15 期,1937 年 4 月,第 7 页。

第三节 薪俸待遇

薪俸待遇的多寡不仅决定着工作者生活水平的优劣，也在一定程度上反映着国家、社会对这一职业的重视程度，即职业地位的高低。就大多数工作者而言，薪俸是收入的主要来源，如果物质生活不能得到保障，单靠热情则工作难以为继，更遑论改进效率，因此工作人员之待遇问题也关乎着乡村建设事业的开展，需要进一步的分析。

以邹平为例，在划为县政建设实验县之前，县政府教育行政人员原本有局长 1 人，月薪 50 元，以下有督学 1 人，月薪 40 元，教育委员若干，月薪 30 元，事务员 3 人，月薪 25—30 元。改为县政建设实验县后，原教育局长改为第五科长，待遇先为月薪 60 元，1934 年时增为 100 元，到 1935 年又减为 70 元；科长以下督学 2 人，月薪 45 元；取消教育委员，改设辅导员 13 人，1933 年时月薪最高 30 元，最低 25 元，1934 年设 40、35、30 元三等，至 1935 年辅导员减为 10 人，月薪共分为 70、60、50、35 元四等。①

实验县政府以下的乡学、村学等学校的教员由研究院历届毕业学生充任，是位居最基层的乡建工作者。据查，从 1932 年到 1934 年，各村立初级小学教员年薪最高为 200 元，最低为 140 元，平均约 160 元；在 1933 年开办的乡师、

---

① 张玉山：《邹平县政今昔之比较观》（续），《乡村建设》第 6 卷第 5 期，1936 年 10 月，第 1~2 页。

县立实验小学以及乡学村学中,当年乡师最高月薪为50元,最低为20元,平均在35元;实验小学最高月薪为35元,最低为20元,平均约28元;乡学最高月薪为30元,最低为20元,平均约25元。村学教员的月薪一律均为15元。1934年时教员工资略有变动,乡师教员月薪最高升为60元,最低为20元,平均是35元(似应为40元)。村学教员月薪开始分等级,最高为22元,最低为15元,实验小学及乡学教员的待遇没有变化,统计数字详见下表:

表2-11　邹平最近三年职教员薪金之比较

校别 年度	乡师			实验小学			乡学			村学			村小学		
	最高	最低	平均	最高	最低	平均	最高	最低	平均	最高	最低	平均	最高	最低	平均
1932	—	—	—	—	—	—	—	—	—	—	—	—	200	140	160
1933	50	20	35	35	20	28	30	20	25	15	15	15	200	144	160
1934	60	20	35	35	20	28	30	20	25	22	15	18	200	140	160

表内村小学职教员薪金数为年薪数,其他职教员薪金数均为月薪数。

资料来源:张玉山:《邹平县政今昔之比较观》(续),《乡村建设》第6卷第5期,1936年10月,第14页。

乡学村学的经费一部分得于田赋的摊派及县政府的补助金,如1934年时实验县政府补助乡学经费的数额如下:首善乡每月补助洋53元8角1分,其余第一乡至第十三乡,每月均为洋100元8角4分;而村学经费的补助则以班为标准,每年成人部一班30元,妇女部一班40元,儿童部一班30元,所有补助经费由各村学直接向县政府具领。①除此之外,村学多有原来乡镇初级小学的基金或学田收入,乡学亦有以前区立高小学之学产收入。根据1934年度各乡乡学全年预算规定,最少者为首善县,计洋958元,最多者为第十一乡,计洋3304元,相差3倍有余。乡学村学工作人员的薪俸也因经费多寡而略有差距,

---

① 许莹涟、李竟西、段继李编述:《全国乡村建设运动概况》第1辑上册,邹平:山东乡村建设研究院出版股1935年版,第235页。

1934年时乡学村学教员的平均年薪以第一乡为最低,每人每年计洋148元,以第二乡为最高,每人每年计洋178元。①

以下是一些更为具体的资料。在邹平实验县第二乡乡学中,乡理事、辅导员的工资最高,每人每月30元;乡学教务主任每月25元;乡学、村学教员、助理员每月20元;乡队长、卫生所主任、户籍室主任每月20元以下。小学教员分3级,第一级每月18元,第二级每月15元,第三级每月12元。联庄会会员是抽调集训,轮流值班执勤,只管食宿而无薪金,只是每月补贴3元。乡学学长每年从乡财政支领120元,而学董是名誉职,不领薪水。②在第五乡,乡学学长每月8元伙食费,乡理事每月25元,乡教务主任每月25元,乡学教员每月20元,乡队长、副队长每月17元,乡丁每月12元。③

他处民众学校、乡农学校的情况也基本类似。直属于山东乡村建设研究院的霍家坡实验民众学校,教员均由研究院直接委派,教员前后共9人,薪俸一般在20—30元。④藤县羊庄区乡农学校由5人组成,校长祝璞斋负责该区的全面工作,月薪35元;教育主任薛海云负责协助校长视导全区的教育、军训工作,月薪30元;指导员郭某负责向受训学员讲授《农民识字课本》及《明耻教战教材》,月薪25元;事务员刘融村负责教职员工的工资、伙食等庶务,月薪25元;军事训练教员贾仰圣负责乡农学校受训学员的军训工作,月薪20元。以上人员的工资皆由县财政局负责拨发。⑤刘溥斋在训练部毕业后参加西

---

① 许莹涟、李竟西、段继李编述:《全国乡村建设运动概况》第1辑上册,邹平:山东乡村建设研究院出版股1935年版,第235页。

② 耿巨吾、宋一平:《邹平实验县第二乡乡学》,见山东省政协文史资料委员会、邹平县政协文史资料委员会编:《梁漱溟与山东乡村建设》,济南:山东人民出版社1991年版,第208页。

③ 按当时的物价计算,一元相当于8吊,一吊等于50个铜元。在第五乡每人每月的生活费需3元。一吊钱可以买3斤馒头,买1斤猪肉也花不了一吊钱,见王建五:《忆邹平实验县自卫训练及第五乡乡学》,见山东省政协文史资料委员会、邹平县政协文史资料委员会编:《梁漱溟与山东乡村建设》,济南:山东人民出版社1991年版,第200页。

④ 公竹川:《本院霍家坡实验民众学校的办法及其意义》,《乡村建设》第2卷第27~29期合刊,1933年5月,第15~16页。

⑤ 薛海云:《藤县羊庄区乡农学校回忆》,见山东省政协文史资料委员会、邹平县政协文史资料委员会编:《梁漱溟与山东乡村建设》,济南:山东人民出版社1991年版,第291页。

社村民众学校，与小学教师一块吃住，月薪20元。后参加栖霞县乡农学校并任指导员，"每周平均下村一至二次，碰到啥办啥，一般不在村吃饭。那时学长的工资每月32元，教育主任每月28元，指导员24元，事务员20元，军事教练工资由专员公署发"①。

在研究院任职的一般工作人员薪金也不高。据研究院乡村建设师范学生张来亭自述，其任实验县户籍科统计员时，"每月14块银元。县府里设有食堂，那时叫吃饭团，就餐费每人每月2.20元，8—10人一桌。不论县长、科长、办事员都是同桌就餐，无上下级区别"②。在研究院做编辑工作的田慕周负责出版《乡村通讯》以及协助梁漱溟整理讲话稿，每月薪水20元。③

再看定县的情况。平教会在定县进行实验的经费主要来自国内外的捐款、基金会，如中华教育文化基金会等。据晏阳初自述，平教会的经费"民十五，全年预算25 000元，民十六，52 000元，民十七，82 360元，民十八，165 868元，民十九，234 034元，今年，386 422元（1932年）"④。每年数万到数十万元的经费比山东乡村建设研究院丰厚得多，甚至可谓当时全国各乡建团体、机构中经费最多者，"经费最高者，为平教促进会，与江苏教育学院，每年经常费，俱在20万元以上，至各实验区办事机关之经常费，最低者约3000元，最高者约2万元"⑤。另一份有关各乡建团体、实验区经费调查表也提供了不少的信息：

---

① 刘溥斋：《我在研究院训练部学习和从事乡建活动的经过》，见山东省政协文史资料委员会、邹平县政协文史资料委员会编：《梁漱溟与山东乡村建设》，邹平：山东乡村建设研究院出版股1935年版，第61~62页。

② 张来亭：《邹平实验县的户籍工作》，见山东省政协文史资料委员会、邹平县政协文史资料委员会编：《梁漱溟与山东乡村建设》，邹平：山东乡村建设研究院出版股1935年版，第169页。

③ 田慕周：《我参加邹平实验县户籍工作的情况》，见山东省政协文史资料委员会、邹平县政协文史资料委员会编：《梁漱溟与山东乡村建设》，邹平：山东乡村建设研究院出版股1935年版，第163页。

④ 晏阳初：《在除夕聚餐会上的讲话》，见宋恩荣主编：《晏阳初全集》第1卷，长沙：湖南教育出版社1992年版，第200页。

⑤ 李承忠：《农村改进事业考察团纪要》，《乡村建设》第2卷第24、25期合刊，1933年4月，第24页。

表2-12 全国部分乡村建设实验团体、实验区经费表

名称	河北定县平教区	山东邹平乡建研究院	安徽和县乌江实验区	江苏无锡教育学院	江苏徐公桥实验区	燕大清河镇实验区	江宁自治实验县	河南辉县百泉乡建区	华北工业改进社	苏州唯亭山农村服务处	行政院农村复兴委员会	晓庄
经费（以年为单位）	300000	110000	4000	200000	9100	8000	900000	400	51000	11000	60000	11000

资料来源：苗俊长：《中国乡村建设运动鸟瞰》，《乡村改造》第6卷第1期，1937年3月，第22页。

在定县实验区的平教会职员大都是具有较高学历、留学归国的知识分子，薪俸待遇方面也因经费较为充裕而相对较高。"当时，平教会主任一级的薪金，每月都在300元上下，和当时的大学教授相近。专门干事之类，在100元左右……至于中级及大多数低级做工人员，特别是低级职员，每人不过二十几元，甚至有十几元的。"[1]在平校工作的教师有的是由当地知识分子担任，有的则是由平教会分派去做实验工作。这些平民教师本身就是平教会职员或服务于平教会的工作，仅支少量薪俸，每月十几到二十元。除平教会职员外，定县实验工作中的社会式教育主要由受过四大教育的平校毕业生进行开展，大都不领薪水。

因经费难以筹措，在宛西镇平的地方自治人员薪俸"不能不定为最低限度"[2]。1932年1月时自治委员会第三次会议确定公务人员的生活费标准，规定兼职不兼薪，按职务每人每月的生活费如下：十区自治办公处处长80串（"串"相当于"仟"，均为当时镇平地方自治职员薪金数量单位，1块银元折合

---

[1] 堵述初：《我所了解的平民教育促进会》，见全国政协文史资料委员会编：《昔年文教追忆》，北京：中国文史出版社2006年版，第282页。

[2] 章元善、许仕廉编：《乡村建设实验》第2集，上海：中华书局1935年版，第191页。

约 6 串），副处长 70 串，各股主任 60 串，文牍 50 串，事务员、会计、管金库、调查员、宣传员均为 40 串，书记员、清稿员各为 35 串，传达 1 名 16 串，勤务 1 名 13 串，火夫 2 名，每名 7 串。各股人员如有职责过于繁重者，可由正、副处长酌情予以津贴；县息讼会公断员 50 串，各区息讼会公断员 40 串；自治办事处以下，各区区长 60 串，佐理员、文牍、会计、教育委员、建设委员各 40 串，办事员 35 串，书记 30 串，区丁 15 串，勤务 13 串，火夫 7 串；乡镇长 20 串，副镇长为荣誉职务，得兼书记与会计，书记兼会计者 15 串，村警 20 串。①

另一份材料更为直观地显示出镇平地方自治职员的薪俸待遇情况：

表 2-13　镇平地方自治职员待遇表

职务	地方建设促进委员会			各 区			各乡镇长	民团队长	分队长
	委员长	主任	职员	区长	区员	职员			
月薪数（铜元）	八十仟	六十仟	四十仟	六十仟	四十仟	三十仟	二十仟	二十仟	十五仟
约折合银元数	13元	10元	6元	10元	6元	5元	3元	3元	2元

资料来源：李腾仙：《彭禹廷与镇平自治》，镇平县地方建设促进委员会，1936 年，第 181 页。

同样因经费困难致使工作者薪俸较低的还有洛阳实验区，区内教师共 31 人，待遇最高者年薪仅为 100 元，最低为 40 元，平均仅为 60.1 元，"真为都市人所梦想不及，本区经济困难，亦无力补助，而他们亦无此企图，此种清苦生活，诚堪敬佩"②。详见下表：

表 2-14　洛阳实验区教师待遇表

人 数	4	4	2	5	3	2	3	2	1	1	1	共31
待遇(年)	40	45	50	55	60	65	70	75	80	85	90	100	共1895

资料来源：江问渔、梁漱溟编：《乡村建设实验》第 3 集，第 405~406 页。

---

① 镇平县十区自治办公处编：《镇平县自治概况》，镇平县十区自治办公处 1933 年版，第 48 页。

② 江问渔、梁漱溟编：《乡村建设实验》第 3 集，上海：中华书局 1937 年版，第 405 页。

工作者的待遇问题在青岛有所不同。青岛乡区建设办事处的职员主要由政府公职人员组成，其薪俸除包括由原部门发放的工资外，还含有部分由政府额外支付的在乡工作补贴。为了提高乡村建设办事处的办事效率及质量，青岛市政府在各办事处设立了相应的奖罚制度，工作得力则给予适当补贴，以示鼓励，如给派往阴岛乡区办事处的姚彦卿月给补贴10元，给派往李村、沧口的王徽柔、张和卿月给补贴5元等。①1935年时青岛市政府派学员赴北平参加农村指导员养成所的训练，满期后各员归复原职并得以加薪，"现农林事务所以该员等对农事智识，颇著成绩，特呈请市府，每员按原薪加薪五元，以示优待"②。此外，市政府也为乡区建设办事处职员提供继续学习的条件以及可供休息娱乐的场所，促进工作人员能力的增长与服务热情的提高，如在第4603号训令中规定：（1）各局台所派至乡村工作人员，应当为事择人。（2）热忱服务人员，应逐年加薪，以示鼓励。（3）各办事处应购置丰富图书，以供各职员进修之需。（4）各省市建设刊物，请钧府广为搜罗，分发各办事处，以资参考。（5）娱乐及体育器具，各办事处应择要设置，以备职员于休息期间陶冶性情，锻炼体格之用。（6）各局所应轮派妥员到各乡区视察与指导，藉以促进工作效率。③

　　就上述零星资料来看，除青岛乡区建设办事处职员在政府的大力支持下享有较高的薪资外，他处如邹平、定县、镇平等地的工作者薪资情况相差不大，极少数骨干成员如主任、干事之属可达月薪100元甚至300元的标准，基层工作者则普遍在10—40元之间。仅有这些统计数字尚不能完全展示其生存状态，如与公务员、城市工人、教师、农民的生活收入水平作一比较则高低立显。

　　首先与公务员工资进行比较。北洋政府时期政府文官共分为4个等级，即特任、简任、荐任与委任。据1912年10月16日颁行的《中央行政官官俸法》规

---

① 《关于给予派往各乡区建设办事处服务人员旅费数目的指令》，青岛市档案馆藏，档号：B32-1-797。

② 《委派农村指导员》，《民间》第2卷第11期，1935年10月，第30页。

③ 《关于薛家岛办事处条陈建议事项的训令》，青岛市档案馆藏，档号：B32-1-798。

定,国务院总理月薪 1500 元,各部总长月薪 1000 元,简任官工资分 3 级,月薪为 400—600 元,级差 100 元;荐任官工资分 7 级,月工资为 200—360 元,级差为 20—40 元;委任官工资分 12 级,月薪 50—150 元,级差分别为 5、10、15 元。①南京国民政府成立后,公务员的薪俸标准在 1927 年 10 月、1929 年 8 月、1933 年 9 月时经历了 3 次变更,俸给数额并无太大变化,分级则变得更细:

表 2-15　暂行文官官等官俸表(1933 年)

等级 任别	1	2	3	4	5	……	8	9	10	11	12	13	14	15	16
特 任	800														
简 任	680	640	600	560	520		430								
荐 任	400	380	360	340	320		260	240	220	200	180				
委 任	200	180	160	140	130		100	90	85	80	75	70	65	60	55

资料来源:陈育红:《战前中国教师、公务员、工人工资薪俸之比较》,《民国档案》2010 年第 4 期,第 76 页。

再看县长的薪俸。据 1933 年的《暂行文官官等官俸表》及 1937 年的补充规定,县长的月薪按照县等的高低而定,一等县县长自荐任 4 级的 340 元至简任 8 级的 430 元,二等县县长自荐任 4 级的 340 元至荐任 1 级的 400 元,三等县县长自荐任 6 级的 300 元至荐任 2 级的 380 元。但由于各地财政情况不一,县长实发的薪俸有不小的出入,除江苏、广东等少数富庶省份基本能够遵照规制实施外,"其余各省因财力关系多未实行,甚至像广西等贫瘠省份有低至八九十元者,不过也是少数,普通的月薪总是一百六七十元至二百八十元不等"②。如湖北一等县县长月薪只有 240 元,二等县和三等县县长月薪分别为 220、200 元。③县以下的乡村公务员工资更少,如农复会的调查显示,河南、陕

---

① 李振华辑:《近代中国国内外大事记(民国元年—二年)》,见沈云龙主编:《近代中国史料丛刊续编》第 67 辑,台北:文海出版社 1979 年版,第 2503~2505 页。

② 粟显运:《新县制的实施》,国民图书出版社 1941 年版,第 9 页。

③ 湖北省政府民政厅:《湖北县政概况》第 1 册,湖北省政府民政厅 1934 年版,第 2 页。

西、浙江、江苏四省各区的月经费大致为 100 余元,而区长的月合法收入大多为 30—40 元。①虽然就文件规定来看,县长等的工资并不高,但由于近代以来基层政治失序,此类人物可随意进行摊派,中饱私囊,使其收入远超定额而不可计数,如辉县某一任第七区区长,"在乡间任意派款,什么枪捐、子弹捐,名目繁多,一年甚至派十多万,解县的数目不到 1/2"②。

与城市各级教师工资相比。城市内的学校主要可分为三等,大学、中学与小学,而教师工资差别较大,以大学教师为最高。较早的官方定制见于北洋政府时期,1917 年 5 月北洋政府颁布《国立大学职员任用及薪俸规程》,规定正教授月薪 300—400 元,本科教授月薪 180—280 元,预科教授月薪 140—240 元,助教月薪 50—120 元。③进入南京国民政府时期,高校教员薪俸有所提高,1927 年 9 月教育行政委员会制定《大学教员薪俸表》,规定教授月薪 400—600 元,副教授月薪 260—400 元,讲师月薪 160—260 元,助教月薪 100—160 元,但各大学可根据自己的经济情形酌量予以增减。④根据这一指导性文件,各主要国立大学如北京大学、清华大学、交通大学、武汉大学、成都大学等制定了相应的薪俸标准,虽各有不同,但级别较低的助教月薪亦多在 60—180 元之间。⑤1929 年 12 月制定的《国立中央大学教员薪俸现行标准》即完全按照这一规定,只是助教最低月薪定为 90 元,但每年可增加 10 元,达到 100 元。⑥教授、助教、讲师之间薪资差别较大,但均属于收入较高的阶层。

相比于大学教师,中小学教师的收入情况较为接近于大众平均水平,更具

---

① 徐秀丽:《20 世纪 30 年代的乡村公务人员——见之于农村复兴委员会的调查》,《河北学刊》第 25 卷第 6 期,2005 年 11 月,第 151 页。

② 行政院农村复兴委员会编:《河南省农村调查》,上海:商务印书馆 1934 年版,第 90 页。

③ 《教育部公布国立大学职员任用及薪俸规程》,见潘懋元、刘海峰编:《中国近代教育史资料汇编·高等教育》,上海:上海教育出版社 2007 年版,第 801 页。

④ 《大学教员薪俸表(1927 年 9 月 12 日前教育行政委员会修正公布)》,见王学珍、张万仓编:《北京高等教育文献资料选编:1861—1948》,北京:首都师范大学出版社 2004 年版,第 578 页。

⑤ 陈育红:《战前中国教师、公务员、工人工资薪俸之比较》,《民国档案》2010 年第 4 期,第 70 页。

⑥ 慈鸿飞:《二三十年代教师、公务员工资及生活状况考》,《近代史研究》1994 年第 3 期,第 285 页。

可比性。清末民初新式教育初兴，中等学校校长、教员等俸给并无定制，多由"省行政长官定之"①。进入南京国民政府时期后，教育部于1932年11月及1935年3月分别颁布《中等学校教职员服务及待遇办法大纲》与《中学规程》，仍决定中等学校的薪俸由各地依情形自行决定，只确立中等教师最低薪俸发放标准，"教员俸给等级表之最低级，应参照地方情形，以确能维持适当生活为标准"②。

以上仅就规程所言，各地实地情况则不尽相同，抗战前中学教员采月薪制者，最高月俸260元（如安徽），最低月俸15元（江西县立中学），而少数仍采时薪制者，高中每小时最高月计8元（如河南），最低月计2元（如江西），初中每小时最高月计5元2角（如湖南省），最低月计2元（如江西）。③具体来说，河北省1928年通过《河北省中小学校教职员待遇暂行规程》，规定省立完全中学校、高级中学校、初级中学各校校长月薪由教育厅根据各校事务之繁简、班次及学生之多寡，各人之学历经验及服务之年限分为5级，中学最高为200元，最低为60元。中学教职员月薪则由校长根据各员学历、经验、职务之轻重及服务之年限酌定，中学最高为160元，最低为50元。④一次对5个省份共56所中学1609名教职员所做的调查得出了更详尽的平均薪金数，即省立中学、县立中学、私立中学教员薪金平均数分别为75.40元、39.92元与45.31元。⑤

小学教师的待遇比中学稍低，如1929年时河北省省厅规定省立各小学教师月薪最高55元，最低8元⑥，而在1930年初的具体统计数字也显示河北省立、市立、县立小学专任教师平均月薪分别为36元、45元、25元，乡村小学专

---

① 《中学校令》，中央教育科学研究所教育史研究室编：《中华民国教育法规选编（1912—1949）》，南京：江苏教育出版社1990年版，第339页。

② 《中学规程》，中央教育科学研究所教育史研究室编：《中华民国教育法规选编（1912—1949）》，南京：江苏教育出版社1990年版，第400页。

③ 教育部教育年鉴编纂委员会编：《第二次中国教育年鉴》第4编中学教育，北京：商务印书馆1948年版，第26页。

④ 《河北省中小学校教职员待遇暂行规程》，《河北省政府公报》第164号，1929年1月，第22~23页。

⑤ 郭枬：《中小学教员待遇之调查与研究》，《教育杂志》第23卷第1号，1931年1月，第137页。

⑥ 《河北省中小学校教职员待遇暂行规程》，《河北省政府公报》第164号，1929年1月，第25页。

任教师平均月薪只有 11 元。①在 1924 年到 1933 年间,定县小学教员普通年薪在 82—140 元之间。②对苏、浙、皖、鲁、豫、冀等省小学教师的年薪调查显示,570 名教师中(按收回调查表数计算)收入最高者为年薪 560 元,最低者 40 元,61.7%的教员年薪在 100—250 元之间。③

与城市普通工人工资相比。《东方杂志》所载 1927 年编制的全国熟练工工资表显示,一个熟练技术工人月平均工资为十几元到二十几元,见下表:

表 2-16　全国精工(男工)每月工钱表　　（单位:元）

	纺绩工厂	铁工及机械工	矿 产	制丝工厂	其他工业
最高	30	50	40	22	30
最低	12	20	16	6	9
平均	26	25	22	12	15

资料来源：黄君略:《中国工钱制度》,《东方杂志》第 24 卷第 18 号,1927 年 9 月,第 44 页。

据 1930 年工商部调查,9 省 29 个城市如南京、汉口、镇江、青岛等各行业男工的月最高工资为 18.83—50 元,最低为 4—18 元,普通为 8.1—27.5 元。④其中上海 1930 年至 1936 年间 16 个行业工人月平均工资最高为 1931 年的 15.14 元,最低为 1935 年的 12.99 元。⑤天津社会局也统计了 1928 年天津市各大工厂及中小工厂的工资数据,其中大工厂月平均工资最低 3.48 元,最高

---

① 教育部教育年鉴编纂委员会编:《第一次中国教育年鉴》丙编教育概况第一学校教育概况,北京:商务印书馆 1948 年版,第 463 页。

② 李景汉等:《定县经济调查一部分报告书》,定县:河北省县政建设研究院 1934 年版,第 97 页。

③ 赵端瑛:《各国小学教师待遇的比较研究》,《教育杂志》第 26 卷第 10 号,1936 年 10 月,第 167 页。

④ 邢必信等编辑:《第二次中国劳动年鉴》上册,北平:社会调查所 1932 年版,第 29~30 页。

⑤ 国际劳工局中国分局编:《上海劳工统计(1930—1937)》第 4 编,国际劳工局中国分局 1938 年版,第 15 页,转引自陈育红:《战前中国教师、公务员、工人工资薪俸之比较》,《民国档案》2010 年第 4 期,第 78 页。

22.73元，中小工厂平均每月10.14元。①到1933年时天津10种行业工人的平均工资为12.13元。②青岛市社会局1930年调查纺织业、织染业、地毯业等各业工人每月工资所得，除去织篾业、花边业等产值较低的行业外，最高者为12—88元，最低为3—15元，普通为8—55元。③在整个20世纪20年代，全国规模较大的开滦煤矿的矿工月平均工资为9—13元，到30年代初最多不超过17元。④

再看农民收入。对河北定县34家普通农户一年的收支调查数据可知，34家农户全年一切收入总计9558.89元，平均每家281.14元，每月收入23.4元，其中收入最少者全年计89元，最多之家庭计486元。相对应的，34家在一年内支出款额总数为8249.72元，平均每家支出242.42元，每月支出20.2元。⑤清苑500家农户在20世纪20年代末的全年生活费，地主一般为300元，富农一般为200元，中农低者在30元，高者500元，一般约在150元，雇农收入低者不到10元，高者有200元，一般约为70元，总平均每家生活费支出为160元。全年收入以70元到300元之间者较多，共计352家，占总数的70.4%。⑥1926年时北平郊外100家农户的全年收入也大都不满200元，其中收入在100元以下者有34家，收入在100—199元之间者有39家，共计73家，两者占总数的73%。⑦金陵大学农学系教授卜凯对1921年到1925年间中国6省13处2370户每年支出总数进行了统计，其中支出最低者为河北平乡共88.62元，而按户计算平均每一个成年男子全年所需24.82元，最高者为河南开封共349.67元，按户计算平均每一个成年男子全年所需58.67元。⑧

---

① 邢必信等编辑：《第二次中国劳动年鉴》上册，北平：社会调查所1932年版，第51页。
② 国民政府主记处统计局编：《中华民国统计提要》，上海：商务印书馆1936年版，第280页。
③ 邢必信等编辑：《第二次中国劳动年鉴》上册，北平：社会调查所1932年版，第52页。
④ 慈鸿飞：《二三十年代教师、公务员工资及生活状况考》，《近代史研究》1994年第3期，第287页。
⑤ 李景汉编：《定县社会概况调查》，定县：中华平民教育促进会1933年版，第302~303页。
⑥ 张培刚：《清苑的农家经济（下）》，国立中央研究院社会科学研究所1936年版，第73页。
⑦ 李景汉：《北平郊外之乡村家庭》，上海：商务印书馆1933年版，第39~41页。
⑧ [美]卜凯：《中国农家经济》，张履鸾译，上海：商务印书馆1937年版，第512~513页。

青岛经历长期的殖民统治后,虽城区繁华而为一"大都会",但城乡差距极大,除极少数富户与无地佃农外,以有地5亩以下的自耕农为多。而据青岛社会局1931年度调查统计,市区平均每亩土地收益计约30元,以此计算,青岛市自耕农普遍收入在150元上下,平均每月12元。①

通过以上工资数据的对比可知,除少数领袖、骨干分子外,邹平、定县、镇平等地乡建工作者10—40元的月薪标准应该说普遍较低,不仅无法与政府公职人员、高校教师相提并论,甚至低于河北各省市县立普通中学教职员平均50—160元的月收入,而与小学教职员、工厂劳工平均10—30元的月收入基本持平,略高于普通农户的10—20元的月收入。即便是如此之低的薪俸标准也在一些地方难以落实,如山东济阳第一区中山村民众学校初开办时,"一切费用皆由同学临时垫借,加以校具不全,教材缺乏,进行颇感困难!其后高校长辞职,复改聘鲁慎斋先生为校长。十月二十八日经本院巡回导师视察合格,发给乡字第三十八号证明书一纸,后按数向财政局领取补助金;并由同学议决,在废历年前,同学概不支薪,以补助金三分之二作为开办费,三分之一作为办公费及伙食费,此以前大概之情形也"②。

在华北乃至全国,很多主要依托社会力量的乡建团体机构、实验区因经费难周而不得不给工作人员以较低薪俸,还有一些实验区同人抱定牺牲精神,决定在工作有所成绩之前,尽量减少开支,以减轻农民负担,如辉县实验区工作者的倡言:"我们认定乡村建设事业是嘉惠于农民的事业,但今日之农民经济已处山穷水尽之境,我们不愿因建设乡村而妄加人民之负担,不希望政府以一地方的田赋收入的全部划作经费;并且在我们的事业未达到相当程度以前,我们决不向外界向政府募集大量的经费。我们相信事业的成功的关键,经费固属重要,而办理的人,若能真正苦干实干和硬干,亦可以少量的经费办理大量的事业。"③此种精神固然可嘉可佩,但薪俸待遇没有制度层面的保障,不仅日常生活难以维系,甚至难以获得一定的社会地位,仅靠"下乡去"的一时

---

① 魏镜:《青岛指南·第三编实业纪要》,青岛:平原书店1933年版,第2~3页。
② 《视察济阳第一区中山村民众学校纪略》,《乡村建设》第2卷第26期,1933年4月,第8页。
③ 孙秉杰:《辉县乡村建设实验区简述》,《乡村建设》第6卷第6期,1936年11月,第22页。

热情与冲动势必难以维持，最终影响着工作者的社会认同以及乡建事业的开展。反观依托政府、城市力量进行乡村建设的青岛等地，经费相对充裕，乡村工作人员既领受政府工资，又享有补贴奖励，薪俸较高，有利于乡村建设工作的开展与效率的提高。

第四节 "人才中心圈"：群体之间的互动

ERSHI SHIJI ZHI ZHONGGUO

农村问题的复杂性、严重性不是单个乡建团体、机构所能一体解决，为取得更好的建设成效，则必须进行合作，取长补短，共同进步。随着乡村建设运动不断走向深化，各地工作者从分散走向联合是必然的发展趋势，无论是全国性的互动与联合，抑或区域性的交流与合作，均有助于乡村建设运动的发展。但必须看到的是，乡建团体、机构之间的合作亦非一帆风顺，存在不少问题。

一、互动之主、客观需求

20世纪二三十年代时乡村社会的变迁日益凸显，且"更多地表现为危机的加剧、交错和寻求解脱危机的基本走向"[①]。导因于传统时代"天灾人祸"危机的延续，近代以来的外国入侵以及工业化、城市化进程所造成的城乡分离趋势，这一时期农村问题的表达形式已远远超出了人地关系的范畴，呈现多元化、复杂化与不断深化的趋向：政治上，内地环境不靖，兵燹、匪患不断，基

---

① 熊亚平：《铁路与华北乡村社会变迁(1880—1937)·总序》，北京：人民出版社2011年版，第2页。

层政权不断劣质化;经济上表现为农村的全面破产,耕地面积减少、苛捐杂税繁重、农产价格下跌、金融枯竭、离村率上升以及农民的普遍贫困化,"我国政治未上轨道,兵匪遍地,租税重重,农民憔悴欲死,离村思想大炽;农村破产,已成今日重大而悲惨的现象"①;文化上则因乡村人才的流失而成一片"文化沙漠","我们跑过的乡村并不少,碰到中学生却是第一次"②。向以教育事业发达著称的江南之地尚且如此,更遑论广大内地农村。此外,还有乡村卫生、娱乐、犯罪、迷信等问题,纷繁复杂且相互交织在一起,"已成为我民族生存上最严重的大问题"③。

　　面对乡村诸种问题,各乡建团体、机构因认识、人员构成以及地方情况的差异,分别从不同的角度入手建设事业,有以教育入手,有以自卫入手,不一而足,"近来乡村运动渐为国人所注意,不过对于乡村运动的看法,各人不同。即主持乡村运动的人,对于他自己的工作之目的及价值,亦各有不同的见解。本来历史上一个大运动之发生,主持的人,对于他所主持者是怎么一件事,往往有不自觉的。环境逼人造成了一种运动,主其事者但觉为环境所迫而不得不如此"④。有学者就据此将各地的乡建实验区归纳为 8 种:即以乡村平民教育为中心活动,如定县实验区;以乡村生计教育为中心活动,如徐公桥实验区;以乡村政治教育为中心活动,如邹平与菏泽两实验区;以乡村师范教育为中心活动,如辛庄实验区;以乡村民众教育为中心活动,如北夏与惠北实验区;以乡村小学教育为中心活动,如中冷村实验区;以乡村改进事业为中心活动,如中山村自治社;以乡村合作事业为中心活动,如河北江西各县的合作社。⑤乔启明则归为 4 类:即教育的方式,如河北定县平教会的工作,徐公桥实验区;自卫的方式,如河南镇平等地自治;生产的方式,如中央大学、金陵大学和燕京大学;政治的方式,如演进至县政建设阶段的河北定县、山东邹平与菏

---

① 刘运筹:《农业部农学会农学院与农村复兴》,《中国建设》第 8 卷第 5 期,1933 年 11 月,第 57 页。
② 行政院农村复兴委员会编:《江苏省农村调查》,上海:商务印书馆 1934 年版,第 88 页。
③ 罗克典:《中国农村经济概论·杨幼炯先生序》,上海:民智书局 1934 年版,第 1 页。
④ 芝生:《乡村运动之政治意义》,《独立评论》第 60 号,1933 年 7 月,第 7~8 页。
⑤ 祁伯文:《乡村建设与教育》,《陕西教育月刊》第 1 卷第 1 期,1935 年 1 月,第 3 页。

泽等 5 处县政实验县。①

虽改进农村的重点不同,但由于农村各种问题互相纠葛,甚至互为因果,使其成为"一个整个的问题"②,在开展工作的过程中乡建工作者普遍意识到如不将农村问题同时入手解决则建设难有成就,"华北乡建工作,不是一元的,是殊途同归的。有的是教育家,研究家,又有的是政治家,银行家,又有的是社会服务家。各人立场职业虽不相同,在各人工作的进展中,深感到单从教育,合作,卫生,工业,商业行政入手,社会所收实效甚浅,效率不宏。必各方面同时并进,分工合作,以整个社会为工作对象;以复兴民族,创作新民,为最后目的;以有计划的,有系统的办法,为实施步骤。"③平教会就认为"农村建设,必须着眼生活全体,否则顾此失彼,必多困难。敝会本历年经验所得,以为农村改进事业,必须从各方联锁进行,始有成效。故生计教育向与文艺、卫生、公民三种教育,分途并进"④。实业部合作司司长章元善也指出:"关于乡村建设之步骤,以教养卫三字而论,有谓应以教为先者,有谓应以养为先者,有谓应以卫为先者,聚讼纷纭,莫衷一是。据本人愚见,以为教养卫三事,如能同时并进,固为最好。"⑤

为获得整套的复兴农村方案、全面解决农村问题,大多数乡建团体机构、实验区的工作范围不断拓宽,成为涵括教育、经济、卫生、自卫等多方面的乡村改进事业,"中国乡运,是集合农业,合作,卫生,教育各方面综合计划的,不是单刀直入的;是顾及中国社会组织全部的,不是片面的"⑥。其意图虽有积极一面,然工作内容越丰富则所需物力、人力愈巨大,经费问题尚可通过多方筹措予以解决,而人才问题实难得到迅速解决,"农村建设运动,到今日已

---

① 乔启明:《中国乡村建设问题的过去与将来》,《现代读物》第 25 期,1937 年,第 18~19 页。
② 杨开道:《农村问题》,上海:世界书局 1932 年版,第 44 页。
③ 许仕廉:《社会计划与乡村建设》,《社会学界》第 8 卷,1934 年,第 266 页。
④ 晏阳初:《致中华教育文化基金会请款书》,见宋恩荣主编:《晏阳初全集》第 1 卷,长沙:湖南教育出版社 1992 年版,第 239 页。
⑤ 《乡村建设问题——廿五年十一月九日实业部合作司司长章元善在本府纪念周讲》,《南京市政府公报》第 171 期,1936 年 11 月,第 102 页。
⑥ 许仕廉:《社会计划与乡村建设》,《社会学界》第 8 卷,1934 年,第 267 页。

成为国中普遍的现实要求。迈进既速,范围愈广,方面愈多,因之人才的需要愈感觉得很迫切"①。乡建人才并非一日可得,没有人才则事业无法推进,乡村建设从研究演进到推广阶段后,"人才缺乏,立刻就成了很大的问题"②。

为解决人才与事业的脱节问题,需要乡建团体、机构之间彼此联合、取长补短,"乡建工作,千端万绪,固非任何一机关,所能全部完成之者。故凡有与乡建工作有关系之机关,均应互相沟通合作,以谋工作推行之便利。因事业范围广大,决非某一机关所可事事胜任,且彼此合作,人财两方,均可节省。即与人民亦须密切接近,方可感化民众,洞悉民情,确知其问题与需要之所在,而为从事建设之依据"③。乡村建设事业的多面向展开成为乡建者互动、联合的客观需求,"整个的中国农村问题太伟大,太复杂了,各机关单独的力量太有限了,太薄弱了,如果老是各自埋头于一地道的实验工作,不问是如何苦干不息,要想求得整套的复兴农村方案殆不可能。故必须设法使各方提携团结,用群的力量去寻求研讨,然后共同的目标,方有迅速达到的可能"④。

就主观方面的需求而言,20世纪30年代初各地的乡村建设运动虽迅猛发展,但经费、人才力量大都相对薄弱,成效并不显著,"晚近乡村运动的空气,虽然非常浓厚,实际工作的表现,也非常热烈,可是一般农村工作机关的同志,大都各本其平素所抱之理想,以及经验与学识,加以试验与推行,各自为制,各不相谋,因之不免有孤立而不相联络之憾,独善而不谋共济之讥,用力虽大,收效甚微"⑤。为增进工作效率,必须进行联合以交流知识经验,"补偏救弊之方究非一时一地之少数人所能一索即得,是必有待于群策群力,群相谋议者也。故各方之提携团结,为时势必然之要求,亦即此次集会之共通的心理

---

① 《中华平民教育促进会农村建设育才院缘起》,《民间》第2卷第4期,1935年6月,第20页。
② 瞿仲捷:《农村建设与农村人才的培养》,《民间》第2卷第8期,1935年8月,第8页。
③ 章之汶:《对于我国乡村建设前途之展望》,《经世》第1卷第6期,1937年4月,第21页。
④ 章元善、许仕廉编:《乡村建设实验》第2集,上海:中华书局1934年版,第2页。
⑤ 沈光烈:《全国乡村工作讨论会之回顾与前瞻》,《江苏教育》第5卷第7期,1936年7月,第59页。

因素也"①。

除增进工作效率外,进行联合还可以联络感情,互为声援、鼓励,激发工作热情。建设事业的开展颇为艰难,常令工作者感觉难以入手,再加上国难日深而工作成效缓慢,不免让人灰心短气,"一方面,水旱天灾国际形势之严重程度,比前更加厉害;在另一方面,自己觉得乡村工作微渺零碎,两相比较,殊觉苦闷。此种苦闷,为在目前念及民族前途者人人所共有,所以各方面的人都在那里感觉苦闷,都在那里估量自己的工作,对于救亡图存有何帮助?有何关系?我们乡村工作同人当然不能例外"②。由此,江问渔认为工作者应进行联合,共同检讨乡村工作与民族自救的关系,策划乡村工作如何进行等问题,进而"对于危急存亡之中华民族方能有裨益,以尽国民之责,并解除心理上的苦闷"③。

晏阳初也认为要实现农村运动的目标,仅仅认清使命、决定方法和步骤是不够的,"农村问题太复杂,方面也很多,非把全国各地从事农村工作的同志们,大家联合一起,共同努力,共同奋斗不可。要知道这种民族再造的运动,包含有改造民族文化,改造民族生活的两方面。它的使命之伟大,绝不是少数人干得了的,也绝不是多数人各干各的能成功的"④。乡村建设运动要想有前途有希望,必须靠工作者发挥合作精神、共策共力,并进一步提出构建"人才中心圈"的思想,"国内一切建设工作,贵有目标,有计划,更贵有实际人才。此项人才,不但要有智识、有技能,且要有一致的精神,分工合作,将教育、政治、卫生各方面人才,打成一片,联成全盘的建设人才,而成为一个建设'人才中心圈',彼此互相联锁,互相辅助"⑤。

---

① 梁定蜀、罗理:《参加乡村工作讨论会第一次集会报告》,《农村复兴委员会会报》第 3 号,1933 年 8 月,第 24 页。

② 江问渔、梁漱溟编:《乡村建设实验》第 3 集,上海:中华书局 1937 年版,第 16~17 页。

③ 江问渔、梁漱溟编:《乡村建设实验》第 3 集,上海:中华书局 1937 年版,第 17 页。

④ 晏阳初:《农村运动的使命》,见宋恩荣主编:《晏阳初全集》第 1 卷,长沙:湖南教育出版社 1992 年版,第 302~303 页。

⑤ 晏阳初:《复王子玕》,见宋恩荣主编:《晏阳初全集》第 3 卷,长沙:湖南教育出版社 1992 年版,第 461 页。

随着乡村建设运动的深化发展,基于上述对合作的主客观需求,各乡建团体机构、实验区的联合与互动成为一种必然的趋势。"吾人观察整个中国乡村建设之全般发展,可分之为三个趋势,第一趋势为救灾与防灾工作……第二趋势为过去农村改良工作为个人的兴趣,情感作用及无组织之意识所推动,现下则进而至于由技术的,科学的,有系统的意识所推动的整个社会性质的建设……第三个趋势是从过去各种技术方面个别的努力,发展到分工合作的联合阵线,换句话即是自纵的方面,个别的技术改良,进到横的方面的社团合作。"①到 1933 年时,全国性的乡村工作讨论会在各方的努力下于邹平拉开帷幕,并被定为一年一度的全国范围乡建工作者的集会。继此之后,还有乡村建设学会、华北农村建设协会等合作性团体、组织的出现,促进着各乡建团体机构、实验区之间事业与人员的互动交流,有利于乡村建设运动的发展。

二、全国性的互动与联合

乡村工作讨论会的召开经过了较长时间的酝酿。在 20 世纪 30 年代初各地乡村建设逐日兴起时,社会各界便对运动走向联合寄予厚望,"南北报纸及一般社会,谆谆以两事相属:一、希望同人等速组织一'全国乡村建设协进会',为全国乡建工作之联络机关;二、希望在大会中通过有关农村救济之重要决议,如从速制止兵匪扰乱农村与免除苛捐杂税等等,一以督责政府,一以领导舆论"②。而江苏镇江黄墟乡村改进试验区最先尝试发起集会,本拟于 1932 年 1 月开会,并得到 20 余处乡建团体、机构的赞同,但临时经中华职业教育社江恒源与山东乡村建设研究院梁耀祖、梁漱溟等商议,认为时机尚未成熟,准备欠妥,遂未能如期开会。1932 年 7 月,中华职业教育社在福州开年会,拟同时召集"全国农村改进机关联合会",但因时间仓促,多数团体代表未能及时赶到,再次夭折。

---

① 许仕廉著、彭家礼译:《中国之乡村建设》,《实业部月刊》第 2 卷第 6 期,1937 年 6 月,第 14~15 页。

② 章元善、许仕廉编:《乡村建设实验·序》第 1 集,上海:中华书局 1934 年版,第 3 页。

是年12月，国民政府召集第二次内政会议，晏阳初、王怡柯、梁漱溟、李景汉等南北乡村建设团体机构领袖应邀出席，诸人遂在南京得以会面，并就此讨论有关于全国乡村工作组织的发起问题。嗣后，晏阳初、王怡柯、梁漱溟在北京继续讨论办法，并邀严慎修、章元善、杨开道、许仕廉、张鸿钧等人参加，最后由王怡柯等11人签名发起，定于1933年7月14日到16日在邹平山东乡村建设研究院开成立会。集会之名称原拟定为"乡村建设协进会"，但经讨论，与会者认为"中国乡建空气虽极浓厚，而致力实际工作之人才，经验，不数数觏，殊不足以谈'协进'。但为少数从事乡建者之切磋互助计，似应多有聚集之机会，俾便检讨各人所属团体之工作成绩，以作学术意见之交换，而收集思广益之效。爰将定名之'乡村建设协进会'改为'乡村工作讨论会'"①。会议以精诚团结、实事求是、不重形式为原则，因而组织结构松散，在集会前无宣言，开会时亦无决议。乡村工作讨论会的召开定为一年一度，共召开过三次，第一次在山东邹平，其后则分别在河北定县、江苏无锡召开。

第一次乡村工作讨论会到会人员有60余人，来自国内35个乡建团体、机构。这60余人中包括了团体机构的创办人、重要骨干以及很多从事乡村工作多年的一线工作者，"其学问经验与毅力精神，久为一般社会所公认"②。此外尚有各地各级政府派员多人与会，如中央建设委员会2人、山东省政府2人、行政院农村复兴委员会2人、内政部卫生署1人、中央党部1人。③会程也相对简单，先有若干领导者进行演讲，随后则由与会者分别代表各处汇报工作情况，共产生书面报告11篇。仅在第三日下午进行工作讨论会，事先由众人提出问题，交主席团整理，然后被问人按题答复。④

第二次乡村工作讨论会在1934年10月10日到12日于河北定县召开，出席者共计150余人，代表全国11省市70余处团体机关，人数与单位相较上届增加一倍有余。到会者中多来自学术团体、乡建团体机构，中央各院部会、省

---

① 章元善、许仕廉编：《乡村建设实验》第1集，上海：中华书局1934年版，第3页。
② 章元善、许仕廉编：《乡村建设实验》第1集，上海：中华书局1934年版，第4页。
③ 章元善、许仕廉编：《乡村建设实验》第1集，上海：中华书局1934年版，第11~17页。
④ 章元善、许仕廉编：《乡村建设实验》第1集，上海：中华书局1934年版，第27页。

政府甚至县政府如涿县、义乌县等也多派遣实业、教育等部门近 20 人参加，较之往年有显著增长。①整个会议的前两天半由乡建领袖、团体代表进行演讲、报告，最后半天则按论题进行分组讨论以交换智识、共谋方法，共分"农民负担"、"农村自治与保卫"、"乡村卫生"、"经济建设"、"农村合作"、"乡村教育"和"人才训练"等 7 组（前 3 组临时合为 1 组）②，讨论相较往年更为细化与深入，但时间仍显紧迫。

第三次乡村工作讨论会在 1935 年 10 月 10 日起于无锡江苏省立教育学院如期举行。由于乡村建设运动的迅猛发展，与会者数量继续增加，计到 19 省市各乡建工作团体、机构代表如梁漱溟、江问渔、高践四、陈筑山等 200 余人③，使此次大会成为民国时期规模最大的一次乡建工作者集会。因第一、二届年会口头工作报告占去时间过多以致诟病不断，此次大会遂决定取消口头报告，更易为预交书面报告，使各个会员得有机会"一倾一年来埋头苦干之经验与心得"，并从第一日下午即开始分"政治类"、"教育类"、"经济类"、"其他类"4 组进行讨论。会期内讨论了诸如农村自治应如何始有实效案，如何培养民众自治能力案，各地乡村教育应以中国民族兴亡为重心问题案，今后乡村工作应以民生为中心案，如何培养乡村工作人才案等有关农村政治、经济、教育及其他问题的提案共 80 余件。④

与会者经过深入讨论后在众多问题上达成共识，如在乡村工作人才问题上，与会者一致认为乡村建设工作确应分工，但负责研究机关应罗致专才；利用各种训练班或乡村工作人员讲习会训练；要定期召集本地领袖予以训练；受新式教育之技术人员下乡，确有困难，可使头等专家处最高地位，大学生做专家的助手，本地人做推广工作，上下连贯，有系统、有组织，则技术人员缺乏可以解决等。⑤

---

① 章元善、许仕廉编：《乡村建设实验》第 2 集，上海：中华书局 1934 年版，第 7~12 页。

② 章元善、许仕廉编：《乡村建设实验》第 2 集，上海：中华书局 1934 年版，第 6 页。

③ 江问渔、梁漱溟编：《乡村建设实验》第 3 集，上海：中华书局 1937 年版，第 1 页。

④ 常文熙：《参加第三次全国乡村工作讨论会记》，《社会经济月报》第 2 卷第 10 期，1935 年 10 月，第 49 页。

⑤ 江问渔、梁漱溟编：《乡村建设实验》第 3 集，上海：中华书局 1937 年版，第 28~49 页。

虽然第一届乡村工作讨论会吸引了众多乡建团体、机关的参与，但梁漱溟、晏阳初等人仍感觉需要组织一个小规模的团体，"以便随时往返或聚会"①，密切互相之间的联络，并负责筹备和主持"乡村工作讨论会"。随即邀请江苏省立教育学院的高践四，北平燕京大学的许仕廉、杨开道、张鸿钧，南开大学的谢家声，华洋义赈救济总会的章元善，中华职业教育社的江恒源等20余人成立"乡村建设学会"。该会"可以说是讨论会的灵魂"，在举行乡村工作讨论会之前，先由乡村建设学会成员进行3天集会，期间除对乡村工作讨论会开会时应用的方式、注重的要点加以讨论，并进行筹备工作外，还"将一年间在研究实验工作上所有的得失经验，作亲切的交换，同时对于工作本身上，人事关系上，以及整个的乡村建设抱负上，各就认识所及，作自由的思想交换"。②乡村建设学会下设推广委员会与研究委员会，各有干事1人、委员5人，负责考察各地农村工作现状，制作总报告提交乡村建设学会，最终形成"整个的以建设农村为手段的挽救国家危亡方案"。这种小规模的联合同样有力地促进了各地乡建工作者的联络与互动。

乡村工作讨论会的召开，在社会上引起巨大反响，毁誉参半。赞誉者认为："本届大会，精神异常饱满，深信影响于国家社会，一定十分重大。盖虽不必有正式会议之形式，而实具有极深远之意义与极重要之功用。凡乡村工作人员，固然因此可以坚确其认识，增加其勇气，而创造文化民族复兴之基本工作，且可以此为策源。吾深愿此种一年一度的大会，能范围日广，效力日宏也。呜呼！国将不国矣，救亡图存，固不止一端，而乡村工作，则负责尤重，此则对于到会诸君，更不能不深致期望之诚，而愿共奋勉者也。"③与会的乡建工作者在开会时热情踊跃，"大会一连二日，会众的精神，始终如一，毫无衰弛情状；所发表的意见，亦多经验之谈，予我们以极佳的印象。尤可佩者，无论老少，无一不兴致百倍。作者吃中饭时，与一长者同桌，初以为正式会员，嗣睹胸挂旁听证，方

---

① 章元善、许仕廉编：《乡村建设实验·序》第1集，上海：中华书局1934年版，第6页。

② 晏阳初：《关于出席乡村建设学会会议等经过情形的报告》，见宋恩荣主编：《晏阳初全集》第1卷，长沙：湖南教育出版社1992年版，第375页。

③ 补口：《全国乡村工作讨论会》，《国讯》第110期，1935年10月，第66页。

悉和作者是同样资格,深佩其精神的不老"①。会后对大会的评价也极高,如江问渔等人认为,如果站在客观地位对乡村工作讨论会的目的与结果进行评估,那么"可以说一句——是达到了目的——我们看:(一)会中各人作各人事,各方作各方事,但是能互相联络,来为国家打基础。(二)这个会本没有什么立案,但是行政人员也自行参加了。可见政府方面鉴明这群人已经成了一种很大的势力,不能不予以重视,引起了政府的注意,因为本会同仁对于国家建设上确有许多许多的贡献。(三)会前有准备的小组会,会后有精密的检讨会"②。陆叔昂也感言:"参加三日讨论会,所得教益,胜读十年书。"③

批评者则认为乡村工作讨论会的时间过于仓促,虽名为"讨论会",实则报告会,"就以乡村工作讨论会来说:既然名之曰:工作讨论会,当然,其主要课题,是:过去各地工作的检阅,及今后工作方针的确定,及如何得到党政的助力,加速推进工作,集中精神于这方面,热切的讨论,精确的决定。实际怎样?止于是,三数领袖的讲演,与各地匆迫的:本来不准备报告,但主席团要我作报告,而时间又只有廿五钟,只好很简单了草的报告一点。如此这般的报告工作而已。虽然也有分组讨论,但时间只有2点半,给予它的地位之可怜可知。难怪参加讨论者不踊跃,恐其已预感不对劲了啊!"④

乡村工作讨论会并不在政府立案,"一切务求简便,其原则在多求精神上之契合,少注重形式之组织"⑤的做法引发了更多质疑与批判,如沈光烈认为,"近代的社会事业,凡有计划的,胜于无计划的,而整个的计划,又胜于局部的计划;凡有组织的,胜于无组织的,而严密的组织又胜于松懈的组织",而乡村工作讨论会必须想方设法提高乡村下层工作人员与会的积极性与组织

---

① 林浩藩:《参与第三届全国乡村工作讨论会的经过及感想》,《福建教育》第9期,1935年11月,第39页。

② 江问渔:《参加第二次乡村工作讨论会后之感想》,《复兴月刊》第3卷第8期,1935年4月,第3~4页。

③ 陆叔昂:《参加全国乡村工作讨论会后》,《教育与职业》第148期,1933年9月,第659页。

④ 云僧:《全国注目的乡村工作讨论会》,《众志月刊》第2卷第2期,1934年11月,第20页。

⑤ 章元善、许仕廉编:《乡村建设实验》第1集,上海:中华书局1934年版,第6页。

性,方能有利于乡建工作的开展,"乡村工作讨论会之基础,在于乡村下层工作人员之努力发动为最要。如何促动,如何辅导,如何联络,均为当前最重要之问题……所以我们如何运用集体的思想与力量,使现有的工作和事业,有更完整的计划,更严密的组织,实在也是一个不可忽略的问题"。①笔名为"云僧"的作者也撰文批评乡村工作讨论会组织的散漫,认为各处乡建事业是"从不同的方向走,用不同的方法做,而且,学者专家的'走'与'做',都是有科学的见地的,当然谁也不能盲从谁,谁也不能指教谁,于是,会虽没了,然而也止于会会面,谈两句寒暄,道几句家常,如此而已"②。

中国农村派对乡村工作讨论会的批评更为直接、深刻。他们认为近代以来外敌侵略紧急,民族存亡危在旦夕,乡村工作应以抗敌救国为唯一前提,而"欲抗敌救国,又非全国一致,共同奋斗,不能取得最后胜利"③。乡村工作讨论会之类的工作者联合会虽已出现,但不过是聚全国乡村工作同志于一堂,互相报告工作的一种组织,根本算不上是发动及推动乡村运动的机关,只是"按年开会,谈谈笑笑,发表研究报告等,毫无组织的实力。没有组织的实力,便永远不会有实际的作用"④。而根本的解决之方就在于"必须运用联合战线的策略,尽量吸引全国乡村工作者(个人及团体)参加到联合战线的阵线里来"⑤,更有学者主张发动建立以团结御侮为目的的新乡村工作者组织——"全国乡村工作同志会"。

尽管有着不同的声音,但乡村工作讨论会至少在客观上为全国乡村建设工作者提供了一个互相交流、联络的平台,实现工作方法、经验乃至情感的交流,有助于群体社会认同感的形成与提升。"自经邹平集会后,不独各人对于

---

① 沈光烈:《全国乡村工作讨论会之回顾与前瞻》,《江苏教育》第5卷第7期,1936年7月,第65页。

② 云僧:《全国注目的乡村工作讨论会》,《众志月刊》第2卷第2期,1934年11月,第20页。

③ 《第四次全国乡村工作讨论会提案——本会应以全力使全国乡村工作人员一致团结共赴国难案》,《中国农村》第2卷第9期,1936年9月,第63页。

④ 张宗麟:《全国乡村工作的检讨——乡村运动的联合战线(二)》,《中国农村》第2卷第9期,1936年9月,第24页。

⑤ 张宗麟:《全国乡村工作的检讨——乡村运动的联合战线(二)》,《中国农村》第2卷第9期,1936年9月,第25页。

本身工作,有新见解;即对于他人工作,亦有新认识。并有觉今是而昨非,取人之长补己之短之诚意。据编者个人观察,曾有数重要乡建机关,将其工作内容,从事改革,如缺乏技术工作者增加技术工作;忽视组织者,注意乡村组织;偏重一方面工作者,多与他方面合作。"①

更为重要的是,乡村工作讨论会也引起了社会舆论的极大关注,"三年来乡村工作讨论会之会务进展甚速,影响于社会者甚大,虽然没有邀请政府人员出席,可是行政人员自动参加者也不少;虽然没有广事宣传,可是参加的农村工作同志,逐年增加得很快;可见政府与社会,对此团体的注意和赞助之一斑了"②。在此基础上,乡村建设运动得到一定的社会认同,"此后虽在定县、无锡续开工作讨论会两次,而全国性的乡村工作协进会仍未能产生,小规模的乡村建设学会亦未能健全,不过参加乡村建设各会的同人,无形的把乡村建设这四个字的招牌承认了,乡村建设运动也不知不觉地为社会一般人士所承认了"③。进而获得社会各界及政府在人才、经费等方面的支持,促进着建设事业的发展。

三、区域性的交流与合作

乡村工作讨论会属于社会团体自发的一种集会,没有严密的组织,也不产生强制性的决议,偏重于理论、经验、感情的交流,而实际合作的形成则相对较少,"目前乡村工作的联合,虽有一个'乡村工作讨论会'的组织,但是这个组织,至今还仅是一种意志的联络,并没有实际的工作与切实的方法来推动全国的乡村建设"④。但讨论会可谓开乡建工作者联合风气之先。受其影响,区

---

① 章元善、许仕廉编:《乡村建设实验·序》第1集,上海:中华书局1934年版,第5~6页。
② 沈光烈:《全国乡村工作讨论会之回顾与前瞻》,《江苏教育》第5卷第7期,1936年7月,第61页。
③ 杨开道:《乡村建设运动过去的检讨》,《现代读物》第4卷第8期,1939年8月,第9页。
④ 言心哲:《我国当前乡村建设工作应注意的几点》,《新粤周刊》第1卷第3期,1937年7月,第18页。

域性的交流与合作也在不断地酝酿、发展，"近数月来，华北数机关，如中华平民教育促进会，山东乡村建设研究院，华洋义赈救灾总会，燕京大学，南开大学，齐鲁大学等。华中数机关，如中央大学，金陵大学，实业部，中央农业实验所等，均已有分工合作方案，进行进一步之联络。"①而1936年4月成立的华北农村建设协进会是为区域性交流与合作的最显著成果。

华北农村建设协进会的成立可谓乡村工作者的"第二度联合行动"②。为解决乡村建设运动的人才困难，中华平民教育促进会、清华大学、南开大学、燕京大学、协和医学院以及金陵大学共同发起成立华北农村建设协进会，以实现"各项研究训练之联锁"③，进而获得学识、经验兼具的人才。该会会员主要由上述机关、团体的职员组成，如晏阳初（中华平民教育促进会）、梅贻琦（国立清华大学）、林可胜（北平协和医学院）、张伯苓（南开大学）、谢家声（金陵大学）等，下设执行委员会与训练委员会。协进会内部贯彻分工合作的原则，每个合作机构以其特长负责某一方面的工作，据何廉回忆："每个合作机构都要贡献出有能力的人材——南开培养地方政府和财政、合作组织以及土地管理方面的人材；燕京培养社会工作和组织人材；北京协和医学院培养卫生行政人材；金陵培养农业发展方面的人材；清华培养农业工程机械方面的人材——担任中国一个县从上到下各个部门的干部，充当农村合作、农业发展、乡村保健和卫生等方面的实际工作人员。"④这种联合培养人才的方式，既经济又高效，不仅加强了各机关、团体之间的互动合作，还为各地的乡村建设运动输送了一批高质量的人才。

就各地的具体情况而言，定县与他处的合作、交流较多。晏阳初等认为，"向来各机关之通病，皆各自为政。故每遇性质相同之工作，多不分性质之范

---

① 章元善、许仕廉编：《乡村建设实验·序》第1集，上海：中华书局1934年版，第4~5页。

② 杨开道：《乡村建设运动过去的检讨》，《现代读物》第4卷第8期，1939年8月，第9页。

③ 《华北农村建设协进会工作大纲（附录）》，《民间》第3卷第23期，1937年4月，第15页。金陵大学的加入在华北农村建设协进会成立之后，见《华北农村建设协进会训练研究委员会记录》，作者不详，出版社不详，时间不详，第9页。

④ 何廉：《何廉回忆录》，朱佑慈等译，北京：中国文史出版社1988年版，第64页。

围,遂相互设立,不免重复冲突之弊"①,想要增进工作效率、节省开支,则必须与各机关进行合作。为此,平教会同人四处奔波谋求合作,在不懈的努力之下取得较为显著的成果。1934年时定县实验区确定与燕京大学农事之合作,与南开大学作农村经济之合作,与金陵大学作植物改良之合作,与中央农事试验所作肥料土壤之合作,与清华大学作昆虫与植物病虫害之合作。具体情况如下表:

表2-17 定县实验区与他处机关合作表(1934年10月)

与合作有关之会内各部	合作团体名称	合作事业
平民文学	国语统一会	文字研究
生计教育	金陵大学	育种
	河南大学	肥料
	地质调查所	土壤
	南开大学 华北农产改进社 金城银行 平教会	农产改良先从棉花入手 经济研究
	南开大学	农村仓库
	中国银行	农村合作及仓库
	金城银行	
卫生教育	内政部卫生署	农村卫生技术人才训练
	协和医院	
	湘雅医学院	
学校式教育	黎川农村服务联合会	协助
教育心理研究委员会	清华大学心理学系	研究
社会调查	协和医院	家庭卫生、人口调查
全会	燕大农村建设科	农村建设技术人才训练

资料来源:晏阳初:《中华平民教育促进会定县实验工作报告》,《晏阳初全集》第1卷,第343~344页。

---

① 晏阳初:《致中华教育文化基金董事会请款书》,见宋恩荣主编:《晏阳初全集》第1卷,长沙:湖南教育出版社1992年版,第251页。

合作方式则据需要而分为四种:其一,"自然科学研究型"。在这种形式下进行一些对定县社会实验产生影响作用,但又不需要社会实验室的研究项目。其二,拓展型。同南开大学和金城银行合作进行的棉花项目就属于这一类型。在这个项目中,平教会进行棉花改良研究,并培训农民以组织其合作社,南开大学负责进行调查工作,金城银行处理与该项目有关的财务和运输问题。这种方式的合作可在不影响任何参加单位基本结构的情况下进行。其三,"分派人员"及"加入"。"分派人员",即某一大学分配研究人员到定县并在一定时间内开展双方都感兴趣的项目,而"加入型"则指的是某一大学的系或学院同平教会在某一共同的乡村建设项目中紧密结合起来。其四,训练大学生。平教会以此方式同某一大学合作,调整其课程以便于大学生们将来从事乡村建设工作,或者在定县作研究生阶段的训练。①合作方式虽有多种,然推动乡建事业发展的效果则一。

　　在山东邹平实验区,工作者与他处的合作也得益于乡村工作讨论会、乡村建设学会的产生而颇有进展。据曾任山东乡村建设研究院副院长的王冠军回忆与总结,"参加学会的更有南北许多大学和学院,如南京金陵大学农学院,在当时为农学界的重镇,其院长谢家声、章之汶等均参加在内。他们为了研究农业改良上种种问题,便与我们合作,在他们足藉以得到技术指导;又如南开大学经济学院的何廉、方显庭诸先生,为了调查研究社会经济、手工业、商业等问题,也与我们合作,以便借地进行其工作。而我们从他们的调查和研究中也可以了解自己地方社会情况。还有南开大学张纯明先生及一位冯先生,金陵大学的马傅庵先生,都是研究地方行政和政治的,他们愿意就着我们实验区县政府考察研究种种问题,在彼此合作之下,也有利于我们工作的改进。又如燕京大学社会系杨开道、许仕廉、张鸿钧诸先生,为了进行社会学的研究,都曾来山东参加我们的工作。又如代表'华洋义赈会'的章元善、于永滋两先生,曾在华北农村办理信贷多年,也来参与我们的工作,共同致力农民合作运动。更有当时清华大学工学院的顾毓琇、施嘉炀诸先生,也与我们合作,进行

---

① 晏阳初:《致S.M.冈恩》,见宋恩荣主编:《晏阳初全集》第3卷,长沙:湖南教育出版社1992年版,第468页。

地形测量等项工作。所有这些方面的合作关系,均通过乡建学会而来"①。

除事业的合作外,还有人才的交流。参与乡村工作讨论会与乡建学会的乡建领袖普遍认为:"中国的乡村重建运动从整体上看,必须有一个用以研究和训练的'统帅部'和一个用以扩展工作和人员分配的全国规划",而平教会在定县开展工作时间较长,经费、人才实力相对雄厚,成为华北乡村建设运动公认的一个中心,"他们敦促定县应立即承担起领导职责。他们把中华平民教育促进会当作'大哥哥',应该为'老家'负责乡村建设的人员和机构,从而起到整个中国乡村重建工作'统帅部'的作用"。②他处实验机关、团体也对定县寄予厚望,既积极进行参观、考察,也在人才等方面谋求帮助,"比年以来,国内各方热心农村事业者,常来函电,或派遣代表来定,邀敝会代为训练农村建设或农业改进之人才"③。为谋乡建事业的全面发展,定县承担了部分训练外来工作者的任务,到 1931 年时定县已培养出至少两批乡建人才,第二批大约 30 人,其意义则在于,"这种同乡村长工作的接触对我们熟悉了解他们,谋求他们同我们正在从事和将要从事的各项事业的合作,并且训练他们成为真正的公民是非常有益的"④。

山东乡村建设研究院在初创时面临着人才上的严重困难,梁漱溟遂求助于陶行知,并先后从晓庄学校"借来了"三名乡村工作者,即张宗麟、杨效春、潘一尘。⑤此三人均任研究院要职,为邹平乡村建设事业的推进及人才的培养助力甚多。研究院还邀请清华大学、燕京大学农学院教授许仕廉、杨开道等进

---

① 王冠军:《回忆抗战前的山东乡村建设》,见山东省政协文史资料委员会、邹平县政协文史资料委员会编:《梁漱溟与山东乡村建设》,济南:山东人民出版社 1991 年版,第 16~17 页。

② 晏阳初:《致 E.西登斯特利克》,见宋恩荣主编:《晏阳初全集》第 3 卷,长沙:湖南教育出版社 1992 年版,第 448 页。

③ 晏阳初:《致中华教育文化基金会请款书》,见宋恩荣主编:《晏阳初全集》第 1 卷,长沙:湖南教育出版社 1992 年版,第 240~241 页。

④ 晏阳初:《致刘瑞恒》,见宋恩荣主编:《晏阳初全集》第 3 卷,长沙:湖南教育出版社 1992 年版,第 217 页。

⑤ 成学炎整理:《梁漱溟先生访问记(一)》,见邹平县政协文史委员会编:《邹平文史资料选辑》1986 年第 3 辑,第 105 页。

行临时讲课和指导社会调查，其中有的还参加了邹平的乡建工作，如燕大教授张鸿钧任汶上县长，杨开道任济宁乡村服务人员训练处教育长。①为开展乡村卫生工作，研究院还调借上海市卫生局技师李玉仁，聘请齐鲁大学毕业生王福溢、徐铠等到邹平办理卫生工作。②镇平也在1935年春延请平教会专家参与宛西自治与建设工作，"请平教会派张含清先生到宛西，训练师资。暑假又敦请平教会平民文学部主任孙伏园先生担任宛西乡师联中校长名义，并请其学校教育部主任李训石及干员李剑南，李秀峰，叶兆丰等辅导教育建设工作"③。

区域性的交流与合作虽发挥着极为重要的推进作用，但并非一帆风顺，如定县平教会与南开大学之间在华北农村建设协进会的人才训练方面就产生过重大矛盾。晏阳初认为协进会对学生的训练"不单纯是从学术的角度给年轻人一些有用的训练，而是要满足全国不同地区实验县专门的和迫切的需求，向这些县提供训练有素的人员去负责那里的工作项目"，为达这一目的，平教会才决定与南开大学进行合作。但南开大学方面的负责人何廉迟迟未能派学生到定县参加实际工作，并擅自制定合作计划。在晏阳初看来，这种做法只是"打算利用定县作为其学生的某种实验场所，从而为他们的经济研究所提供一个在某些农村课题上进行研究生指导的独特机会"。意识到这一点后，他极为不满，并在信中激动地写道："如果我早知道何廉如何理解乡政建设研究院的工作，我决不会同他进行如此深入的合作。既然形势已发展到如此地步，我们认为没有必要再按最初的设想来搞乡政建设研究院了，没有必要顾及各方的面子，装扮出一副令人赞叹的四所学校十分和谐地工作在一起的外表。"从而决定推迟既定的合作计划，同时"继续自己的训练计划，但要以不声不响的方式进行，并且规模更小"④。这无疑是对乡村建设事业发展的巨大打击。

---

① 万永光：《梁漱溟先生及其在山东从事乡村建设的活动》，见山东省政协文史资料委员会、邹平县政协文史资料委员会编：《梁漱溟与山东乡村建设》，济南：山东人民出版社1991年版，第30页。

② 田慕周：《我参加邹平实验县户籍工作的情况》，见山东省政协文史资料委员会、邹平县政协文史资料委员会编：《梁漱溟与山东乡村建设》，济南：山东人民出版社1991年版，第166页。

③ 江问渔、梁漱溟编：《乡村建设实验》第3集，上海：中华书局1937年版，第354页。

④ 晏阳初：《致S.M.冈恩》，见宋恩荣主编：《晏阳初全集》第3卷，长沙：湖南教育出版社1992年版，第470~471页。

平教会与南开的个别矛盾实际上根源于乡建团体、机关理念的不同，反映出的是乡建团体"派系林立"的事实，梁漱溟也感言"南北各地乡村运动者，各有各的来历，各有各的背景。有的是社会团体，有的是政府机关，有的是教育机关；其思想有的左倾，有的右倾，其主张有的如此，有的如彼。如像世界上没有这样形形色色五花八门的事，而可以说做是一个运动的！"①张宗麟也批评乡建团体之间俨然成"宗派"分立之局势，不仅存在学识上的门户之争，各处所代表阶级利益也各异，因此不愿也不能实现彻底的联合，"宗派的不同，这是没是(有)办法可以使之强同的。梁漱溟、晏阳初私人感情无论密切到任何地步，但是二人理论的根据不同，决不能因感情的密切而各人放弃原有的理论。中国乡村运动的宗派很多，这是无可讳言的……因为宗派不同，方法不同，见解不同，于是形成本来是同一工作，同一方面，同一出发点的乡村运动，反而成为不能联合"②。

的确，乡村建设以整个乡村社会为工作对象，但各地情况不同，工作从何处着手观点不一，或主张以乡村小学为乡村建设中心，或主张以农业推广、合作事业为中心，或主张以地方自卫为中心，不一而足。各地乡建工作者对当地乡村社会均有着自己的理解，思想的独立性使他们不容易接受其他团体的方案、思想，"和第一流的人才在一起工作很不容易，因为他们有创造性，他们有自己的独立见解，对自己的观点考虑得多，对别人的意见考虑得少，他们坚持己见，拒绝别人的意见"③。这也使得乡建团体之间在理论层面的矛盾、分歧不断，一直未能形成合力，"这样的下去，将使我国乡村建设工作，理论纷歧，门户对立，于乡村建设事业之前途，恐多不利"④。梁漱溟更直截了当地指出："乡村运动者，自己不能合为一个力量；各有其来历背景，各有其意见主张。那末，

---

① 梁漱溟：《我们的两大难处——二十四年十月二十五日在研究院讲演》，见中国文化书院学术委员会编：《梁漱溟全集》第2卷，济南：山东人民出版社1990年版，第582页。

② 张宗麟：《乡村运动的联合战线》，《中国农村》第2卷第8期，1936年8月，第18~19页。

③ 赛珍珠：《告语人民——与晏阳初谈平民教育运动》，见宋恩荣主编：《晏阳初全集》第2卷，长沙：湖南教育出版社1992年版，第628页。

④ 言心哲：《我国当前乡村建设工作应注意的几点》，《新粤周刊》第1卷第3期，1937年7月，第14页。

期望它来改造社会又如何能行？因为没有一定的方针要求，就不成功一个大力量。"①

总之，随着乡村建设运动的深化发展，建设事业也在不断地拓宽，各地乡建团体、机构开始从分散走向联合，但因彼此之间在理论、路线、方法乃至人员构成等层面存在着不小差异而不能彻底消除隔阂，已然形成的少许合作也属勉力进行，构建更加严密、统一的乡建工作者合作平台与合作组织更是仅停留在倡议层面，最终未能弥补事业与人员的脱节，成为导致乡村建设事业"空洞化"的重要因素。

---

① 梁漱溟：《我们的两大难处——二十四年十月二十五日在研究院讲演》，见中国文化书院学术委员会编：《梁漱溟全集》第2卷，济南：山东人民出版社1990年版，第576页。

第三章 CHAPTER THREE

乡建工作者群体与乡村社会改进

乡村建设的目的在于从多方面改造传统乡村社会,挽救乡村破产危机。但乡村问题纷繁复杂,各地具体情形不一,再加上乡建工作者在理论方法与技术能力等方面存在着较大差异,使得各乡建区的事业切入点与重点也有所不同,如邹平从农民组织入手,定县从平民教育入手,而宛西则以自卫为乡建之基石。尽管各有侧重,但各地的建设事业普遍呈现出整体化、模式化的发展趋势,即渐趋涵括政治、经济、文化、自卫等多方面内容,成为"联锁进行的全面的建设"①,具体则分为进行社会调查、推进乡村教育、复兴农业经济、推广医疗卫生及开展乡村自卫等。这种整体化发展模式的形

---

① 晏阳初:《开发民力建设乡村》,见宋恩荣主编:《晏阳初全集》第2卷,长沙:湖南教育出版社1992年版,第341页。

成并非偶然,而是应对乡村危机复杂面相时的必然选择。然问题在于,工作者数量、能力的增长与运动的深化发展并不若合符节,事业内容不断扩展而可用人才却相对匮乏,导致建设事业"空洞化"现象的产生,影响着运动的成效。

第一节 进行社会调查

任何一种社会改造事业要想取得成功,必须首先通过实地调查形成对社会实情的透彻认识,而以乡村为指向的乡村建设运动同样需要乡村社会调查。农村调查是"了解农村问题,改造农村社会最重要的工作;——也是最科学的工具"①。通过调查,首先可以认清农村社会现实,为改造事业奠定基础。没有对农村社会的彻底了解,"便没有产生改造方案的可能,而要有深切的了解,非实地调查,用有效的数字,把关系部分,清切确实地表示出来不可"②。其次可以根据调查所得制定针对性的建设方案,"乡建事业,经纬万端,欲辨其轻重,分其缓急,定其先后,非根据实地调查,详加考究不为功。盖从事乡村工作,必须适合地方之需要,始有成效之可期,故乡村调查为乡建入手之初步工作,以期寻求乡村问题之所在,而为建设之对象也"③。如合作事业的举办需要

---

① 方悴农:《乡村青年农事补习学校底初生——给志在乡村建设运动者的第十三封信》,《乡村建设》第 4 卷第 5 期,1934 年 9 月,第 9 页。

② 铁民:《调查中国农村经济的我见——参加保定农村经济调查的一得》,《大公报》1930 年 9 月,第 4 版。

③ 章之汶:《对于我国乡村建设前途之展望》,《经世》第 1 卷第 6 期,1937 年 4 月,第 22 页。

切合地方经济情形及农民心理,其计划、方法和步骤"要根据当地的环境,和客观的事实,以及社会上各方面的状况。决不是闭下门在桌子上写,合下眼闷头想所行得通的"①。再者如发展乡村教育、改良社会风俗同样需要以社会调查所得为依据。

鉴于社会调查所具备的重大意义与作用,许多乡建团体、实验区均将农村调查视为最基础、最迫切的工作,集中大量人力、物力加以推进,"改良乡村生活所切要者,在于用科学方法,取我国乡村生活,加以翔实精密之调查与研究,俾全部乡村生活,得以整理,彼此关系牵连之处,皆有头绪可寻;庶使改良事业,有所根据而进行,困难问题,有所凭藉而解决;此乡村生活调查,所以尤为当务之亟,而各种机关团体,所应汲汲进行者也"②。其中以定县、邹平的调查工作尤为突出。

平教会职员尤其是骨干成员多为受西方教育影响较深的归国留学生、学者及国内大学毕业生,整个团体具备一种"特殊的精神——即科学的精神"③。在其领导下,定县实验区也以"科学的"、"实验的"、"青年的"等特点享誉海内外。为使事业能够切实符合乡村社会情形,实验区的一切工作均"以社会调查为先锋"④,先以系统的科学方法实地调查地方情况,然后根据调查所得进行研究、实验、表证,最后实施推广,构成一个相对完整的体系。

1926年夏,平教会选定河北定县为乡村平民教育实验区,在翟城村设立华北实验区办事处。办事处专设调查部,分普通调查股、农业调查股及经济调查股3股,分工合作。⑤此后机构名称多有变化,但社会调查工作则以此为开端。平教会同人认为定县是中国1900余县中的一个典型代表,县内的农民生活、

---

① 穆景元:《指导农村合作事业应先有农村社会的调查》,《乡村建设》第3卷第3期,1933年8月,第4页。

② 冯锐:《乡村社会调查大纲·自序》,北平:中华平民教育促进总会1929年版,第2~3页。

③ 《平教会的科学精神》,《民间》第4卷第1期,1937年5月,第23页。

④ 《河北定县平民教育实验区考察记》,《中华教育界》第20卷第7期,1933年1月,第120页。

⑤ 《中华平民教育促进会平民教育运动史略》,见中国第二历史档案馆编:《中华民国史档案资料汇编》第5辑第1编教育(二),南京:江苏古籍出版社1994年版,第765页。

乡村组织、农业经济等情况是华北甚至全国农村社会的缩影,定县所存在的许多社会现象和问题在其他地方也有不同程度的存在。因此,对定县各种社会问题进行彻底的研究,不仅是为定县也是为全国农村的复兴求得解决方案。

在定县所展开的社会调查工作也服务于上述思想,带着鲜明的致用色彩而超出了单纯认识乡村社会的目的,"社会调查固然是为研究学理,求得知识,而平民教育促进会的社会调查是注重应用。换句话说,不是为调查而调查,乃是为改进农村社会而调查"①。调查工作是要实地调查全县一切社会情况,特别注意愚贫弱私四种现象,并随时整理所搜集的材料,分析各种现象的构成要素,发现愚贫弱私等现象之原因,进而试下一定之结论。然后将根据调查与分析所得之各种结论、建议分别供给有直接关系的文艺教育、生计教育、卫生教育、公民教育以及学校式教育、社会式教育、家庭式教育等部,使各部计划实验或推行各种教育时有参考之材料及可靠之根据。②每逢各部急需某种特别材料时,即设法立刻进行调查,如对定县农村工业所进行的调查正是服务于1931年时生计教育部所制定的定县农村工业研究计划。③平教会在定县所展开的实验工作相当全面,而社会调查工作也相应地极为繁重。在这种情况下,调查员的选人就显得极为重要。

在调查人员尤其是领导者的选任上,晏阳初等人有着清晰的认识:"从事调查的人,必须了解现代社会调查的科学的理论以及方法与技术,必须要顾到中国的民间生活状况而规定出适合中国情形的方法及技术来。即如拟一表格,就得特别注意与农民心理,风俗,习惯,生活相应合,而又要顾到(一)所问须使它们能回答,(二)它们所能回答的,又是我们所需要的。"④出于这种考虑,平教会决定将社会调查工作委于留美博士冯锐(字梯霞)主持。⑤1928年后

---

① 李景汉:《关于从事定县社会调查的一些经验》,《清华周刊》第38卷第5期,1932年,第38页。
② 晏阳初:《中华平民教育促进会定县实验工作报告》,见宋恩荣主编:《晏阳初全集》第1卷,长沙:湖南教育出版社1992年版,第310~311页。
③ 张世文:《定县农村工业调查·晏序》,定县:中华平民教育促进会1936年版,第1页。
④ 李景汉:《定县社会概况调查·晏序》,定县:中华平民教育促进会1936年版,第2页。
⑤ 冯锐,早年毕业于南京金陵大学农科,后获美国康奈尔大学农业经济学博士学位,曾任罗马万国农村研究院研究员,在丹麦研究合作社制度,归国后任岭南大学、东南大学教授。

由李景汉①接替冯氏主持社会调查工作,直到定县实验的结束。冯锐与李景汉都是留学归国的硕博士,不仅掌握着西方社会调查理论、技术方法,也有丰富的农村调查经验。在冯锐、李景汉等人的支持下,又有陶孟和、瞿菊农、李柳溪等农村工作经验丰富的专家学者参与调查工作,一线的调查员如诸葛龙、于鲁溪②等也多为大学毕业生,对调查工作的意义、理论与技能均有相当理解。此外,在实地调查工作中还有熟知地方情形的平校毕业生的支持与协助,提供详尽而又真实的农村社会情况。在平教会调查部的协调合作下,这些工作者将所掌握的国外社会调查理论、技术与农村社会现实相结合,进行调查设计、训练调查人员、制作调查表格、筹划调查步骤、创新调查方法、整理调查材料,使整个定县社会调查工作呈现出科学性、层次性与系统性的特点。

在初以定县为平民教育推广区时,平教会负责调查工作的正式职员及短期工作人员不过20人左右,遂决定先以东亭附近的62村为调查范围。社会调查尤其是农村调查几乎可以说是前所未有,再加上是时军阀混战不断导致地方秩序动荡,各项工作很难顺利进行。调查员遂决定先选择不太困难又不致引起农民怀疑的事项进行调查,例如定县之历史、宗教、卫生、生活程度、经济概况,62村的地理、交通、农业、农家记账、农村家庭等项③,为此后更进一步的详细调查打下了基础。

1929年秋季,平教会全体职员移至定县,以定县全县为实验区,社会调查部的工作亦扩展到全县范围。为适应平教工作的开展,第一步先着手调查全县472村每村的概况,包括户口数量、村中领袖、学校现状、文盲人数、种地亩

---

① 李景汉于1917年留学美国,先后在哥伦比亚、加利福尼亚等大学专攻社会学及社会调查研究方法。1924年回国后任北平社会调查所干事,从事各种实际调查研究工作。

② 诸葛龙(1890—1976),字佐刘,金华人,清末秀才,毕业于国立东南大学教育科,曾任中华平民教育促进会干事和山东省立乡村建设专科学校教师。见《金华市教育志》编纂委员会编:《金华市教育志》,杭州:浙江人民出版社2009年版,第689页。于鲁溪,山东人,南京金陵大学毕业,曾任中华平民教育促进会华北试验区农业推广主任、河南村治学院农场场长、山东乡村建设研究院导师、邹平实验县科长、山东第一区行政督察专员公署科长。见《工合西北区办事处所属各事务所主任名录》,卢广绵等编:《回忆中国工合运动》,北京:中国文史出版社1997年版,第350页。

③ 中华平民教育促进会:《定县的实验》,出版社不详,1933年版,第17~18页。

数、农产种类、男女职业、集市情形、医药状况等项。在全县各村一般概况调查完成以后，进一步举行较细的分项调查，例如县内各村的土地分配调查和家庭手工业调查，选样的按户人口调查和家庭生活费调查，还有土地产物、工业、集市、赋税等项。1932年秋，平教会选定县内第一区东部与第三区西北部为集中工作之研究区，共包括61村，以其中的高头村为研究村，调查工作也集中于此区进行。

1933年7月，河北省县政建设研究院成立后也设有调查部，并与平教会形成分工合作。平教会偏重整理已有的材料、设计调查方案，如123个农家生活费周年记账材料、主要家庭手工业详细调查材料等的整理，物价调查、定县借贷调查、家庭卫生调查等的设计，实地调查工作则多由研究院担任。研究院调查部于1933年7月1日开始办公，先筹办实地调查的准备工作，如划分调查区域、分配调查员等，并决定以重要集镇为中心，分全县为五大区，即城关调查区、清风店调查区、明月店调查区、东亭调查区、李亲顾调查区，各调查区（除城关区外）所辖村庄为93个到133个不等。准备工作结束后，各调查员便分别出发赴各调查区工作。调查部以第一月为实验期，期间调查员作自由调查工作，不分发问题表，亦不定调查步骤与方法，仅编发《定县货物运销初步调查进行纲要》作为自由调查的根据，使调查员明了调查之性质、目标、范围及搜集材料的线索。这种做法的目的则在于注重各调查员凭自身的常识与经验去发现问题并寻求解决问题的方法。经过一月的努力后，调查员不仅对市场组织、经济系统、工商业经营方法与习惯、中间商人以及生产消费者相互关联等有了新的认识，更为重要的是对调查可能走通的路线、具体调查方法、乡村民众可能实际协助的程度等能有深刻理解。在此基础上，研究院与平教会谋划调查工作的走向，继续设计各种调查表，开展后续的各种社会调查工作。

在各种人才的通力合作下，平教会的社会调查工作成果显著，形成了一批极具价值的专著与文章，甚至被视为实验中"最有价值的工作"[1]。其中已整理出版的专著主要有以下几种：

---

[1] 梁漱溟：《北游所见纪略》，《村治月刊》第1卷第4期，1929年6月，第8页。

表 3-1　定县社会调查代表成果及参与者名单表

书　名	参　与　者
《乡村社会调查大纲》（1929 年）	冯锐著
《定县社会概况调查》（1933 年 2 月）	冯锐、李景汉、瞿菊农主持；诸葛龙、张世文、吴太仁、杨铭崇、于子厚、张瑶山、李耀轩、宋宝文、王振华、高观海等负责各种资料的统计整理；郭志高负责制表绘图与校对；宋国祯、李柳溪负责实地调查及训练调查人员；于鲁溪、史秉章、秦士端、秦宏绪、孙之藩、王佩珂、柴庆元、吴铭纶、米春生、孙致祥、史汶春等从事实地调查工作；各村村长佐、平校毕业生等的支持
《定县秧歌选》（1933 年 4 月）	李景汉、张世文主持；高吟涛、宋宝文、宋仰周、史秉章负责调查；郭静如、李柳溪、王子淇、史汶春抄写；幺聘之加注解
《定县经济调查一部分报告书》（1934 年 10 月）	李景汉主持；余其心任调查专员，负责指导实地工作、整理分析材料；陈菊人协助编辑；郭志高负责统计与校对；调查干事李柳溪及调查员李英藻、高世魁、吴铭纶、陈法文、张庚三等从事调查、材料收集工作
《实地社会调查方法》（1933 年）	李景汉著
《定县赋税调查报告书》（1934 年 10 月）	李景汉主持；陈菊人（专员）、郭志高（干事）、杨麟阁（调查员）负责材料分析与编撰
《定县农村工业调查》（1936 年 2 月）	张世文著；李景汉负责材料统计与整理；张之俊、宋刚三、吴经九、孙介卿、韩秉钧从事实地调查工作；侯延礼、王子淇、由荫清、余纪元、马景仁协助统计工作；王振华、宋宝文、马景仁、姚庆荃、唐希哲、常望景、屈英杰从事制表、绘画、抄稿等工作；各村村长佐及其他村中领袖，平校毕业同学等给予支持

资料来源：据已公开出版的各调查报告书及平教会工作报告统计而得。

此外，还有多项社会调查虽已进行，但调查所得因各种原因未能出版问世，如《定县家庭手工业调查》、《定县土地分配调查》、《定县人口调查》、《定县农民生活费调查》、《定县农民借贷调查》、《定县农民家庭卫生调查》等。

山东乡村建设研究院在邹平的调查工作也取得了不俗的成绩，但往往被忽视。研究院的灵魂人物梁漱溟等认为乡村社会的根本问题在于社会秩序的丧失、社会组织的涣散，因而致力于重建农村组织，并以之为核心带动各种乡村事业的发展。因此，研究院的社会调查与平教会的做法略有差异，不对愚贫弱私等较为具体的问题进行深入的调查研究，而是重在通过社会调查增加研究院学生的乡村工作经验，使其明了地方社会情形，毕业后能更好地服务于乡村建设事业。虽因受人员及经费等的限制，研究院的调查工作"仅在邹平作一种普通调查而已"①，然其意义与价值仍不可忽视。

山东乡村建设研究院对社会调查工作相当重视，不仅加强在院学生相关学科之训练（即"调查统计"，见第二章），还聘请燕京大学教授许仕廉、杨开道等进行指导。1932年秋成立社会调查股，专门负责社会调查事宜，由万树庸主持，马资固、张介生、李善德、张玉山等研究院学生协助办理，指导学生进行调查工作。②1934年7月研究院修正组织大纲，改"社会调查股"为"社会调查部"，置主任一人、调查员二人、练习员若干人，秉承院长办理社会调查事宜。③

最早有关邹平的社会调查是1931年夏由杨庆堃、周振光两名燕京大学学生在山东乡村建设研究院及杨开道的帮助下进行的，主要调查了邹平全县教育状况、市集、地方财政、乡村领袖、党部组织及党务、全县灾况与救济、农村纠纷以及各区农业特产、短工市等方面的概况。④此后，研究院开始组织训练部学生进行全县及区域性的社会调查，先后组织较大规模的社会调查6次，具体情况见下表：

---

① 张玉山：《山东乡村建设研究院社会调查工作简述》，《乡村建设》第5卷第4期，1935年9月，第1页。

② 山东乡村建设研究院编印：《山东乡村建设研究院及邹平实验区概况》，出版社不详，1936年版，第41页。

③ 《修正组织大纲》，《乡村建设》第3卷第24期，1934年4月，第20页。

④ 杨庆堃、周振光：《邹平社会调查工作报告》，《乡村建设》第1卷第11、12期合刊，1932年1月，第10~13页；山东乡村建设研究院：《社会调查及邹平社会》，出版社不详，1931年版，第19~23页。

表 3-2　山东乡村建设研究院社会调查工作表

调查时间与地点	调查人员	调查内容
1932年1月 邹平县	邹平籍学生 40人	利用寒假1个月的时间，调查邹平县1434家农户经济；调查项目，计有户主房屋、地亩、作物、牲畜、家畜、商业、水井、大车及家庭人口状况。
1932年3月 邹平全县	训练部全体学生约300人	全县户口调查，对已设有乡农学校的村庄逐户进行调查，历经两星期告竣。
1932年9月 邹平五村庄	训练部学生29人	为补充和考证以上两次调查材料，进行五村庄农户调查（五村庄计有：郎君庄、李家庄、景家庄、抱印庄、崔家庄等村，均距邹平城南约四五里）。
1933年1月 邹平全县	训练部第四、五班同学及寒假期间留院的部分同学，百余人	对邹平全县村庄进行一次概况调查，包括农村概况、农业概况、经济概况，以及义坡、学校、学生、首事、商店、市集、会社等。此外又将邹平城内各机关及城关180余商店均调查一遍。
1934年冬、1935年初 邹平全县	训练部学生约120人、邹平县立师范学生40余人	全县户口清查统计
1935年6月 邹平第11乡	训练部教育组学生36人	农村经济及医药疾病调查

资料来源：山东省邹平县地方史志编纂委员会办公室编：《邹平县志·附录——乡村建设运动》，出版社不详，1990年版，第9~10页；张玉山：《山东乡村建设研究院社会调查工作简述》，《乡村建设》第5卷第4期，1935年9月，第1页。

以上历次社会调查中第四次、第五次规模较大，成果突出。第四次调查为一次概况调查，研究院动员百余名学生分别进行农村概况、农业概况、经济概况，以及义坡、学校、学生、首事、商店、市集、会社等10余项调查，并对邹平城内各机关及城关180余家商店的状况也进行了调查。根据此次及前三次调查所得材料，编就《邹平概况调查》二册，内分历史、地理、政务、警务、财务、农业、商业、工业、交通、教育、宗教、风俗、健康、娱乐等项。①

第五次调查为一次户口专门调查。要组织农村，首先需要掌握农村户口状况，因此研究院对户籍行政特别重视。1934年时邹平实验县县政设计委员会委员田慕周、万树庸、张云川等人为实施户籍行政、设计教育事业起见，提议假训练部同学下乡实习之机，举行全县户口清查统计。这一提议得到院长梁漱溟、训练部主任张俶知以及县长王怡柯的采纳，遂于10月10日聘请委员，组织邹平实验县全县户口调查委员会，由县长王怡柯及徐树人、李星三、田慕周、富介寿、曹晋平、李玉仁等研究院同人组成。实地调查工作主要由研究院训练部120余名学生、邹平县立师范40余名学生担任，各乡理事、村长、村学、村小学教员、联庄会会员等充任联络员与乡导，负责联络、协助调查工作。此次调查中，人员安排相对周密，且几乎全出于研究院一系，有利于分工协作。②调查工作所获成果最后形成《邹平实验县户口调查报告》，内含表格132个，包括了户口总数表、每户所有田亩数、本籍寄籍男女年龄分配及婚姻状况、教育程度、宗教信仰、疾病分类情况等众多内容，甚至还有寺庙户口、寺众年龄等的统计。以上两书及《社会调查及邹平社会》、《邹平实验县概况》③，涵括内容广泛，是为山东乡村建设研究院社会调查工作的最高成果。

平教会与研究院在定县、邹平所开展的社会调查可谓全国各乡建区乡村调查工作的代表。虽然调查所得在今日看来并不那么精确，内容也稍显简单，然其意义毋庸置疑。这一时期社会调查尤其是农村调查的大规模开展形成了一系列颇具代表性的研究成果，不仅提供了了解、研究这一时期乡村社会的宝贵材料，还代表着一种实地调查与问题研究相结合的趋向，如张玉山的《实施户口调查与统计之研究》④、研究院学生独立完成的《沾化县发展东洼意见

---

① 未能找到原书，似乎未公开出版。
② 吴顾毓编：《邹平实验县户口调查报告》，上海：中华书局1937年版，第1~4页。
③ 见《山东乡村建设研究院及邹平实验区》一书所载，主要依据1933年7月1日邹平改为县政建设实验县以后所获得的各种调查材料编成，但同样未见成书。
④ 张玉山：《实施户口调查与统计之研究》，《乡村建设》第5卷第3期，1935年9月，第1页。

书》①等,均是结合实地经验而提出的建议与结论,使举办任何一种事业必先从调查入手的观念进一步深入人心。同样重要的是,工作者将西方社会调查理论与乡土社会情状有机结合,所设计的调查问卷、调查步骤、工作方法开创了乡村社会调查工作的范例。

---

① 《沾化县发展东洼意见书》,《乡村建设》第3卷第29期,1934年6月,第12页。

第二节　推进乡村民众教育

ERSHI SHIJI ZHI ZHONGGUO

乡村建设事业与乡村教育、民众教育之间的关系极为密切。乡村教育最初的呼声始于五四运动。在民主、科学理念影响下，以挽救乡村教育危机、提高农民智识水平为目的的乡村教育成为"五四"后教育界"闹得最有劲"①的潮流。全国有不少教育团体、大专院校开始在乡村展开教育工作，如北京高等师范学校、山西国民师范学校开设农村分校，晏阳初领导的平教会、黄炎培领导的中华职业教育社以及陶行知领导的中华教育改进社等团体组织也将工作重点转向乡村，根据所秉持的教育理念实施乡村教育。

然而在近代中国复杂而又特殊的社会环境下，以社会团体的力量进行乡村教育很难得到农民的信任、政府的理解与支持，单纯的教育工作所能收到的成效极为微弱。现实的窘境使乡村教育者意识到要实现乡村社会的改造非有整个的建设不可，并逐渐将乡村建设作为努力的新方向，"一般办理民众教育者，乡村教育者，虽知积极改进乡村，改善农民生活，但终不免枝枝节节的帮忙农民，给他们一点好处，而不知组织农民，训练农民，使他们自觉发生力

---

① 张宗麟编：《乡村教育及民众教育》，上海：商务印书馆 1940 年版，第 7 页。

量,解决自身问题。所以令人不满意而发起乡村建设运动"①。1933年夏间在邹平召开的乡村工作讨论会上,与会者中以来自教育机关、团体的为最多,如上海中华职业教育社、无锡江苏教育学院以及平教会等。到邹平、定县等乡建区参观建设事业的人中也以教育界的为多。这种现象以及出现的"建教合作"口号可谓从乡村教育到乡村建设发展趋势的最好概括。

不仅乡村教育有着转向乡村建设的趋向,各地的乡村建设运动也因事实的需要而将乡村教育列为重要内容,甚至视为一切事业的基石:从事业内容来看,举凡农业技术改良、医疗保健、合作社等现代科学技术与经济组织要在农村、农民之间建构、传播,无不需要先对农民进行教育使其能够接受与掌握,如梁漱溟就认为"今日吾人从事乡村建设工作所办事业,如领导民众造林、养鱼、改良农业等,皆为新事业,而非民间所固有者,亦皆属民众教育之功课"②。高赞非也指出:"只要是略略明了乡村建设的意义时,便可知道乡村建设途程内一切事业,无一非教育的对象。自治的促进,礼俗的改善,经济的组织,整个乡村社会的问题,我们是要因时因地而加以教导的。"③

从事业推行的方式方法上来说,定县、邹平等地的乡建领袖视民众自发参与为乡村建设运动取得成功的关键所在,而要实现对民众的动员,舍教育外别无他法。如在平教会看来,中国错综复杂的社会问题不是自然产生,而是由于"人"出现问题所造成的,"发生问题是人,解决问题的也是'人',故遇着有问题不能解决的时候,其障碍不在问题的自身,而在惹出此问题的人"④。要想解决农村问题,必须从农民本身求得方法。因此乡村建设最基本的应该是人的建设,必须从教育入手,使最大多数的农民获得解除自身苦痛的能力。更进一步讲,广大农村、农民中所蕴含的潜力是民族国家复兴的最大希望。这股潜力也需要以教育的方式进行引导,瞿菊农对此满怀信心:"十年来的乡村工

---

① 高践四:《民众教育》,上海:商务印书馆1935年版,第40页。
② 梁漱溟:《民众教育何以能救中国?》,见中国文化书院学术委员会编:《梁漱溟全集》第5卷,济南:山东人民出版社1992年版,第487页。
③ 高赞非:《乡农学校的渗透运动》,《乡村建设》第3卷第30期,1934年6月,第5页。
④ 瞿菊农:《乡村教育文录》,农村建设协进会乡政学院,出版日期不详,第46页。

作,有一个最重要的发见:我们农民大众身上潜伏着孕育着无限的可能……我们逐渐失却了我们的独立与自由,我们要以教育准备争回我们的独立与自由。我们的社会秩序纷乱崩溃,我们要以教育准备建设我们的新社会秩序……我们要以教育的力量训练组织,能自动的集团的解除压迫,解决苦痛。我们只要不失却对于教育的信仰,我们即有无限的前途。"①

梁漱溟领导的山东乡村建设研究院也将农民自发的力量视为乡村建设事业成功的原动力,"只有以真实好意能感应他们;能渐渐的动到他们的心情正处深处,即能接引起他们的自觉自信力。如作乡村运动,不能引发乡民的自觉自信力,无论用若何等巧妙办法,究竟是无前途,无好的希望"②。因而力主站在社会教育的立场改造社会,以教育的手段引发农民积极向上的精神,构建农村新秩序,进而实现乡村社会的重建,"推进整个社会向前进步的工作,表面上是经济建设为主,骨子里无在不是社会教育工夫。建设、教育二者,不能分开……从人一面说,就是教育;从物一面说,就是建设。物待人兴;建设必寓于教育。乡村建设本没旁的意思,就是要求中国社会的平均发展真实进步,其不能不归于教育一途,势所当然"③。

乡村教育与乡村建设在20世纪二三十年代时呈合流的趋势,"现在许多注重农民教育的机关团体,走上农村建设的路,与农村建设的机关团体走上农民教育的路,都不是偶然的,亦是情势之必然"④。教育与建设的关系也被时人表述为"建设必需教育,没有教育则建设不能进行;教育必需建设,没有建设则教育不能开展。更多的教育,必有更多的建设;反过来讲,更多的建设,亦必就有更多的教育"⑤。基于这样的认识,在进入乡村建设阶段后,许多团体机构及实验区仍将推进乡村教育列为重要内容,致力于提高农民知识文化水

---

① 瞿菊农:《乡村教育文录》,农村建设协进会乡政学院,出版时间不详,第30页。
② 《对实习同学之临别赠言》,《乡村建设》第4卷第27期,1935年5月,第7页。
③ 梁漱溟:《乡村建设理论》,见中国文化书院学术委员会编:《梁漱溟全集》第2卷,济南:山东人民出版社1990年版,第471~472页。
④ 瞿菊农:《乡村教育文录》,农村建设协进会乡政学院,出版时间不详,第48页。
⑤ 庄泽宣编:《乡村建设与乡村教育》,昆明:中华书局1939年版,第71页。

平，也为其他建设事业的开展创造环境。浓厚的教育色彩甚至使它们普遍被视为教育团体，如山东乡村建设研究院本源于河南村治学院，骨干成员中教育家极少，目的原本不在教育而在实现村本政治及后来的乡村建设。但由于各种事业借助乡农学校、乡学与村学等学校式组织推进，往往也被归为教育团体一类，梁漱溟对此也并不否认："人家既认我们是教育，我们也想大概这是教育吧。如果教育拿广义来解释，我们的工作确是教育的工作。"①

乡村教育不仅包括正式的学校教育如乡村小学、乡村师范，还包括学校系统之外的非正式教育，即民众教育或说社会教育、平民教育。后者的对象涵括乡村中各种程度、各种职业、各种年龄的人，主要则是"居住在农村之中，以农业为主要职业的，未受过教育的，及受过教育而不充分的，一般成人和青年人"②。这部分人已超出学校教育的范围，但是为乡村社会及乡村建设的主体力量。为动员、引导这股力量，民众教育遂成为众多乡建区乡村教育工作的重点，如在邹平，村学乡学的成人班就是"主要的而且恒常的工作"③。

一般而言，乡村民众教育所涵括的内容是在正式学校教育之外开办的学校式和社会式的各种需要的教育。④学校式教育侧重于提高农民智识，使其获得适应现代社会的能力，而社会式教育侧重于社会改良及建设事业的推行。两者内涵均相当丰富，在实际推行过程中往往彼此勾连、难分你我。因此本节并不进行刻意区分，着重论述其中致力于提高农民文化水平的工作者与事业开展情况。

在定县开展实验工作的平教会的骨干成员如朱其慧、晏阳初、汤茂如、傅葆琛等，"大多是主张教育救国论的教育家"⑤，普遍有着丰富的教育工作学识与经验。在他们的努力下，定县的乡村民众教育工作可谓华北各乡建区中执

---

① 梁漱溟：《乡村运动中的三大问题》，《乡村建设》第4卷第27期，1935年5月，第6页。
② 陈世民：《农村民众教育实施纲领》，《河南教育月刊》第3卷第6期，1932年，第17页。
③ 杨效春：《写给乡村工作的朋友》，巢县：黄麓乡村师范1935年版，第54页。
④ 傅葆琛：《乡村民众教育概论》，江苏省立教育学院研究实验部1930年版，第5页。也有的乡建团体如平教会将平民教育划分为学校、家庭、社会式教育，本质上并未有太大区别。
⑤ 巫宝三：《"定县主义"论》，《独立评论》第96号，1934年4月，第8页。

牛耳者。平教会以"除文盲、作新民"为宗旨,并针对社会普遍存在的愚、贫、弱、私问题,将平民教育的内容分为文艺、生计、卫生与公民四类。在晏阳初等人看来,"从文字及艺术教育着手,使人民认识基本文字,得到求知识的工具,以为接受一切建设事务的准备"①,文艺教育也由此被列为四大教育之首②。文艺教育分文学、艺术两方面。前者旨在通过编辑、教授教材读物等形式帮助农民习得常用字,增进科学文化知识以适应复杂的现代生活。与直观的文字教育相比,以戏剧、音乐等为主要形式的艺术教育同样可以在潜移默化中改进民众的精神态度,增进其知识,进而使其"自觉其过去文化有无限的光辉,增进其自信心而着眼于未来文化的创进,发扬民族的真精神"③。

文学方面的工作由平民文学部负责,大致可分为文字研究、平民文学研究、教材编辑、平民读物编辑与平民科学研究五项内容。目的则在于一方面为农民找出最适宜的接受教育的文学工具,一方面致力于文学本身的研究,逐渐创造出真正的民间文学。该部先后由陈筑山、傅葆琛、瞿菊农、孙伏园等主持,第一步先从文字研究入手。

为使大多数民众能在最短时间内,以最经济的方法认识最低限度的文字,文学部认为必须着重教授与农民生活密切相关、最基础也是最急需的字词。为此,文学部首先进行选字工作。本着科学严谨的精神与态度,文学部成员搜集了大量当时的文契、账册、唱本、政府布告以及平民白话书报 90 种,平民应用文件 25 种等文献作为原始资料,共计 50 余万字,继而由诸葛龙带领数十名平教会及平教会以外的成员进行选字工作。④

选字采用当时较为流行的客观教育统计方法,即以使用次数为客观标准,进行严格挑选、排比与整理,最后从约 8000 生字中挑出 3420 字,作为"通用字

---

① 晏阳初:《中华平民教育促进会定县工作大概》,见宋恩荣主编:《晏阳初全集》第 1 卷,长沙:湖南教育出版社 1992 年版,第 247 页。

② 四大教育中的生计与卫生教育偏向于实际事业的推行,公民教育则穿插于上述三大教育中,注重农民精神层面上的爱国、团结等情感的培养与激发,暂不列入论述范围。

③ 中华平民教育促进会:《定县的实验》,出版社不详,1933 年版,第 6 页。

④ 杨开道:《定县的文艺教育》,《大公报》1934 年 6 月 7 日,第 11 版。

表"。再从此 3000 余字中选出使用频次最高的 1000 字,以及频率稍低的 300 字为预备,倚为《千字课》的基础。为了弥补客观选择所存在的缺点,如有"红"字无"绿"字、有"春秋"但无"冬夏"等问题,文学部又组织 20 名会内成员一方面参考教育国语统一筹备会出版的《国音字典》,一方面"加以对生活价值的评衡",在经一致同意后选出 1144 字。最后将这 1000 余字与会外专家陈鹤琴所做的"语体文应用字汇"中排列最先的 1300 字互相比较损益,最终制成包含 1320 字的"基本字表"①。两个字表既是科学统计方法在乡村民众教育中的运用,也体现着文学部成员对农村生活的理解与把握,为后续教材、读物的编辑奠定了坚实的基础。

有了"基本字表"与"通用字表"后,平教会便根据学校式教育的需要为平民学校编制课本。课本主要分以下几种:一是为初级平民学校编辑的《千字课》及《千字课自修用本》;二是为高级平民学校编辑的《农民高级文艺课本》,以两册为一部。这些课本是四大教育的文本载体,目的在于"使人人能略得四大教育的基础知识",因而需要涵括相当丰富的内容。但因受基本字数的限制,编制课本的过程十分困难,成员费尽苦心所做之课文,往往显得生疏、牵强,以致被读者误解,赵水澄就曾以笑联相告:"一身心血都用尽,千字文章做不通"②。为此,文学部与学校式教育部进行合作,课本先由平民文学部进行初步地编辑,然后交学校式教育部实际试用。学校式教育部在东和朱谷村、西平朱谷村以及高头村等地办有若干男子、女子初级实验平民学校与高级实验平校,专门研究课本是否适用以及其他教学实际问题。③根据试用后所得的反馈意见,文学部对课本进行再修订,反复试验后才正式印刷发行。

除对课本不断地进行修订、完善外,文学部成员也在吸收教育界的最新教育理念,对教材的教授方式方法进行研究、改进,颇具创见:

其一,利用"汉语拼音方案"进行识字教育。20 世纪 30 年代前中期,国内教育界掀起一股倡导中国文字拉丁化的热潮。受此启发,文学部骨干黎锦纾、

---

① 孙伏园:《定县的平民文学工作略说》,《艺风》第 1 卷第 9 期,1933 年 11 月,第 46 页。

② 一说为瞿菊农所写。

③ 杨开道:《定县的文艺教育》,《大公报》1934 年 6 月 7 日,第 11 版。

孙伏园等提出以"汉语拼音方案"进行识字教育的主张。其办法就是先让学生学会26个拼音字母，然后在汉字旁边加上注音符号，只要学生们掌握了字母及拼音方法就能把汉字的字音读出来。平教会先以小陈村作为试点村，在平民学校中运用"汉语拼音方案"。由于学习拼音字母只需两个星期，而且大多为成年人的平校学生生活经验较为丰富，只要能读出字音就能根据经验大致理解这个字的意义，普遍容易接受这种识字方法，实验结果颇为良好。为进一步推广注音识字，平教会还专门购入上海商务印书馆所制作的"注音字母铜模"，用于印刷平民学校课本及其他读物。注音识字的方法原本只用于小学校，在成年人识字教育中则是首次运用，可以说"在平民教育运动中算是一个根本性的改革"①。

其二，进行词语教学，创造"词类连书"的编辑方法。识别单字的困难在有了读音以后大大减少，但汉语中连字成词的现象较多，而且由字成词后意义往往天差地别，认识单字也读不懂词语。根据多年课本编辑及平民学校的教学经验，文学部尝试在课本与读物的编辑中采用"词类连书"的办法以解决识词的困难，即在排版的过程中将词与词、词与单字分开，例如"今天天气很冷"一句话，就写成"今天　天气　很冷"，有助于农民理解。同时也注重对词语教学的设计，并将对字的研究同样运用到对词的研究。先从平民口头表达里面找出一两万平民常用词，又通过主观选择挑出新民（平教会称受过平民教育之农民为"新民"）应用词数千，制定"平民常用词"与"新民必用词"两表。②前者为农民已了解者，后者为农民不了解者，在教学过程中重点讲授后者，以提高农民阅读水平，并计划编辑出版词典，以辅佐词表的教学。③

农民在平民学校受过一定训练，但毕业后不能升学也得不到运用所学的机会，往往处于"不进则退"的境地而又逐渐回到"依然故我"的文盲状态。④为

---

① 堵述初：《平民教育运动在定县》，见中国人民政治协商会议河北省委员会文史资料研究委员会编：《河北文史资料选辑》第11辑，石家庄：河北人民出版社1983年版，第26页。

② 孙伏园：《定县的平民文学工作略说》，《艺风》第1卷第9期，1933年11月，第47页。

③ 未见出版。晏阳初：《中华平民教育促进会定县实验工作报告》，见宋恩荣主编：《晏阳初全集》第1卷，长沙：湖南教育出版社1992年版，第317页。

④ 殷子固、王仲元：《定县同学会管理下的巡回文库》，《民间》第2卷第3期，1935年6月，第1页。

了避免这种"轮回式文盲"现象,文学部将编辑出版"平民读物"作为另一项重要工作,以使平校毕业生有可阅读的材料、习用文字的机会,在知识水平上能有不断的提高。

平民读物的内容相当丰富,有"平民百科全书"之称,基本都与四大教育相关,大多是科学常识,其次为文艺、剧本、法律、故事、卫生、农业知识等①,也关注社会现实,如为适应当时抗战需要,曾编辑10册本的《国难丛书》,目的就在于激发爱国精神,提高抗战信心。每种平民读物以二三千字为一册,用"通用字表"上的生字写成,印成64开本的小册子,以便于携带。最初的两种平民读物,一为《老王的故事》,内容叙说文盲的痛苦,二为《玉儿的痛苦》,内容写妇女缠足的毒害,都用小说题材写成。据平教会所工作报告可知,1934年底为止已自行编印实验本500种,1935—1936年又拟出版1000种,分为10集,每集均包含社会、自然、卫生、文艺各科,由商务印书馆印行,抗战前出版有数百种。②

由于内容包罗万象,涉及文学、农业、卫生等方方面面,仅靠文学部成员承担编写工作并不现实,不仅人力匮乏,而且知识储备也略显欠缺。在编写的过程中,又从其他各部如生计教育部等抽调相关人才,撰写平民读物的初稿。在编著稿件时,编者用字用词相对自由,并不以基本字或通用字为基准,直接交给农民阅读会产生很多困难。文学部为此确定了"试读"原则,即每个实验用本邀请平校毕业生进行试读,读者在阅读的过程中将其不懂或认为不妥当的地方进行反馈,由专人负责记录到附在书内的试读表上,以便进行修订。③据曾主持此项工作的堵述初回忆,试读人员每次约请一位平民学校毕业同学,有中年农民也有青年农民。由同学自选一册平民读物,从头读起,遇有问题随时提出,由堵述初作答,并分类登记在预先制作好的表格上。在试读中发现的其他问题如句子读不顺口等,也由记录员一一记入,以供参考。根据试读所得的反馈意见,文学部再进行修订,到最后读物内容基本采用白话文,并多假借二三人名,

---

① 《中华平民教育促进会出版平民读物》,《农民周刊》第7卷第14期,1932年1月,第10页。
② 《平教会定县实验区各部工作报告提要》,《民间》第3卷第16期,1936年12月,第21页。
③ 杨开道:《定县的文艺教育》,《大公报》1934年6月7日,第11版。

用对话的形式进行说明与解释。无论是编辑同人自撰，会内各部送稿或会外专家的投稿，编辑工作均以农民需要及初级平民学校毕业生能阅读为标准，尽量做到内容浅近、通俗易懂，创作真正适合农民需要的文学读物。①

《农民报》也是平教会为农民编印出版的一种报刊读物，可以说是近代以来专为农民创办的第一份报纸。1925年平教会首先成立乡村教育部，聘请曾为美国华工青年总会编辑《华工周报》的傅葆琛主持工作，随即着手编辑《农民识字课本》，并出版《农民报》。当时协助编辑书报的还有由胡适推荐的北京大学学生裴文中。后陆续加入冯锐、汤茂如、陈行可、陈筑山、李景汉、孙伏园、瞿菊农、熊佛西以及张世文等一批骨干。②

《农民报》最初发行时为4开版，设有新闻、简讯、短评、文艺以及其他栏目。1927年增设图画特刊，每期两大张，用本地毛头纸印刷。③在出版完第6卷后，1931年6月《农民报》短暂停刊，当年10月复刊后易名为《农民周刊》继续发行。到1932年时因转向发展《同学会周刊》④，而将《农民周刊》停刊一年。待1933年7月《同学会周刊》停刊后，《农民周刊》在吸收经验基础上又重新出版发行。《农民报》（周刊）的内容虽因形势的变化而侧重有所不同，但其宗旨始终未变，"本报是供给平民学校学生课外应读的刊物，又是已经受过平民教育的农民在工作余暇应当读的补充刊物……作品无论怎样，文字宜俗白浅短，情趣活泼，使农民可以了解，说理宜切近现代生活，使农民可以享用，才能符合本报实利的宗旨"⑤。

在最初四五年的平教工作中，平教会没有会报，《民间》之类的刊物更是无从谈及，而《农民报》则在一定程度上承担着平教会机关报的作用。1931年孙

---

① 孙伏园：《定县的平民文学工作略说》，《艺风》第1卷第9期，1933年11月，第54页。
② 傅葆琛：《我与平教会》，见中国人民政治协商会议河北省委员会文史资料研究委员会编：《河北文史资料选辑》第11辑，石家庄：河北人民出版社1983年版，第64页。
③ 定州市地方志编纂委员会编纂：《定州市地方志》，北京：中国城市出版社1998年版，第972页。
④ 在平教会大规模开展实验工作后，定县以村为单位的同学会数量迅速增加至200个以上，急需一个刊物以通声气，但由于《农民报》（《农民周刊》）并不十分适用，遂另创《同学会周刊》。该刊创刊于1932年5月，停刊于1933年7月，共出60期。
⑤ 孙伏园：《十余年来的农民报》，《民间》第2卷第22期，1936年3月，第3页。

伏园接手《农民报》编辑工作后,致力于对报纸内容进行调整,以使农民更好地接受报纸:在选字方面力求浅显,"编辑的时候,一大半工夫,花在找寻容易认得的字儿,容易懂得的句子。编辑部负责的四个人,甲作的文字,必请乙丙丁修正。乙丙丁也如此。没有一个人的文字,一写下便可以发表的"①。在编辑方式上先后采用汉字注音、单提生字、生字用举例等方式解决生字问题。到第7、8卷后,鉴于平民学校日益增多,农民教育程度及阅读能力有所增长,遂在实验并获得成功后完全采用注音分词的编辑方式。

值得一提的是,《农民周刊》还积极地动员农民参与报纸的内容创作、编辑发行工作。如在第7卷各期刊登启事鼓励农民进行撰稿、投稿,并刊登农民自己的稿件,"本刊旨在作成我国农民之机关报纸,凡我农民投稿,无不竭诚欢迎,如有识字不多,尚不能利用文字传达情意,而有投稿之热心者,倘离本刊发行地点不远,请向本刊编辑部直接口述,本刊同人可以代为笔录"②。更有意义的举措则是,在《农民周刊》第8卷重新刊印后,吸收并发展了旧《农民报》(周刊)和《同学会周刊》的特点,试用真正农民参加编辑发行的实验。报社吸收了一名成绩优秀、热心工作的22岁平校毕业生作为编辑,农忙时干农活,农闲则协助编辑发行事宜,也可谓记者兼农民。其职责为帮助选择社外农民的投稿,为社中同人撰述稿件斟酌字句,下乡催促各村同学会会员的稿件,下乡与同学会的文艺委员(同时为农民报社特派员)接洽推行《农民周刊》的事务,自己撰稿发表在农民报上。③农民编辑的出现颇具变革意味,体现着从拉近农民到农民自为的转变,如孙伏园所言:"参加编辑发行的参加,意义决不同于参加撰稿的参加,至少人数多寡的距离是决不能以道里计的。要旨在于社中撰稿的同人,虽处在农民社会中,自身绝对不是以农为业,必须有一二真正农民早夕相处,才能从行为思想的了解,影响及于文字的撰述。这位农民编辑的作品,一方可以作读者的模范,一方也可以作编者的模范,这就是现在农民报社里的事实了。"④

---

① 孙伏园:《十余年来的农民报》,《民间》第2卷第22期,1936年3月,第3页。
② 《启事》,《农民周刊》第7卷第1期,1931年10月,第8页。
③ 孙伏园:《十余年来的农民报》,《民间》第2卷第23期,1936年4月,第8页。
④ 孙伏园:《十余年来的农民报》,《民间》第2卷第22期,1936年3月,第7~8页。

此外，为使平校毕业生能够阅读优秀的文学作品，文学部成员将《红楼梦》、《水浒》、《三国演义》等古典名著以及当时流行的文学作品如沈从文的《边城》等缩写为《平民读物》若干册，并附上插图，以便于农民阅读。为辅助农民识字、阅读，陈筑山、黎锦纾、孙伏园、李劭青等人主持编辑了一部《平民百部字典》，采用"分别部居，以类相从"的部首检字法，取代旧的部首检字法。为了使字典使用者对于检出的字能读出正确的发音并获得解释，字典中每个单字下面都一律注音，每个单字的意义都加以简单明确的白话注释。书中字词共有3万多条，实际上兼具字典与词典的双重功能。①

平民文学的研究对象主要是当时流行于民间的诗歌、剧曲、故事、唱本等，分为采访、研究、删改、出版几个步骤。这些表现农村生活、农民心理的民间创作，大部分是口耳相传并无写定之本，于是先从采访入手。最早开始的定县秧歌采集工作由统计调查部负责，聘请能背诵定县百首秧歌中48首的秧歌老人刘洛更（一做刘洛便）背唱，由统计调查处成员进行记录，再辅以其他材料，最后编成50余万字的《定县秧歌选》。大鼓词也是定县家喻户晓的艺术形式，文学部采取约请老艺人如田三义口述唱词、派人去农村赶集赶庙会收集流行唱本等方式，以受农民欢迎、篇幅不长、没有出版者为选择标准，前后共采访大鼓词203段，61万余字，由堵述初等人负责记录。

采访工作结束后先进行编辑，把小段按原纪录一字不改全部整理出来，用石印方式印出数百册供研究之用，再从中选出一部分修改后编入平民读物。除秧歌、大鼓词外，在定县本地学者沈杰三、王九苳及各村庄小学教师的帮助下，文学部还搜集到歌谣200余则、歇后语300余则、谜语300余则、谚语600余则、故事笑话等100余则，共约7万字，修订后分别刊印。对于平民文学的研究、出版，不但可以保存若干民间文艺的精华，对其内容加以选订使其切合时代环境，实现"民间采来的文学依旧放还到民间去"，还可以借用旧的艺术形式填充新的四大教育内容，介绍给农民读唱，进而实现教育的功能，同时也为农民读物的编辑奠定了一定基础。

---

① 李劭青：《平民百部字典说略》，《民间》第2卷第3期，1935年10月，第12页。

与文字、文学相比,艺术教育强调的是一种直观的教育方式与内容,一方面充分应用直观与直感教育的原则,以图画、音乐或戏剧为四大教育制作适宜而有效率的工具,一方面实施艺术教育增进平民的欣赏力,使其能获得丰富而有趣味的生活。艺术教育分为图画、音乐、戏剧、无线电、摄影五种,其中以戏剧最为重要。戏剧教育由戏剧研究委员会负责,聘请当时著名的戏剧家熊佛西主持工作。熊佛西归国后在北平艺术学院戏剧系任职,因有感于城市戏剧不是人民生活的表现,也不符合人民生活的要求,转而致力于戏剧的"大众化"①。在工作中他与晏阳初偶遇并一拍而合,应邀到定县进行戏剧大众化的实验。

到定县后,先进行演剧的实验,一方面向农民介绍戏剧,另一方面通过观察农民对戏剧的反应确定戏剧编辑的方向。经过一年的演剧实验,熊佛西发现"农民不喜欢哲学的或诗意的对话,不喜欢谈大道理;他们所喜欢的是很有情态具体的有力量的故事的表演"②。如果把城市剧院中上演的萧伯纳等人的戏剧搬出来,不可能受到农民欢迎,因为农民不懂这些,更不会从中获得乐趣,他们更喜欢与自身生活相贴切的生动活泼的故事。因此,要使农民能够接受并欣赏戏剧,就必须创作新戏剧、改造旧戏剧。而这新戏剧应是现代的、切合时代及民众需要的,其内容必须是向上的,能唤起一般国民的精神;文字应力求简练;内容应力求复杂,加重心理描写与人格刻画;作者应深入民间,真正了解大众生活。③

为了创作符合这些标准的戏剧剧本,戏剧委员会的大部分成员如陈治策、杨村彬、鞏书田、贺守文、王家绥、刘珍瀛、张文彩、刘育斋以及童凤人、陈桂梅等长期居住在乡间,与农民同起居,"以白菜面条为唯一佳肴,吃不饱,睡不暖",物质条件艰苦但工作的精神极为振奋,被誉为"模范的剧人"④。在这些成员不断的努力中,创作、改编、改译的符合大众生活及乡村建设要求的新戏剧

---

① 熊佛西:《农村戏剧与农村教育》,《乡村建设》第4卷第26期,1935年5月,第9页。
② 熊佛西:《农村戏剧与农村教育》,《乡村建设》第4卷第26期,1935年5月,第10页。
③ 熊佛西:《对于民间文艺的一点意见》,《民间》第4卷第1期,1937年5月,第12页。
④ 陈豫源:《定县的农村话剧》,《民间》第2卷第18期,1936年1月,第12页。

不断问世,创作的有《卧薪尝胆》、《爱国商人》、《锄头健儿》、《屠户》、《过渡》、《龙王渠》,改编的有《喇叭》、《政大爷》,改译的有《哑妻》等。

有了剧本,还需要有合适的演员。平教会起初在北平招收有6名戏剧生(男4、女2),后则将重心放在选拔平校毕业生上。①起用平校毕业生参与演出戏剧,实现由农民自己演自己的故事,是使戏剧真正成为农民剧的关键环节。另外,在演剧地点、方式上也进行了大的变革,即从室内剧场转变为农村露天剧场(东不落岗村),从旧型的镜框式的舞台演剧转变为打破了幕线,台上台下打成一片、演员观众不分的最革新的演剧方式。这种变革被称为是"戏剧哲学的革新实践",不但是"平教会戏委会本身的成绩,简直是中国新兴的戏剧进化史上的一桩奇迹"②。在戏剧委员会创作的新剧中,《过渡》集中体现了在演员选择、演出方式上力求民众化的努力。

《过渡》的内容主要是围绕着某两村之间渡河的问题,农民与惯于剥削、勒索民众的胡绅士之间的冲突与抗争。许多有志的青年农民毅然追随一个大学毕业而到乡村服务的青年知识分子的领导,群策群力在大河上建筑一座大桥以取代渡船。这一事业遭到胡绅士的强烈抵制,除了公然驱逐外来的知识分子外,更鼓动船夫谋杀桥工。经过双方激烈的斗争,正义得以伸张,胡绅士被官厅拘捕听候法律的制裁,而渡船船夫也加入建桥队伍。在冲破重重阻碍后,桥梁建筑工作得以圆满完成。

该剧起用众多平校毕业生作为演员,并在露天剧场进行演出,一时引起轰动,用观演者的话来说,"虽是黑夜,但仿佛是市镇上的'集会'。儿童像在过年一般的彩烈高唱"③。此剧的寓意在于指出中国当前处于一种"过渡时代",而在这过渡时代里,无论是政治的、经济的抑或教育的社会建设工作,起初往往面临的是诸多阻挠,只有经过积极抗争才能走向成功。通过戏剧内容、演出方式等的民众化,向农民传达"团结合作,努力建设"的重大意义,在寓教于乐中

---

① 陈治策:《定县的农民戏剧工作》,《山东民众教育月刊》第4卷第8期,1933年10月,第75~76页。

② 陈豫源:《定县的农村话剧》,《民间》第2卷第18期,1936年1月,第7页。

③ 陈豫源:《定县的农村话剧》,《民间》第2卷第18期,1936年1月,第11页。

起到教育乡村民众的作用。

三大方式中的社会式教育由平校毕业同学会承担。同学会的活动具有文化和社会的双重目的，按四大教育分为四类，也涵括有文艺教育的职责，主要就是管理"巡回文库"（也即"图书担"），使平校毕业生随时有阅读书籍、习用文字的机会。巡回文库共有12个，式样统一，由杨木制成盒装，便于携运，以坚固、轻便、美观、适用、经济等为标准。文库内分四格，分别置放"读物"、"应用工具"两种。读物主要包括平教会出版的平民读物以及各书局出版的通俗读物。社会式教育部制定《文艺委员管理巡回文库办法》及《巡回文库巡回办法》各一份，由同学会视导员分发各同学会，将巡回办法详加说明与指导，然后文库开始巡回。每个同学会里仿照苏联的"列宁角"设一个小图书室安置巡回文库，名曰"平民角"。文库利用"自动"的原则，由同学会自行管理，巡回文库到村前先由视导员进行宣传，到村后由文艺委员按管理办法运作，由农民取阅、归还。① 此外，指导毕业生阅读《农民报》（周刊），办理《同学会周刊》，开展演讲会与书法展览会，组织戏剧和辩论俱乐部，为全村办无线电广播等也是同学会文艺教育的内容。

山东乡村建设研究院在邹平的民众教育工作以及其他建设事业均以乡农学校、乡学村学②为依托。梁漱溟认为当下中国社会最急需的是团体组织，"就是要往团体组织里去变；而求得团体组织之道，在中国是必须发挥伦理关系，发挥义务观念"③。在这种理念的引导下，他以吕氏乡约为模板，以乡、村为单

---

① 殷子固、王仲元：《定县同学会管理下的巡回文库》，《民间》第2卷第3期，1935年6月，第3页。

② 1933年以前邹平乡村建设实验区内的乡村组织为乡农学校。全县被划分为若干区，每区设中心乡农学校一所，普通乡农学校若干所。1932年时山东省教育厅以不合规程为由令乡农学校改称民众学校。1933年初邹平被划为山东县政建设第一实验县，原有区制重新划分，依照自然形式分为14乡，乡以下设336个行政村（自然村351个）。由于县行政区划已改为乡、村两级，作为乡村组织的乡农学校、民众学校也因之改组为村学、乡学，其中乡学相当于中心乡农学校，村学相当于普通乡农学校。见《邹平实验县区立乡学村学办法（民国二十二年）》，杨效春：《乡农教育论文集》，巢县：黄麓乡村师范1935年版，第123页。

③ 梁漱溟：《乡村建设大意》，见中国文化书院学术委员会编：《梁漱溟全集》第1卷，济南：山东人民出版社1989年版，第665页。

位建立起乡学、村学。简要地说,乡学村学既是学校,也是新的乡村组织,乡有多大,乡学就有多大,同样村有多大,村学就有多大,"村学是乡学的基础,乡学是村学的上层"①。乡学村学将各该区域之全社会民众为教育对象而实施教育,实现"大家齐心学好,向上求进步"的目标,也就是说一乡或一村的全体民众都是乡学或村学的教育对象。按身份特性的不同,全体民众被分为四类:学众——村中或乡中男女老少一切人等;学长——村中或乡中品德最尊的人;学董——村中或乡中有办事能力的人;教员(乡学有辅导员,由研究院毕业学生充任)——乡村运动者,这四类成员分别承担乡学村学的不同职能,使其成为一个完整的组织。

乡学村学并非空洞的组织,而有着丰富的事业内容,"一个组织必须能真的做事,真的干些什么。真能干些事情,才能促进大家的生活关系;大家的生活关系密切一点,组织也就充实一点;组织充实一点,则更能做事;更能做事,则组织更充实;如是辗转相成,组织即日臻完固。"②就梁漱溟的设计而言,村学乡学的工作范围分为甲、乙两项,甲项是学校式教育,酌设成人部、妇女部、儿童部等,施以其生活所必须的教育,改进乡村民众参加现代社会生活之能力。乙项是社会式教育,倡导乡村社会各项风俗的改良(如反缠足、早婚等),兴办所需要的各种社会建设事业(如合作社等),谋求农民文化水平的逐渐提高以及生活的逐渐改善。③因各乡、各村的情况不一,研究院对各村学、乡学的实际工作不做统一定制,仅要求因时因地灵活开展工作。针对成年、青年民众所开展的民众教育工作也由乡学村学教员循着"因时因地制宜"的原则自行安排,研究院仅规定所需开设的大致科目但不明定教材,如1931年时规定乡农学校高级部开设精神陶炼、党义、国学、史地、自卫、农业问题,普通部开设

---

① 梁漱溟:《乡村建设大意》,见中国文化书院学术委员会编:《梁漱溟全集》第1卷,济南:山东人民出版社1989年版,第665页。

② 梁漱溟:《村学乡学须知》,邹平:山东(邹平)乡村建设研究院出版股1935年版,第1页。

③ 梁漱溟:《乡村建设大意》,见中国文化书院学术委员会编:《梁漱溟全集》第1卷,济南:山东人民出版社1989年版,第672页。

精神陶炼、党义、识字、自卫、农业问题。①

这种灵活的安排固然可以给予教员充分的发挥空间,但也容易造成教员无所适从的现象。研究院学生并非是受过严格师范训练的教师,又没有统一的教材作为依据,下乡后往往面临着"教什么"的问题。能力稍强的尚可根据需要自编教材、设计课程,如第十二乡乡学教员不仅根据新闻消息、乡建活动编写所需教材,还采取教唱植树歌、农夫歌、放足歌、戒烟歌等教育形式,引发农民兴趣。②第七乡乡学教员在教学方面规定三项原则,培养学生团体组织以及自动学习的能力与习惯,并尽量根据社会需要选择教材。在课程方面也增加每周2小时的"合作"课程,讲解合作社的原理和办法,还改"国语"课程为"应用文"③。能力稍弱的往往将在研究院所学照本宣科,不考虑农民是否需要或能否接受,引起农民对乡学村学的不解与反感,如隶属第六乡学的位家庄村学教员陈康甫就曾深刻总结道:"成人部之设定,前已说过,为乡运工作中最重要而最必须之工作;但教材运用未能妥当,程度较高者未得满足,程度稍低者则势同嚼蜡,更益以自己无较好之教学技术,学者实乏求学兴趣……表面上虽似有师生相系,而事实上恰不是此回事。"④

为解决"教什么"的问题,山东乡村建设研究院中为数不多的教育家之一——杨效春承担起了领导教材编辑、教法设计的工作。杨效春就读于南京高等师范学校,师从陶行知,毕业后在晓庄从事乡村教育运动,致力于实践生活教育理论。1930年时,他与梁漱溟一起到邹平创办山东乡村建设研究院,任职于研究院、实验县政府。⑤作为研究院教师及乡学村学、村立学校教员的导师,杨效春将生活教育理论与乡村建设相结合,努力构建民众教育教材体系。

---

① 《山东乡村建设研究院邹平试验县区乡农学校暂行简则(民国二十年冬)》,《乡农教育论文集》,巢县:黄麓乡村师范1935年版,第122页。

② 卢资平:《忆邹平实验县第十二乡乡学》,见山东省政协文史资料委员会、邹平县政协文史资料委员会编:《梁漱溟与山东乡村建设》,济南:山东人民出版社1991年版,第214页。

③ 萧克木编校:《邹平的村学乡学》,邹平:乡村书店1936年版,第214页。

④ 陈康甫:《位家庄村学工作之自白》,《乡村建设》第4卷第29期,1935年6月,第9页。

⑤ 《中国教育大系历代教育名人志》编纂出版委员会:《中国教育大系历代教育名人志》,武汉:湖北教育出版社1994年版,第440页。

其一,普通教材的编写。作为陶行知的学生,杨效春深受"生活教育"理念的影响,在教材的编辑工作中也始终秉承这一理念。据陶行知自己的阐释,生活教育是生活所原有,生活所自营,生活所必需的教育(life education means an education of life by life and for life)。生活教育理论主张"生活即教育",认为传统教育局限于书本所载内容,与实际生活相脱离,所起到的作用极小,"没有生活做中心的教育是死教育。没有生活做中心的学校是死学校。没有生活做中心的书本是死书本。在死教育、死学校、死书本里鬼混的人是死人——先生是先死,学生是学死! 先死与学死所造成的国是死国,所造成的世界是死世界"①。要发挥教育的全部力量,必须将全部生活作为教育对象,也就是说"教育的根本意义是生活之变化。生活无时不变即生活无时不含有教育的意义。因此,我们可以说:'生活即教育。'到处是生活,即到处是教育;整个的社会是生活的场所,亦即教育之场所"②。而邹平的乡学村学实际上也致力于将生活与教育相融合,其以一乡一村的全体民众为教育对象,将与乡村生活相关的一切都视为教育的内容,由教员因时因地因人因事开展教育工作。两者均着力于从生活的角度设计教育内容,这种内在的一致性使"生活教育"理念得以在邹平实施,成为教材编辑的指导思想与理论依据。

基于生活教育理念及乡村建设理论,杨效春等人否定了当时普遍流行的《千字课》形式的民众教育教材,认为单靠识字入手运动不能引起农民的兴趣,更不能引发农民向上的热情,"识字不能作教育的目的,这是不必多费解释的。且识字与民众生活无多大关系,民众不感需要,所以我们就是用全幅精神去教他们,终不能引起民众愿学的兴味"③。要实现"培养乡农生活的力",乡农学校的课程必须"以当地农友生活的资料为资料,问题为问题。它也即以当地农友生活的方法为入手的方法。它是乡农生活的经验继续扩张,继续改造的历程。它是引导乡农继续适应生活环境,改造生活环境的历程"④。

---

① 《什么是生活教育》,见陶行知:《陶行知文集》,南京:江苏教育出版社2008年版,第11页。
② 《生活教育》,见陶行知:《陶行知文集》,南京:江苏教育出版社2008年版,第12页。
③ 张石方:《民众读本编造的研究》,《乡村建设》第2卷第30期,1933年5月,第7页。
④ 《乡农学校的课程编造》,见《乡农教育论文集》,巢县:黄麓乡村师范1935年版,第31页。

为此,杨效春、张石方等人以民众的心理与生活为依据,先后编成《识字明理》与《乡农的书》,作为乡学村学的普通教材推广使用。《识字明理》全书共60课,内容多取材于古史今事,以及"含有意义有价值能为社会共信共喻之理"作为材料,如"不当家不知柴米贵、不养儿不知父母恩"等哲言隐语。为减少学习困难,每篇课文长度在两三句左右,并大量利用"受人劝,吃饱饭;受人唆,卖了锅"、"有理走遍天下、无理寸步难行"等成语、习语,使文字简单浅明、容易被农民所接受。同时,课文内容还追求协韵,并附有生字注释,便于农民记忆、诵读。① 总之,《识字明理》符合"意思要深"、"字数要少"、"话要简明"、"话要押韵"等民众读物编辑标准,内容"注重民族精书(神)之启发,而灌输新智识于不知觉间",既可用作识字之用,也可以作"精神陶炼"课程的教本,还可作为诗歌诵读,可谓一书多用。②

《乡农的书》出版于1935年12月。全书共100课,以三字经形式编写而成,既有忠孝节义的内容,如"礼义廉耻"、"孝弟"、"息讼"、"乡约"等课,也有对文教卫生、合作社等建设事业的宣传,如"放足"、"戒早婚"、"种牛痘"、"合作社员"、"科学"等课。政策法规及实地常识也在其列,如"新生活运动歌"、"四大洋"、"七大洲"等课。课文内容长短不一,短则三五十字,长则百余字,大部分为相对简单的白话文,间有难度稍高的古诗词。③《乡农的书》既与乡村实际生活有密切关联,又符合推广乡村建设的需要,一经出版,就被列为乡学村学的教科书。在1935年后各乡学村学遍设的青年训练班中,更是要求《乡农的书》学员每人一本,必须能读能写能讲。④

其二,多种教材的选择与分配。乡农学校、乡学村学各部招收学众仅以年龄为标准,其中成年人部招收青、中年农民,在文化程度上往往存在差异,有高小毕业者,也有目不识丁者。学生程度不齐,因而无法使用一样的教材,《识

---

① 《书报介绍》,《乡村建设》第2卷第22、23期合刊,1933年,第43页。
② 张石方:《民众读本编造的研究》,《乡村建设》第2卷第30期,1933年,第9~10页。
③ 杨效春:《乡农的书·目次》,邹平:山东(邹平)乡村建设研究院出版股1935年版,第1~4页。
④ 石立年:《邹平实验县二十五年春成年教育的实施》,《乡村建设》第6卷第1期,1936年8月,第8页。

字明理》、《乡农的书》适用于初学的农民,而"上学多年,或高小已经毕业的人是不乐意再读这样的书文!"①自编教材虽可根据不同层次的需要来订制,但需要大量人力、物力与时间,一时无法大规模展开,需要从现有的材料中进行选择。从另一方面说,既以生活为教育,凡与农民生活相关的材料均可作为教材使用。

为此,杨效春等人还对各种文字出版物进行了精心筛选,从中挑选出深浅不同的、适合作为教材的材料,尽力满足不同程度学生对教材的需求。其中主要包括研究院所编的故事集、乡村建设资料,如《中华民族故事》(甲集杨效春编,乙集侯子温编)、《历史参考资料》(张虎鸣编)、《乡村故事集》(黄孝方)、《农村问题参考资料》(马资固)、《乡学村学须知》、《乡村建设论文集》等;各大书局及乡建团体、机关所编出版物,如《小学历史课本》(中华书局)、各种《平民读物》(定县平教会)等;易于获得的报纸期刊也可作为教材,如天津《大公报》,山东《民国日报》、《邹平实验县公报》、《邹平周报》、《乡村建设》期刊等。②

以上这些教材按成人部学生文化程度进行划级分配:甲级(初学者):细读《乡农的书》,每日一则;乙级(程度稍高或天资聪颖):可快读《乡农的书》,每日两则或三则;丙级:快读《乡农的书》每天五到十则,兼授日用书牍、诗歌及日记为补充读物;丁级:快读丙级所用读物外,主要兼用研究院所编的读物如《中华民族故事》、《乡村故事集》,公开出版物如《平民读物》等,用自学辅导法;戊级:快读丁级所用读物外,兼用乡村建设资料如《农村问题参考资料》、《乡学村学须知》、《乡村建设论文集》等,用自学辅导法。如有余力还可在教员辅导下阅读《乡村建设》期刊、各集《乡村建设实验》、实验县各种计划和报告书等。③

除自编、拣择教材并进行分配外,杨效春还指出乡学村学教员要随时留心农民可用的教材,"图书万万卷,事物万万种,随处都是人生教育有用的教

---

① 杨效春:《写给乡村工作的朋友》,巢县:黄麓乡村师范1935年版,第82页。
② 杨效春:《写给乡村工作的朋友》,巢县:黄麓乡村师范1935年版,第82~83、131~132页。
③ 杨效春:《写给乡村工作的朋友》,巢县:黄麓乡村师范1935年版,第82~83页。

材",并强调教员要活用教材,要引导乡农活用书、用活书、用书活,而不是训练他们死读书、读死书、读书死,"我们要以'人'教人,不要单单以'话'教人,更不要单单以'书'教人!"①

乡村民众教育范围广泛,又没有一定的标准与模式,但"其成败利钝又与乡村建设之推行,影响至为密切"②。杨效春等通过对教材的编写、选择与分配,基本建构起了山东乡村建设研究院民众教育教材体系的雏形,内容丰富且针对性强,既照顾到了农村、农民的需求与兴趣,又借鉴了当时先进的教育理念,教材的分配层次也较为合理,有利于农民接受。1935年至1936年时实验县政府为推广、规范乡学村学的民众教育工作,通令全县各乡学村学遍设青年训练班,而训练班的教学也基本沿袭了以上的教材内容,如规定各教育单位均应采用《乡农的书》、《识字明理》、《村学乡学须知》、《大公报》、《民国日报》以及小学各科教科书、县公报、县政府各种政令,乡村常用契约、柬帖等适宜读物,而课程应包括国语(识字教育、应用文等)、常识(自然科学、农业改良及一切日常生活指导)、军事训练、公民(村学乡学须知、时事报告、社会问题讨论、精神陶炼)等。③

1936年时实验县政府又成立成年教育教材编辑委员会,由研究院及县政府成员组成,新编辑出版了一些教材,如时济云的《乡村礼俗》,秦亦文的《合作浅说》,吴顾毓的《户籍及人事登记》,于鲁溪、乔礼卿编的《农业常识》,李守文的《应用文》等。④这是对杨效春等所做教材工作的拓展与完善,而研究院民众教育教材体系也由此最终得以形成,为民众教育工作的开展奠定了基础。

---

① 杨效春:《写给乡村工作的朋友》,巢县:黄麓乡村师范1935年版,第84页。
② 杨效春:《乡农教育服务指导大纲》,《乡村建设》第2卷第21期,1933年2月,第4页。
③ 萧克木编校:《邹平的村学乡学》,邹平:乡村书店1936年版,第172~173页。
④ 石立年:《邹平实验县二十五年春成年教育的实施》,《乡村建设》第6卷第1期,1936年8月,第2~3页。

第三节 复兴农业经济

要复兴农村,实现农业经济的进步是为关键一环。受是时社会环境及认知程度的影响,许多乡建工作者将农村经济衰退的症结归于"社会的"与"技术的"两方面原因,即经济组织的缺失使农村经济难以应对经济局势的不断恶化,农业技术也远远落后于时代标准导致农户家庭产出无法维持生计。两种因素互相勾连,互为因果,要谋农村经济的进步必须双管齐下,"单纯的社会组织之改良,只解决了问题的一侧面,单纯的技术之改进,也只解决了问题的另一侧面"①。邹平、定县等乡建区的经济建设就从两方面入手,不仅致力于改良传统农业技术,还通过建立合作社等现代经济组织推动农业经济的振兴与发展。下试分述之:

一、农业技术的改良与推广

在邹平,农业技术的改良与推广主要由山东乡村建设研究院下设的农场负责。1931年6月时农场与研究院同时开办,目的在于"一面为研究院训练部

---

① 秦亦文、尹树生:《利用合作经营要论自序》,《乡村建设》第6卷第16期,1937年5月,第1页。

研究教学之助,一面负实验区农业改良推广之责"①。农场开办之初,规模较小,由于鲁溪任主任,下有技术员2人、事务员1人,后陆续增添技术员与练习生。这些工作人员多由研究院历届结业同学如李元贞、郭宗邦、刘宇、陈义心等充任,有利于和衷共济,共同推进事业发展。

就一般农业技术改良流程而言,多由调查入手,再到研究、实验,最后进行推广。但由于在人才、经费、时间上"均感缺乏",农场同人灵活制定工作方针,决定先推广,再进行研究、实验,即"先行输入外方可供推广之农业材料,经本场一度试验,考其成效显著有推广之价值者,即以表证方法推广农民、合作组织谋其出路。推广发生问题或有供给新推广材料之必要时,再选择其重要者而从事于研究实验"②。

推广工作之初,农场先派员分赴各乡进行调查访问工作,藉以明了各种作物之分布状况、农家副业之经营情形等。据调查所得,按风土人情及实际需要,划定邹平北部第六、七、八、九、十、十一、十二、十三乡为棉业改进区,从事推广改良脱字美棉;划定南部第一、二、三、四、五乡为造林、养蜂、果木及蚕业改进区,从事改良品种之推广。除特定改良作物的推广外,农场还在全县范围推广波支猪、克行鸡等品种,由推广员负责指导,并不定期派技术员下乡视察饲养情形,为农场内的试验提供参考材料。

为打消农民守旧心理,避免强行推广而引起反感,农业技术的推广主要依靠乡学村学的教员进行。教员先通过与农民的日常接触培养感情与信任,继而对其进行宣传与引导,"施以精神陶炼,使有向上学好求进步之要求;再指点共同问题所在,进而研讨改进方法,即自然追寻至新种子新方法之采用方面矣"③。经过一定时间后,从学众中挑选成绩较好者作为表证农家,由农场提供良种、技术,供其采纳施行。通过表证工作,以看得见摸得着的事实消除农

---

① 山东乡村建设研究院编印:《山东乡村建设研究院及邹平实验区概况》,邹平:山东乡村建设研究院出版股1936年版,第42页。

② 于鲁溪:《山东乡村建设研究院农场四年来工作之回顾》,《乡村建设》第5卷第4期,1935年9月,第2页。

③ 于鲁溪:《山东乡村建设研究院农场四年来工作之回顾》,《乡村建设》第5卷第4期,1935年9月,第3页。

民保守、猜疑心理,促其采用农业新技术与方法,进而收到推广之效。

各种良种推广工作中以美棉推广最有成绩。经过1931年冬研究院学生宣讲邹平棉业改良之必要及种植美棉的好处后,1932年春季划定孙家店及附近村庄为推广区。每区选择乡农学校学生中成绩优良、家境殷实者作为棉花表证农家,贷给优良种子,收获后除照原领数目归还本场外,其余均作价推广于附近各村。期间由农场派员指导,并制定有详细的指导计划:分发棉种后即宣传植棉方法,并指导粒选棉种法。播种时,巡行田间,实地指导。五月调查各户出苗情形,指导补种及匀苗手续。六七月间,指导除草中耕及施用新农具,与驱除病虫害法,并施行去伪去劣之手续。八月指导打尖,整枝,及选种拾花等手续,并调查棉作生育状况,估计产量,同时宣传运销合作之利益。九十月指导留种,合作轧花,并棉业贷金之通融。十一月指导合作轧花,保留纯种,并介绍纯良花衣之出售,同时调查各户确实产量。十二月将各户栽培状况,详查填表,比较研究其成绩。① 经过农场一年的推广,美棉种子数量大幅增加,种植范围也由近及远迅速扩展,1931年时推广面积仅为874.2亩,1933年增至23 266亩,到1934年则增至41 283亩。

与此同时,研究工作也稳步推进,主要集中于猪种改良、鸡种改良、乳牛之饲养及利用、乳羊之繁殖及取乳、蜂群之繁殖及采蜜、家畜防疫、兽疫细菌之校验、病理标本之制造及各种疾病之治疗等,此外还有蚕种制造及品种比较之研究、蚕病防除法之研究、棉花等作物纯系育种试验、园艺、农产如酱油之制造、水利及农具改良等。

在定县,农业技术改良主要由平教会生计教育部负责。在冯锐、姚石菴等人的主持下,生计教育部将农业技术研究的重点放在农艺学和家畜饲养与管理上,重点改良棉花与猪种,还尝试与定县之外的研究机构合作改良稻种等作物。② 经过不断地研究实验,定县农场先后培育出"114号棉"、"平教棉"、"72号白麦"、"38号红麦"等优良作物品种,围绕波支猪展开的猪种改良也收到较

---

① 于鲁溪、乔礼卿:《本院农场二十一年棉业推广报告》,《乡村建设》第2卷第24、25期合刊,1933年4月,第8页。

② 《生计部与稻麦(改)进所合作》,《民间》第4卷第1期,1937年5月,第21页。

好成效。这些研究成果的推广工作则主要由表证农家进行承担。

表证农家是定县表证制度在经济建设方面的贯彻与应用。其产生要经过层层选拔：首先必须是平民学校毕业生且成绩优良，或有同等文化程度，年龄18岁以上45岁以下，家境殷实，同时有领导能力和服务热忱的青年。平校毕业后还需要经过生计巡回学校一年的训练，表现优秀者方有资格成为表证农家。表证农家有着相应的权利与义务，作用主要体现在三个方面："一是为试验场证明他们的试验结果，作表证试验工作；二是把试验场的东西，表证给普通农民看，使他们了解试验场的工作，接受试验场的精神和方法；三是领导普通农民，全体动员，作农业改进的工作。"① 因此可以说，表证农家是推动定县农村经济建设的中心，"在生计教育行政指导之下，靠着他们做车轨，把农村经济建设各项设计运输到民间去"②。据统计，到1936年冬时定县已有表证农家300多户，并建立有"表证农家区分会"、"县表证农家"等联合组织以互通声气、群策群力。

这些表证农家不仅负责将其在平教会领导下所获得的知识与技能、表证经验及结果传授给一般农民，使农民了解选种与栽培、饲养管理、家畜瘟疫防治等知识，由于本身也具有一定的农业技术改良能力，培育出不少优良品种，如定县牛村表证农家刘玉田所培育出的小麦混种就引发了当时学界的关注与好评，被定为"定县刘玉田号"而大力推广。此外还有牛村吴雨农的鸡种改良工作、水磨屯李士秀的谷子选种、东里元孙育德的棉花选种，"无不成绩斐然"③，均在不同程度上促进着农村经济的振兴。

举办农品展览会也是研究院与平教会推广农种改良的重要方式。研究院农场为奖励农业改良，同时调查农家现有农品种子及耕种方法之优劣，以便从事进一步改良工作，遂决定举行农品展览会，征集农家各项农产品并陈设农场各项农品表证材料，使农民互相比较观摩，引发采用新品种及种植方法

---

① 张子华：《表证农家与农业改进》，《民间》第1卷第19期，转引自郑大华：《民国乡村建设运动》，北京：社会科学文献出版社2000年版，第223页。

② 姚石菴：《农民生计训练与农业推广》，《民间》第2卷第7期，1935年8月，第3页。

③ 樊宝勤：《定县三百表证农家中的一个实例》，《民间》第3卷第10期，1936年9月，第10页。

的兴趣。农品展览会前后举行了三届,1931年末时举办第一届,农产征集范围仅限于邹平一县,征得各种农产品2800余种,但外县自动参加者亦不少。第二届将范围扩大为旧济南道属27县,有农产品6000余种参加展览。经过品评优劣,两届展览会对具有可供改良或有推广价值者发给奖品,以资鼓励。每次参观者均在四五万人以上。第三届仅将农场产品陈列展览,而参观者人数不减。

农品展览会的大部分运作工作,从会前的农产品征集到会中的秩序维持、展品说明,再到展后的颁奖等事宜基本由研究院师生负责。农产品的征集一方面由实验县政府发出征集通告,由各区里乡镇长等根据各地情况进行选报,同时研究院也令在各县服务的学生征集农产品。第二届农品展览会在正副主席之下,设总务、征集、秩序指导、说明、宣传等股,每股下分若干组,从各股正副主任、干事到普通工作人员如秩序指导员、统计员、讲演员、各种展览室说明员等也由研究院教职员及学生在统筹分组后充任①,保障农品展览会的顺利进行。

此外,农场还利用邹平集市发达的特点,组织研究院下乡实习学生在就近的集市举行讲演,向农民教授农业改良的新知识,并依据各种推广设计,派遣场内各组职员携带图表、实物等材料下乡进行宣传。

二、建立合作社等新型农村经济组织

合作主义思潮自民元尤其是五四运动后在国内得以传播,使农村合作事业进入国人视野。1919年孙中山在论办理地方自治事项时,就将农业合作列为其中一项,"此后之要事,为地方自治团体所应办者,则农业合作、工业合作、交易合作、银行合作、保险合作等事"②。此后随着农村问题的日益严重,发展农业合作问题得到越来越多的关注,甚至视为农村能否进步的关键,"我们希望国内谈'村治'的朋友,不要'开倒车',梦想'唐虞郅治'。最重要还是追赶

---

① 于鲁溪:《山东乡村建设研究院第二届农品展览会筹备的经过》,《乡村建设》第2卷第10~14期合刊,1932年12月,第5~8页。

② 孙文:《地方自治开始实行法》,《建设》第2卷第2号,1920年3月,第5页。

现代世界的潮流,实行'村治',先从合作事业入手……只有靠着合作的力量,先谋农民生活的改善,继进一步,谋农村的工业化,电气化,这才是中国进化的平坦大路"①。

乡村建设运动兴起后,具备潜在动员效能的合作社类组织也得到乡建领袖们的重视,如梁漱溟认为合作的精神与乡村建设有着内在一致性,"中国经济建设的下手处就是组织农民。因其事总无外一面促进生产,一面统制消费,以求经济上之自立与自卫;而无论你进行那一个问题,都自然要找到他身上。——生产靠他生产;消费靠他消费。此时既以他为中国经济问题的主人翁而言组织,那自莫善于合作主义的经济组织了。所以我看中国果然要进行经济建设,头一着就当有计划地大规模普遍推行合作于全国乡村,要于短期内将农民纳于合作组织中"②。章元善也认为合作社对于濒临破产的农村社会来说极为重要,不仅可以借其完成合作事业,而且凡是教育、卫生、农业改良、土地利用等新兴事业几乎都可通过合作社来倡导进行,"整个的农村运动,虽说不能希望合作社可以完全担负起来,——况且就他性质来说,合作社亦不负这个重大使命,——但是他至少可以引动改善农村生活各方面的事业,发生他的组织力量"③。在这种认识基础上,各乡建区工作者或主持合作事业,或担负指导、监督之责,努力促进合作事业的发展,实现农村经济的进步。

邹平合作社的建立源于大范围农业推广对农民组织的需求。农业推广在小范围进行时,由农场进行指导并不困难,但大范围推广后,农场人力物力便不敷使用。有鉴于此,研究院将农业技术的推广与合作组织"联成一气",即领受研究院种子并接受指导的表证农家须加入合作社成为社员,而普通农户加入合作社后才可领取改良种子成为表证农家。这实际上是一种指导员—合作社社长—社员的层级系统,既可减少推广员的重复劳动,而普通社员对推广工作有怀疑之处时,也可由社长随时随地进行说明,有利于减少阻碍、提高推广效率。

---

① 龙大均:《法兰西合作运动之现势》,《东方杂志》第28卷第22号,1931年11月,第36页。
② 梁漱溟:《中国之经济建设(续)》,《乡村建设》第6卷第16期,1937年5月,第24页。
③ 章元善:《合作运动之现状及其与乡村建设之关系》,《大公报》1934年11月22日,第11版。

1931年冬时研究院师生全体下乡开办乡农学校,并践行院务会议之决议:"乡农学校所讲农业问题,须就各区情形择其重要者一二种,特加提倡,俾各得发挥其所长,以符乡校教养合一之本旨。"①通过调查各地农业经济情形后提出的发展思路,如第七区的土布等"实有急行提倡改良倡导合作之必要"②,为合作社的成立及业务明定了方向。随后实验区依托乡农学校组织起6种合作社,即梁邹美棉运销合作社、蚕业合作社、林业合作社、机织合作社、庄仓合作社、信用合作社。其中除庄仓、信用合作社因需要统筹管理而由县政府负责外,地方性的合作社由研究院农场工作人员负责指导或主持,或组织人力、物力协助推行。

在各种合作社中,梁邹美棉运销合作社的地位相对重要。随着美棉种植面积的不断扩大与产量的提高,研究院注意到如不解决棉花销路问题,推广则属无稽之谈,但若偏重运销合作社组织而忽视品种改良,也会大大降低经济效益,遂决定组织梁邹美棉运销合作社,将棉业推广与棉花运销合作统一并行,以收到更好的推广效果。经过相当时期的宣传、倡议后,1932年9月研究院决议成立梁邹美棉运销合作社,先在各村成立分社,俟后成立总社。

合作社成立之初,由研究院干部于鲁溪、漆方如、乔政安及第一届乡村服务训练部毕业学生时孟五、石舜峰、李善德、陈晓峰、杨继统等任各分社指导员。③在社务方面,研究院派出指导员负责指导梁邹美棉运销合作社轧花、收花事宜,协助各村组织美棉运销合作社及改选旧社职员等事宜。④社务之外,研究院还帮助农民推销美棉、整肃市场,如1933年底研究院致函华商纱厂联合会,请其评定所寄送的花样,随后接到联合会回信,"内云所寄花样,极为纯

---

① 于鲁溪:《邹平试验县区第一二三区蚕业之改进》,《乡村建设》第2卷第22、23期合刊,1933年3月,第18页。

② 张履德:《邹平第七区信义机织无限合作社一周年报告》,《乡村建设》第2卷第22、23期合刊,1933年3月,第32页。

③ 乔政安:《梁邹美棉运销合作社概况报告》,《乡村建设》第2卷第19、20期合刊,1933年2月,第5页。

④ 《研究院农场工作报告(二十四年三月份)》,《乡村建设》第5卷第2期,1935年8月,第6页。

洁,将来允为大批承购,运销即可解决矣"①。是时,邹平各乡镇轧花户与棉商为侥幸牟利,常有向花衣中掺水掺伪等恶举,导致市场上棉价贬低,纱厂、棉农多受其害,棉业改良成效也因之大打折扣。为消除这些破坏市场秩序的行为,研究院在推广区内大力对于轧花户及棉商宣传掺水作伪的流弊,并指导其组织公会共同设法取缔,进而增高市场声誉、促进棉花销售。

蚕业合作社、林业合作社、机织合作社、信用合作社的成立时间虽前后不同,但组建过程大同小异。起初进行良种推广,后由研究院训练部同学分赴各乡村进行有关合作事业的宣传、教育活动②,待工作取得成效,农民对于品种改良、合作组织有一定程度的理解与支持后,由农场派出指导员或训练部学生下乡引导农民自行成立合作社。③合作社成立后,仍由研究院负责指导社务。

合作社对于振兴农村经济、改善农民生活虽有着重要意义,但如果盲目组织缺乏合作知识的农民潦草成立合作社,不仅无益反而有害于合作事业的前途。研究院考虑到农民参与合作的动机大多处于利诱,而对于合作之意义、团体之组织以及办事手续、记账方法等往往一知半解,使合作社业务的进行遭遇重重阻碍,决定举办各种合作讲习会向民众讲授合作意义,扩大合作社的受众人数。到 1935 年时,农场已办有美棉运销合作社讲习会 4 期,蚕业合作讲习会 1 期,均系利用春季农暇时期举办,请于鲁溪、任济民、梁漱溟、茹春蒲、徐树人、时济云等研究院教职员担任授课。④邹平实验县合作指导委员会也特设合作函授班,令现任乡学村学及村立小学之教员一律加入,其他非现任教员而有志于从事合作事业者,只要是高小以上毕业或具有同等文化程度者均

---

① 《本院帮助农民推销美棉》,《乡村建设》第 3 卷第 14、15 期合刊,1933 年 12 月,第 38 页。

② 张履德:《邹平第七区信义机织无限合作社一周年报告》,《乡村建设》第 2 卷第 22、23 期合刊,1933 年 3 月,第 32 页。

③ 陈道传:《邹平农村金融流通处廿三年度报告》,《乡村建设》第 4 卷第 30 期,1935 年 6 月,第 4 页。

④ 《梁邹美棉运销合作社第三届概况报告》,《乡村建设》第 4 卷第 19~21 期合刊,1935 年 3 月,第 17~19 页。

可报考参加,先后报名者达 280 余人。①为使农民能够认识合作组织,各乡农学校教员在研究院的指导下增设合作课程,对一般学员进行训练,使其成为合作组织的基本人才。此外,研究院师生还抓住召集乡民大会、乡长训练班及各村小学教师训练班等机会教授合作意义、知识与技能,奠定开展合作事业的基础。此类讲习会、函授班、合作课程虽存在时间短、程度浅等问题,但对处于萌芽阶段的乡村合作事业来说,其所具备的培养训练基础人才、开创风气的作用不容忽视,有助于邹平合作事业的长足发展。

定县平教会农村经济建设工作的思路被表述为:"要以改造人民生活的教育力量,由农民生计训练完成经济组织,而达到农村经济建设"②。对农民进行生计训练、培养表证农家,一方面是为了解决农业知识与技术的滞后问题,一方面也是为更进一步地建立起新经济组织打下基础。在初步的生计训练完成以后,则借用合作社以组织农民,进而更好地开展生计训练,"生计训练为合作社之先锋,在组织上,合作社又为生计训练之基本;同时在经济活动中,二者复有组织与内容相依为命之关系。两者相互作用,不能偏废"③。随着生计训练的不断扩大及深化,表证农家及平校毕业生数量的不断增多,平教会将合作事业的筹办也摆上日程。

1933 年春,平教会开始研究设计农村合作。不久后,河北省县政建设研究院成立,两者遂协调合作,共同推进合作事业。生计教育部主任姚石菴等依据实验原则创立了以县为单位的合作组织体系,即县设县合作社,村设村合作社,并建立负责联络、沟通上下级组织的区办事处。县合作社分为信用、购买、生产、运销 4 种,各社联合成为全县合作社联合社。④这一制度设计成为定县推广合作事业的理论依据与步骤规划。但为使推进不致发生困难,平教会决定以平校毕业生为核心,先在各村成立自助社,并进行有关合作的普通训练,

---

① 《合作函授班成立》,《民间》第 2 卷第 13 期,1935 年 11 月,第 23~24 页;《合作函授班办法》,李蕭编:《山东邹平实验县实验规程汇编》,乡平问题研究社 1936 年版,第 16~19 页。

② 姚石菴:《农民生计训练与农业推广》,《民间》第 2 卷第 7 期,1935 年 8 月,第 1 页。

③ 姚石菴:《县单位农村合作经济组织》,《民间》第 2 卷第 16 期,1935 年 12 月,第 1~2 页。

④ 姚石菴:《县单位农村合作经济组织》,《民间》第 2 卷第 16 期,1935 年 12 月,第 2~3 页。

使村民了解合作意义。待自助社有一定基础后，选择其中成绩较为突出者进行下一步的专门训练，然后转为合作社。1934年开始正式推广合作社，除将自助社改组外，又增加许多合作社，基本遍及全县较大的村庄。到1935年时，不仅合作社数量继续增长，县区联合会社组织也相继完成，定县合作事业体系粗具雏形。①据1935年底的统计，定县共有村合作社78个，其中兼营购买者69个、兼营运销者35个、兼营生产者10个，社员数2814人。②

定县合作社的迅速发展主要得益于有大量平校毕业生及表证农家为襄助。这些经过生计训练的农民学生，对于合作之意义、组织经营等有所了解与认识，又部分为村中具备一定号召力的精英人物，可以训练、动员其他农民加入合作社，同时也容易接受平教会的继续指导，"此等中坚分子与生计导师一经发生师生关系，指导督促，容易接受，训练实施，便于运用"③。以平校毕业生为合作社核心社员的做法，有力地降低了合作事业的推行阻力，进而使事业收到显著成果。如蒋廷黻之观察："在定县，平教会近年来才提倡合作，但是因为各村都有不少的《千字课》毕业生及他们所组织的同学会，平教会的推行合作比别处就容易多了。据专家（南开大学经济学院何廉院长）的观察，定县合作社的成绩已经超过别处的合作社。"④

除以平校学生作为核心动力外，合作指导依然不可或缺。合作社本应完全是地方本位的，但平教会以为合作事业尚处于提倡与实验的过程，一旦因经营不善导致失败，不但徒劳无功，反而会结怨于民。为慎重起见，平教会遂决定与河北省县政建设研究院共同组织合作指导委员会，并将定县划为南、北、中三区，先后由米支山、李惠枕、李清芬、侯叙典、李维中等任指导员，分区指导农民有关合作事宜，指导目标有五项：1.培养人民合作意识，使人民明了"人人为我、我为人人"之真切合作意义，以求合作事业信仰之主义化；2.增进人民

---

① 王达三：《定县之合作事业》，《乡村建设》第6卷第5期，1936年10月，第1页。

② 河北省县政建设研究院：《河北省县政建设研究院工作概况》，1936年，第43~44页，转引自李伟中：《20世纪30年代县政建设实验研究》，北京：人民出版社2009年版，第163页。

③ 王达三：《定县合作事业之基础》，《乡村建设》第6卷第11、12期合刊，1937年3月，第11页。

④ 蒋廷黻：《平教会的实在贡献》，《大公报》1934年5月13日，第2版。

合作观念,以期合作事业推广之普遍化;3.辅助人民成立各种合作社,并使其明了各种合作社之特殊意义与作用,以求合作事业发展之系统化;4.指导人民成立各种合作社,使农民洞悉合作组织之机构,以使合作事业组织之合理化;5.教育人民管理合作社之必要智识与技能,使农民能够自行办理并达到合作事业经营的科学化。①此外,平教会还通过设立定期巡回训练、发行刊物等方式,提高社员的教育程度。

通过各级工作者的不懈努力,不仅乡建区的合作事业如美棉合作社等得到迅速发展②,农民的合作意识也有相当程度的提高,如在定县,除信用、购买等合作社外,因社会需要及农民的自动要求,还成立起了织布、柳条编织等合作社,"形形色色,不一而足,由此可知合作事业已引起一般农民之注意矣"③。一定程度上实现了现代经济组织在农村社会的初步建构。

---

① 王达三:《定县之合作事业》,《乡村建设》第 6 卷第 5 期,1936 年 10 月,第 3 页。
② 《梁邹美棉运销合作社第二届概况报告》,《乡村建设》第 3 卷第 20~23 期合刊,1936 年 4 月,第 2~4 页。
③ 《农民合作社的形形色色》,《民间》第 2 卷第 2 期,1935 年 5 月,第 23 页。

第四节 推广医疗卫生

医疗卫生事业的进步与经济发展程度密切相关,而近代以来农村经济衰落不振,农民生计问题尚且不保,医疗卫生保障更是无从谈起。据 1928 年对定县东亭 62 个村的调查显示,该区内共有 90 个医生,平均每 116 家有 1 个医生,62 个村内有 20 个村子没有医生,一村有 1 个医生者计 17 村,有 2 个医生者计 13 村,有 3 个医生者计 6 村,有 4 个医生者计 2 村,有 5 个医生者计 3 村,有 6 个医生者计 1 村,平均每村有 1.5 个医生。在这些仅有的医生中,大多数也根本算不上专业的医生,仅将行医作为附带的事业。① 农民一旦染病,病情稍轻且家境尚好者可求医问药,至于家处较为偏远农村或家境贫寒者就只能利用功效并不确定的民间偏方。病重者就只能听天由命,或求助于迷信手段解除病痛,譬如请神汉、巫婆驱赶病魔,到寺庙求神拜佛等,很少能够获得有效治疗。然而农民大众是乡村建设运动的根本动力,没有良好的健康状况必然影响运动的开展,更何况民众健康还关乎民族国家的兴衰,"人民健康问题,是一切建设事业的原动力,欲其民族复兴,必先使其原动力坚实,欲其国家富强,必先使其人民健壮,有了健康的人民,始能发挥其伟力,复兴其国家,

---

① 李景汉编:《定县社会概况调查》,定县:中华平民教育促进会 1933 年版,第 294~295 页。

发扬其民族"①。因此，发展农村医疗卫生事业、提升农民健康水平，既是乡村建设运动的应有之义，也是运动得以成功的保障。医疗卫生的推广在各乡建区均有不同程度的展开，其中以定县的成绩最为突出。

要适应近代农村特殊的地理环境与社会环境，医疗卫生的推广必须有一套相对完备的运作体制方能统筹进行，收到预期成效。平教会所推行的卫生教育的目标正是通过构建系统的保健制度，以有计划的步骤，将现代医药卫生事业普及农村社会，求得解决大多数民众"弱"的问题的解决方案。但农村卫生保健制度在近代中国是前所未有的，没有任何可借鉴、模仿的先例，平教会也是在摸索中前进，如主持此项工作的陈志潜所言："我还没有什么可能会是切合实际的，什么是不切合实际的概念。我们的观念是在前进中逐渐形成的。"②

1932年时，归国的医学专家陈志潜应邀赶赴定县，接替姚寻源主持平教会的卫生教育工作。为妥善筹划工作方针，平教会卫生部先着手关于乡村卫生状况的基本调查。通过调查所得与工作经验，陈志潜等人意识到要构建合乎农村需要的保健制度，必须解决几个问题：其一，地理上的可行性。县的区域过大而农民居住分散，如何扩大医疗卫生工作的覆盖范围。其二，经济上的可行性。近代以来农村经济每况愈下，无力负担正规医生与护士的高昂费用，实施农村卫生建设必须遵循"少用人"、"少用钱"、"多做事"的原则，"'两少一多'政策，为今日农村事业之成功秘诀；真有顺之者兴，违之者废之趋势，以往之失败，可为殷鉴"③。其三，人员上的可行性。城市中培养出的医生与护士生活程度较高，且大多不愿入乡村服务，即便下乡，训练亦欠充分，不切实用。④为解决上述问题，陈志潜以精确的成本核算设计出三级卫生保健制度，即按照县、区（镇）、村三级行政单位划分，分别设立县保健院、保健所和村卫生保健员，以受过适当卫生训练的平校学生为骨干，并通过各级组织的日常工作

---

① 侯子明：《我国乡村卫生成功之途径》，《大公报》1934年5月8日，第11版。
② 陈志潜：《中国农村的医学——我的回忆》，成都：四川人民出版社1998年版，第86页。
③ 侯子明：《最经济的乡村卫生医药组织》，《大公报》1934年8月28日，第11版。
④ 陈志潜：《乡村卫生的基本困难及其补救方法》，《民间》第2卷第4期，1935年6月，第1~2页。

及彼此之间的互动联系与监督指导,形成覆盖面较广的乡村卫生保健网络。

县保健院是实验县卫生教育与卫生建设的总机关,设于定县县城内,由陈志潜等人主持全县的卫生行政、卫生教育、县立医院、县监察室,并开展流行病防治、产妇与儿童保健、生育节制研究以及保健所医生、护士的培训等工作。院内配有男女医师各1人、助理医师2人、护士8人、药剂师1人、检验员1人、事务书记1人及助理员6人,有病床50张,收治由保健所转送来的重症病人。

区保健所是"联村组织",按照人口、距离等划定工作区域,一般设于区村繁盛之处。为补充村保健员技能方面的不足以及提高诊治水平,每所设正式医师1名,以医术有中学程度者充之,月给薪金12元,助理1人,部分保健所还设有卫生护士1人。① 到1936年全县成立保健所8处,分布在西建阳区、李亲顾区、明月店区、东亭区与清凤店区等地,经费每年每所700—1000元。② 除日常的医疗诊治、接受保健院转送的病人、学校与民众卫生教育、种痘预防天花等工作外,保健所的另一重要职责则在于训练、指导各村保健员。保健员一经选出,须先到保健所接受正式医生一到两个星期的基本技术训练,待训练完毕并下乡服务后,仍由保健所医师往各村轮流监察、指导保健员的工作并激发保健员的服务精神。

保健院、所之下的保健员向下与民众发生直接联系,向上则沟通院、所,是三级网络中的基础与核心组成。通过调查所得,农村中普通流行的疾病为沙眼、头癣、各种眼病、中耳炎、急性肠胃传染病等相对简单的病症。治疗过程也并不复杂,不需要专门的医生、护士,只要将普通村民加以短期训练成为保健员就可完成大部分的医疗保健工作,"今日农村卫生工作,既然极端简单,能用普通人代办者,则须尽量利用之"③。如遇棘手病情可转由保健所、保健院加以诊治,如此所费既少,又可保证较高的医疗效率,使卫生保健制度能够长久

---

① 编者:《定县平民教育促进会访问记》,《河北》第1卷第5期,1933年5月,第7页。
② 冯贞芳:《参观定县北平卫生工作报告》,《公共卫生月刊》第2卷第6期,1936年12月,第223页。
③ 李廷安:《中国乡村卫生调查报告》,《中华医学杂志》第20卷第9期,1934年9月,第1126页。

维持。如果从农民中挑选保健员，最佳的来源便是平校毕业生。因为平校毕业生受过一定的四大教育，科学知识水平较一般农民为高，有利于进一步的医疗培训，在工作中也更容易接受和贯彻平教会的指导。而且如果保健员在工作中不能胜任或借机谋利，撤换起来也不至于产生困难，为事业的顺利开展提供着一定的保障。

保健员由各村村长推荐，从平校毕业生同学会（后由公民服务团）中选出一名同学充当，其标准为能够热心服务、身体健全，且年龄在20岁以上35岁以下。保健员选出之后，要先进入保健所进行为期约10日的训练。训练以各保健所为中心地点，多在农闲冬季举行，并采取学校上课的方式，由保健所医师任教师。训练每天4小时，8天为课室教学，2天为门诊实地训练时间。这种安排的目的在于不仅使保健员对于书本的知识有充分了解，也能获得相当的实践经验。照顾到平校毕业生的文化水平与农村疾病的特点，训练内容相对简单实用，着重于一般卫生知识、清洁的意义、出生与死亡登记、免疫接种技术、天花防治、预防砂眼与皮肤感染性疾病等内容。具体内容则大略分为7部分，即一般卫生问题，如感染伤口的处理等；关于供水与公厕的修建以及预防天花、霍乱的预防接种技术；复习与预习接种技术；探究清洁与消毒课题；伤口包扎与其他急救技术的实习；复习以及指导填写出生死亡表格；最后学习简单的临床内容、药品的使用规定以及转送病人到保健所的程序。①

在经过短暂的训练后，每名保健员配备价值3元的药箱（由村中购买）及类似于药品使用说明的"保健员注意"一张，开始回乡工作。保健员承担着登记村子的出生和死亡人数；为全村民众接种牛痘，预防天花；按照图纸重建水井，防止污染；用保健急救箱内10种重要和安全的药物从事简单治疗；介绍不在其治疗范围内的病人到乡镇保健所治疗；作为"卫生保健推广人员"，尽力协助高级医护人员接触乡民并传播卫生保健知识等任务。到1937年初时，定县已有保健员的村庄数约为150个，占全县总村数的1/3左右，而且还有增训百名保健员使之遍及全县各村的计划。②如此之多的保健员为定县乡村社

---

① 陈志潜：《乡村卫生的基本困难及其补救方法》，《民间》第2卷第4期，1935年6月，第2~3页。
② 周戎敏：《定县保健员训练谈》，《民间》第3卷第23期，1937年4月，第10页。

会的生命统计、流行病防治、卫生清洁以及医疗救护等工作贡献着自己的力量,也大大扩展了保健所、保健院的医疗卫生服务范围,有助于农民生命健康程度的提升。

保健员并非专职,充任者大多数是青年农民。终日劳作之外,还要以一人之力承载整个村庄的卫生保健工作,有人统计村保健员每天平均要接待5名病人,职责可谓相当繁重。而且保健员属于基本不领薪水的义务职,作为土生土长的本地人,"伦理网络制约着保健员自身提出更多的经济要求。实际上,在乡情乡音的包围下,他们是不好意思提出报酬要求的"①。只是训练期间的膳食住宿由村中负责,当保健员自己有病来保健院或保健所寻求治疗时可以一概免费,由其介绍来保健所诊治的病人也可享半价待遇。服务一年后,对于能恪守职责、工作成绩优良的保健员,由同学会以奖励的方式发给少量酬劳。②在几乎没有物质利益的情况下,如何保证保健员的工作效率与热情是卫生保健工作的命脉所系,陈志潜对此有着清晰的认识:"在我们的体系中,我们的意图是将医学知识通过各种培训项目向下传播,而病人则按照其病情增加的复杂性向上转诊。成功取决于各级人员执行指定的职能,及仅能执行指定给他们的职能……所以基层人员可以使整个体系成功或破坏。"③为避免整个三级保健网络因保健员出现问题而失去根本依托,在制度设计中对于保健员的继续指导、激励与监督有着格外的关注。

保健所在保健员的继续指导、激励等方面起着关键作用。保健员在保健所接受初步的基本训练时,作为施训者的保健所医师就被要求在态度上做到和蔼可亲,与保健员"相敬如师友",教授知识时少用新名词或难解的词句,避免使保健员感觉无法接受而踌躇不前。同时说明中国民族衰弱的原因、现状以及保健制度在解决民族衰弱方面的作用,使保健员意识到自身工作之重要与

---

① 杨念群:《再造"病人"——中西医冲突下的空间政治(1832—1985)》,北京:中国人民大学出版社2006年版,第185页。

② 冯贞芳:《参观定县北平卫生工作报告》,《公共卫生月刊》第2卷第6期,1936年12月,第224页。

③ 陈志潜:《中国农村的医学——我的回忆》,成都:四川人民出版社1998年版,第88页。

使命的重大,树立应尽职尽责的意识。

保健员结束训练下乡服务后仍由保健所负责后续的技术指导,如规定保健所医师至少每半年要到保健员所在村中视察一次,保健员每半年应在保健所聚会一次,报告工作经验等,这既是技术方面的交流,又是实现监督的手段。保健员技术方面的指导由医师负责,可以逐渐进步,但"工作能否持久,须视保健员服务的精神如何。有服务的精神,才能表现保健员的效能"①。由于受训时间极短,村民起初并不信任这些与他们身份一般无差的保健员。为打消村民的疑虑,增加保健员的信心,在保健员初次下乡时由保健所医师陪同。先由医师规定时间,召开村民大会,介绍保健员的职守及其对于村民的利益,并协助保健员当场作各种治疗的表演,以获得村民的信任,方便后续工作的展开。在与村人谈话时,医师也负有随时随地宣传保健员工作意义的职责。在对待保健员的态度上,也要求保健所医师尊重对待,如当保健员来保健所取药、做报告或转送病人时应恳勤应对,并可采取约请吃饭的方式增加交流,培养感情。②有了村民的信赖及保健所医师的协助,保健员的社会认同及服务精神也能有所提升。

除保健所外,实验区还不定期开设短期训练班,加强技术培训与精神激励。1936 年 2 月时卫生部召集全县保健员大会,到会者有来自清凤店区、李亲顾区、东亭区、西建阳区、明月店区、西坂区等地的保健员共 125 人。保健员报到后,先由各区保健所医师分头招待,参观保健院内各部工作情形,后抵达考棚礼堂开会。开会目的在唤起保健员对自身工作之认识,内容则为报告保健员之记录、种痘及各区婴儿比赛会等工作。会上由霍六丁县长训词勉励,研究院同人彭一湖颁发奖品以示嘉奖。③1937 年三四月间,为保持保健员的工作热忱、养成卫生观念,实验区特开设成人卫生训练班,以成绩优良、家庭殷实为遴选标准,从保健员中选出 40 名进行培训。卫生训练班的教学内容以卫生为中心,也有部分如农业知识等内容,力求与日常生活相联系,并配有实践活

---

① 周戎敏:《定县保健员训练谈》,《民间》第 3 卷第 23 期,1937 年 4 月,第 11 页。
② 周戎敏:《定县保健员的管理与成绩谈》,《民间》第 2 卷第 6 期,1935 年 7 月,第 9~10 页。
③ 《全县保健员大会》,《民间》第 2 卷第 20 期,1936 年 2 月,第 19 页。

动,将教、学、做有机联系,实现"学理运用到事实,从实习运用中找问题,在学理上求解决"①。

山东乡村建设研究院的医疗卫生推广设计与定县模式相近。因工作重心分配的差异以及相关技术人才的缺乏,邹平实验区的卫生保健工作开展得相对较晚。1933年夏时研究院曾有举办卫生事业的意图,但因人才及经费的限制未能实现。后经过梁漱溟的四处奔波,研究院得到齐鲁大学医学院以及内政部卫生署等机构的支持,并先于1933年成立起隶属于研究院的医院,1934年11月复又成立隶属邹平县政府的卫生院,作为县政建设实验区的医疗卫生推广机构。两个机构的人员与经费并不分离,实际上仍是一个团体,只是为行政便利期间而有两个名称(以下简称为卫生院)。由于负载着两个机构的职能,卫生院的职责范围较为广泛,除负责医疗诊治工作外,还开展妇婴卫生、学校卫生、预防传染病、卫生教育、基层卫生工作人员训练等工作。卫生院的开办费4800余元,经常费每月计1700余元,由齐鲁大学、研究院与邹平县政府负担。②工作人员包括医生、护士、书记、助理员等来自全国各地,也体现着各机构之间的互动与合作。③

然仅靠卫生院的人力、财力显然不足以在全县范围推广现代医药科学,要构建起能够使农民普遍受益的乡村保健制度,将医疗卫生工作融入乡学村学组织中便成为一种最佳的选择,"中国将来的乡村卫生制度,必须很自然很合适的建立在整个的乡村建设的组织中,才能够有前途,才能够从容发展,才能够中国化"④。具体的制度设计则为县设卫生院,以下则以乡学、村学为中心,乡设卫生所,村设卫生室。

---

① 李枕之:《定县平教会成人卫生训练班》,《民间》第4卷第3期,1937年6月,第9页。
② 《本院医院兼邹平实验县区卫生院开幕》,《乡村建设》第4卷第7、8期合刊,1934年10月,第31页。
③ 《山东乡村建设研究院邹平县政建设实验区卫生院医院二十三年度工作概况》,《乡村建设》第5卷第4期,1935年9月,第7页。
④ 天如:《由乡村卫生制度之建设谈到邹平实验县卫生院》,《乡村建设》第6卷第5期,1936年10月,第2页。

卫生院直隶于县政府,以下将全县分为三个卫生区,每区设乡村卫生指导员(医生)1人,专事指导卫生助理员之工作。卫生所由卫生院与乡学合力设立,本拟在全县13个乡(首善乡不在其列)每乡设一个卫生所,但因力不能及,仅在6个较为偏远的乡区设立了卫生所。卫生所设卫生助理员1人,人员及医药器械均由县医院供给。为培养卫生所医护人员,卫生院先后开办两期卫生院训练班,每期训练时间1年,前后培训出卫生员30余名。卫生所主要负责疾病的门诊和巡回医疗,重症病人的护理和转院,以及学校卫生、妇幼卫生、预防注射、传染病的调查等,通常上午门诊,下午进行卫生防疫工作。卫生室设卫生服务员1人。出于经费短缺的考虑,卫生室的卫生服务员不设专员充任,而是由村学教员兼任,不仅可以直接负担起学校卫生之全责,还可兼管其他卫生事项。由于村学教员多为研究院训练部及乡村建设师范学校毕业生,研究院也对在校学生安排卫生保健方面的训练,使其具备一定的相关知识,以资推广。①

除日常的治疗、推广工作外,邹平、定县等地的卫生机构还不定期开办与卫生保健相关的活动,如1934年底邹平卫生院举办为期2天的卫生展览运动大会,以挂图、电影等各种方式宣传卫生知识,并由训练部全体同学广为解说防疫及解救病症的方法,前后参观人数约2万人。②1935年3月平教会卫生教育部举办儿童健康比赛大会,报名约300人,分为4组,由评判员检查身体,评定优劣,并颁发各等奖项,目的在于使农民明了不仅要科学地治疗疾病,更需要预防疾病,并为儿童进行种痘及白喉预防注射。③

陈志潜等人立足于乡村社会现状而设计的由保健院、保健所、保健员组成的三级卫生保健网络,抛弃了过去以某一机关为中心的宣传推广方式。在这

---

① 《山东乡村建设研究院邹平县政建设实验区卫生院医院二十三年度工作概况》,《乡村建设》第5卷第4期,1935年9月,第4页。

② 《本院医院兼邹平实验县区卫生院举行卫生展览运动大会》,《乡村建设》第4卷第10、11期合刊,1934年11月,第37页。

③ 谷韫玉:《定县中华平教会卫生教育部举行儿童健康比赛大会之经过》,《大公报》1935年8月20日,第11版。

一网络中,以保健员为桥梁,通过三级组织之间的互动与支持,用极节省的成本将科学的医疗卫生手段层层传达到乡村社会,"他们结合起来的努力,代表了在极端困难条件下能安排的最佳实践形式"①。其中的保健员制度被视为新中国成立后影响深远的"赤脚医生"制度的萌芽,这些人员虽大多只是略通文字的农民,诊断水平远不及正规医生,治疗手段也显得极为简陋,但一定程度上满足了农村民众被压抑的基本医护需求。有时保健员尚未训练完毕,就有村子先行交款购买保健箱,"村人对保健员工作赞助与信仰,由此亦可见一斑"②。而且保健员自身具备的若干特点,使其容易普及乡村社会,扩大医疗服务的受众群体,"此种保健员,一为社会推动中心之一份子,时刻受整个团体之督促;二因工作范围狭小,可使民众得实益,而不受危险,故易维持长久;三因花钱甚少,未超乎一般乡村之能力范围,易于普及"③。

定县这一前所未有的医疗卫生体系成效显著,得到世所公认,给部分农村地区带来了"现代化医疗保健的益处"④。仅以天花防疫为例,保健员每年平均可种牛痘100人,可实施治疗1 000次左右,平均每次种痘或每次治疗仅合大洋一分左右,无疑是当时灭除天花流行病的最经济、最有效的方式。研究区内61个村天花基本绝迹,1934年全国天花流行时,"独研究区内病者极少,死者只有2人,每次种痘平均用费每人不过大洋三分"⑤。生命统计等工作也因保健员是同村人而受到较少猜忌,结果较为可靠。

邹平的卫生保健制度与定县近似,但相比之下,总体成效并不突出。其中卫生院成绩尚可,从1934年9月到1935年6月,初复诊共诊治病人17 000例⑥,而卫生所、卫生室的成绩则极少能够看到,究其原因则主要在于依托力量的

---

① 陈志潜:《中国农村的医学——我的回忆》,成都:四川人民出版社1998年版,第96页。
② 周戎敏:《定县保健员训练谈》,《民间》第3卷第23期,1937年4月,第10页。
③ 李廷安:《中国乡村卫生调查报告》,《中华医学杂志》第20卷第9期,1934年9月,第1128页。
④ 陈志潜:《中国农村的医学——我的回忆》,成都:四川人民出版社1998年版,第81页。
⑤ 中华平民教育促进会:《定县实验工作提要》,定县:中华平民教育促进会1934年版,第38~39页。
⑥ 《山东乡村建设研究院邹平县政建设实验区卫生院医院二十三年度工作概况》,《乡村建设》第5卷第4期,1935年9月,第8页。

不同。虽同为三级结构,但作为核心的基层工作人员构成有所差异。平教会依靠平校毕业生,实际上是将保健制度根植于一般农民、农村中,实现了促进农民自为的本意。这一做法首先不存在人力、财力匮乏的问题,保健员在平时并不脱离农业生产,虽无薪给但不至于影响生活,而且以本村农民办本村事,有助于获得农民信任,减少猜忌、怀疑心理的产生。其次,对于保健员的继续指导、监督与激励均有相应的制度设计,使得院、所、员实现"一体化",为事业的顺利开展提供保障。而研究院则主要依靠乡学村学的教员推进医疗事业。乡学村学是推动建设事业的中心组织,教员承担着主持或指导调查、教育、合作等多种建设事业的职责,本身执掌已极为繁重,再令其兼职卫生服务员,不免无暇分身或潦草从事。而且教员虽在研究院、乡村建设师范就读时受过一定的卫生训练,但如何在实际工作中获得更多技术上的指导也并没有严密的规划。平教会激活并吸收了农村的力量,而研究院则依赖自身的力量推进卫生事业,一旦人力、财力出现问题则事业难以为继,成效不彰也在情理之中。

第五节 "模式化"的困境
——人员与事业的脱节

随着时间的推移,各乡建实验区的建设事业普遍有着从"点"到"面"的深化发展趋势,"今日从事乡村工作者……一般的皆从事多方面的建设"①,且其指向亦大致相同,"各主要乡建团体所进行的工作无论以何者为切入点,后来基本上都包含政治改革、文化教育、科技改良和推广、卫生保健、组织合作社、移风易俗、自卫保安等内容,当时常概括为'政、教、富、卫'四个方面,即众多的乡建流派最终汇合成有相同内涵的乡建运动"②。促成这种趋势的主要致因在于农村问题的复杂性。近代以来,长久积累的农村问题在20世纪二三十年代呈现全面爆发的态势,其中不仅包含了因人地关系紧张而造成农民生存困难等传统时代久已存在的矛盾,又有因城乡背离化发展而产生的"边缘化"、"贫困化"、"失序化"危机,乡村社会在政治、经济、文化等各层面上出现全面衰退。更为严重的是,各种问题之间尚存在相互勾连、绞缠,甚至互为因果的现象,共同将乡村社会拖入恶性循环。

面对错综复杂的农村问题,要推行乡村建设首先需要进行整体规划的观念被很多人所接受,"乡运是整个事业,必须有整个的计划、整套的机构,然后

---

① 赵冀良:《乡村建设感言》,《大公报》1935年4月28日,第9版。
② 徐秀丽:《民国时期的乡村建设运动》,《安徽史学》2006年第4期,第71页。

才有进行的可能,才有些许成就的希望"①。社会学家言心哲就认为乡村建设不能单从某一方面获得突破,"乡村社会生活是整个的,一个乡村单是农业发达,或是一部分乡村人民的问题有了解决,乡村里面仍不免有其他种种问题发生。换句话说,一个乡村若是农业落后,生产不丰,而卫生发达,死亡率减少,人口增多,结果,必有人口过剩,粮食恐慌,生计困难之危险"②。

另一名社会学家许仕廉则从文化与社会的角度出发,对乡村建设是整体而非单面的问题进行了精辟论证。他认为乡村建设的最低工作单位应为县以下的"地方经济区域"③,这一区域往往由若干村庄及一个通常称为"镇"的经济社会活动中心点组成。区域内的交通、运输、市集及经济活动形成了相对独立的系统,并具有与现行生产方式相适应的社会组织。此"地方经济区域"实际上是一个复杂的社会,其中所包含的文化也是一个"复式之整体",可分析成为种种"文化混合物"(culturalcomplexe),每一种文化混合物又可分析为种种"文化质"(culturaltraits)。农村中的宗教、教育、道德、政治、赈济、贸易、工艺、耕种、林垦、渔牧、水利等无数文化混合物集合而构成一有机体——"乡村社会"。

乡村社会也即一个"复式之整体",其中每个文化质的增减变化必然会影响到相关的文化质,进而牵动整个文化混合物。每个文化混合物的增减、变换又必然会影响到相关的文化混合物,进而牵动整个社会。在已成型的任何社会中,外来的单个文化质或单个文化混合物、文化方式,若不与整个文化复体(即社会)相配合则会因受到"文化惰性"的限制而难以融入其中,也不能为该社会全体所容纳,甚至会加深"文化失调"的问题。④因此,从这个意义上来说,乡村建设并非某一方面的问题,而是社会整个问题,"单是农法改良,或单是学校改革,或单是精神陶炼,或单是医院建设,或单是合作社之成立,均不足

---

① 张宗麟、周葆儒:《邹平简易乡师的过去与将来以及乡师在乡建运动中的地位》,《乡村建设》第5卷第4期,1935年9月,第4页。

② 言心哲:《我国当前乡村建设工作应注意的几点》,《新粤周刊》第1卷第3期,1937年7月,第14~15页。

③ 许仕廉:《中国乡村建设之最低工作单位讨论》,《申报月刊》第2卷第12号,1933年12月,第60页。

④ 许仕廉:《中国乡建中心论质疑》,《申报月刊》第3卷第1号,1934年1月,第82页。

以推动整个文化之复体。一个单独的技术改良……无论其属农业、制造、水利、林垦、道路、卫生、教育、政治或其他方面……若不与全盘文化复体相配合,彼决不能为中国乡村社会所吸收,反足以助长中国乡村社会之恐慌与不宁。故乡村问题,决非一方面问题,系社会整个问题。乡村建设,决非一种技术之改进,必各方面均能推进"①。

基于上述观念及实践工作经验所得,各地建设事业从偏重"教",逐渐发展到"政"、"富"、"卫"并重,而"政教富卫合一"口号的出现几乎可以说是对乡村建设事业不断深化与发展的最好总结,"改进农村之过程,首先以教育,觉孤单而收效甚微;继之以生计,所谓'富教合一'主义,较前自稍胜一筹,但尚未能尽其大效;最近才觉悟到政治力量更重要,乃有'富教政合一'之主张出现,现已成从事农村工作者之信条"②。在各主要乡建区尤其是邹平、定县等地,在事业规划及实施上从教育、经济、自卫等多方面入手进行,建设事业已然形成一种带有整体性的"模式",即"是用综合的眼光,综合的设计,去研究乡村问题,去解决乡村问题"③。

这种模式提供了一种从整体上一并解决农村各种问题的事业框架,被认为是促进各项建设事业"社会化计划化"的最大力量,"此社会化(socialization)的功用有四。第一是有系统的。以各样科学技术,用有系统方法,介绍到乡村里去,再由村而镇区市省及中央,完成一国家的技术组织。第二是联合的。是集合农业,合作,卫生,教育,社会行政等等同时采用,通力合作。第三是科学的。以科学的人才,科学的方法,科学的组织介绍到中国社会里去。第四是民族的。我们要从民间来,也要到民间去,从民间来的是民族意识,是乡村建设的心理基础。到民间去的是科学技术,是乡村建设的实际工作"④。然问题在于这种模式的价值仅停留在设计层面,在各地实际乡村建设过程中并未能发挥

---

① 许仕廉:《中国乡建中心论质疑》,《申报月刊》第3卷第1号,1934年1月,第82页。
② 沈光烈:《全国乡村工作讨论会之回顾与前瞻》,《江苏教育》第5卷第7期,1936年7月,第66页。
③ 杨开道:《乡村建设运动过去的检讨》,《现代读物》第4卷第8期,1939年8月,第9页。
④ 许仕廉:《社会计划与乡村建设》,《社会学界》第8卷,1934年,第269页。

出预想效果，重要致因之一就在于没有足够的人力来主导事业的进行。

乡村建设运动需要大量知识分子承担建设任务，"乡村工作，自然不是一件轻而易举的事情，非有较为高深的近代知识的人，决不能负此重任。这种人自然是知识份子，决不是目不识丁、愚蔽顽固的乡村大众，所能胜任的。如果中国的乡村大众，能负此大任，则中国社会，早已有办法，乡村亦不至如此崩溃！"①但知识分子下乡难也是无可争辩的事实，"农村所需要的，是才具十足的人，然而生活和环境，都是农村人才的障碍物"②。仅靠通过宣传呼吁等方式动员知识分子下乡难以满足建设事业的需要，而逐渐形成的人才培养体系又需一定时间才能展现效能，何况短期培养出的人才能否胜任艰苦复杂的乡村工作也备受质疑，"初中程度毕业生加以一年的训练后，是否能担任乡村建设事业，现在尚无人知道。但作者想他们年龄或者过小，学力亦恐不够。尤其是关于农村问题，无论为技术方面或学理方面的解决，恐怕非他们所能胜任的。即就乡农学校高级部的各种科目讲，如自然学科，恐亦非他们所能教的"③。

通过对各地乡建工作者的数量分析可知（见第二章），邹平、定县两地的工作者多达数千人，数量可谓翘楚全国，但在推行建设过程中仍处处感觉人才匮乏。1934年时平教会反思此前5年实验工作的成功"实难断言"，首要的原因便在于人才出现问题，"这种改造全生活的实验，关系的方面太多，无处供给所需要的各种人才"④。邹平的乡学村学也很多未能落到实处，"邹平全县的乡学都算建立了，至于村学则尚未得普遍成立，大约一乡只有两三个村学成立，在未成立村学的各村暂沿用其旧日村长制"⑤。如贺家村村学成立之初，成年部仅有两名研究院学生任教员，幸得当地人才的帮忙才得以展开工作，"实在忙不过来。正苦没法，忽来了一位热心社会事业的李毓芬先生；李先生字大

---

① 唐现之：《乡村工作者的培养之商榷》，《大公报》1935年3月10日，第9版。
② 瞿俪白：《农村工作在定县实验县中之实施》，《民间》第2卷第11期，1935年10月，第7页。
③ 陈礼江：《邹平山东乡村建设研究院参观记》，《申报月刊》第2卷第5号，1933年5月，第84页。
④ 晏阳初：《中华平民教育促进会定县实验工作报告》，见宋恩荣主编：《晏阳初全集》第1卷，长沙：湖南教育出版社1992年版，第309页。
⑤ 王冠军：《回忆抗战前的山东乡村建设》，见山东省政协文史资料委员会、邹平县政协文史资料委员会编：《梁漱溟与山东乡村建设》，济南：山东人民出版社1991年版，第7页。

新,四十一岁,本村人,他是山东商业专门学校的毕业生,曾任邹平劝业所所长等职……深感到社会的无救,毅然愿尽义务为我们担任成年部大部分的功课;他之苦口婆心、风雨无阻的精神,深使我们佩服感激"①。

相较之下,他处的一些乡建团体、实验区多以几人乃至几十人之力,效仿整体性的建设"模式",开展一乡乃至一县的建设事业,盲目扩展工作内容,其成效可想而知。1932年成立的济南驻甸乡实验区由山东省立民众教育馆主持,起初实验区的乡村建设活动内容丰富、规划复杂,如文化教育方面除了举办民校与各庄定期讲演以外,颇为注重流动教学,改良私塾,并组织巡回书报、各种读书会,成立注音符号传习班以及编写壁报与注音农民报等,生计教育也是从多方面做起,有造林、养蚕、美棉推广、改良猪种、除虫、植物病害预防以及组织合作社等。但因实验事业涉及方面过于广泛而人员匮乏并未取得明显效果,不得不一再缩小事业范围。第二年把不太需要的讲演、效率迟钝的流动教学、沉闷的读书会以及注音符号传习班停办,将主要精力放在办民校,编辑民校教材上。到第三年,编辑课本的工作也因为人手不敷分配陆续停办,"巡回书报只能给予少数人以便利,改良私塾又因为我们没有政治力量,所以均任其自由发展。截至现在,实验区的语文工作,就只有民校质量的改善与扩充,刊物的继续编印,和采用导生传习方法举行卡片教学三件大事了"②。江苏的民众教育工作先于他省进入乡村,但被人认为其效用仅在于散播乡村改进的舆论风气,尚无改造乡村之"实力的表现",原因就在于"所谓民众教育,内容包含至广,五花八门;每个民教机关,仿佛都想挂上'有美皆备'的广告似的。此种设施,殊觉驳杂而无中心,效果并不甚大。欲由此途径,达'实现宪政,改善经济,充实生活'之目的,恐怕终于是空虚的理想。徒悬高远美丽之目的而无中心,致形式多于实际,而其表现亦软弱无力"③。

在河北办理合作事业多年的章元善也感言由于对乡村建设事业所寄托的希望太大导致情感超越理智,结果因一味追逐速效而产生"不澈底不能持久"

---

① 萧克木编校:《邹平的村学乡学》,邹平:乡村书店1936年版,第227页。
② 江问渔、梁漱溟编:《乡村建设实验》第3集,上海:中华书局1937年版,第319~320页。
③ 孔雪雄:《中国今日之农村运动》,上海:中山文化教育馆出版物发行处1934年版,第406页。

的弊端。单就合作事业来说,华洋义赈会先从组织单位合作社入手,但因求功心切,只顾数量而不顾质量,"难免要抹煞事实,勉强前进,多方迁就"①。在合作社成立未久、自立能力极度缺乏,远够不上组织联合会的状态下,依然强行指导合作社组织联合会。联合会成立后,不仅自身毫无力量,有的会员社甚至不了解联合会与自身的关系,更遑论各合作社本身还多自顾不暇,即便有的略有余力,但因认识不清也不肯全力拥护、信任联合会,而"受着感情冲动的指导员,目击情形,进退两难,于是便不惜想出种种办法,去扶持他,补助他,希望他渡这难关,渐入佳境。岂知联合会先天既是不足,无论用何人工方法去调养它,它总是软弱无能的。你愈去扶持它,它自己愈不能自立"②。

  以上所举绝非个别现象。整体性的建设的确是解决农村问题的一种方式,但更多的是提供一种指导事业进行的框架而不是唯一模式。并非所有的乡村建设团体机构、实验区都能动员起足够的人力物力来支撑事业的全面展开,勉力进行非但无益甚至会产生反作用,更何况有些乡村建设团体机构与实验区不顾事实需要及人力储备情况,盲目或有意识地效仿这种模式以获取利益。徐旭就尖锐地指出除"趋时尚"、"开包票"外,在乡村建设实验区中还流行着一种"徒事铺张不重实际"的错误态度,"经费拿到了,计划编成了,实验区的办事处规定了,下乡去的同志们约好了,乃竖起牌子,贴出标语,如开杂货铺子,如开百货商店,茶园也,学校也,医药处也,合作社也,生计教育之事也,公民教育之事也,文字教育之事也,健康教育之事也,五花八门,形形色色,真可谓'有美皆备,无丽不臻'。且时时惟恐我们的货色,少过于人家,我们的活动,不及人家的多,于是人家开挑水比赛会,我们开拉车比赛会,人家举行农事展览会,我们便举行群芳展览会"。③这种不关注农村实情、不考虑农民需要、不计算地方经济能力而肆意开展工作的做法甚至谈不上是"建设",不仅浪费大量资源,还损及乡村建设运动的声誉,动摇其地位。

---

① 徐宝谦编:《农村工作经验谈》,上海:青年协会书局 1936 年版,第 16~17 页。
② 徐宝谦编:《农村工作经验谈》,上海:青年协会书局 1936 年版,第 17 页。
③ 徐旭:《从读"乡村建设实验"说到乡村建设实验》,《中华教育界》第 22 卷第 4 期,1934 年 10 月,第 75 页。

外表"有美皆备"而内部事业空虚的状况使很多乡建团体难以维持,而且危及运动本身及其前途,如齐植璐就认为乡村建设目前仍处于实验的时期,最主要的问题在于缺乏"持久力",乡村建设机关一方面不断地增加,另一方面又在迅速消减,其结果只是多制造许多名词和数字,而"黄金时代"远未到来。①

人员与事业脱节的问题也为一些乡建同人所注意,视其为运动之最大危险,如瞿菊农所言:"在中国,许多运动的进程,实在太快了……不多几年,农村建设与农村复兴的声浪,又已弥漫全国,似乎农村工作对于国家民族的前途有偷天换日的工夫,在很短期间就可以起死回生似的。然而农村建设不是变戏法,如何能这样容易!在这弥漫全国的农村建设声中,因为希望过奢,求功太切,潜伏着极大的危险。"而这危险就在于"事实上工作空虚得很,零碎得很;人才实在是欠缺得很"②。在1933年举办的首届乡村工作讨论会上,梁漱溟也在会议的最后阶段为与会的各地乡村建设工作者敲响了警钟:"一、请大家宽解,不要着急,不要将眼前局面看死;二、请大家格外小心,乡村事业实在发展太快,勿以救济乡村而损害乡村。"③同年,山东乡村建设研究院也暂停了一年的人才训练工作,将已经毕业的学生分配各乡、村,令在力所能及的范围内从事实际工作以充实乡建内容,"盖年来乡运之风已普及全国,而内容尚待充实,设吾辈不在此方面多作实际工作,乡运前途恐未必若何乐观,因此同人等乃不得不兢兢业业,郑重从事。惟深惧在此基础未立,人才不足之时,有所差池。同人等自知力有未逮,宁可缩小范围,不敢有所张大也"④。

为避免乡村建设同以往的运动一样昙花一现,一方面各地的乡建工作者开始从分散走向联合,先后组织起乡村工作讨论会、华北农村建设协进会等全国及地方性的交流平台与合作机构,实现乡村建设工作的群策群力(见第

---

① 齐植璐:《现阶段中国乡建运动之检讨》,《农村建设》第1卷第1期,1936年12月,第14~15页。

② 瞿菊农:《农村工作的合作》,《民间》第1卷第8期,1934年8月,第3页。

③ 王伯平等:《乡村工作讨论会纪略》,《乡村建设》第3卷第1期,1933年8月,第14页。

④ 编者:《编辑后记》,《乡村建设》第4卷第15期,1934年12月,第32页。

二章),另一方面工作者也开始重新考虑乡村建设方案,谋求重点突破。

就组织机构而言,方悴农认为必须推广单式组织的农村改进区,进一步说就是以一个诸如乡村小学校之类的机构作为中心来实施农村建设工作,如此方能使建设有效而且易于普及,"因为单式的组织,不用多人,不用多钱,能持久简便而易推行"①。而在事业内容方面,巫宝三也认为农村建设不必有诸如定县所规划的先识字后建设之类的关系,有了识字运动固然可以从事合作组织,没有识字运动也可以从事合作组织。再者定县的农村建设方案虽然很完备,但也可以说太过繁多,仅生计教育一项就有数十方面的工作,如动物生产改良方面,有猪、羊、鸡的改良,在植物生产改良方面有棉花、小麦、玉蜀黍、谷子、高粱的育种选种等。这样的方案设计可以说将与定县农业生产、农业经济有关的事项几乎全然囊括,但方案的执行却值得怀疑,"这样多的项目,同时并进,定县的人力物力可以项项做得很圆满吗?"②况且定县的产出有轻重主次之分,与农民生计的相关程度也不一,最好的做法是集中精力在能改善农民经济生活的少数几项,如此方能以最少代价收到最大效果。

1933 年国民党中央执行委员会委员张溥泉对定县实验区的批评代表了一批人的观点。身为定县人的他认为平教会的事业太过完备以至于难以推行,而事实上乡村建设工作不需要"如晏先生们的精工细致"以至于让人"望而生畏"③。署名"叔永"的作者也认同张溥泉的质疑,认为定县所设计、推行的事业中有许多是不必要的,如艺术教育里的广播无线电、摄影研究设计以及制造廉价收音机等,"乡村的人生活本来单简,平教会如能就他们原有的音乐戏剧各方面加以改良,已足以调剂他们干枯的生活"。诸如无线电、照相等项,虽然是新兴事物,但农民不易接受,其所产生的平民教育效果反不及一般农民对这些事物所产生的"畏惧"。建设乡村是一种简单易行的工作,依照地方情形,对于农村问题随时发现随时解决,"若把这件事当成一个深奥无穷的学理问题,须把各方面的情形一一想到,各种解决的方法一一研究出来方才起

---

① 方悴农:《农村建设实施记》,上海:中华书局 1935 年版,第 66~67 页。
② 巫宝三:《"定县主义"论》,《独立评论》第 96 号,1934 年 4 月,第 11 页。
③ 叔永:《定县平教事业平议》,《独立评论》第 73 号,1933 年 10 月,第 9 页。

手去做,那便是俗语说的耗子钻牛角,恐怕有此路不通之感了"①。

尽管有着这样那样的提议,但均未能产生立竿见影的效果。高呼各地工作者应合作共进的倡议虽在一定程度上落到了实处,但各地乡村建设团体、机构之间的交流与合作远非一帆风顺,如晏阳初与华北农村建设协进会之间存在的分歧虽然最后以将活动放在山东济宁作为妥协,但潜在的矛盾始终未能完全化解。②人才拆台、竞争民众的现象亦是屡见不鲜,"近来农村工作同志,大家都感觉没有人才,你拉我的人,我拉你的人,结果搭上这个台,拆开那个台,谁也没有优良的成绩"③。直到抗战爆发,如何求得真正合作一直是乡建同人以及关注乡村建设的学人所反思的问题。而试图寻找乡村建设事业突破口的思维逻辑本身没有问题,然只见提议不见方案,主张寻找突破口却又无法提出从哪里突破。农村问题众多,看似处处是突破口,但在不彻底改变现存生产关系的前提下又处处突破不了。再者各地农村情形不一,过于强调不同地区乡村建设事业的"个性",反而会有悖于通过乡村建设实验求得全国农村通用的复兴方案的根本宗旨,也不免会使着手进行乡村建设的其他地区无从借鉴。

抗战前的乡村建设运动始终在人员与事业的脱节中蹒跚前进,毋庸置疑成为影响运动成效的重要因素。工作者的匮乏使得人才的训练始终被视为首要工作,1936年后平教会转战华南、西南进行乡村建设,在动荡的环境中仍将人才的培育放在极重要的地位,"几年来协助湘赣各省政府从事地方建设、县政府改革的工作,深深感到纵然有良好的实施方案,而无实行计划的人才,致使我们多年辛苦研究实验的宝贵经验不能大规模推广实施,实为莫大憾事!"④晏阳初等人费尽心血先后成立起农村建设育才院(1936年)、私立

---

① 叔永:《定县平教事业平议》,《独立评论》第73号,1933年10月,第10页。

② 晏阳初纪念文集编辑委员会编:《晏阳初纪念文集》,重庆:重庆出版社1996年版,第8~10页。

③ 章元善、许仕廉编:《乡村建设实验》第2集,上海:中华书局1935年版,第117页。

④ 晏阳初:《办好乡建学院的意义与要求》,见宋恩荣主编:《晏阳初全集》第2卷,长沙:湖南教育出版社1992年版,第137页。

乡村建设育才院（1940年）、中国乡村建设学院（1945年），一方面继续根据社会需要，充实有关乡村建设的学术研究，一方面致力于将过往多年研究实验的经验、心得教授给有志于乡村建设事业的青年，使其能承担起改造农村、复兴国家使命，尽力培养合格的乡建人才以弥补事业与人员之间的脱节与差距。

总之，众多甘于牺牲奉献而参与乡村建设运动的下乡知识分子为教育、经济、卫生等建设事业的开展做出前所未有的贡献，也给今日新时代的乡村建设留下了极富养分的历史蕴藏，"农村建设运动自发轫到今日，无论民政方面、财政方面、建设方面、教育方面，都有了一套一套的方案，换言之，农村建设的办法，得以标准化，的确不得不归功于他们二位（梁漱溟与晏阳初），以及其他许多从事于农村建设的先生们"[①]。然由于工作者数量的匮乏，许多建设方案不能普及，或者在推行过程中变形、变质，也给乡村建设运动的走向与前程带来不小的消极影响。历史的经验告知，不解决人才问题，再完善的方案、计划亦不能落实，而乡村建设事业终不能有成功一日，值得深思。

---

① 方显廷：《农村建设的途径》，《农村建设》第1卷第3期，1939年1月，第23页。

第四章 CHAPTER FOUR

权力网络中的乡建工作者群体

　　实现民众动员是乡村建设运动乃至任何一种乡村运动得以成功的基石。在建设乡村所需的各种工作中，民众动员的优先度要高于其他。在开展乡村建设事业时，摆在工作者面前的是一个绕不开的难题，即如何处理好与地方绅士、农民之间的利益关系，进而实现民众动员。当乡建工作者成为推进新式乡村公共事务的主体力量与领导中心时，难免会威胁到原本处于权力网络中心的集团或组织——主要是地方绅士的权威地位，从而引起诸多猜忌与抵触。而对于农民来说，整个20世纪前期以"自治"、"建设"之名强加于身的苛捐杂税已然无法计算。出于自我保护的意识，他们几乎排斥一切外加于乡村及自身的活动，包括目的在于复兴农村、提高农民生活水平的乡村建设事业。实际上，建设事业越多而农民的抵触心理越强，如不首先打动农民并获得他们的信任,则事业开展必然寸步难行。由此,获得乡村社会各阶层的认可与支持,实现民众动员,就成为工作得以开展并取得成效的关键所在。在如何解决这一问题上,梁漱溟及其主导的山东乡村建设研究院有着较为深入的思考与方式建构,具有一定代表性,本章所论也以其为主要对象并兼及定县的平教会进行展开,探讨乡建工作者如何以及在多大程度上实现了民众动员。

基于对乡村社会历史及现状的分析,在如何动员民众参与乡村建设事业方面,梁漱溟及其领导的山东乡村建设研究院根据自身的乡村建设理论,将乡建工作者的工作方式规划为"上联下接",即"上联士绅、下接民众","问题上达、方法下达",以期顺利实现民众动员,推进乡建事业。但在实际工作尤其是在最重要的民众动员过程中,在"以团结求建设"的思想指导下,工作者不仅未能突破绅权网络的束缚,也未能实现自身的合理"农民化"以取得农民信赖。工作者不具备改造客观环境的力量,以及自身的角色错位成为动员工作未能取得预期成效的重要致因,这也反映出"以团结求建设"的动员思想存在着相当的局限性。历史的经验证明,在"人情"因素影响依然强大的近代乡村社会中进行民众动员,强调"人"的作用的做法并非决然不可取,但如果不建构起适当的、体系化的动员机制及相应制度则无法真正实现动员目的,完成乡建使命。

第一节 乡土社会权力结构与事务处理方式的近代走向

长久以来,乡村社会由传统走向近代的转变过程一直是学术界所关注的重点问题。可以说,乡村社会的转型很大程度上代表着整个社会的变迁,认识了乡村的社会变革与制度更迭也就把握住了近代中国发展脉络的关键所在。"在整整一个世纪的发展进程中,乡村社会变迁始终是中国历史变迁的主体内容,这不仅因为在区位结构中乡村占据绝对的多数,而且因为乡村的生活模式和文化传统,从更深层次上代表了中国历史的传统。即使对于整个近现代史而言,近代化或城市化进程,本质上也是乡村社会变迁的过程。"[①]为更深刻地理解这一转型,学界不断在乡村史研究的各个领域进行开拓,而其中乡村治理的模式是为一个热点问题。

村庄治理模式的核心在于国家与乡村社会的关系。学界对此有着不同的解释:一种是把中国传统的国家制度视为高度集权的专制主义制度,它通过强加的农村组织如保甲、里甲等以及"代理人"——绅士将权力渗透到乡村的每一个角落,进而严密地控制乡村社会,使乡村无法发展出任何真正意义上的自主或自治制度;一种则把国家和乡村视为对立的两级,并认为基层社会

---

① 熊亚平:《铁路与华北乡村社会变迁(1880—1937)·总序》,北京:人民出版社2011年版,第1页。

组织有一定程度的自主性，通过地方自治组织、宗族组织对政府起着抗衡的作用。乡村社会依靠宗族的凝聚力或者士绅的影响力能够抵制国家权力的渗透，并且按照当地的旧规、习俗调节村社或宗族内部关系。①以上两种观点虽截然相反，但却基于同样的理论前提，即国家与社会是分离的两级，不是政府借助在乡村的代理人将国家权威凌驾于乡土社会，就是乡土社会凭借各种内生性的组织抗衡国家并取得相当的自治程度。这种二元对立的解释范式忽视了不同区域乡村社会的特点以及由此而产生的乡村治理模式的差异，并不能有效地解释乡村治理的复杂性。有鉴于此，学者们转而寻求另一种更为合理的解释框架与模式，进而产生了第三种解释路径，即认为国家与乡村社会并非二元对立，两者在不断的冲突中又在某些领域有着某种程度上的合作。

这种观点以黄宗智为代表。他通过对清代的法律运作及民间纠纷处理方式的研究，证明了在解决民间纠纷时，许多问题既不是依赖于社群的非正式方法和亲属调解，也并非借助于正式的法庭裁决，而是借助于"第三领域"。"第三领域"既有别于严格意义上的非正式调解，也不同于正式司法与衙门审判，在这个领域中国家官方的正式司法制度与民间的非正式纠纷处理制度交互作用，使司法活动能够兼顾息事宁人的需要和法律条规的制约，在两者的结合中成功解决纠纷。②作者虽然探讨的是法律运作问题，但实际上已然指出国家与乡村社会之间存在着这一"第三领域"。

白德瑞也利用四川巴县所存留的档案，通过探讨衙门吏役的组织、分工及办事程序，对清末国家与社会之间关系的传统概念框架进行了反思，并进一步发展了黄宗智的观点。在借用"自由漂流资源"（free-floating resources）等概念作为分析工具的基础上，他指出清末的国家与社会并非两个二元对立的并列结构，而是"有着社会差异性的不同制度、习俗和资源的群组"。这些不同的

---

① 任古东：《多元性与一体化：近代华北乡村社会治理》，天津：天津社会科学院出版社2007年版，第22页；[美]李怀印：《华北村治：晚清和民国时期的国家与乡村》，岁有生、王士皓译，北京：中华书局2008年版，第10~11页。

② [美]黄宗智：《清代的法律、社会与文化：民法的表达与实践》，上海：上海书店出版社2001年版，第130页。

制度、习俗和资源都呈现出程度互异的独占性控制和社会稳定性,并因此容易受到不同程度的占用和竞争。对这些资源的使用,受制于个人在特定的政府网络和社会网络中所处的位置,而且不同的个人和群体对这些资源加以利用,所产生的利益也极少是单一的,其结果就是县政府成为国家与社会协商、教育和竞争的区域。在县级政府中,正式的和非正式的行政因素与社会制度、惯常做法以及个人利益、群体利益结合在一起,从而创造出一个高度地方化的既合作又冲突的模式。①

进入新世纪以来,有关国家与乡土社会之间关系的探讨仍在继续,并通过地方档案的不断发掘使用,又产生了一些新的观点,可以说是对以往研究的进一步发展与完善。李怀印通过对获鹿县档案的研究,认为由于获鹿县的大多数村落以自耕农为主体,并有着紧密的血缘网络和强烈的社群认同,使得乡村的治理呈现"国家和社群共同参与,官方职能与地方制度安排交织在一起"的图景,并采用"实体治理"这一术语来刻画治理过程中"国家的不干预、放任主义的导向和县级以下地方行政中非正式做法的流行"。"实体治理"强调政府目标和地方非官方制度安排的融合,即国家的首要目标是在不危及地方稳定的前提下,确保社会稳定并满足国家财政需求,只要这些要求能够顺利实现,国家就不干涉地方治理的运作。相反,在地方内生性制度不危及国家利益的时候,国家也会向地方社群开放这一领域并鼓励他们参与,进而达到上述目的。对于地方社会来说,与国家政权的合作对自身也有好处,因为地方自治的运行可以最大限度地减少政府的有害侵入。②

任吉东也试图从乡村的原生态动力与国家政权运作的角度考察国家与社会之间的关系,并通过对清末获鹿与宝坻两地的比较,揭示出传统时代乡村治理方式由于乡村内生秩序的不同而呈现出"多元性"形态。这种多元性治理格局和架构源于封建王朝刻意将诸如乡里制度之类的乡村控制体系从"官僚化"到"去官僚化"的统一进程,"正是在这种国家行政权力逐渐远离乡村的统

---

① 白瑞德:《"非法"的官僚》,见[美]黄宗智、尤陈俊主编:《从诉讼档案出发:中国的法律、社会与文化》,北京:法律出版社 2009 年版,第 63~65 页。

② [美]李怀印:《华北村治:晚清和民国时期的国家与乡村》,岁有生、王士皓译,北京:中华书局 2008 年版,第 15~16 页。

一进程中酝酿了受乡村自然力影响的多元性治理趋势,最终在前近代化时期因为地区的差异形成了多元性治理的格局和架构"①。

华北乡村的治理模式尽管有着这样、那样的不同,或冲突,或合作,或两者兼具、各有侧重,然就绝大多数情况而言,合作是绅士与地方政府之间为维护共同利益而产生的互相依赖,冲突也是由绅士领导的权力与利益的抗争,"在官、绅、民三者之间错综复杂而又极其微妙的相互关系的变化过程中,绅士的社会角色的确是独特的:绅既借官势以欺民,官也靠绅力以施治;民既靠绅势以行事,绅也恃民力以拒官"②。治理模式不一,但均与绅士阶层有着密切关系,恰恰显示出绅士在乡土社会中的地位与能量。无论是在华北抑或江南,绅士阶层借助政治地位与文化权威牢牢把握着乡村社会的主导权。

一、乡土社会权力结构的历史变迁
——以绅士为中心的考察

清王朝可谓中央集权发展的顶峰,但皇权依然止步于州县,在州县级以下没有任何类型的正式政府存在。对于乡村社会的控制则依托绅士阶层间接实现。从乡土社会的角度看,绅士是地方权威,而在官方看来,绅士是延展统治领域的基石,"许多官吏发现,通过士绅向百姓下达命令比通过正常的政府渠道要容易贯彻得多",而且由绅士领导地方事务有助于克服依赖胥吏的弊端。③出仕即为官、退仕则为绅的特殊地位,使绅士阶层以皇权为依托在乡土社会获得极大的权力空间,在华北"下层和在野的士绅在地方政权之下,的确发挥着重要的领导作用"④。除钱粮、刑名等关乎政权存亡的事宜由官府直接掌控外,

---

① 任吉东:《多元性与一体化:近代华北乡村社会治理》,天津:天津社会科学院出版社2007年版,第223页。
② 王先明:《近代绅士——一个封建阶层的历史命运》,天津:天津人民出版社1997年版,第59页。
③ 瞿同祖:《清代地方政府》,范忠信等译,北京:法律出版社2003年版,第306~309页。
④ [美]黄宗智:《华北的小农经济与社会变迁》,北京:中华书局2000年版,第241页。

其他地方事务如风俗教化、地方保卫、公产管理等均由绅士进行掌控。在皇权约束力及向心力强时，绅士阶层致力于兴办上述事业，与地方政府一道维持乡村秩序的稳定，并通过"双轨政治"保有优渥的政治地位。

鸦片战争以后，"西力东渐"之时代环境使传统政治体制以新政为肇端逐步转向近代化，但制度设计与实际效用的不符，使乡村权力分配格局不断分化、重构并逐步走向失衡。"1900年标志着一个世纪的自然转折，当然也是一个富含社会、文化内涵的历史转折。"①这一转折即起于清末新政的推行。辛丑国难后，清政府为维持自身统治，促进政治、经济及教育等的现代化，被迫推行新政，实施地方自治。在官方看来，地方自治的推行是为了改造政体、吸收地方力量以及迎合"嚣然腾于耳"②的自治思潮，首要则在于划分官治、自治范围。这实际上是权力的重新分割配置，"意图自然是要明确正规的官僚界和地方利益集团之间的力量对比"③，但对绅士的委重使绅权继太平天国运动后再度获得扩张机遇，且此次扩张已超出湖北、湖南个别省份，遍及全国范围。

随着新政的启动，各种新机构、章程、制度如学务、警政等纷纷展开，地方事务日益繁重，自治只能依靠绅士进行。1906年11月，清廷上谕由军机大臣奕劻与各省督抚筹议实施地方自治的预备措施。随后，地方自治在天津等地开始试行，地方绅士也因之进入自治机构，如天津开设自治研究所，"饬津郡七属选送士绅之阅历较多素孚乡望者，大治八人，小治六人，并招旁听生入所研究……该绅等于自治理法约略能详，俱有期望实行之心，可收因势利导之效"④，江宁自治的推行"先就省城遴委官绅商设局筹办"⑤。基于试行情

---

① 王先明：《走近乡村——20世纪以来中国乡村发展论争的历史追索》，太原：山西人民出版社2012年版，第1页。

② 穆湘瑶：《上海地方自治研究会讲演录》，《宪政杂志》第2期，转引自马小泉：《国家与社会：清末地方自治与宪政改革》，开封：河南大学出版社2001年版，第42页。

③ [美]孔飞力：《中华帝国晚期的叛乱及其敌人》，谢亮生等译，北京：中国社会科学出版社1990年版，第230页。

④ 故宫博物院明清档案部编：《清末筹备立宪档案史料》下册，北京：中华书局1979年版，第720页。

⑤ 故宫博物院明清档案部编：《清末筹备立宪档案史料》下册，北京：中华书局1979年版，第722页。

况，1908年时清廷委宪政编查馆制定并颁布《城镇乡地方自治章程》，明确将城镇乡之教育会、劝学所、卫生、市镇工程、农工商事务、善举等地方事务办理权移交地方绅士。①城镇所设之议事会、董事会，乡所设之议事会等机构中的议绅"都是具有功名身份的地方绅士"②。

自治的推行将征税权以及旧、新式地方事务的管理权以体制形式赋予了绅士，使绅权的扩张摆脱了乡土社会的束缚，有了合法与合理性依据，而绅士则从乡土道义性权威一变为掌控体制性权力的"权绅"③。不过，由于此时皇权余威尚存，绅士在诸多方面仍受制于官方之监督与约束：以体制层面而言，绅权之合法性与合理性源于掌控新政所设立之新型公共权力机构④，其扩张是清廷主动放权的结果，也只能在既定的体制框架内进行，正如时人所论："夫政府犹发纵之猎人，而绅士则其鹰犬也；政府犹操刀之屠伯，而绅士则其杀人之锋刃也。"⑤而在实际运行层面上，"自治事宜，不得抗违官府之监督，故自治者，乃与官治并行不悖之事，绝非离官治而孤行不顾之词"⑥。委权于诸绅时清廷担忧"自治之义，士绅未能尽解……不得其法，则鱼肉平民，武断乡曲，亦复易滋流弊，又为深虑者也"⑦。因而设计了较多的监督机制以实现权势制衡，如在经费方面，为防漫无限制地征收捐税，"故特于经费章程内明定收捐之制，而仍规以定率，以至管理征收预算决算检查，俱各详示准绳，仍随时报由地方

---

① 故宫博物院明清档案部编：《清末筹备立宪档案史料》下册，北京：中华书局1979年版，第738页。

② 王先明：《近代绅士——一个封建阶层的历史命运》，天津：天津人民出版社1997年版，第301页。

③ 王先明：《变动时代的乡绅——乡绅与乡村社会结构变迁（1901—1945）》，北京：人民出版社2009年版，第117页。

④ [美]艾恺：《最后的儒家——梁漱溟与中国现代化的两难》，王宗昱、冀建中译，南京：江苏人民出版社1996年版，第229页。

⑤ 《绅士为平民之公敌》，见张枬、王忍之编：《辛亥革命前十年间时论选集》第3卷，北京：生活·读书·新知三联书店1977年版，第305页。

⑥ 故宫博物院明清档案部编：《清末筹备立宪档案史料》下册，北京：中华书局1979年版，第725页。

⑦ 故宫博物院明清档案部编：《清末筹备立宪档案史料》下册，北京：中华书局1979年版，第718页。

官查核"①,以防逾滥亏蚀之弊。

庚子国难后,清廷威信一落千丈而控制力急剧衰减,"官督"力量因之大大减弱,所谓的监督约束也仅仅停留在条款层面,更何况部分官员弃置监督权而与劣绅合谋分肥。②绅权的扩张逐步打破传统乡村社会官—绅—民利益之均衡,自治绅士借体制性权力侵蚀地方公产及公共利益之现象触目皆是,自治机构"名目新异,张皇耳目,实不相符,则侵渔有所借口,苛索为之引例"③,致使民变现象层见叠起。这种极端化的绅民冲突"引发了官绅利益关系的破裂"④,清廷自然不会坐视劣绅恶行加剧社会矛盾,进而危及自身统治,于是在调整自身利益倾向时,一定程度上开始向"民"倾斜,并运用有限的控制力约束、惩处劣绅。⑤因此,就总体而言,清末"官督"力量削弱但尚存之局势,使绅士尚不能凭借权力为所欲为。

20世纪初"劣绅"称谓流布一时的现象充分说明权绅在资源束聚过程中对农民生存利益的不断侵害,绅民矛盾的积累以发散型的民变风潮不断爆发。传统"官督"因素的存在使绅民利益冲突能够得到一定程度的调解⑥,但终无法阻止清廷被不断爆发的民变风潮与革命洪流所淹没。然历史的悲剧在于,皇权统治虽因辛亥革命栋折榱崩,绅权却依然延续。仅就川、鄂、江、浙、粤五省而言,新的各级政权中,以革命党人势力为主的占总数47.8%,地方乡

---

① 故宫博物院明清档案部编:《清末筹备立宪档案史料》下册,北京:中华书局1979年版,第726页。

② 扬州师范学院历史系编:《辛亥革命江苏地区史料》,南京:江苏人民出版社1961年版,第12页。

③ 茗荪:《地方自治博议》,《辛亥革命前十年间时论选集》第3卷,北京:生活·读书·新知三联书店1997年版,第407页。

④ 王先明:《士绅阶层与晚清"民变"——绅民冲突的历史趋向与时代成因》,《近代史研究》2008年第1期,第26页。

⑤ 饶怀民、[日]滕谷浩悦编:《长沙抢米风潮资料汇编》,长沙:岳麓书社2001年版,第96页;扬州师范学院历史系编:《辛亥革命江苏地区史料》,南京:江苏人民出版社1961年版,第12页。

⑥ 扬州师范学院历史系编:《辛亥革命江苏地区史料》,南京:江苏人民出版社1961年版,第12页。

绅为主的占23.9%,以旧官吏、旧军官为主的占13%,官、绅、革命党联合的新政权占15.2%。①在山东、河南、河北诸省,革命后的省县级政权也多由绅士所掌控。②

疾风迅雷般的辛亥革命过后,我们看到的是国家政体更易与地方权力的延续与扩张,绅士依然牢牢掌控着主动权,"中华民国成立以来,北京政府一再努力恢复中央集权的局面,而地方的军—绅政权却日渐巩固"③。更为严重的是,辛亥革命彻底打碎以往"官督"力量但又未能形成新控制体系之局面,使绅权不再受制于清廷新政体制的约束,扩张如脱缰野马,引来时人慨叹:"绅权甚张,治理不易。"④有研究表明,在华北地区,"直至20世纪30年代中期,华北各县不但用人权操在当地绅士手中,财政权也操在地方绅士手里"⑤。这些乡村势力人物"集经济、诉讼、荣誉、特权于一身,其势力有时甚至超过县令"⑥。凡征税、警政、兴办地方事业,县政府无不需要"会同地方士绅筹办"⑦,一份文件也显示出县政府在直面地方势力时的乏力与无奈,"政务视察员陈玉琳报称宁晋县地方党派分歧,意见甚深。凡有兴革,甲方欢迎,即乙方反对。于解纷排难之中力谋建设未免棘手,似应调和各派重要份子,使一致协助政

---

① 贺跃夫:《晚清士绅与近代社会变迁——兼与日本士族比较》,广州:广东人民出版社1994年版,第246页。
② 山东省政协文史资料委员会编:《辛亥革命在山东——纪念辛亥革命八十周年》,济南:山东人民出版社1991年版,第9~12、57页;王天奖、邓亦兵:《辛亥革命在河南》,郑州:河南人民出版社1981年版,第137~138页。
③ 陈志让:《军绅政权——近代中国的军阀时期》,北京:生活·读书·新知三联书店1980年版,第59页。
④ 周秋光编:《熊希龄集》上,长沙:湖南出版社1996年版,第351页。
⑤ 任吉东:《多元性与一体化:近代华北乡村社会治理》,天津:天津社会科学院出版社2007年版,第178页。
⑥ 李正华:《乡村集市与近代社会:20世纪前半期华北乡村集市研究》,北京:当代中国出版社1998年版,第115页。
⑦ 《民政厅令内丘县县长据报该县南区西区为盗匪渊薮等情仰会同地方士绅筹办团防认真剿捕由》,《河北省政府公报》第512期,1929年12月,第10页。

府等情合行令仰该厅核办此令等。因奉此合行令仰该县长即便遵照,对于该县各派士绅应即随时妥为开导,化除私见,务使地方感情融洽,庶政循序进行,是为至要此令"①。

对地方绅士来说,随着依托皇权而得来之种种身份等级特权的消失,要维持权势就必须"与国家政权的正式机构进行新的联系"②,而民初地方自治制度的延续恰恰给予绅士维持和扩展自身影响的机会。民初地方议事会等机构仍大都被地方士绅所把持、操纵,如1919年的《顺直各县行政公署单行条例》明确规定:"县公署应设会议厅,筹议关于地方应兴应革一切事宜";"会议厅设主席一人,以县知事充之,会员若干人,以劝学所长、警察所长、财政所长、商会会长、劝业所所长、教育会会长、农会会长及其他关于地方公益各机关首领充之";"如有关于所议事件之绅董,县知事及会员多数认为必要时得临时通知列席";"本会议每月举行一次,但有特别事件,县知事得随时召集或由过半数会员要求县知事召集之";"会议事项以列席会员多数之同意决定"。③而这些所长、会长都为地方士绅所充任。

在绅权不断扩张的同时,绅士阶层也在发生着"新"与"旧"的交替。1905年科举制的废除以及不久后皇权政治的瓦解从根本上切断了传统绅士的产生途径。乡村社会中存留的拥有功名身份的绅士一部分因年龄的增长以及五四运动、大革命的冲击而退出乡村权力的舞台④,也有一些主动接受新式教育,并以此为资本参与乡村事务、掌握政治权力,从而转变为新绅士。另一方面,民元后历届政府对乡村社会的渗透也是使旧绅士退位而新绅士上台的重要影响因素。进入民国以后,为满足军费等财政需求,历届政府不断增加苛捐杂税

---

① 《民政厅令甯晋县县长对于该县各派士绅应即随时妥为开导化除私见务使地方感情融洽庶政循序进行由》,《河北省政府公报》第768期,1930年9月,第2页。

② [美]孔飞力:《中华帝国晚期的叛乱及其敌人》,谢亮生等译,北京:中国社会科学出版社1990年版,第228页。

③ 《顺直各县行政公署单行条例》,转引自郑起东:《转型期的华北农村社会》,上海:上海书店出版社2004年版,第50页。

④ 任吉东:《多元性与一体化:近代华北乡村社会治理》,天津:天津社会科学院出版社2007年版,第174页。

的种类与数额，并不顾乡村承受能力加以各种临时性的摊派。1927年南京国民政府成立后，改1900—1928年通行的区董警长制为区长制①，将国家权力延伸到县以下的区一级，更是加强了从乡村社会攫取资源的力度，使国家政权建设出现"内卷化"的现象。面对国家渗透压力的日益增长，以传统绅士为核心的原村庄领袖不堪重负而选择退隐或离乡进城，导致地痞、恶霸等乡村恶势力趁机攫取各类公职、公权，"成为乡村政权的主流"②。这些被称为"赢利型经纪"之辈凭借武力、财力等强权资本以及与政权的结合，摇身一变为"新绅士"，取"旧绅士"而代之。

这些凭借新的文化资本、强权资本而登台的新绅士与以往旧绅士已经有着明显不同，但出于对绅士地位与角色的集体记忆，此类权势人物也被称为或视为绅士。新绅士的等级身份和文化权威等特征已逐渐弱化，在才德与威望方面均难比传统绅士，刘大鹏在日记中就毫不留情地指斥此辈新绅士，"民国之绅士多系钻营奔竞之绅士，非是劣衿、土棍，即为败商、村蠹，而够绅士之资格者各县皆寥寥无几，即现在之绅士，多为县长之走狗"③。其中虽然有意气之争的成分，但也道出了社会现实。由于特权与地位的获得是出于外力而并非乡土社会所赋予，新绅士自然也对乡土社会无所依恋，不存保护之心，为谋得个人私利甚至不惜损及乡村民众之集体利益，进而蜕变为"土豪劣绅"，盘踞一方，"一村的乡绅便是一村的军阀，这些土豪乡绅在农村之中包揽一切地方公务，霸占祠族庙宇及所谓慈善团体，公益团体的田地财产，欺压乡民，剥削佃农"④。如在河南，"区长们凭藉他们底资格和地位，在乡村中往往形成一种特殊势力。他们包揽讼事，他们任意派款，甚至残杀善良，以造成个人的专横，扩大个人的权力"⑤。

---

① 从翰香主编：《近代冀鲁豫乡村》，北京：中国社会科学出版社1995年版，第57~58页。

② [美]杜赞奇：《文化、权力与国家——1900—1942年的华北农村》，王福明译，南京：江苏人民出版社1996年版，第238页。

③ 刘大鹏：《退想斋日记》，太原：山西人民出版社1990年版，第336页。

④ 《瞿秋白文集》（政治理论编）第4卷，北京：人民出版社1993年版，第578页。

⑤ 行政院农村复兴委员会编：《河南省农村调查》，上海：商务印书馆1934年版，第76页。

尽管绅士阶层在清亡以后产生了剧烈的分化与继替,其成员构成、特征等发生了重大改变,但却始终支配着基层社会,"在20世纪前期剧烈的社会政治变迁中,士绅仍然成为乡村权力结构的主体,只是此时的士绅构成却并非局限于功名、身份,其来源和出身已呈多元化趋向……士绅话语仍然揭示着民国乡村权力的结构性特征"①。不过,随着新旧绅士的交替,其主导的村庄事务的内容与处理方式也在发生着质的改变,影响着农民的日常生活、对外部世界的感知乃至整个乡村社会的走向。

二、乡村事业内容的变更

传统乡村社会结构简单,村庄事务亦不复杂,除完粮纳税外,其他诸如风俗教化、赈济贫弱、修桥铺路、管理公产、地方防卫等事项均由绅士负责,多用于维护一乡乡民的利益。这些地方公益或公共事业,虽因主持之绅士能力大小、热情高低而繁简不一,但基本与构筑在小农经济之上的乡土社会与农民需求相适应,维系着乡土社会的稳定。如以公产为例,其捐置、运作基本都由绅士阶层承担。作为乡村中一种较为特殊的经济资源,公产即名为"公",意味着承载"公"的伦理,是公平、公正、道义之所在,具备着利益再分配性质。公产人人可以得益,对一般农民及贫弱者则意味着一种生活保障以及得到这保障的权利②,有助于缓和乡村社会的矛盾与不公。

然而,随着绅士阶层的分化、新旧交替、战乱以及国家政权渗透压力的不断增长,乡村事务的内容从举办各种公益事业以维护乡土秩序进而变为以征税为主的资源单向抽取。自清末新政时起,各种临时的捐税已然成为农民的沉重负担,"当捐之行也,一盏灯,一斤肉,一瓶酒,无不有税,墨吏劣绅从而把持之。既以厘捐之故,使百物腾贵,人困于无聊,至此再直接以税之。夫可有可不有之物,民可因其贵而不用也。若夫烟、酒、肉则为生人所日用之类,而亦使

---

① 王先明:《士绅构成要素的变异与乡村权力——以20世纪三四十年代的晋西北、晋中为例》,《近代史研究》2005年第2期,第245页。

② 张研:《清代族田与基层社会结构》,北京:中国人民大学出版社1991年版,第293页。

之不可得,民始怨矣"①。

　　进入民国后,所谓的民主共和政体并未能救民于水火,引来的只是无休止的军阀混战,如1931年时致力于调查黄河以北兵差情况的王寅生所言:"近20年来军阀们,一方面代表着利害冲突的各帝国主义者和不相容纳的国内统治势力底各部分,一方面受落后的国内经济情形所给与他们的封建性底驱策,纵横捭阖,不断地彼此厮杀。尤其是从1916年到现在16年中间军阀战乱从没有一年休止。战争一次凶似一次,战区一次大似一次。"②军阀混战不仅使生灵涂炭、农业生产遭到严重破坏,大兵过境更是随意向地方摊派兵差。以冀鲁豫三省为例,1929—1930年时山东全省107个县中负担兵差的有77个,所占比例达71.9%,同期河南全省112个县中负担兵差的有92个,比例高达82.1%,最为严重的是河北,全省130个县无一例外负有兵差负担。③就兵差额度而言,1928年上半期时山东各县的兵差最少为11 445.00元,最多为107 878.86元。兵差一般按地丁税额摊派,如按兵差对地丁正税的百分比来算,山东各县上半期平均在81%,下半期平均更是高达141%。④山东在三省中兵差负担已是最小,其他两省的情况自不待言。除了货币兵差,还有实物兵差,1929—1930年间仅见诸报端的实物兵差的种类就将近百种,涵括衣食住行方方面面,几乎将所到之处搜罗干净。⑤

　　乡村不仅要应付过往的军队的兵差,还要面对政府不断增加的各种税收。进入民国以后,随着政治体制的转换,政府部门的职能迅速扩张,随之而来的就是财政需求的急剧增加。为解燃眉之急,政府往往以各种捐税、附加税及摊派的形式强加于乡村民众之上。"自民元以来,特别自十六年以来……附加税随着新政一天一天的加多。例如办党要钱,办自治要钱,修路修衙门要钱,甚至复兴农村也要钱,这些钱只好尽先向农民要。到了民国二十年,厘金税裁撤

---

　　①　《论近日民变之多》,《东方杂志》第11期,光绪三十年十一月(1904年12月),第271页。
　　②　王寅生、薛品轩、石凯福:《中国北部的兵差与农民》,出版社不详,1931年版,第8页。
　　③　王寅生、薛品轩、石凯福:《中国北部的兵差与农民》,出版社不详,1931年版,第10页。
　　④　王寅生、薛品轩、石凯福:《中国北部的兵差与农民》,出版社不详,1931年版,第11页。
　　⑤　王寅生、薛品轩、石凯福:《中国北部的兵差与农民》,出版社不详,1931年版,第7页。

了,有许多经费向来依靠厘金或厘金附加的,现在也要在田赋附加上面想法,于是从前一部分工商的负担现在也放在农民的肩上。"①1934年时山东各种田赋附加税超过11种,河南有42种,河北也高达48种②,临时的摊派更是全无限制,随需而征,"事先既无规定征期数额,事后又不见公布用途,常有县府令该区摊一千元而区长则照二千元摊派者,所以这与其名为捐税,无宁叫做掠夺"③。据河北省土地调查的某委员谈:"农村田赋太重,每亩捐税一角,一切附加原即在内,但村公所及其他机关又摊派三、四倍之数。河北省苛捐杂税固多,而无名之摊派尤伙。"④

诸种现象表明,进入20世纪后,各种捐税及摊派的征收逐渐成为乡村事务的主要内容,"村领袖们的主要职能是征收摊款,这是由村长和村首事们共同执行的。村领袖们还得为区公所或过往军队下达的各项工程拨派夫役"⑤。乡村事务内容的改变破坏了长久以来形成的乡村社会内生秩序,至少在两个方面影响着乡村社会的发展及其走向:

其一,加剧了农民生活的贫困以及自我保护意识。面对乡村恶劣的生存环境,稍有能力者往往举家携资避往相对稳定的城市,而一般农民却只能竭力承担。以往有益于自身的各种公益或公共事业的消失殆尽,不仅仅意味着实际利益的损失,而且意味着生活保障以及安全感的消失,这所产生之痛苦比生活水平的降低更为切肤。民国以来日益加重的捐税、摊派对农民生活产生的影响更是至深且痛,生活在河北省阳原县的农民在20世纪30年代出现生计难以维系的局面,其主要原因就在于捐税负担过于沉重,"田赋地丁,人民已相沿成习,虽轻重不匀,久在人们预算之例,于生计无妨也。惟连年内战重

---

① 何会源:《论田赋附加》,《独立评论》第89号,1934年2月,第6页。
② 邹枋:《中国田赋附加的种类》,《东方杂志》第31卷第14号,1934年7月,第312页。
③ 章有义编:《中国近代农业史资料》(第三辑 1927—1937),北京:生活·读书·新知三联书店1957年版,第82页。
④ 章有义编:《中国近代农业史资料》(第三辑 1927—1937),北京:生活·读书·新知三联书店1957年版,第84页。
⑤ [美]杜赞奇:《文化、权利与国家:1900—1942年的华北农村》,王福明译,南京:江苏人民出版社1996年版,第149页。

累人民,敲骨吸髓,精疲力竭,平时设法征敛,漫无限制,任意摊派,摧提滋扰,尽其力之所及剥夺人民"①。

相对城市而言,农村的劣势地位使其"久受贪官污吏,苛税杂捐,兵匪劫掠等种种的害处;人民如惊弓之鸟,在恐惶中过生活"②。民国后建立起的新政权也未能解民倒悬,农民"在军阀时代受了军—绅政权的剥削,他们的生活愈加痛苦,他们的安全感日渐丧失"③。艰难的生存处境使农民不得不以一种警惕与猜忌的心理看待外来事物与人,"初到乡间的时候,他们总是用疑虑的眼光来看你,用消极的态度来抵制你,这时他不惟不相信你的话,并且不愿意和你谈;总是在一旁里揣测臆度,窃窃私议"④。李景汉在定县进行调查时深感"无论如何,不能免除农民的怀疑。有的说我们是传教的,有的想我们是征税的,有的以为我们是招兵的,或是与政府有其他关系的"⑤。

更有甚者,自清末新政到民国,许多捐税的征收往往假借"自治"、"建设"之名进行,使农民对此类字眼充满抵制与畏惧。晚清最后十年时各地民变不断,其原因就在于权绅借用"自治"的名义肆意征税,"地方绅士,藉口经费,肆意苛征……皆有常捐,悉索蔽赋,民不聊生,绅民相仇,积怨发愤,而乱事以起。官不恤民,袒助劣绅,苛敛不遂,淫刑以逞,而乱事以成"⑥。此外,无论是毁学还是抵制户口调查等抵制乡村事业进行的暴力行为,原因都在于"乡民认为关乎其基本生存的条件受到了绅士们的损害"⑦。

---

① 《民国阳原县志》卷3《生计》,见《中国地方志集成》,南京:江苏古籍出版社,上海:上海书店,成都:巴蜀书社,2006年版,第207页。

② 李景汉编著:《定县社会概况调查·序言》,定县:中华平民教育促进会1933年版,第2页。

③ 陈志让:《军绅政权——近代中国的军阀时期》,北京:生活·读书·新知三联书店1980年版,第133页。

④ 王湘岑:《下乡后的一点感想——写给作乡村运动的朋友》,《乡村建设》第2卷第1期,1932年8月,第33页。

⑤ 李景汉编著:《定县社会概况调查·序言》,定县:中华平民教育促进会1933年版,第2页。

⑥ 长舆:《论莱阳民变事》,《国风报》第1年第18期,宣统二年七月(1910年8月),第2页。

⑦ 王先明:《历史记忆与社会重构——以清末民初"绅权"变异为中心的考察》,《历史研究》2010年第3期,第11页。

农民的这种心理在外人看来也许是"保守"、"顽固"①的,是因为智识浅陋所致,但实际上更多的是源于生活困难而产生的强烈自我保护意识,并非农民本身习性所致。在这种心理作用下,农民几乎排斥一切外加于乡村及自身的活动,包括目的在于复兴农村、提高农民生活水平的乡村建设事业,"现在全国党政各界,有一句时髦的话叫做'建设',不知老百姓最怕听建设这句话"②。因此,要推行建设必须首先获得农民的信任,平教会起初在定县着手实验的准备工作时就不得不先消除村民的疑虑,"他们中有些人了解我们的计划,但大多数人不了解。他们认为我们可能是一帮传道士。他们甚至怀疑我们是想收集他们村的内部情报,心想也许政府会加重他们的税务。以前的官员千方百计地压榨他们,他们不敢相信这一群人仅仅是为了研究当地情况而毫无私心"③。但获取农民的信任绝非易事,需要一定的时间与举措,无疑增加了乡村事业开展的难度。

其二,使乡村的发展偏离时代主潮,促成"发展性"危机。与城市相比,乡村社会本来就发展缓慢,"都市经济是站在集约的(intensine)商工业多元的基础上,而农村经济则建立在粗放的(extensine)原始产业一元的基础上"④。通过捐税、摊派等方式从农村中抽取的各种资源大多数最终流向城市,很少能再次回流到乡村社会,促成了城市的畸形膨胀,却使农村社会失去了发展的资本,"中国都市正在发展之时,农村不独荒凉寂寞;且进一步大大的崩溃起来了"⑤。

在传统时代,有关农业生产诸事项名之曰"农政",而振兴农政的手段不外乎重垦荒、广蚕桑,"窃维立国之道,以民为本,养民之法,惟食为天。旷观古今,纵览宇宙,国势之强弱,商业之盛衰,恒视乎农业之兴废以为准,是以

---

① 顾复编:《农村社会学》,上海:商务印书馆1935年版,第38页。

② 梁漱溟:《北游所见纪略》,《村治月刊》第1卷第4期,1929年6月,第21页。

③ 晏阳初:《有文化的中国新农民》,见宋恩荣主编:《晏阳初全集》第1卷,长沙:湖南教育出版社1992年版,第144~145页。

④ 甘祠森:《都市经济与农村经济》,《商兑》第1卷第7期,1933年5月,第9~10页。

⑤ 周谷城:《中国社会之变化》,见《民国丛书》编辑委员会编:《民国丛书》第1编77,上海:上海书店出版社1989年版(影印本),第85页。

古圣教民首言足食,列强富国,先重农林"①。1901年罗振玉将农政要领发展为"九端",分别为设农官、考农事、奖垦荒、励农学、兴林利、兴牧利、兴海利、兴制造、立赛会。②内容虽有所丰富,但仍是主张振兴传统生产部门以促进农业生产。

然在工业化、近代化的潮流之下,复兴农村的目的在于振兴农村经济,提高农民生活水平,最终实现农村全方位的近代化。曾济宽就指出农村问题并非孤立而是与时代背景有着密切的关联,此背景即为中国"对内谋农民的解放,以求国民经济全体之合理的发展;对外求国家之自由平等,藉以保障国民经济之独立,而使成为现代国家化"③。因此,农村问题至少包含着走上近代化与保护农民两个方面的重要意义:"一方面就是感受现代农村问题的潮流,不得不适应世界环境,赶上现代文明的道路,而作种种实地建设的准备;他一方面又须维持农业传统的经营形态,保护中小农业,留存农村共同社会的精神,使不致再蹈入欧美资本主义的覆辙。"④显然,要达到振兴农村、实现近代化的目的,所需要的事业内容与手段工具已不能再借助传统时代的做法,必须"注入各业以新原素及新制度"⑤,而这种"新原素与新制度"的内容相当丰富且具有鲜明的近代化指向,包括教育制度的改进,合作社等各种现代经济组织的利用,甚至需要政治环境之革新。

因此,到20世纪二三十年代时,摆在乡村建设工作者面前的是一个复杂的局势:其一,要复兴农村就需要改变乡村事务的内容,增加有助于促进农村经济发展以及近代化的各项事业,这就有获得民众支持并成为新权力中心的可能。对于掌控着乡村权力与事务的绅士来说,这无疑是一种潜在的竞争,极易引起他们的猜忌与抵制。其二,建设农村所需要的事业内容涵括较广,推行

---

① 《财政总长陈锦涛呈请筹设兴农殖边银行文》,《申报》1912年3月13日,第1版。
② 罗振玉:《农政条陈》,见姜亚沙、经莉、陈湛绮主编:《中国早期农学期刊汇编》第7册,北京:全国图书馆文献微缩复制中心2009年版,第125~128页。
③ 曾济宽:《怎样解决中国农村问题》,《中国建设》第8卷第5期,1933年11月,第12页。
④ 曾济宽:《怎样解决中国农村问题》,《中国建设》第8卷第5期,1933年11月,第12页。
⑤ 《民国阳原县志》卷3《生计》,见《中国地方志集成》,南京:江苏古籍出版社,上海:上海书店,成都:巴蜀书社,2006年版,第213页。

急需农民的支持,但实际上所需办理的事业越多,农民的抵触心理越强,如不首先打动农民、获得他们信任则寸步难行。对于乡建工作者来说,如何处理好与地方绅士、农民的利益关系,进而获得各方的认同与支持,实现民众动员,就成为工作得以开展并取得成效的关键所在。

第二节 "上联下接"：工作方式方法之构想

为了在乡建工作过程中处理好与乡村社会各方之间的利益关系，梁漱溟及其领导的山东乡村建设研究院从自身的乡村建设理论出发，为工作者设计了"上联下接"的工作方式。从乡农学校，到民众学校，再到乡学村学，研究院所力图建构的农村新组织虽名称不同，形式也略有差异，但对于工作者工作方式的规划并无本质区别，而其中以对村学乡学的设计最为完备，可作为分析研究之典型。村学教员、乡学教员及辅导员是乡学村学中的重要组成，作为一线的乡村工作者有其独特的地位与作用。有关乡建工作方式的构想基本围绕他们展开，并须放在组织的角度去理解。

在梁漱溟看来，要复兴乡村必须形成新的乡村组织，而这一组织必须具备两个条件：第一，要能"培养组织能力，实现团体生活"。梁漱溟认为农村问题的产生一定程度上源于近代以来西方资本主义竞争的不断加剧，而要应对这种来自经济、文化、社会等各方面的竞争，必须将乡村社会中各种分散的力量结成团体方能进行抵御，"欲图生存，非注意结合团体不可；无论是讲文的，或者是讲武的，都须要靠团体去应付这个剧烈的竞争"[①]。这个团体不是机械式

[①] 梁漱溟：《乡村建设大意》，见中国文化书院学术委员会编：《梁漱溟全集》第1卷，济南：山东人民出版社1989年版，第639页。

的结合,需要每个成员改变以往缺乏纪律、一盘散沙的习惯与状态,"有力地参加"这个团体,即"团体里面的每个份子,对团体的事情,都要在心里想一遍,从心里过一遍,然后再大家商量商量,磋商出一个共同的决定来,一致向前去进行"①,如此团体才能有力量。第二,要能使"内地乡村社会与外面世界相交通"。农村社会落后的另一个重要致因在于科学技术的匮乏,农业技术或说农业生产力在几百年甚至上千年以来没有本质的改变。在面对近代以来频发的天灾人祸时,农村经济的破产已是无法阻挡的趋势。要复兴农村经济,"开农村的生机",就必须将新的知识方法引入农村社会,同时根据农村社会的特质及需要改进这种新的知识方法,将新知识、新方法的研究与社会实情相沟通,"若两面环转相通,打成一气,则不但社会进步,学术亦从而创造猛进"②。因此,农村新组织还必须承担起科学技术等的输送责任。总体而言,为复兴农村而建立的新组织必须包含两个要点:"一、如何使乡村里面的每个份子,对乡村团体的事情,都为有力地参加,渐以养成团体生活;二、如何使内地乡村社会与外面世界相交通,借以引进外面的新知识方法。"③

基于以上理念而构建出的乡学村学是研究院进行乡村建设所依托的基本组织,其作用在于融合乡村社会各阶层,并沟通乡村与外界社会的联系,进而实现建设乡村之目的。这一作用或说目的最终需要依托"乡村运动者"——乡学村学的教员、辅导员得以实现。因而教员、辅导员的工作方式也被系统化为两条:"上联士绅,下联民众"、"问题上达、方法下达"。具体来说,乡学村学中教员、辅导员承担着一种"中介"的角色,是"一个顶妙的人,他是不高不低、不大不小、不他不自的一个人"④。一方面对上联络、拉拢绅士,对下则拉近农民,

---

① 梁漱溟:《乡村建设大意》,见中国文化书院学术委员会编:《梁漱溟全集》第1卷,济南:山东人民出版社1989年版,第641页。

② 梁漱溟:《乡村建设大意》,见中国文化书院学术委员会编:《梁漱溟全集》第1卷,济南:山东人民出版社1989年版,第648页。

③ 梁漱溟:《乡村建设大意》,见中国文化书院学术委员会编:《梁漱溟全集》第1卷,济南:山东人民出版社1989年版,第650页。

④ 梁漱溟:《乡村建设理论》,见中国文化书院学术委员会编:《梁漱溟全集》第2卷,济南:山东人民出版社1990年版,第349页。

与农民打成一片,在互相的沟通联系中实现各方利益的妥善处理以及民众动员,保障工作的顺利开展。另一方面则以研究院为"大后方",将各种农业科学技术输入乡村,同时将农村问题反馈回研究院,通过研究求得方法后再送回乡村,提高工作的针对性与适用性,保障工作的开展成效。他处如定县虽未有明确的设计方案,但具体工作也近似地沿着这种思路展开,如在开展工作时也先与绅士接洽以求得帮助,在文艺、生计教育中借用表证制度以动员农民,并通过研究—实验—反馈的建设路径,实现农村与科学技术的结合。下试分述之:

一、"上联士绅,下联民众"
——民众动员方式的设想

处理好与绅士、农民的关系,实现民众动员,是乡村建设运动成功的根本所在。在这一问题上,梁漱溟持一种"以团结求建设"的思想,认为乡村建设运动只有乡村民众齐心协力方能做好。"乡村建设运动实为一种农民运动,或造端于农民运动者,要在启发农民自觉,促成农民组织,培起其自身力量,解决其自身问题(所不同于过去之农民运动者,盖在不分化乡村而视乡村为整个的,不斗争破坏而合作建设)。"① 而乡农学校、乡学村学等是实现团结合作的组织,只有通过这些农村新组织等将地方绅耆、知识分子、普通民众融合为一体,实现"齐心学好,向上求进步"②,乡村建设运动方能成功。而在此三种力量中,知识分子是乡村建设事业的引领者,"如果没有乡村运动者,就不能发生向上的作用与进步的意义"③。正是基于这种"以团结求建设"的思想,工作者的民众动员方式被规划为"上联士绅,下联民众",承担着礼待绅士、在下动员

---

① 梁漱溟:《广西国民基础教育与乡村建设运动》,见中国文化书院学术委员会编:《梁漱溟全集》第5卷,济南:山东人民出版社1992年版,第635~636页。
② 梁漱溟:《村学乡学须知》,邹平:山东乡村建设研究院出版股1935年版,第3页。
③ 梁漱溟:《乡农学校的办法及其意义》,见中国文化书院学术委员会编:《梁漱溟全集》第5卷,济南:山东人民出版社1992年版,第348页。

农民的重责。

梁漱溟深谙中国传统乡村社会的特质,极为重视绅士耆老在地方事务中的作用,冀望引导他们的力量去建设乡村,实现乡村的复兴。他认为"所谓土豪劣绅即指乡间一般人之愚懦受欺,一二人之威福自恣的事实;却非某个人的品行问题",其出现是近代以来的社会环境所造就:"第一,今人欲望比前高许多,而生活的艰难及风气的丕变,更使人歆慕金钱势力;第二,频年的变乱,使人变得险诈狠毒,残忍胆大;第三,社会旧秩序(法律制度习惯教条等)已失,而新秩序未立;于此际也,多数谨愿者莫知所凭循,最易受欺,而少数奸猾乃大得乘机取巧纵肆横行之便。"①不彻底改变这种社会环境,则无法根除土豪劣绅。而乡学村学正是改造乡村社会、培养民智民力的新组织,利用乡学村学将乡村中的权势人物纳入其中,可以团结、规劝其中行为较为端正者,将其改造为乡村建设运动的重要力量,"使彼等受磨练熏陶于无形之中,为养成乡村领袖人材计,为目前办事便利计,均有必要也"②。

地方领袖在乡学村学中占有重要地位。乡学村学由各该学董会依该区民众群情所归,推举齿德并茂者一人,经县政府聘礼为各该学学长。学长主持教育,为各该区民众之师长,不负事务责任。③乡学学董分当然与聘任两种,本乡各村村理事及未设村学之各村村长为当然学董,由县政府聘任本乡资望素孚、热心公益者1—3人为聘任学董。村学学董会由实验区政府就本村人士中遴得相当人选,经邀集村众开会咨询同意后,由县政府函聘之。④学董会与学长大多由当地绅士领袖等充任,地位极高,如学董是乡农的导师。"谁是乡农的导师?我想,除开乡村运动者为当然导师外,校长,校董,学校所在地的县长,区长,乡镇长,士绅乃至外来参观的人士都可以做我们乡农的导师。"⑤学

---

① 梁漱溟:《乡村建设理论》,见中国文化书院学术委员会编:《梁漱溟全集》第2卷,济南:山东人民出版社1990年版,第406页。

② 公竹川:《本院霍家坡实验民众学校的办法及其意义》,《乡村建设》第2卷第27~29期合刊,1933年,第13页。

③ 梁漱溟:《村学乡学须知》,邹平:山东乡村建设研究院出版股1935年版,第42页。

④ 梁漱溟:《村学乡学须知》,邹平:山东乡村建设研究院出版股1935年版,第47~51页。

⑤ 杨效春:《乡农学校的学团编制》,《乡村建设》第2卷第22、23期合刊,1933年,第8页。

长更是"自处于超然地位",超居众人之上,以便监督、调和民众。①

为动员绅士加入乡学村学,工作者被赋予重责。研究院特别指示下乡去的工作者无论是在乡学村学成立之前、之初还是之后,均应用尽一切办法拉拢相对开明的绅士,争取同情与支持,以利于乡村建设工作的开展。如在村学乡学成立之前,应先物色与培养地方领袖。由辅导员进行考察,如某一村庄可以成立村学,就着手物色品学兼备、作风正派的威望人物,通过各种方式"抓住他,亲近他,与他作朋友,打动他的心肝,使他鼓动村内大众的心气,做(作)事先的酝酿预备",使其明白村学的地位及意义所在,使其知晓"村学成立,一则可以提振大家向上学好的心志,整顿村内不良的风气,慢慢走上自治的途径;再则可以得到种种好处,如外面的新方法、新技术、新知识都可经由村学介绍进来,此一村庄自然会往进步里去。总之要想向上学好求进步非成立村学不可"②。

在乡学村学成立之初,教员、辅导员需对学董、学长、理事的人选进行妥善拣择与安排,如有机会也可培养新领袖③,促进乡学村学工作的开展,至少也要减少工作阻力。乡学学董会成员中除当然学董外,其余由县政府遴选安排,但安排之前先由辅导员进行初步的考察,以使所选出之人能为乡众所心服,"虽不出于他们自己推举,亦同他们(有熟练的组织能力以后)所要推选的一样。如此则必能使散漫的村众凝合一体,渐渐发生团体作用。否则,一有不得其人之处,众心不能翕合,或领袖彼此间不能合作,是未合先分,离自治希望愈远"④。同时,作为村学的一分子,要求教员礼待地方绅士,"要知道尊敬学长——村学之中自以学长为最尊;不尊学长,何以为村学?学长为一村之师长。吾人果有恳切向上学好之诚心则自然要尊师。抑非尊师亦无以提起阖村人众向上学好之精神。故尊师为要";"要接受学长的训饬——学长以其在父老的地位言,众人大都为其子弟;子弟应听亲长的话……凡学长对村中众人或那一个人有训饬教戒的话,众人或那一人皆应接受"。⑤

---

① 梁漱溟:《村学乡学须知》,邹平:山东乡村建设研究院出版股1935年版,第14页。
② 萧克木编校:《邹平的村学乡学》,邹平:乡村书店1936年版,第86页。
③ 萧克木编校:《邹平的村学乡学》,邹平:乡村书店1936年版,第92页。
④ 梁漱溟:《村学乡学须知》,邹平:山东乡村建设研究院出版股1935年版,第31页。
⑤ 梁漱溟:《村学乡学须知》,邹平:山东乡村建设研究院出版股1935年版,第9~10页。

在乡学村学成立以后,应辅导、监督与激励地方领袖尽心扶助乡学村学所办的建设事业。在这一阶段,辅导员的重要职责转为辅导、监督,其虽由县政府所派遣,但在身份定位上更偏向于教育人员,"因'辅导'原即是教育功夫……设辅导员以辅导功夫导其入轨合辙。辅导员所得为者亦不过劝告指正而已"①。乡学学长、学董、理事、教员及这一乡所属村学学长、学董、理事、教员等俱在辅导员辅导、监督之列,因而所负职责颇为广泛,如"应随时注意学长学董理事以及村众等的行为态度合于乡学村学办法所规定否?合于本编须知所说他们各自应尽之义务否?"②再者,学董会是村学乡学的最主要机关,"乡学村学由各该学董会于县政府之监督指导下主持办理之"③,辅导员最主要的职责便在于健全学董会,"应于整个学董会之精神上、健全上多加注意……自然一上来是得勉强一点,渐渐地去培养他的兴趣。开会的次数不可不够……在开会时能使他们感觉有意思,精神很活泼地去讨论;在不开会时能以常务学董做中心而协助之"④。同时辅导员也负有考察乡学村学教员是否尽职之责。⑤由于辅导员并不常住乡间,对各村学学长、学董、理事等往往不如各该村学教员熟悉,教员也需要协助辅导员进行辅导与监督。

联络绅士也是平教会开展平教工作的前提步骤与重要内容。为使各地平民教育工作得以顺利开展,平教会根据经验采取一种"鼎足而三"的平教推行策略。此"三足"即地方人士、平教专家、地方政府,其分工合作的责任大致划分为:1.地方上各界领袖,自动联合各法团、各机关和一般热心人士共同提倡平教,并分任各委员会的委员,协助专家实施平教。2.培养或聘请平教专门人才,专任实施平教事宜,并请托平教总会选派专家指导一切;3.呈请地方政府补助经费,维持秩序,并规定褒奖和惩戒办法,使平民教育在地方上易于普及。⑥

---

① 梁漱溟:《村学乡学须知》,邹平:山东乡村建设研究院出版股1935年版,第27~28页。
② 梁漱溟:《村学乡学须知》,邹平:山东乡村建设研究院出版股1935年版,第31页。
③ 梁漱溟:《村学乡学须知》,邹平:山东乡村建设研究院出版股1935年版,第42页。
④ 萧克木编校:《邹平的村学乡学》,邹平:乡村书店1936年版,第91~92页。
⑤ 梁漱溟:《村学乡学须知》,邹平:山东乡村建设研究院出版股1935年版,第32页。
⑥ 晏阳初:《平民教育概论》,见宋恩荣主编:《晏阳初全集》第1卷,长沙:湖南教育出版社1992年版,第133页。

在开展具体平民教育时,平教会一方面出于自身人力物力不足的考虑,一方面希望获得地方上的充分支持,遂将联络当地绅士视为初步的工作,并制定了较为详细的步骤:在运动的准备阶段,先举行全城大规模的平民教育宣传与活动,使"一地之民众知平民教育为何事,进一步对于平民教育表示同情,给予援助"。在引起当地人士的注意后,再进行"接洽"的工作以获得支持,"先与本城各界重要人士个人接洽,得其赞同与合作;接洽时,不仅得当地人士之赞助而已,即将来寻觅校舍,筹划经费,聘请教师,招收学生,亦颇有关系"。在接洽与调查结束后,由当地负有声望之人发起邀集各方领袖人物,召开平教会议,组织全城平教运动筹备会。随后组织干事会,执行筹备会决议事项,选拔本地热心平教事业的精干男女充任各职,正式开展平教工作。①

平民教育促进分会的设立也是出于联络绅士的考虑。在未有平民学校而准备开展平民教育的地方,平教会拟订的工作方针是先联络地方领袖,成立"平民教育促进分会",主要成员由"乡村领袖所组成"②。并进一步以平民教育促进分会为主要力量提倡设立平民学校。在转向定县开展实验工作后,平教会也不得不首先接洽村庄领袖,打消其疑虑并获得支持。

乡建工作者如教员、辅导员等身处乡学村学结构的中层,"上联绅士"是获得支持、减少事业阻力的必要手段,而"下联民众"则是实现乡村建设主体力量动员的根本途径,两者缺一不可。农民是乡村建设的主体也是最根本的力量已为是时之共识,"乡村问题的解决,一定要靠乡村里的人;如果乡村里的人自己不动,等待人家来替他解决问题,是没这回事情的。乡村问题的解决,天然要靠乡村人为主力"③。在梁漱溟看来,农村的破产不仅是经济破产,也是农民精神上的破产,而后者的影响更为剧烈。精神破产则没有"乐生之心",更没有"进取心",乡建事业同样无法顺利进行,"今日中国之乡下人在精神方面

---

① 晏阳初:《平民教育运动术》,见宋恩荣主编:《晏阳初全集》第1卷,长沙:湖南教育出版社1992年版,第75~76页。

② 梁漱溟:《乡村建设理论》,见中国文化书院学术委员会编:《梁漱溟全集》第2卷,济南:山东人民出版社1990年版,第347页。

③ 梁漱溟:《乡村建设理论》,见中国文化书院学术委员会编:《梁漱溟全集》第2卷,济南:山东人民出版社1990年版,第350页。

有问题，一般人的心理都在彷徨、迷离、沉闷无主，完全失掉了凭准……经济问题很重要，可是当他在精神上有问题的时候，无论如何也不会使经济有办法的。人只是一团活力，有活力一切事都可做得好。当一般人都失掉了活力的时候，还有什么可以进行？"①

要动员农民参与乡村建设，就必须首先对农民进行精神上的鼓舞，对此梁漱溟借用孙中山的"心理建设"一词来说明这一做法的意义与性质。进行心理建设的最好途径被认为是发扬中华民族固有的精神——即乡约精神，因此研究院指示教员在下乡后要借助机会与乡民讨论乡约，通过"建议"的方式引起乡民注意，"一下乡差不多就可以和村庄上的读书人、老年人、办事人，以及一般民众谈论这件事情（乡约），仿佛像是给他们一个建议：古时的圣贤这样的做法，我们可不可以也仿做一下？……在事前向他们提议，慢慢酝酿酝酿，提起他的劲来，然后再来成立这个乡约"②。为强化效果，教员还可以利用"在现实里面多少有一点超现实化，于开明通达里面让他有一点神秘化"③的方式，在讲解中将一家一族与民族国家命运相联系，鼓舞起民族意识、民族精神。通过对乡约的宣传，使乡民逐渐接受乡约的内容、形式，引起民众"人生向上"、"伦理情谊"等精神，进而实现村内的团结，为乡学村学的建立以及乡村建设事业的推行奠定基础。

在鼓舞精神的同时，教员还承担着"传达者"与"动员者"的角色，即将乡村建设的要点传达给农民。但无论是对农民进行心理建设，还是承担传达者的角色，工作者均被要求必须有"诸己"，即凡事必须自身先能做到，先有精神与信仰，然后才能感染农民，"欲乡下人有此信念，必须辅导员村学教员自己心里先有此信念才行。必须你自己先透澈此意以后，你才能讲，不然，讲出也不能动听"④。因此，教员必须先做到将乡村建设的要点——"靠自力"与"靠组织"牢记在心，"这两点意思，在辅导员与村学教员都要成为信心信念，要有坐

---

① 萧克木编校：《邹平的村学乡学》，邹平：乡村书店1936年版，第49~50页。
② 萧克木编校：《邹平的村学乡学》，邹平：乡村书店1936年版，第50~51页。
③ 萧克木编校：《邹平的村学乡学》，邹平：乡村书店1936年版，第52页。
④ 萧克木编校：《邹平的村学乡学》，邹平：乡村书店1936年版，第31页。

卧不离,念念不忘的精神。由我们有这个意思,也要乡下人有此意思,此即是所谓启发农民的自觉"①。在有了"诸己"以后,教员发挥所负的教育职责,时常与农民接触,并在随意、亲切的谈话中借用谚语等将运动的要点与意义传达给农民,引导其主动地参与建设事业。

在具体动员民众的过程中,由于"诸己"观念的存在,教员在言行举止上也需要进行"农民化",拉近与民众的距离,争取信任。如在语言上要做到平和,"心气必须平稳,不要说得太急太骤,不要刺激得他太重了,使他有些不安,不安他倒不一定能跟着你走。你必须心平气和地提示出问题,使得他暗暗点头才行"②。乡学村学乃至乡村建设事业与以往的乡村组织、事务有着较大差别,需要教员等说明其意义,但最好能做到"少说多明","不能不向他们说明我们的意思,指明以前的缺点,但亦不能开口闭口都在提明与以前不同的意思。你应使他自己感觉出来与以前有什么不同,最好你纵不说他也能感觉出不同。说明态度固要紧,而尤要在少说多明"③。在行动上要切合农民心理,做到渐进,"一上来不一定要作什么大的事情,不必太过表露自己,应当不急躁地平顺地就眼前实际工作上去努力"④,等时机成熟再推进下一步的工作,如此则不至于使农民厌恶乃至不安。

更为重要的是,研究院特别要求教员、辅导员以乡学村学为依托,利用农民与绅士在村学内聚会的机会,加强两者以及工作者之间的交流,并通过教育的方式引导乡民参与到乡村建设事业中来。乡学村学作为乡村社会的新组织,成立后可以使"乡村领袖与民众因此多有聚合的机会"⑤。而梁漱溟认为乡民一旦集合在一起则可以共同讨论所遇到的困难问题,而这是使他们自觉意识到必须团结合力来解决乡村问题的契机,因而强调教员亟须注意与创造这种机会,"假使他们不十分聚合时,我们的教员(乡村运动者)要设法从中作吸

---

① 萧克木编校:《邹平的村学乡学》,邹平:乡村书店1936年版,第29~30页。
② 萧克木编校:《邹平的村学乡学》,邹平:乡村书店1936年版,第39页。
③ 萧克木编校:《邹平的村学乡学》,邹平:乡村书店1936年版,第96页。
④ 萧克木编校:《邹平的村学乡学》,邹平:乡村书店1936年版,第95~96页。
⑤ 梁漱溟:《村学乡学须知》,邹平:山东乡村建设研究院出版股1935年版,第55页。

引的工夫,撮合的工夫,使他们聚合"①。在聚会时,教员应做"提引"工作,即提出问题,引起乡民讨论,并教育农民农村问题的产生原因、解决之道,"启发其同受问题压迫之感觉,与如何协力以求解决之意识"。在提出问题后,教员应做"商讨"工作,将自身的知识与乡民的实际经验进行结合以求得相对适用的方法。有了方法后再加以"鼓舞",使乡民团结并能自发解决问题。三项工作连锁进行,既是动员农民的手段、方案,也是教员最重要的职责,"所有上来提引问题、商讨办法、鼓舞实行,这三项实为意义至深、关系极大之教育……所教育者不独在一般农民,兼及其领袖。果有成效,整个乡村社会可以活起来,是即解决问题的主力之发动,为村学(或乡学)教员最大最后之成功"②。

乡学村学教员之间、教员与辅导员之间的沟通与交流也至关重要。辅导员与教员虽承载着近似的工作,但各有侧重:教员重在下层民众工作,辅导员则重在辅导上层学董。前者常驻乡村,熟知当地情形,可提供当地信息如学董会的人员等,后者则可提供工作方法。两者如能分工合作即可求得事半功倍之效,"欲谋村学组织之健全,势非与村学教员有密切的联络不可。教员常住村中,对于村内情形及各种活动,能够深悉底蕴,自可补助辅导员之所不及;同时,就教员说,孤居一村,自感寂寞,亦亟须辅导员之安慰往来,以解积闷……村学教员退到乡学,在短期间内可与辅导员作事情的商洽、学问的研究、经验的交换,如此更易发生亲近密切的友谊。总之,无论从事情上说,或从情感上说,辅导员与教员实是很亲切的兄弟伙计,彼此能够时时联络安慰就好了"③。

在定县,平校同学会承担着推广社会式教育的职责,其角色功能也类似于邹平乡学村学的教员,起着"上联下接"的作用,下接的也是一般民众,只不过上联的是平教会。与研究院通过精神鼓舞、教育引导等方式动员农民不同,平教会在具体事业的开展过程中采用"表证"的方式以实现动员农民。"表证"可理解为表演的意思,即通过特定的示范,使农民在事实中认识某项实验、某种

---

① 梁漱溟:《村学乡学须知》,邹平:山东乡村建设研究院出版股1935年版,第56页。
② 梁漱溟:《村学乡学须知》,邹平:山东乡村建设研究院出版股1935年版,第23~25页。
③ 萧克木编校:《邹平的村学乡学》,邹平:乡村书店1936年版,第87~88页。

研究成果,进而自行地效仿,达到动员农民参加乡村建设事业的目的,"严格地说……一项特定设计的实验成功,其本身就是最好最有说服力的广告……因为农民都想采用可使他们获益最大的方法"①。表证制度是平教会多年实验工作的经验结晶,其优点在于直观形象,容易引起农民兴趣、得到信任,"凡事徒空谈理论而没有实验证明,往往不易使人信服;尤其是平民厌听空话,爱看实验"②。且适用性广,几乎可以用于一切的建设事业,"举凡理想之宣示、技术之传授、试验之证实,推广之实施,都可从表证教习来完成。推而广之,表证教习,也适用于教育、卫生、自治各项事业"③。

对于四大教育,平教会普遍采用"表证"的方式进行推广。以文艺教育中的平民学校为例,1928年时平教会设表证平民学校24所,其目的仅在于单纯的示范,以获得民众认知。1929年时设表演平民学校14所,各个表演平校均有向附近各村推行平民教育之责任,表证效果收益颇佳,普通平校陆续成立至162所之多。此后表证制度一直被沿用。④在生计教育方面,表证制度更是核心所在。平教会选择一部分平校毕业生进入生计巡回训练学校,在经过一定时间的培训后成为"表证农家",并规定相应的权利、义务,使其充当平教会与其他农民之间的"联络员","他们要经常接受我会人员的督导,要汇报他们正在做什么工作,为什么要做这件工作,是应谁的要求做的"⑤。表证农家的职责在于表证平教会农业改良方面的研究成果,并向参观的农民传述经验,"一方为农民领导农民之中心,农民自动改进农业之模范。一方亦足为测验研究结果

---

① 晏阳初:《复斯丹巴》,见宋恩荣主编:《晏阳初全集》第3卷,长沙:湖南教育出版社1992年版,第270页。

② 晏阳初:《平民教育概论》,见宋恩荣主编:《晏阳初全集》第1卷,长沙:湖南教育出版社1992年版,第130页。

③ 宋恩荣:《晏阳初文集》,北京:教育科学出版社1989年版,第328页。

④ 晏阳初:《中华平民教育促进会定县实验工作报告》,见宋恩荣主编:《晏阳初全集》第1卷,长沙:湖南教育出版社1992年版,第333~334页。

⑤ 晏阳初:《复斯丹巴》,见宋恩荣主编:《晏阳初全集》第3卷,长沙:湖南教育出版社1992年版,第270页。

是否实地有效之标准"①。通过表证制度的推行,既能抓住农村中的实际问题,将研究成果运用到农业生产实践中,又可实现利用农民领导农民,不仅契合农村文化及经济的承载能力,更可"由领袖而推动全体农民,使农民总动员而从事建设"②,是为定县发动农民参与乡建的重要手段。

二、"问题上达,方法下达"
——解决农村问题所需具备的知识条件

乡村建设应以农民为主力,但不能作为唯一动力,需要将乡村社会各阶层的力量动员组织起来。因为"乡下人对于问题只能直觉地感受到痛苦,而于问题的来源不能了解,不能认识。例如复杂的经济问题,乡下人怎能了解?怎会认识呢?对于问题的解决之道,他更是没有办法了!"③农村问题的复杂性远非依靠农民用传统手段所能解决,无论是农业生产的改良,抑或农村新经济组织的建立,无不需要一定的新知识、新能力。而这新知识、新能力只能由身为知识分子的教员来引导,"办法之得有,大抵必赖三个条件:一大众齐心协力;二教员之知识头脑;三本地人之实际经验"④。

乡学村学的教员基本都接受过研究院一定的训练,本身掌握有一定的教育、经济、卫生等知识,但梁漱溟认为单靠这些来自外部的知识、方法,并不能完全切用于乡村社会,"许多事所以不能办或办不好,都为上层知识份子所出的办法不切合实际,而乡村当地人又缺乏知识头脑。双方不接头,始终没办法"⑤。有用的方法"必然是一个经过切磋陶炼的新知识、新方法",即一定要

---

① 晏阳初:《致中华教育文化基金会请款书》,见宋恩荣主编:《晏阳初全集》第1卷,长沙:湖南教育出版社1992年版,第239页。

② 姚石菴:《农民生计训练与农业推广》,《民间》第2卷第7期,1935年8月,第1页。

③ 梁漱溟:《乡村建设大意》,见中国文化书院学术委员会编:《梁漱溟全集》第1卷,济南:山东人民出版社1989年版,第683页。

④ 梁漱溟:《村学乡学须知》,邹平:山东乡村建设研究院出版股1935年版,第24页。

⑤ 梁漱溟:《村学乡学须知》,邹平:山东乡村建设研究院出版股1935年版,第25页。

将农村问题与知识分子所具备的新知识、新方法相结合,进而形成真正适用于农村问题的方法,"一个好方法的产生,必须是由这样得来:一面是对问题顶亲切的乡下人,一面是有新知识方法的有心人,彼此逗合接头,一个以他的亲切经验,一个以他的知识方法,两相磋商讨论,经过这番陶炼,好的方法就有了。这个方法,从其效用上说,因其是新的,一定效用大;从其切合实际问题上说,因其是经过磋商陶炼的,一定行得通。能有这样一个方法,乡村问题才得解决"。①由此,在对待乡村问题上,研究院要求教员要与农民沟通,深刻了解农村问题,并将自身智识与农民实际经验相结合,共同"磋商研究"出解决方法,再进行推行,"单使他们设法,往往没法可设;单是我们出主意,又往往不能切合实际而可行。现在我们要与他们合在一气,则想出的办法或能合用也"②。

从另一层面来说,教员自身的知识也是有限的。农村问题极为复杂,乡学村学所涵括的工作内容也极为宽泛,往往超出了他们所能解决的范畴,"不要说农业、工业、经济、教育等许多问题教员包办不了,即就农业一项来说,也分土壤、肥料、种子、病虫害等专门学问;教员哪能会得这许多? 教员哪有万能呢? 教员既然不能万能,而乡村问题尚不止万端,那么,这将怎么办呢?"③为解决这一问题,教员被要求注意与研究院的联系,如《村学乡学须知》所规定:"教员的责任要在使上级机关与下级机关,于问题研究方法供给上成一联锁循环关系。"④一旦遇有自身无法解决的问题,应将问题上达于研究院,由研究院进行研究解决,充分发挥、利用研究院"一为最高方针之指导,一为后方材料方法之供给"的作用,"一切的材料,或较专门的知识方法等,在教员自己断不能具备。但他如能善于利用后方供给机关,则凡后方所有者悉等于他自己

---

① 梁漱溟:《乡村建设大意》,见中国文化书院学术委员会编:《梁漱溟全集》第 1 卷,济南:山东人民出版社 1989 年版,第 684~685 页。

② 梁漱溟:《乡农学校的办法与意义》,见中国文化书院学术委员会编:《梁漱溟全集》第 5 卷,济南:山东人民出版社 1992 年版,第 349 页。

③ 梁漱溟:《乡村建设大意》,见中国文化书院学术委员会编:《梁漱溟全集》第 1 卷,济南:山东人民出版社 1989 年版,第 685 页。

④ 梁漱溟:《村学乡学须知》,邹平:山东乡村建设研究院出版股 1935 年版,第 28 页。

所有，效用岂不伟大。所以教员遇有疑问，或自己办不了的事，应当请教上级机关，向后方讨取办法"。①

如梁漱溟所言："问题上达，方法下达，这便是村学乡学的一个顶大好处；不然，若没有村学乡学这个组织使内外相通上下相连，则我们的要求都不容易达到了。"②而这种"问题上达，方法下达"终究要由乡学村学教员来实现。教员是下乡去的知识分子，看似脱离了研究院，但实际上是"左右有联络，上下成系统，全国文化改造运动大体系中的一分子。他好比在前线作战的一个战士，执行上级指挥者所给予他的任务，背后还有大本营作后盾。此一大力量不仅是超于乡村内部矛盾之两方的，且是超乡村的"③。通过教员可以将外界的新知识、新方法输入乡村社会，也可以将自身无法解决的问题上达于研究院。经过研究院的研究得到解决方法后，再下达于乡村民众。在"上达"与"下达"中，研究院的工作可与乡村社会紧密结合，不至成为空谈，农民也可获得真正有帮助的方法，不仅农村问题的研究得以落在实处，乡村社会也可取得进步。

上述有关乡建工作者工作方式方法的构想可谓考虑周密，无论是"上联士绅，下联民众"，还是"问题上达，方法下达"，乡建工作者都处于核心的地位。但构想归构想，在实际工作尤其是在最重要的民众动员的开展中，工作者在多大程度上贯彻了这些方式，又收到了怎样的效果，需要也值得进行考察。

---

① 梁漱溟：《乡村建设大意》，见中国文化书院学术委员会编：《梁漱溟全集》第1卷，济南：山东人民出版社1989年版，第686页。

② 梁漱溟：《乡村建设大意》，见中国文化书院学术委员会编：《梁漱溟全集》第1卷，济南：山东人民出版社1989年版，第715页。

③ 梁漱溟：《答乡村建设批判》，见中国文化书院学术委员会编：《梁漱溟全集》第2卷，济南：山东人民出版社1990年版，第654页。

第三节 "礼待乡村领袖"：笼络地方绅士

在民众动员工作上，历届下乡服务的研究院结业学生普遍本着"以团结求建设"的思想以及"上联士绅、下接民众"的工作方式规划进行，以期能顺利实现民众动员，推进乡建事业。从乡农学校到民众学校，再到乡学村学，研究院所力图建构的农村新组织虽名称不同，形式也略有差异，但其中工作者的工作方式则基本一致。

1931年冬时，已经过半年时间训练的研究院训练部第一届300余名学生进行下乡实习，分区初步组织乡农学校，"教员负指导实习之责亦一同下乡，师生在乡工作者三百余人，成立乡农学校九十余处，试验区之工作乃于此肇端"①。乡农学校是研究院最初设计的新乡村组织，也是推进乡村建设事业的核心组织，"其制在联结乡村运动者，乡村领袖，及成年农民于一学校形式下，以乡村运动者为推动力为引发力，而共谋其乡村问题之解决乡村事业之进行"②。这批学生中有邹平籍者40人，其余则来自旧济南道属27县，虽均为山东人，但对于其所深入的乡村社会而言仍属外来者。

---

① 山东乡村建设研究院：《山东乡村建设研究院及邹平实验区概况》，邹平：山东乡村建设研究院出版股1936年版，第56页。

② 《本院第一年进行概况》，《乡村建设》第1卷第19、20期合刊，1932年，第33页。

要开办乡农学校，需有一定的资源进行支撑，尽管研究院拨有专门的经费，但他者如校舍等亦属难题。再者，乡村建设关乎一村乃至一乡的发展，不仅需要民众参与，更需顾及当地的固有领导者。作为外来者，下乡去的训练部同学的处境可谓困境重重，"一两位年青的人到一个生疏的村庄试办乡村建设和民众教育的事业是会发生许多困难的，例如：一、人生地疏，一切起居饮食，日常用品，应向何处取给？买的向那儿买？借的要问谁借？二、本地社会情形，风俗，习惯，农产，工艺，经济状况及一般人民信仰，思想，和教育程度等等我们全不明白，而今要在此实习，在此试做，应从何处入手？三、本地绅耆如各乡村学长，学董，村长，管理员，学校教师及其他知识分子，他们之与我们大家都是初次见面，不免客气，如何才能使大家了解我们，信任我们，并肯出力协助我们的工作进行呢？"①这些问题实际上是此次所有下乡实习以及先后结业回各县、乡服务的研究院学生均绕不开的难题。

为了顺利开展工作，研究院学生基本秉持了梁漱溟等乡建领袖对于绅士的态度，普遍将联络地方绅耆放在首位，以期获得支持，"人身的组织，要有个脑部中枢，以为思想运动之总机关；国家的构成，也要有个中央政府，以为发号施令的总枢纽。我们去办乡农学校，对于乡间零三零四的村庄，成千成万的人民，谊不相通，权无可用，若不找到几个中心人物，由他们去联络，去号召去领导，我们从那里着手，从那里推动？旁的不说，就单是校址一项，我们平空就可以有屋住吗？……何况这是地方事业，将来非从地方插根不可，换句话说——就是非把地方人引上这个道路，让他们去走不可。"②研究院也制定有《山东乡村建设研究院学生下乡服务公约》③，可谓学生实习及结业回县服务之行为准则，兹全录如下：

"一、不准自由出校；二、不准旷弃职守；三、不准任意讥评；四、不准狎亵

---

① 杨效春：《写给在乡工作的同学三封信》，《乡村建设》第4卷第13期，1934年12月，第13页。

② 徐晶岩：《第七区乡农学校工作报告》，《乡村建设》第1卷第21~30期合刊，1932年7月，第107页。

③ 《山东乡村建设研究院学生下乡服务公约》，《乡村建设》第1卷第11、12期合刊，1932年1月，第19页。

戏谑;五、不准轻慢乡人;六、不准私入人家;七、不准徘徊街市;八、不准私借什物;九、不准损坏公物;十、不准吃烟喝酒。

乡村服务注意要点:一、与乡村人交接要持请教商榷的态度,不要持指导命令的态度;二、与乡人讲话,须先审察其性情,习惯,信仰等,然后发言;三、对于乡人之言行信仰纵觉不甚合理,总要少加批评善于劝导;四、对于乡村知识份子,当乐取其善端,培养其长处;五、对于乡村富有经验及俱有特长之人,当以诚恳谦和之态度,接受其知识及方法;六、乡村固有之善良风俗习尚,要随时记录,善于运用;七、凡遇重要事,要说明时须先自己考虑一番,要实施时,须大家讨论一番;八、在乡村购买物件,或雇佣工人,都当由宽厚处着想,否则易生意外诽谤;九、借用物品,须按时归还,如有损坏,须早赔偿,宁厚勿薄;十、凡欲赴未曾到过之庄村,须先选介绍人作为乡导;十一、凡到人家去,须有人引导,至庭中稍立,不宜径入室中;十二、凡过庄村,骑马须下马,乘车须下车,问路问事时,亦当如是;十三、有益于公众之事多作,不关紧要之话少说;十四、随时注意青年优秀人材,及乡村中领袖人物,尤当注意引发其自觉自信之志愿与力量,以期归于改善乡村之正当途径,为将来办乡农学校之中坚人物。"

从乡农学校、民众学校再到乡学村学,为联络绅士使其参与、推动乡村建设事业,成为运动的助力,至少使其不成为阻力,研究院及下乡的工作者费尽心机,付出了艰辛的努力:

1.通过"礼待"等方式动员绅士加入乡学村学,并委之以重任,吸收其力量

在第一次试办乡农学校的工作报告中,最常见到的乡校创办流程即是工作者下乡后首先拜访当地绅士,努力进行说明、劝导,在获得其理解与支持后组织起校董会,最后开办乡农学校,推广乡村建设事业。以邹平第六区乡农学校为例,该区乡农学校由高赞非、于鲁溪领导训练部第七班学生办理。初下乡时即拜会当地较有声望的领袖,向他们详细说明乡校的意义,努力获得认可与同情。当地小学教师曾受训于研究院,对于乡农学校较为熟悉,也帮助研究院同学向民众解释乡农学习的意义与做法,督促民众入学。待条件成熟后,下乡学生请区长张逊堂主持召开乡农学校筹备会议,通知全区各里庄长等参

加。开会时到场者达 200 余人,会上由高赞非、孙廉泉、梁颉诚三人先后向与会者讲解乡校的意义、方法等内容,当下得到支持,并迅速成立起校董会,奠定了乡农学校的基础。"讲解后,大众似都颇有欣喜之意,当即推举学董。推举的结果,是区长为当然学董,余是十个里长,和全区有声望的许佩五、石锦堂两位老先生,共十三人,结果还算很圆满"①。

特别区印台庄乡农学校由转到研究院的原河南村治学院学生漆方如等十余人负责,他们为争取地方领袖所规划与实施的步骤更为详尽。在村治学院受训之经历,使他们深悉乡村小学教师及庄长等权威人士在乡村中占有重要地位,如能获得他们的同情与赞助则工作开展将顺利许多。因而在筹备乡农学校时,先亲自到各庄访问庄长,进行恳谈并说明乡农学校的意义、办法。在征得他们的同意后则召集各庄长以下的办公人员于抱印庄开会,各庄有到会三四人者,有到会五六人者,多少不等。会上首先由研究院代表孟晓阳、漆方如说明乡校之意义及办法,再经讨论后议决乡农学校的成立、中心庄的确定以及开会选举校董的日期等事项。第三步则根据会议所议定的时间,召集所有五庄办事人员及小学教师开会选举校董。开会时,薛洪涛、漆方如、马荫堂、马中立等多名工作者代表研究院出席并指导校董的选举事项。会上选出各庄校董三人,其中以各庄庄长为当然校董,再就各校董中互选常务校董一人,并以中心庄之常务校董为本校校董会当然董事长。待校董会成立后,最后召集校董开会选出乡农学校校长,由五庄公请李家庄人韩继信当选,后则由工作者提出招生办法及广告征求校长同意。②至此,印台庄乡农学校完成筹备步骤,得以成立开学。

再者如齐河县第八区民众学校,其由研究院齐河籍结业学生负责。在结业回县后,为促进民校的创办,借以推行乡村建设各种事业,他们开会数次以议决开办民众学校之步骤,并各自进行宣传,有的借学校讲演研究院宗旨,有的

---

① 于鲁溪、高赞非:《第六区乡农学校工作报告》,《乡村建设》第 1 卷第 21~30 期合刊,1932 年 7 月,第 89 页。

② 马资固等:《特别区印台乡农学校工作报告》,《乡村建设》第 1 卷第 21~30 期合刊,1932 年 7 月,第 154 页。

借集场宣传民校的意义,有的甚至通过亲友关系进行动员。为了达到更好的宣传效果,这些工作者逐渐注重对地方领袖的动员,"逐日接洽本区的小学教员,请其代为宣传并联络德望素著,热心公益之人,请其襄助,和其谈本院的宗旨以及民校的义(意)思"。在经过不断的争取与动员努力后,齐河县第八区的地方领袖对民众学校乃至乡村建设事业渐趋认同,"虽然彼等对于乡村建设不十分明了,但知道我们不是做坏事的,这些人而断定我们以后虽给民众谋不了什么幸福,可也不至于为民众遗下祸害,他们和我们都彼此相信,所以民校的事就易于进行了"①,更主动请求以第八区作试验区,在全县试办民众学校,推行乡村建设。

为了加强动员效果,一些工作者也刻意迎合绅耆,投其所好,以"旧道德"、"旧学问"打动之。如王湘岑就指示下乡学生注意,要培养乡民中的人才,开创乡村建设的风气,须将地方领袖鼓动起来,需要认清他们"所崇拜的是孔孟,所尊重的是伦理,所服膺的是孝弟,所提倡的是忠信;他所最痛心的是人心的日下,最疾首的是风俗的日坏"。如以传统儒家学术思想、伦理道德"来接引他,指点他,则不惟可邀他的欢迎,而得他的信仰;并且还能以唤醒民族之精神,而坚定其信力"②。只要能得到地方绅耆的支持,也容易获得一般农民的欢迎与信仰,如此则乡建事业也可顺利推进。

在办理第二区乡农学校时,武绍文等工作者先与区长孙子仲进行接洽,请其先行传达办理乡农学校的意义,并代为召集里庄长、小学教员及地方绅士选举校董。但由于宣传方面存在的问题,民众对于乡农学校并不十分了解,在集会选举校董时不知所以然,"大家都有莫明(名)其妙的样子,不知道我们到底是干什么的,好似怕受了这事的害;他们看我们差不多也当官的看待,不敢多言,不敢发问,都极规矩;及至我们说了好些话以后,大家虽然似乎有些明白,但既不感觉办学的真正需要,又不敢相信,所以老见他们彼此交头接耳的

---

① 李肇谟、韩栋成:《齐河第八区民众学校报告》,《乡村建设》第 2 卷 27~29 期合刊,1933 年 5 月,第 28 页。

② 王湘岑:《下乡之回顾》,《乡村建设》第 1 卷第 21~30 期合刊,1932 年 7 月,第 236 页。

议论推测"①。乡农学校成立后也难以招到学生,快开学时高级部仅有里庄长代招的学生六七人,而普通部则一个学生没有。为解决招生问题,武绍文不得不求助于两位颇具声望的地方绅士王子明与刘复元,在拜访的过程中讲研究院的宗旨、办法及乡农学校的意义,又"讲了一气我们要提倡中国的旧学问旧道德等话"②,费尽口舌后获得了他们的支持。再加上其他下乡学生不断地与校董、民众接触、谈话,乡校才渐有学生报名,得以开学。

2. 借助乡建领袖威信乃至政治力压制地方绅士的消极应对与抵制行为,同时辅以奖励措施,进行正面引导

地方绅士对乡农学校等乡村新组织并非一致地表示欢迎与支持,出于猜忌怀疑、争权夺利等考虑,也有相当一部分绅士对这些组织并不热心,刻意保持距离,使学校的创办颇费周折。如在筹办章丘县第八区张家庄民众学校时,刘清洙等为了使民众了解办学宗旨,为将来普遍设立乡农学校打下基础,利用当地集市(寨子每旬一六集)进行宣讲,并对该区较大村庄的领袖进行接洽。但因民众学校事属新创且需就地筹款,地方领袖们或疑为借名敛款,或疑为招兵,很少予以支持,导致筹备工作异常迟滞。

踌躇近两个月以后,郭德斌与另一位孟姓同学不得不转向区当局以寻求帮助。在双方接触的过程中,区公所助理员张玉轩意识到民众学校可令农民不耽误农事,在县区双方辅助下庄中又可不花一分一毫而享有教育利益,遂决定支持民众学校的创办。不久后,张玉轩回村与乡长张子明召开乡务会议,对民众学校办学宗旨及县区款补助办法进行说明。在获得大会通过后,当即推选负责招生及购买用品之校董9人,议定教具、教室的安排。在区当局的帮助下,张家庄民众学校才终获进展。③

---

① 武绍文:《在第二区山西办理乡农学校经过自述》,《乡村建设》第1卷第21~30期合刊,1932年7月,第32页。

② 武绍文:《在第二区山西办理乡农学校经过自述》,《乡村建设》第1卷第21~30期合刊,1932年7月,第33页。

③ 刘清洙:《章丘县第八区民众学校进行概况》,《乡村建设》第3卷第2期,1933年8月,第23~25页。

地方人士对于民众学校的消极应对绝非个例,历城县第四区民众学校的创办也是在求助于梁漱溟的个人威望及县区长的督促后才得以实现。1932年10月时研究院结业同学段广阮、王殿金等赴该区酝酿筹办民众学校,期间虽有少数乡镇长表示同意,但大多数村庄反应冷淡,且内部领袖派别纷争不断,无暇也不愿对民众学校予以支持,导致筹备工作虽逾月却并没有取得明显进展。到11月时,梁漱溟作为研究院指导处主任赴历城县考察情况。在了解到第四区的情况后,亲自召集乡镇长开会议决民众学校筹备事项,不过因所到乡镇长人数太少,仅举出筹备委员会张海峰等3人。后经历城县县长再三催促,第四区区长杨芝田方才重新召集乡镇长会议,选出校董11人,并选定韩秉章、黄禄林等4人为常务校董,聘郭子英为校长①,至此第四区民众学校才得以创办。再者,齐东县有结业同学17人回县服务,但因"自结业后,即有数人在一完全小学任职,作为乡村活动之根据,其他则各自准备行凿井之试验,对民校事迄未办理"②。后副院长孙则让巡回到该县,与县长洽谈民校之意义及作用。在消除误解并认识到民众学校为解决乡村问题的组织之后,县长遂召集各机关及地方人士开会,议决筹备办法,令各区自行召集乡镇长开会,并约请研究院同学出席进行说明。在获得各区支持与欢迎后,民众学校的试办工作才落在实处。

在面对地方绅士的消极应对与抵制时,政治强制力的运用固然可以解决问题,但研究院在建立新农村组织及推进乡村建设事业时尽力避免运用政治力量,因而也特别采用奖励的办法进行正面引导。为配合结业学生回县创办民众学校,1932年12月时研究院特发布训令,明确表示将对积极协助的地方人士进行嘉奖,"查各县民众学校业已次第成立,经营擘划,固恃同学之积极进行而协力合作,尤赖各界之热心赞助。近迭据各处民众学校报告各县区长或地方人士,若者规划房舍,若者筹办校具,若者尽力劝导,若者捐助巨资,热肠义魄,劳瘁不辞,似此宣力地方,启迪乡村,洵不愧为社会先进,倘不设法奖进,甚非所以彰善行而昭激劝也。兹经议定,凡各县区长或地方人士如对民众

---

① 《各县同学工作状况》,《乡村建设》第2卷第22、23期合刊,1933年3月,第37页。
② 《各县同学工作状况》,《乡村建设》第2卷第9期,1932年10月,第23页。

学校竭力协助,卓有成绩而品行端正,众望咸孚,素无劣迹者,应由各民众学校胪举事实,正式呈报,以便分别情形酌由本院或呈请省政府明令嘉奖,以示优异"①。莱芜县第二区民众学校就因校长、常务校董与由结业同学所任之教员十余人能互为师友,各本所长热心办学而获嘉奖,"该县各民校均能与地方上打成一片,各具特色,而二区一处优点尤多。校董宓子彬,同学李树圃等均能热心筹办,其他各校董同学及三五两区之民校亦均能努力进展,殊堪喜慰,合亟传谕嘉奖,令仰该会知照,并转该县各民校一体知照"②。

3.利用校董会、学董会组织对地方领袖作融洽、改造工作,促其推动乡村建设事业

因权力利益之争,甚至秉性的不合,地方领袖之间常存在着分歧,互相不能合作,而建设事业也颇受其影响。"乡间人的意见,易起冲突。或甲姓与乙姓不睦,或张村与李村不合,甚至嫌怨不解,彼此仇视。作乡村运动的人,在乡间活动,对于这种情形,必须有个明确的调查,想一解决的办法,使他们意见一致,事情可顺利的进行,不然,则不免猜忌。这是各种事情进行上的一个牵扯,这个问题,是很值得注意的。"③为解决此类问题,乡建工作者有时还需承担"调解员"的角色。如吉祥村村学的学董会成员性格差异较大,"常会闹起意见,累及工作",要谋村学工作的顺利进行则需先调和学董矛盾。为此,吉祥村教员王子俊等在开展事业时,先与各学董通气,了解各人的意向,并在进行汇总后召开学董会进行议决,"务使其刚者不能露其刚;柔者亦不见得怎样柔。弭争执于无形,化意见于未然。学董与学董之间,一团和气,气息相通,个个爱护村学,人人在团体之中,养成一种遇事即商量,无事不畅谈的习惯。这样,再谈地方建设事业,自然不难举办了!"④

绅士之间的隔阂需要尽力融洽,而工作者与地方人士之间也需要消除猜

---

① 指导处:《关于民众学校之文件》,《乡村建设》第2卷第17、18期合刊,1933年1月,第54页。
② 指导处:《关于民众学校之文件》,《乡村建设》第2卷第19、20期合刊,1933年2月,第32页。
③ 陈筑山:《定县之工作报告与参观无锡邹平之感想》,《乡村建设》第2卷第16期,1933年1月,第14页。
④ 王子俊:《我如何办村学》,《乡村建设》第6卷第1期,1936年8月,第7页。

忌，以达彼此信任。乡农学校、乡学村学等所倡办的事业较为广泛，其中有些事业如合作社等是乡村前所未有，有些事业如教育等则是原本就有。这就在某些事业上形成一种重叠、并存的局面，容易引起对工作者的猜忌，如村立小学教员对村学教员就往往存在着误解，"一者怕夺其位置而代之；二者看其无固定工作事项，而认村学教员为吃干薪，心怀不平。此为同学见嫉于村立小学教员最有力之暗礁"①。

第二区乡农学校的教员就对这一问题相当关注，在举办的乡农教育研究会上也进行过专项讨论与设计，认为对于原有的小学教师应积极予以尊重与维护，促使其为建设事业服务，"须敬视他的优点，即有短处，亦勿加诽议。隐其短而扬其长，使他们在社会上信誉日隆，他们即欢迎乡校，信爱同学，而不致恐惧。我们要晓得我们是要办学校，办教育，不是要显本领，求名声，我们办学，他们也在办学，为乡村教育，乡村建设，我们大家就得合作。当然要尽我能力，献我本领，爱我名誉。但不能毁坏人之名誉，遮断人之做事道路，破灭人之服务心愿"②。为此，在乡校成立过程中，乡校视导员极为重视与地方小学教师的联络，视导员有时为小学任课，分担小学教师的重负，而小学教师也积极参与乡农学校工作，两者的合作共同推进着乡校的发展，"如贺家庄小学教师贺雨三、李洁三之于贺庄校，石樊庄小学教师石俊生，鲁家泉小学教师石洞庭之于会仙校，成庄小学教师王志清之于成庄校……皆肯尽心竭力，或与乡校任教，或作乡校校董，或为乡校宣传，其于乡校之发展，所贡献者皆不少"③。

除做绅士之间的融洽工作外，教员还要对其思想、行为进行改造。作为乡村新组织，乡农学校、乡学村学等是梁漱溟乡村建设理论的贯彻平台，承载着乡村乃至民族国家复兴的重任。然因受各种限制，在对乡农学校进行宣传时不可能面面俱到，只能择其重点，简而化之，农民甚至地方绅士往往不能深解其意义所在，因此在将地方绅士纳入校董会、学董会后，教员还需要对校董、

---

① 王柄程：《乡村学臆说》，《乡村建设》第4卷第13期，1934年12月，第5~6页。

② 杨效春：《第二区乡农教育实施报告》，《乡村建设》第1卷第21~30期合刊，1932年7月，第22页。

③ 杨效春：《第二区乡农教育实施报告》，《乡村建设》第1卷第21~30期合刊，1932年7月，第7页。

学董继续进行引导与督促。

　　这一方面的工作以隶属于第六乡学的魏家庄村学(一做"位家庄")所做最为典型,其以教员引导为主力,辅以"乡老谈话会"为助力,双管齐下以促进村学领袖职能的正确发挥。时任教员的陈康甫认为魏家庄存在三种社会病态,而尤以社会散漫为根本问题。尽管组织起村学,但为乡民前所未知,所选举出的村学领袖多为乡村旧式组织的领导者、管理者,其自身所具备的旧习气不能与村学之意义、旨趣相契合,"他们骤为安上一个新名色,换上一套新外衣,自身虽为学长或学董,但心中仍存有前乡长庄长管理员之态度气势意味。名正质非,其无心用力,或用力枉费可知;其肯用力者,则或权限不明,相侵相犯而更乱"①。要使村学能发挥作用,就必须"策村学入轨",或说"促村学领袖就范",促进的方法虽针对各人背景、习惯及造诣的差异分别设计,但基本要点均在于"从社会现时环境指点之,引动之,鼓舞之,使由悲悯而奋发;从当前事实上领导之,纠正之,纳之入轨"。②

　　通过引导、鼓舞乡村领袖虽可达到在组织村学上"倡而应之"的效果,但绝非一劳永逸。陈康甫察觉到即便是已经接受工作者影响的村学新聘领袖在动机上并不纯正,在行动上也尚存在疑惧与退缩现象,因此必须一方面不懈地做督促工作,一方面从旁找出"助力","以助其事功之易成、之速成,促进其办公之兴趣,增大其办公之热心。待其兴趣浓厚,热肠弥坚时,大胆放手,彼即稍涉艰苦,亦不致退挫不前。吾人不愿村学发生作用则已,欲其发生作用,非找到助力不可;不愿领袖办事则已,欲其办事,非找到助力助其成不可"③。而教员最后所找到的"助力"即为"乡老谈话会"。乡老的选择以年高有德,能为一部分人所信仰,且平实公正,尚肯服务于乡村社会者为标准。选出乡老以后,由学长每两星期请其到村学聚会一次,学董亦参加;开学董会时请乡老列席,并请发表谈话;平常则请其向村众做宣传村学的工作。工作者正是借助乡老等"乃事外人,对村众说话更有力"的优势,使其对村学领袖及学众进行引导,

---

① 萧克木编校:《邹平的村学乡学》,邹平:乡村书店1936年版,第249页。
② 萧克木编校:《邹平的村学乡学》,邹平:乡村书店1936年版,第249页。
③ 萧克木编校:《邹平的村学乡学》,邹平:乡村书店1936年版,第252页。

进而推动村学事业的进行。

就历次创办乡农学校、民众学校、乡学村学的情况而言,工作者通过上述方式对绅士进行的联络、动员取得了一定的成效。回各县办理民众学校的同学所反馈的报告中大都称绅民一心、踊跃支持①,其中虽有夸大之嫌,但仍能反映出有相当数量的地方领袖持支持、默许的态度。这些地方领袖或任校董、学董,或任学长、乡理事等职,被纳入乡村建设事业体系中,如第六区乡农学校的学董普遍由区长、里长等充任,见下表:

表 4-1　第六区乡农学校学董情况表

姓 名	年 龄	籍 贯	住 址	履　　历
张逊堂	39岁	邹平县	本县城内	曾任党务整理委员会宣传干事,现充任第六区区长
王家铭	51岁	同上	王家庄	现充任六区梁一里里长
赵恒业	43岁	同上	郑家寨	现充任六区梁二里里长
李笠庆	52岁	同上	辉里庄	现充任六区梁三里里长
马篆书	42岁	同上	孙家镇	现充任六区梁六里里长
李凤翙	51岁	同上	打鱼里	现充任六区北梁七里里长
何宗泽	60岁	同上	何家庄	现充任六区南梁七里里长
韦凤宝	53岁	同上	东韦家	现充任六区长六里里长
李星文	35岁	同上	信家庄	现充任六区东长八里里长
时尚壁	60岁	同上	时家庄	现充任六区西长八里里长
成立宝	57岁	同上	成家庄	现充任六区九里里长
石锦堂	74岁	同上	霍家坡	曾充任崇实高校校长,现任县志委员会委员
许佩五	65岁	同上	周家庄	现充任县志委员会委员

资料来源:于鲁溪、高赞非:《第六区乡农学校工作报告》,《乡村建设》第 1 卷第 21~30 期合刊,1932 年 7 月,第 95~96 页。

---

① 指导处:《各县同学工作状况》,《乡村建设》第 2 卷第 16 期,1933 年 1 月,第 18 页;指导处:《各县同学工作状况》,《乡村建设》第 2 卷第 9 期,1932 年 10 月,第 22~24 页。

相比他处民众学校普遍通过乡镇长会议选出学董的做法，霍家坡民众学校校董会则是直接以"十二家地保为当然学董所组成"①，并因此获得"办事颇为顺利"之效果，见下表：

表4-2 霍家坡实验民众学校校董会组织图

职务	姓名	籍贯	年龄（岁）	职业	财产（地亩数）	社会地位	学识	品行	备考
校长	霍阅村	邹平县	31	自耕农	125	邻长	高级小学毕业	端正	
常务校董4人	石象山	同上	55	自耕农	50	乡长	浅	端正	
	夏尔揖	同上	32	自耕农	100	间长	浅	端正	
	霍立教	同上	76	自耕农	50	邻长	浅	端正	霍氏族长
	霍淑猷	同上	32	自耕农	100	邻长	浅	端正	
校董14人（仅列若干人）	张汝训	同上	79	自耕农	25	邻长	浅	端正	
	霍明林	同上	52	自耕农	80	邻长	浅	端正	
	霍明旺	同上	50	自耕农	30	邻长	浅	端正	
	……	……							

资料来源：公竹川：《本院霍家坡实验民众学校的办法及其意义》，《乡村建设》第2卷第27~29期合刊，1933年5月，第11~13页。

对邹平乡学的现有研究也表明，乡绅在乡学中占有重要地位，学董会成员、理事、学长大多由乡村领袖人物构成，其中有不少人曾担任过区长、乡长、村长或小学校长等职，且大多出身于殷实之家，如十一乡学长为前清秀才，十三乡乡理事在县城拥有钱庄和铺号。另据邹平年长者的回忆，邹平全县14个乡的乡理事全为乡绅，学董会绝大多数出身于地主富农之家，乡队长更多为富裕人家子弟。据调查统计，在曾担任过邹平实验县的乡学长、乡理事、乡队长的40人中，出身地主的24人，出身富农的13人，出身中农的3人。②

---

① 宋乐颜：《邹平县第六区霍家坡实验民众学校参观纪略》，《乡村建设》第2卷第7、8期合刊，1932年10月，第29页。

② 徐秀丽：《中国农村治理的历史与现状：以定县、邹平和江宁为例》，北京：科学文献出版社2004年版，第277页。

这些被纳入新农村组织中的地方绅士在工作者的引导与督促下成为推动乡村建设事业的一股重要力量,他们"有稳定的土地收入或商业收入,并受过程度不同的教育,有参与乡村事务的闲暇和一定的办事能力,在村民中有一定的资望。后来,不少人还参加了乡村建设研究院的培训,接受过进步思想的熏陶,思想较为开明,热心乡村公务和公益事业"①。如第七区乡农学校学董王汇东,虽已73岁高龄,但为乡校招生、备物等事,"四出奔走,劳瘁不辞,有时风雪满天,泞泥载道,甚至夜晚漆黑,老先生竟或携灯而行,出村办事,像这样的热心公益,老而弥壮,真是叫人敬而且感"②。在第三区逯家庄,当地绅士张汉东主动让出自己的部分房产以供乡农学校之用,"内有教室三间,办公室四间,宿舍三间,操场一所,院落宽敞,房舍整齐,颇堪适用"③。

在一些地区,还有绅士主动要求开办乡农学校之举,如在第三区东范庄,在后街乡校成立后,"前街绅董感觉本校办法于该村农民不无相当的利益,乃要求在前街添办一处"④。第七区东南四庄的地方人士除积极支持乡校创办外,还自发组成"乡村改进会",谋求乡村社会的进步。东南四庄素有"小济南"的称号,社会经济、文化相对发达,首事张贯三、王清三、张善甫等相对开明,也深感农村改进的重要,不仅对于成立乡农学校非常欢迎,"他们对于乡村的道德,应该怎样提倡,不良的习惯,应该怎样铲除,公共的事业,应该怎样互助,家庭的生产,应该怎样增加,因受著乡校的熏陶,惹起了他们深刻的注意"⑤。还自发组成"乡村改进会",作为乡农学校的补充,研究并设计该区乡村建设

---

① 徐秀丽:《中国农村治理的历史与现状:以定县、邹平和江宁为例》,北京:科学文献出版社2004年版,第277页。

② 徐晶岩:《第七区乡农学校工作报告》,《乡村建设》第1卷第21~30期合刊,1932年7月,第107页。

③ 叶剑星、茹春浦:《山东乡村建设研究院邹平试验县区第三区乡农学校工作报告》,《乡村建设》第1卷第21~30期合刊,1932年7月,第48页。

④ 叶剑星、茹春浦:《山东乡村建设研究院邹平试验县区第三区乡农学校工作报告》,《乡村建设》第1卷第21~30期合刊,1932年7月,第51页。

⑤ 徐晶岩:《第七区乡农学校工作报告》,《乡村建设》第1卷第21~30期合刊,1932年7月,第128页。

之计划,"几即代乡农学校而为乡村改进的参谋处"①。

总体来看,对地方绅士的拉拢增加了推行乡村建设事业的助力,减少了阻力,但同时也给运动带来不小的消极影响。面对"劣绅化"的趋向,梁漱溟及研究院一再强调工作者应甄别地方领袖的品行,择其端正者用之,并用道德的力量进行感召、规劝,使乡农学校、乡学村学成为"大家齐心向上学好求进步"的新农村组织,"乡村事业须澈底,自其上者发仁心……我们感觉着须乡村的领袖者富者贤者尊者长者发动了仁心,使一般人受到爱的感动,整个从爱发出,从公开下手,各种事业才有办法。此是开风气之惟一路子"。②但在当时的社会环境中道德力量几等于空谈,对绅士的过度依赖反而使工作者有时不得不与之委曲求全,既无法防止劣绅的沽名钓誉行为,更无法抵制其对事业的破坏,而这些均是为制约乡村建设事业发展的重要因素。

---

① 马资固:《特区农民生活问题与我们的设计》,《乡村建设》第 1 卷第 21~30 期合刊,1932 年 7 月,第 144 页。

② 杨效春:《第二区乡农教育实施报告》,《乡村建设》第 1 卷第 21~30 期合刊,1932 年 7 月,第 23 页。

第四节 "为众人师":拉近农民

农民是乡村事业的主体力量,也是最根本的力量。乡村建设事业要想取得效果,就必须将农民动员起来,使其能够"自为","农村运动必使之为一种全体农民的运动,才能发生真正的力量;否则,只是运动农民而非改造农村;最好的成绩,农村民众有若干被动了,能使你拉着了跑;甚者农村民众始终是莫名其所以。此种结果,遂流为慈善事业之一,或仅仅是一种乡绅运动"①。这已为梁漱溟、晏阳初等乡建领袖所公认,也是邹平、定县等地乡村建设工作者所奉行的原则之一。然相对于联络绅士而言,动员农民则要复杂、艰巨得多。为拉近与农民的距离,进而动员其参与建设事业,工作者不仅在言行举止、生活习惯方面尽力适应乡村社会与民众心理,在乡农学校、乡学村学的教学工作上也做了精心设计:

1.在言行举止、生活习惯上实现"农民化",与农民打成一片,并获取信任、开展动员

"乡村社会的'自然距离'与'社会距离',是农业生产集团中特征之一。"② 近

---

① 孔雪雄:《中国今日之农村运动》,上海:中山文化教育馆出版物发行处1934年版,第413页。

② 彭秋萍:《乡村建设中心教育原则之研讨》,《新民》第1卷,第3期,1935年12月,第11页。

代以降,城乡之间经济、文化的分野使这种"距离感"尤其明显,而工作者作为从城市下乡去的知识分子,所遇到的最大困难就在于此。要消除自身与农民的"距离",首先应了解农民心理,"作农民运动的工作,须先明白农民的心理,农民的生活,农民的环境,农民的疾苦。换句话说,就是须先明白农民的种种问题,以及他需要的是什么东西。如若不管他的问题,不问他的需要,一味的因法生事,孤意冥行,就好比他脚上生痒,你硬向他头上去搔……这种干法,不惟不能得到一般农民的同情,而适足以招其反感;不惟不能增加农民的幸福,而反足以扰乱其生活"①。

平教会同人冯锐认为,"了解乡村社会心理为解决乡村问题及计划改良乡村社会之先决问题",并在1928年时基于乡村工作所得经验著成《乡村社会心理之分析》一文,为定县乃至全国乡村工作者参考。冯锐指出农民的心理情态是复杂的,有因职业(农业)造成的心理,如机械心理、侥幸心理,有因不能自由选择职业所造成的心理,因风俗造成的心理,也有因农村离群索居所造成的心理,如守旧、不与他人合作、容易奋发、遵守道德等。这些心理情态中有积极的,也有消极的。消极的心理如机械、守旧等有阻于乡村社会的进步,不利于乡村建设事业的进行,"渐养成困顿的,延缓的,守旧的,好逸的,不理会的,诸种心理。此数种心理,实足以阻障改进乡村社会之进行;虽有许多很好的改良乡村社会事业之提倡,亦因有此数种心理,而不能发生影响"②。要改变这些心理,最重要的就是建立起有生机、有活力的农村社会组织,去除个人偏见,发挥团体的力量,如此社会才能"蒸蒸乎日上"。

在邹平,研究院院刊《乡村建设》上也特刊出诸如研究部学生张潜的《贡献给乡村运动者几种农民心理》③等文为工作者提供参考。在文中,张潜将农民心理归结为"靠天吃饭"、"背理难行"以及"畏官敬师",而工作者则应针对这

---

① 王湘岑:《下乡后的一点感想写给作乡村运动的朋友》,《乡村建设》第2卷第1期,1932年8月,第31页。

② 冯锐:《乡村社会心理之分析》,《社会学界》第2卷,1928年6月,第208页。

③ 张潜:《贡献给乡村运动者几种农民心理》,《乡村建设》第2卷第27~29期合刊,1933年5月,第6页。

几种心理状态一方面从自身做起,"从本身的决心奋斗,唤起好人的团结,以挽救颓风,重尊理的根基!"一方面对于农民予以精神上鼓励、陶炼,"恢复其定见定识及其自信力,教他明白理的根基建树之所在;对其狭隘的偏见,及习以为常而不自觉的陋俗(错误的理),应注意纠正,俾得走入正轨"。同时注重引入团体观念,纠正以往的散漫,多利用教育而不是政治的力量去发动农民。①

要化解农民所存在的消极心理,工作者不得不先进行自身的"农民化",如晏阳初所言:"我们欲'化农民',我们须先'农民化'"②,梁漱溟也要求工作者谨守"求诸己"的理念,这意味着农民动员工作很大程度上落在知识分子身上,要求其先从自身做起,形起一套适应农民心理的言行举止,以及切合乡村社会的生活习惯。

为此,邹平乡建工作者特别采用注重感情、力求通俗、尊重信仰、引导为主等方式去接近农民。为避免产生"因不明人民心理,发生意外障碍"等问题,在首次下乡创办乡农学校之前,训练部师生经过详细讨论并决定凡关乎农民心理、风俗、习惯,以及人口、财产、经济、农业各问题先进行调查加以了解。关于学生在乡村中的言行举止也制定有《山东乡村建设研究院学生下乡服务公约》以互相遵守,规定在态度上持请教、商榷而非指导、命令的态度,尊重农民的习惯、信仰,少加批评而善用劝导,注重情感联络与精神陶炼,"总期于事事以身作则,处处人格感化,于化除隔阂之中,因势而利导之。以最大之决心,运用极慎重之方法"③。再者如吉祥村,教员为接近农民,常与农民作亲切交谈并为其解决困难,待感情融洽后,再动员其参与乡建事业,"街头上,树底下,田地里,大门口,他吸烟的当儿,休息的时候,我们就可凑巧过去,说说家常,谈谈近年过日子的景况,顺着形势,将道理事实化;常见面,常接谈,感情自然融洽,待说话发生效力,才能说创办事情。还有那写个帖,写账文,立婚书,订凭证,事事都得精通,这些虽是细举,也得留心;他有事找我,我立刻答应他,心

---

① 张潜:《贡献给乡村运动者几种农民心理》,《乡村建设》第 2 卷第 27~29 期合刊,1933 年,第 6~8 页。

② 晏阳初:《在欢迎来宾会上的讲话》,见宋恩荣主编:《晏阳初全集》第 1 卷,长沙:湖南教育出版社 1992 年版,第 221 页。

③ 《本院第一年进行概况》,《乡村建设》第 1 卷第 19、20 期合刊,1932 年,第 34 页。

气自然越来越通,在这时做教育的工夫,当然更能奏效。我用这个笨法子,去接近乡下人,说来尚无大差"①。

要与农民打成一片,还必须在生活习惯方面与之尽量相适应,避免使农民产生不可接近之感。农民生活俭朴,工作者也需做到吃苦耐劳。晏阳初一再强调工作者要戴上"农夫的眼镜","我们对农村建设事业要知其'所以然'。我们知道自己不了解农村,才到乡间来求知道。我们不愿安居太师椅上,空作误民的计划,才到农民生活里去找问题,去解决问题,抛下东洋眼镜,西洋眼镜,都市眼镜,换上一副农夫眼镜"。②因而到定县后,平教会上下职员衣食住行力求与农民接近,"到定县后,第一桩事就是衣、食、住的问题,我们的衣服都是自动的穿蓝布长衫。我们住的地方,绝不另修房子,利用民间的房屋,散居民间,以期与农民的生活打成一片……我们当时是一律住在农家,我们特别一点的是把房子墙上开一个个的洞,使光线、空气能够流通,当时只要看墙上有洞的房子都是平教会同仁住的。"③为培养人才所选择的导师亦以能够"深入民间"为标准,以使造就出的人才能够适应农村工作的需要,"非曾经深入民间,躬亲田舍,吃土尝粪若干年的先进,把他从实际工作中一点一滴的辛苦经验、知识技能,来作材料去训练不可,同时还要领导学生在实际工作上在自己的生活上言行上,现身设(说)法,以身作则,紧抱着农村运动的使命,去表演'教育即生命'、'教育即生活'的原则"④。

山东乡村建设研究院对学生要求也相当严格,在院期间就注意培养学生艰苦朴素的作风,以便下乡后能与乡农打成一片。训练部第一届学生刘溥斋对这些要求印象很深,并讲述了他接受劝导而剃光头的经历:"我在长中附属师范读书时留着长发,进研究院不久,班主任陈亚三找我谈话,说我留长发不

---

① 王子俊:《我如何办村学》,《乡村建设》第6卷第1期,1936年8月,第7页。

② 晏阳初:《在欢迎来宾会上的讲话》,见宋恩荣主编:《晏阳初全集》第1卷,长沙:湖南教育出版社1992年版,第221页。

③ 晏阳初:《平民教育运动的回顾与前瞻》,见宋恩荣主编:《晏阳初全集》第2卷,长沙:湖南教育出版社1992年版,第276页。

④ 晏阳初:《农村运动的使命》,见宋恩荣主编:《晏阳初全集》第1卷,长沙:湖南教育出版社1992年版,第302页。

适应做乡村工作,要我把长发去掉。于是我到街上剪掉了长发,留成了短发。第二天他见到我,又说:'你还是不愿意全部去掉,还是全部推掉的好!'第三天,我将长发全部推掉,成了光头。那时,学生留长发,农民认为是洋学生,看不惯,无形中与农民造成隔阂。推成光头,是为了从形式上先和农民沟通关系,便于将来做乡村工作。"①为树立榜样,研究院导师也经常下乡,与农民同耕,体验乡村生活,其中尤以杨效春最为突出。研究院同人范广鉴对此颇感敬佩:"杨效春老师常同我们徒步下乡,给学员们上课。他编了一个民歌,农民很喜欢唱,歌词是:'穿的粗布衣,吃的家常饭,腰里掖着旱烟袋儿,头戴草帽圈,手拿农作具,日在田野间,受尽辛苦与风寒,功德高大无边,农事完毕集合团练,将乡村建设完成,自在得安然,得安然,无有农夫谁能活在天地间。'杨先生穿着粗布衣,同农民吃一样饭,头戴麦秸帽,同我们一路步行下乡,参加乡队集合训练,借机给大家上课讲话。有时还同农民到田地里耕作。别的老师也有,惟他同我们下乡的次数最多。"②

在下乡实习及结业回乡服务时,研究院也指示学生应与农民打成一片,把自己当成农民,"我们要认清:我们自身就是乡村民众。乡农是我们的朋友,是我们的同胞,不是比我们低一级的'愚民'或'下人'。他们所知所能的有时比我们高明,我们可教乡农,亦可向乡农受教。"③并颁布训令要求工作者自食其力,以锻炼农村服务的精神意志,"本院创办民校,要在养成勤苦耐劳精神,俭朴笃实意志,所有陈腐积习均应力行革除以期推动社会、改进农村。兹经本院议定各民校之洒扫、清洁、炊事、汲水等事应以各教职员督率学生亲身操作为原则。如必不得已而雇佣工友,亦每校以一人为限。至学生服装以便服为宜"④。

经过一定时间的严格训练及在院令的约束下,下乡充任教员等职的研究

---

① 刘溥斋:《我在研究院训练部学习和从事乡建活动的经过》,见山东省政协文史资料委员会、邹平县政协文史资料委员会编:《梁漱溟与山东乡村建设》,济南:山东人民出版社1991年版,第58页。

② 范广鉴:《我参加山东乡村建设运动的经过》,见山东省政协文史资料委员会、邹平县政协文史资料委员会编:《梁漱溟与山东乡村建设》,济南:山东人民出版社1991年版,第68页。

③ 杨效春:《乡农导师十要》,《乡村建设》第1卷第21~30期合刊,1932年7月,第228页。

④ 《山东乡村建设研究院训令第87号》,《乡村建设》第2卷第15期,1932年12月,第13页。

院学生中有相当一部分表现较为令人满意,能严格要求自己,与乡校学生同吃同住,虽物质生活过得极为艰苦,但努力不懈。如第二区乡农学校负责人武绍文起初因校董盛情难却,再加上略嫌吃苦,享有稍好的食宿条件,后"颇觉自己一人贪图舒服之不对",仍与乡校同学同起居同饮食。"我们大家与住宿的学生,每日早晨天亮六时半起床后即漱口洗脸扫除庭院。七时余照功课表或早操或朝会。八时多吃饭,我们大家吃的是馒头,并有自己炒的豆腐,学生们吃的是由家里带的窝头和咸菜。因为校董们给我们备了一个烧火夫,我们再三的请求他们退去,但他们始终要替我们雇,所以无奈,只得用下。"①元孝展也颇感自豪:"扫天井,打教室,洗刷碗碟,摇铃擦黑板都是亲手去做。甚至于厕所也由我们自己去整理。"②负责邹平第三区周家庄、乔木庄乡农学校的同学也颇能自律,分工合作以求得学校之发展。"我们在院内的时候,终日按着点钟备课,生活过于机械,而且也过于安逸,骤然来到乡间,各人分任打水、做饭、扫地、讲授功课各工作,偏重于自动的活动,也觉别有趣味。"③此种例子不胜枚举。

不惧艰辛的努力使工作者得到农民的信任,起到了动员农民的效果。研究院巡回导师在巡视惠民、商河、乐陵、阳信四县民众学校后感言:"四县民校服务的同学,吃苦耐劳的精神,尚颇可见。他们每天从清早到晚间,直算没有闲空。这不单是因为学校的事多,并且还因为时时有乡民来谈话的原故。又他们在各县,直无时不有困难的问题发生,他们亦是无时不与困难相奋斗的。"④正是这种努力换来了民众的支持,"这四县内,除乐陵民校与地方上的感情稍淡以外,其余三县,则乡农与民校,进一步来说,就是与诸同学的感情,都很亲

---

① 武绍文:《在第二区山西办理乡农学校经过自述》,《乡村建设》第1卷第21~30期合刊,1932年7月,第39页。

② 杨效春:《第二区乡农教育实施报告》,《乡村建设》第1卷第21~30期合刊,1932年7月,第19页。

③ 叶剑星、茹春蒲:《山东乡村建设研究院邹平试验县区第三区乡农学校工作报告》,《乡村建设》第1卷第21~30期合刊,1932年7月,第53页。

④ 《惠民商河乐陵阳信四县民校视察简报》,《乡村建设》第2卷第24、25期合刊,1933年4月,第35~36页。

切。每到一处，便有许多村民来民校内交谈，问冷问暖，亲切之情，直如家人。这要如果不是与民校有相当的感情，当不致如是"①。

2.在宣传工作、教学内容、教法设计上均以农民需求为标准，激发农民入学兴趣

乡农学校、乡学村学等既是学校，又是乡村建设运动的推进机构，因此要动员农民参与建设事业，首先需要使农民入学。但乡农学校、乡学村学等为乡间前所未有，训练部学生首次下乡办理乡农学校时也为农民所猜疑，"农民多不明真相，更加之以同学出发之时，负枪带刀（因五区不时有土匪出没，故带枪刀以自卫），身穿制服，故初时农民多望而生畏，以致猜疑横生，莫肯相信，有谓为训练壮丁以打日本者，有谓为名为办学而实为招兵者，谣言纷纷，莫衷一是，此第一次到乡村后之困难也"②。为使农民能够了解乡校，进而主动入校，各乡校工作者普遍先进行宣传的工作。

为收到良好的宣传效果，工作者采用了多种方式，如在宣传语的制作上尽量采用通俗的语言，避免枯燥的理论说教，并将重点放在农民切身利益上，以起到引起兴趣的作用，乡农学校的招生广告可谓代表。"本院创办乡农学校的用意有四：一、为半途失学的青年，借农隙时与以继续求学的机会。二、为无力读书的农民，借农隙时教他认识些应用的文字，明白点为人的道理。三、关于种地喂蚕养猪等事，借农隙时教给他一些新的方法。四、年年防旱，夜夜防贼，这是农村里最重要的两件事，也借农隙时教给大家凿凿井，习拳。总之，我们的乡农学校，是要大家孝弟力田，守望相助，家家有饭吃，人人明道理。在乡能做佳子弟，在国能做好国民。"③新泰县民众学校工作者所做之宣传语更是颇具感情色彩，以期打动农民。"我们办民众学校的目的，是要村无游民，野无旷土，人无不学，事无不举，来学的不拘男女老幼，智愚贫弱，教学时间，概括的说：'农忙去做活，农暇来上学'，真可说为失学同胞而着想的，农友们，趁着农

---

① 《惠民商河乐陵阳信四县民校视察简报》，《乡村建设》第2卷第24、25期合刊，1933年4月，第35页。
② 时济云：《第五区乡农学校概况》，《乡村建设》第1卷第21~30期合刊，1932年7月，第65页。
③ 王湘岑：《下乡之回顾》，《乡村建设》第1卷第21~30期合刊，1932年7月，第235页。

暇的(时)候,来和我们做朋友吧!"①

这些宣传语虽不能完全表述乡农学校、民众学校之做法、意义,但与农民的心理与智识程度相契合,"单从外面去看,确乎是很宽泛,很破碎的;然为使一般农民容易明了起见,也不得不如此说"②。本着通俗化的宣传方式以及不懈的说服努力,一定程度上消除了农民的怀疑,吸引了部分农民入校。如第二区成庄乡校,开学前"召集乡农,说明乡校之意义,及宗旨,如改良农业,增进知识,期乡间达于人人明理,家家余粮之途,因以来者渐众"。下娄庄乡校,先由视导员与乡老乡农说明乡校之意义,"始则乡人不免怀疑,以为招兵。视导员继续劝说,不辞口舌之劳,凡见乡农,即与剖析,吾人办学非为招兵,是为大家识字明理,三四日后,来学者四十余名,又五六日,即邻庄农人亦有二十余名远道来学矣"③。

通过宣传促进农民入学仅为第一步工作。因乡农学校等不强制入学,入学后也不如普通学校有严格校规,仅有如《乡农学校学友规约》④之类的倡议式软约束,农民实际上来去自由。要使乡农教育能够产生持久效力还需要使农民对乡校产生兴趣,进而留住农民。为此,工作者在乡农学校的教学内容及教法设计上也下了一番功夫:

其一,在教学内容上针对农民所需进行选择,并将精神训练放在重要地位。乡农教育的对象为农民,要吸引农民,则教学内容上必须以农民所需为择选标准,"我们要认清:乡农教育的对象是乡农。乡农需要什么,就教他什么。他不要的,不必教他。他所要的,不可不教他。"⑤第五区张家庄乡校所用教材中除精神陶炼及农民千字课本由研究院供给外,其他则由工作者根据农民喜

---

① 指导处:《各县同学工作状况》,《乡村建设》第2卷第9期,1932年10月,第23页。
② 王湘岑:《下乡之回顾》,《乡村建设》第1卷第21~30期合刊,1932年7月,第235页。
③ 杨效春:《第二区乡农教育实施报告》,《乡村建设》第1卷第21~30期合刊,1932年7月,第15页。
④ 武绍文:《在第二区山西办理乡农学校经过自述》,《乡村建设》第1卷第21~30期合刊,1932年7月,第37页。
⑤ 杨效春:《乡农导师十要》,《乡村建设》第1卷第21~30期合刊,1932年7月,第228页。

好自行选择，收效颇好。"国学，则选取历史中名人之嘉言善行，及农民化之诗歌。自卫，则选取农村自卫研究及曾胡治兵语录等书，他如党义，合作，等等，亦皆有参考之书籍……总之，使课目就学生，而非学生就课目，校内熙熙攘攘，俨然一大家庭也"①。大王驼庄乡校，"所取教材，都根据农民的需要，自然的现象，社会的情形，凡与农民生活有密切关系的，统是教材，都斟酌教他。他不需要的都不教他，他不懂的，都不硬教他。总之，我们是拿教材去适应他的环境，并不是教他们不关环境来求智识"②。

在教学内容安排上的另一个特点在于注重精神陶炼。梁漱溟等认为近代中国的问题不是某一项某一部的问题，而是整个民族的问题；不是一时兴衰的问题，而是民族存亡的问题。如果唤醒不起民族精神，培养不出民族信力，则民族必然没有前途。因此，乡村运动的根本精神应在于"唤醒民族精神，培养民族的信力，由此再进而谋农民知识之进步，技能之增加，以解决农村间的各种问题"③。

与这种理念相适应，研究院在培养工作者、办理乡建事业时无不重视精神上的培育。研究院同学在下乡开办乡农学校时亦极为重视对农民进行精神上的动员，一则可以获得农民欢迎，使其对乡校等组织产生信仰，二则可进一步鼓舞农民精神，使其成为乡村建设之主力。仓虞庄乡校的工作者就认为农民平日崇拜孔孟、尊重伦理，看重孝悌、忠信，最疾首的是人心日下、风俗日坏。要培养起农民信仰，必须一方面以真诚的动机、诚恳的态度去感动他们；一方面还要以民族的精神、固有的道德去诱导他们，"以中国固有的学术思想——孝弟忠信礼义廉耻的道理——来接引他，指点他，那一定能受他的欢迎……然后再按地方上的情形，而引入于农村教育，农村经济，农村自卫之各种实际问题，自（然）就能左右逢源，无往而不宜了"④。因而乡校教员特别注意"精神陶

---

① 时济云：《第五区乡农学校概况》，《乡村建设》第 1 卷第 21~30 期合刊，1932 年 7 月，第 73 页。
② 时济云：《第五区乡农学校概况》，《乡村建设》第 1 卷第 21~30 期合刊，1932 年 7 月，第 82~83 页。
③ 王湘岑：《下乡之回顾》，《乡村建设》第 1 卷第 21~30 期合刊，1932 年 7 月，第 235 页。
④ 时济云：《第五区乡农学校概况》，《乡村建设》第 1 卷第 21~30 期合刊，1932 年 7 月，第 76 页。

炼"与"讲话"两科,致力于"从唤起民族之精神着手,而渐引入于乡村之各种实际问题也"①。其中精神陶炼为训练乡校学生,讲"习俗与礼俗"、"迷信与理信"及其他一些文史故事;讲话则为接洽一般农民,在晚上进行,内容重在唤醒民众精神、培养自信力,讲述"乡农学校之意义及其主张"、"中华立国之精神"、"我们应当保守的一点信念"等。

各乡农学校在教学时间的安排上也以农民方便为准。研究院同人认为乡农教育应以农民生活为中心,教育必须帮助生活,不能妨害生活,教育应适应学生,而不应强迫学生适应教育。因而在安排教学时间上,研究院仅有大致规定,各校实际上"每日教学时间及其长短,多寡,立不一律"②。第三区东范庄乡校,在授课时间上"因恐妨碍民众生活工作,特征求学生之意见,采取全体的表决,于每晚六点至九点为上课时间"③。第七区乡农学校的上课时间也经由民众公决,定为每日上课五点,并于下午和晚间进行。④

其二,在教学方法上利用多种形式以增加趣味性。不仅教材内容根据农民需要进行拣择,教员在教法上也普遍采用谈话、引导、启发等多种形式以利于农民接受。如在特别区的各乡农学校中,教员注重激发初入乡农学校的农民的兴趣,如在上课之前或和他们说笑话,或令他们自己说笑话,"因为兴趣有了,他们自然会来和你亲近;兴趣没了,即要桃(逃)之夭夭,动机引起了,他们便会诚心实意的和你讨论;动机没有,你即便竭力的注入,他还会还你一个格格不入"⑤。在崔家庄乡校,上课之前教员先以鸣铜鼓为号进行招集,也是为引起兴趣之一种方式。待兴趣引起之后,再慢慢地通过闲谈、讲故

---

① 时济云:《第五区乡农学校概况》,《乡村建设》第1卷第21~30期合刊,1932年7月,第75页。

② 杨效春:《第二区乡农教育实施报告》,《乡村建设》第1卷第21~30期合刊,1932年7月,第10页。

③ 叶剑星、茹春蒲:《山东乡村建设研究院邹平试验县区第三区乡农学校工作报告》,《乡村建设》第1卷第21~30期合刊,1932年7月,第51页。

④ 徐晶岩:《第七区乡农学校工作报告》,《乡村建设》第1卷第21~30期合刊,1932年7月,第121页。

⑤ 马资固等:《特别区印台乡农学校工作报告》,《乡村建设》第1卷第21~30期合刊,1932年7月,第160页。

事等方式鼓舞乡校学生的精神,进而再讨论农业等乡村问题。无论是闲谈故事还是讨论问题,都从本地实际情况出发,如李家庄韩姓是大户,教员便从韩姓名人谈起,讲韩信受胯下之辱,韩伯愈泣杖等,其他村庄的乡校也大都仿其例。在农业问题上也依本地情况进行选择,以引起共鸣。①大王驼庄乡校教员在教法上也采用谈话式、诱导式以及启发式,并以朋友的态度相对,"不用指挥愚民的眼光,尤重意好习惯的养成,与环境习惯的改正。都慢慢的去利导他,全校使有家庭气味,朋友气味,相规相劝,身体力行"②。第三区东范庄乡校教员在教学方面更是致力于打破教者与受教者的严格观念,直接采取家庭式的共同生活。除正式上课外,大家随时谈话,互相讨论各种问题以及生活上的需要,"我们以至诚相待,是以颇能引起他们的真实情感,每逢课毕均有恋恋不舍的意味"③。

3.以"渐进主义"为原则推进乡村建设事业,减少农民的抵触心理

乡农学校等是乡村建设事业的推进机构,"不只为灌输知识机关,不只为成年补习场所,实为改进乡村之中枢,推动社会之工具"④,除在校内进行教育活动外,开展校外的合作、自卫、卫生、风俗改良等社会活动也是职责所在。然相比于促进农民入学而言,这些实际事业的开展更为困难。乡村建设运动一开始就负有沉重的负担——近代以来因生存环境恶化而形成并不断加深的农民的抗拒心理,再加上事业被提倡者、关注者标榜为农民、农村乃至中国的新希望,工作者也在宣传中许以农民多重好处,因而几乎没有"试错"的机会,一旦出现问题则会被无限放大,导致前功尽弃,"乡人的脑筋是很笼统的,他们认为研究院是整个的,前后学生是一样的;前届来得好,这届来的也准好,前

---

① 马资固等:《特别区印台乡农学校工作报告》,《乡村建设》第1卷第21~30期合刊,1932年7月,第160~161页。

② 时济云:《第五区乡农学校概况》,《乡村建设》第1卷第21~30期合刊,1932年7月,第83页。

③ 叶剑星、茹春蒲:《山东乡村建设研究院邹平试验县区第三区乡农学校工作报告》,《乡村建设》第1卷第21~30期合刊,1932年7月,第51页。

④ 《山东乡村建设研究院训令第101号》,《乡村建设》第2卷第16期,1933年1月,第16页。

次来的坏,这次也一定是糟的"①。

为了避免重蹈以往运动的覆辙,工作者不追求速效而是采取渐进的方式,以期逐渐获得农民的信任与参与,使乡村建设真正达到农民自为。第七区乡农学校教员感到因下乡时间短,与农民的感情、信任尚达不到契合无间的地步,遂在推行事业时先办理农民最愿意、最相信、最不难办的事业,不贪图速效,也不勉强农民,"对于提倡事业,总是取渐进主义……因为若是偶一不慎,至于失败,他们不推求失败的原因,就借为口实,举一例百,口为乡运前途很大的障碍"②。主持石樊鲁村村学工作的侯存信在组织信用合作社时,先借各种机会与乡民进行接触,进行宣传,使其对村学"渐渐有点相信",然后采用"单刀直入"、"抽丝剥茧"的方式从乡民中挑选出对事业较为热心的青年,利用个别谈话来启发他们,并由他们出面在村中联络有兴趣参加合作社之乡民。为了使被劝导起来的乡民不至信心不足、存有疑虑,侯存信再请他们进入村学,用通俗的语言进行解释,使其能够深入了解合作社的意义而成为"有力份子"。经过这些动员后,社员数量有了保障,在凑够法定人数后,最后再将"合作社连带关系、无限责任,对大家说明,复使之详细考核各个社员的品格、家境……才办理请求许可设立的手续"③。经过多重的准备后,合作社才最终成立起来。

总之,工作者为动员农民所做的各种努力赢得了一些支持,如农民对乡校的态度大多先怀疑后欢迎,如杨堤庄乡校、许家道口乡校、韩家庄乡校、颜家集乡校等④,不一而足。在许多地方,工作者虽生活困难,但能吃苦耐劳,与农民打成一片,推动农民参与乡建事业。但不容否认的是,在动员农民方式上存

---

① 杨效春:《写给在乡工作同学的第六七八封信》,《乡村建设》第 4 卷第 15 期,1934 年 12 月,第 12 页。

② 徐晶岩:《第七区乡农学校工作报告》,《乡村建设》第 1 卷第 21~30 期合刊,1932 年 7 月,第 110 页。

③ 萧克木编校:《邹平的村学乡学》,邹平:乡村书店 1936 年版,第 267 页。

④ 时济云:《第五区乡农学校概况》,《乡村建设》第 1 卷第 21~30 期合刊,1932 年 7 月,第 52、68、72 页。

在着很大的问题。在各地乡农学校的工作报告中，几乎千篇一律地表示是在通过工作者与农民不懈地"亲切谈话"及精神训练来进行动员。乡村社会的一个重要特质是"熟人社会"，"作为一种信任、参与和合作网络的社会资本在治理过程中的作用尤其重要，治理的主要方式不是强制和命令，而是说服和合作"①。且研究院推广乡村建设更是避开政治强制力，工作者要动员农民也只能采用较为柔和的手段。这种"重人"、"重精神"的做法并非不可取，但手段过于单一，没有建构起适当的、体系化的动员机制。

不可否认，许多从研究院结业下乡服务的学生有着振兴农村的深心大愿，但并非人人如此，过分放大工作者的作用，不免落空。部分教员也过于强调精神陶炼，再加上受能力所限，使乡农学校的教学工作流于精神说教，如第三区石家庄乡校教员就几乎倾注全力于精神陶炼，而不重其他实际知识的传授，"教授宗旨，以明人伦为始，从中国礼俗之大源说起，以精神陶炼为主，识字次之……如此教之，不识字者教以平民千字课，使之明了字义，与书写，并望其能实用。农业问题，合作问题，学生提出质问时方才解答"②。但对于农民而言，精神陶炼等同画饼充饥，乡村建设运动之意义的确不容否认，但仅仅高谈意义而工作不落于实处也无济于事。早在第一次试办乡农学校时，训练部学生孟广义就直言所遇到的难题："乡农学校教材缺乏，且多空泛不切实际。又或高谈空理，无实验机会，殊难引起学者兴趣。"③这无疑极大地影响着民众动员的成效。

对于运动中民众动员机制也有一些反思，如《乡村建设》所刊《对于乡村工作的一点重要意见》一文，就针对农民被动参与运动的现实，对工作者引动农民的原则、办法等问题提出颇多新的见解，如原则上"用力去排除、挪移使农

---

① 徐秀丽主编：《中国农村治理的历史与现状：以定县、邹平和江宁为例》，北京：社会科学文献出版社2004年版，第49页。

② 叶剑星、茹春蒲：《山东乡村建设研究院邹平试验县区第三区乡农学校工作报告》，《乡村建设》第1卷第21~30期合刊，1932年7月，第54页。

③ 杨效春：《第二区乡农教育实施报告》，《乡村建设》第1卷第21~30期合刊，1932年7月，第17页。

民不能动的形势与压力","培养出、援引出农民的领袖与干部,形成他们自己的团体组织";方法上,"在乡村政治机构的安排中,让真正农民能有一份权位","乡村工作者运用政治的权力与社会的势力去约束土豪劣绅,使农民能抬头,乡村社会内政治势力得均衡"等。① 这些建议自有其价值所在,但对于依靠社会力量、教育力量的山东乡村建设研究院及下乡学生来说却难以参考。

---

① 唐义:《对于乡村工作的一点重要意见》,《乡村建设》第6卷第2期,1936年9月,第3页。

第五节　工作开展之困难及其原因

尽管研究院及工作者为实现民众动员采用了多样的方式,但始终未达预设之目的,各种事业也因之未能取得明显成效,不仅农民生活没有明显改善,乡村社会也没有就此实现复兴。对此,时人颇有微词,而梁漱溟等领袖也并不满意。1935年底他坦然承认研究院的建设事业没能获得普遍支持,存在着"高谈社会改造而依附政权","号称乡村运动而乡村不动"两大问题,"即我们邹平,假定提出这么一个问题,来征求乡下人的意见——乡村建设研究院要搬家了,你们愿意不愿意? 投票的结果如何,我也不敢担保。自然也有一些人觉得研究院,多少还没有劣迹,仿佛在这里也还不错,县长也很不坏,不走也好。顶多如此,或者他简直不表示,仿佛无成见,走也不留,不走也可以。真正的老乡,恐怕就是这个态度的。这个就足见你运动你的,与他无关,他并没动。此种现象,可以反证出我们是未能与农村打成一片;让他知道我们是为他,而造成一种不可分离的形势"。①造成这种局面的原因当然极为复杂,而工作者自身的角色错位也是一个关键致因。

---

① 梁漱溟:《我们的两大难处——二十四年十月二十五日在研究院讲演》,见中国文化书院学术委员会编:《梁漱溟全集》第2卷,济南:山东人民出版社1990年版,第575页。

社会角色是社会学范畴的一个名词,自从美国学者乔治·米德将"角色"一词借用到社会心理学和社会学中用来讨论个人与社会的关系后,"角色"就日益成为社会心理学、社会学和行为科学中的一个重要概念。在社会学中,角色理论和方法后来发展成为研究社会结构、个人行为和人际关系的一条重要途径。社会角色理论认为个人在社会生活中总是处在一定的社会关系之中,并以一定的社会成员的身份与他人进行交往。社会身份表明了一个人在社会关系中的位置以及由于社会对他的期望而形成的一种社会行为模式,而这种在一定的社会位置上的行为模式,就是社会角色。①

任何一种社会角色都由角色义务、角色权利和角色规范等基本要素所构成。其中角色义务可以通俗地解释为社会对社会角色所规定的应尽的社会义务,具有确定性。一种社会角色只有这一种角色所特有的社会义务,同一种社会角色具有相同的角色义务。角色义务是社会义务的最小单元,社会义务的实现有赖于每一个社会角色履行他们角色义务的状况。只有当所有社会角色中的绝大部分都能很好地履行义务时,整个社会义务的实现才有保障。当然,没有无义务的权利,也没有无权利的义务,角色扮演者在履行角色义务的同时也有相应的权力和应享的权益,即角色权利。角色权利对履行角色义务具有保证和激发作用。在运用角色权利,履行角色义务时,都要通过角色扮演者的行为来实现,而每种社会角色都要遵循社会所规定的该角色的行为要求,这种行为要求或行为模式即为角色规范。角色规范有成文的如法律、法规、制度,也有不成文的如道德、习俗,均起着保证角色权利的运用和角色义务的履行,防止角色扮演者行为越轨的作用。②

能否"扮演"好某一个社会角色取决于对他人角色的理解和对自我角色的理解。角色扮演是一个角色承担者与角色行为目标之间互动的过程。在互动中,人们总是先要了解对方——他人角色,即在互动中识别、理解、揣度他人在角色中隐含的意义,想象互动双方是如何理解同自己的交往与互动的。如教师在与学生交往时,首先要"担当"起学生的角色,了解学生心理状态,了解

---

① 丁水木、张绪山:《社会角色论》,上海:上海社会科学院出版社1992年版,第30页。
② 丁水木、张绪山:《社会角色论》,上海:上海社会科学院出版社1992年版,第52页。

他们对教师的要求与期望,然后才能恰当地扮演好教师角色。互动双方在互动时如能在认识上对这种互动的意义取得一致,就会出现互动的"运作一致",协调配合,获得满意的角色扮演效果。在角色扮演中,对自我角色的理解同样具有十分重要的意义。每个人在社会中所扮演的角色,其行动在很大程度上是由他人(社会)的期望来限定的。如果对自我角色的角色义务、权力和行为规范具有明确的认识,而且这种认识又同他人(社会)的期望相一致,角色互动就会取得良好的效果,反之则会出现角色错位等问题。

乡村建设工作者群体作为伴随乡村建设运动兴起而产生的群体,该群体以乡村建设事业为社会职业,也就承担着相应的社会角色,有着角色义务、角色权力与角色规范。各乡建实验区的工作人员普遍有着相对明确的职责范围、权力以及义务。如山东乡村建设研究院招收第一届乡村训练人员服务部学生时,一律由院供给膳宿,并每年发给单棉制服各一套,研究部学生每月还补贴10元津贴,并规定训练部学生修业期满并经研究院准予结业后,由研究院呈请省政府分派各地方或发交各本县服务,研究部学生除酌留研究院服务外,余由研究院呈请省政府录用。为考验结业学生服务成绩并随时进行指导,令学生就服务情形向研究院作详细报告。为促使结业学生能履行建设义务,研究院也设置了一些约束条款,如规定在结业学生分派服务后,如有自行离职就任他处的,追偿其修业期间膳宿服装各费等。①

在角色规范方面,不仅各乡建实验区对此极为重视,制定如《山东乡村建设研究院学生下乡服务公约》、《乡农导师十要》等成文规定,乡建领袖、骨干通过喉舌刊物如《乡村建设》、《民间》、《乡村改造》等以著文呼吁的方式阐述各种行为规范,更引起了社会各界的广泛讨论。乡村建设运动被视为民族国家的新希望,而乡建工作者则是运动成败之关键,各界对其期望颇高。关于合格的乡建工作者应具备怎样的素养、如何培养、下乡后的工作方法等问题的讨论不断见诸报端,各界人士或讨论,或倡议,畅述己见,出谋划策,并在讨论中形成了一些普遍认可的乡建工作者的行为规范,如言行举止上要农民化、态度上要谦虚诚恳,在开展工作时要能吃苦耐劳,有奉献、牺牲精神等。

---

① 《山东乡村建设研究院学则及课程》,《乡村建设》第1卷第19、20期合刊,1932年,第15~16页。

然而在承担工作者角色时,很多下乡去的知识分子因受主客观条件的制约,出现角色错位问题,不仅角色意识淡漠,而且角色行为与角色规范也产生背离,不能按照角色规范进行乡村工作,履行所承担的建设义务,使乡村建设事业的推进陷入困境:

1. 从工作者自身来说,"上联下接"的动员方式使得对农民的动员工作很大程度上着落在工作者自己身上,但并非所有下乡去的知识分子都能扮演好工作者角色

除少数人坚定不移地贯彻落实乡建方案、规划外,还有很多人虽下乡却难以承载乡村建设运动的使命,在实际工作中敷衍了事、脱离民众,丧失乡村建设的本意,"今日好多所谓乡村建设训练团体机关,不但没有什么特殊之处,而且却有成为一种特殊阶级的趋向"①。究其原因不外有二:

其一,参与乡建工作的动机不纯,对自身角色以及乡村建设运动没有足够的认知与领悟。

开展建设事业的第一步是要拉近与农民的距离。而要与农民打成一片,工作者不得不先进行自身的"农民化",梁漱溟也一再强调工作者谨守"求诸己"的理念,这意味着对农民的动员工作很大程度上转换为工作者对自己的动员。对农民的动员上,工作者的作用被无限放大,认为只要工作者工作到位,则农民一定能行动起来,"现在我们大家要领导乡农作村治事业,那非先引出他们的精神来不能有所成就……只要我们作社会运动的人,含辛茹苦地去引动他们,恳切真诚的去爱护他们,则此'关切注意大家好的事情'的涓滴之真情,必可发展扩充以至于爱社会爱国家爱人类的境地的!这时候就算恢复了中国当初通达的活跃的文化的元气,而顽固之病同时也可全被消融了,这时候要领着他们起来干起来组织,就算有了精神,有了原动力了"②。院刊《乡村建设》也不断刊出诸如《乡村建设从何处作起?》(第 2 卷第 1 期)、《乡村运动与乡村运动者》(第 2 卷第 9 期)、《怎样做个乡村运动者》(第 3 卷第

---

① 陈序经:《乡村建设运动》,上海:大东书局 1946 年版,第 60 页。
② 武绍文:《在第二区山西办理乡农学校经过自述》,《乡村建设》第 1 卷第 21~30 期合刊,1932 年 7 月,第 43~45 页。

12期)、《写给准备入乡工作的同学》(第4卷第12期)、《乡村服务者应有的觉悟与精神》(第4卷第16、17期合刊)等文章,一再强调工作者要提高自身修养与精神觉悟。

但实际上,很多工作者不具备足以承担乡村建设重任之主观条件,对自身角色以及乡村建设运动没有足够的认知与领悟。下乡去的知识分子虽如恒河沙数,然很多人参与乡建的动机并不纯正,并非全然为了乡村事业的发展,有为名者,有为利者,如时人之总结:"许多乡村工作者,并不是真心去作乡村工作,有的是好奇……到乡村或者住上几个月,仍然离开了乡村工作!有的同志,是想借此作引进之门,觉得如果到乡村去住一下,或者就可以像镀上了一层金也似的,走到外面,可以这样说:'我才是深入民间的战士!'……借此装镜一下门面;有机会,就钻到另一种地位上了,而仍不失其为乡村工作者!另一种同志,实在是再无门可走,本想去都市然而找不到饭吃,只好去作乡村工作,这种同志,有办法就不下乡!"①此言虽不乏偏激之处,但也道出了工作者动机复杂的事实。

山东乡村建设研究院的人才培养方式可谓相对成体系,但并非培养出的学生都有奉献乡村建设事业的真志,如学者所言:"乡村建设运动对一些有扎实的综合知识以及在乡村问题上接受过某些专门培训的骨干分子有迫切的需求。但是,到底是上述课程毕业的学生真能满足这种需求,还是学生们仍然只是把这种课程看作是自己继续求学深造并离开农村的一种学业资历?这一点我们不得而知。"②何况部分学生入学时的动机就不在服务乡村上,薛海云在忆及1936年从山东省立第四乡村师范学校进入山东济宁"乡村服务人员训练处"受训的情况时,也曾坦言动机并非因对乡村建设运动的热忱,而是可以获得更好的待遇。"四月的一天,校长赵德柔将我们两班即将毕业的学生集合在操场上,宣布了上级要求师范应届毕业生去接受'乡建训练'的指示,并讲了与此有关的事情。听后大家都很高兴,因为不用经过会考就可以毕业了,受训

---

① 千秋:《乡村工作经验谈》,《乡村建设》第6卷第20期,1937年7月,第2页。
② [丹]曹诗弟(Thoegersen,S.):《文化县:从山东邹平的乡村学校看二十世纪的中国》,泥安儒译,济南:山东大学出版社2005年版,第122页。

后不再做小学教员,而是去当乡级行政长官,并且薪水比教师还要优厚伍元。"①

就连研究院同人也对学生的动机表示了怀疑,如黄艮庸在寄给梁漱溟的信中就表达了对研究院人才培养方式的担忧。作为梁漱溟的得意门生,黄艮庸在一些理念上要更为激进,认为要想实现知识分子与农民的结合,"非有大决心大勇健精神之人,先于自己生活下番苦功,如是而生信心者,恐无望也"。而研究院的人才培养则存在着三种问题:"凡今日之学校,其靠政府以成立者,学生入学之后,其心理终不免有成为一种公务人员的暗示,一也。招生入学,此种招生办法,实极无理;吾何为而招之,彼何为被招而来,其间真有甚难言可笑者……今之招生办法,则往教亦说不上,如是而成师生的关系,盖亦滑稽之至矣。邹平今后亦不能不招生,此问题将如何解决耶,二也。既成学校,则必有许多功课,必靠其功课的成绩以判其及格不及格,此又无形中鼓励学生向智识一路,人生行谊之谓,终为附带的条件而已,三也。"他直言乡村工作者应有自愿成为"农民"之觉悟:"吾等有田,吾等有力,现拟于明春吾乡校师生共同耕作,以自食其力,不再求人矣。此生近来之觉悟,亦吾乡村运动者之应有觉悟也。盖吾人既决心下乡,务农乃为必要,自己变为农民,直接生产,自食其力,成为一有恒产之社会分子,此应为必具之资格,乃可言其他。不然,脚跟不落地下,求其不站在农夫头上,终不可得矣。"②

张俶知也认为乡村建设只能靠"有心之人",而研究院的做法实难得人,"现在作法既有假乎官力,亦必有所标榜。来学者有所为而来,下乡者亦有所为而去,真志之激发未能,为人之根基不固。欲冀其委屈忍耐,虚怀降心,而顺其自然以从容致力于乡村改进之推动不亦难乎?……生实不敢信由现在之方式可以育得真才,可以建设乡村也"。只有感召天下有志之士,均能不存杂念而甘心返乡,乡村建设才可获蓬勃生机,"如现在作法,纵令有许多方便,可以收集多士,可以作事。然而其所集者未必有真才(有所为而为者多);其所作者

---

① 薛海云口述、申登麟整理:《在"济宁乡村服务人员训练处"的回忆》,见政协兖州县委员会文史资料研究委员会编:《兖州文史资料》第3辑,济宁:山东省出版总社济宁分社1987年版,第52页。

② 《黄艮庸先生寄梁漱溟先生书》,《乡村建设》第2卷第17、18期合刊,1933年1月,第56~57页。

未必能稳固(多出被动催逼),故在表面上看乡治若有成绩,若有进展,然或正因此而反耽误乡治之前程也"①。

虽不能就动机上断定薛海云之类的工作者不能尽心于乡村建设事业,但不可否认至少在理念、热情上要稍逊一筹。很多存"五日京兆"之心而下乡的知识分子并非真正为复兴农村计,因此在言行、举止、心态上不可能实现"农民化",工作因此常遇困难而感觉"此路不通",于是"许多人'半路出家'又'半路还俗'了,许多人被迫下乡又被迫离乡了"②,冀图他们全力开展乡建工作并不现实,"能抱着'做一日和尚撞一日钟'敷衍态度的,已属难能可贵,若欲实干苦干,不啻缘木求鱼"③。

其二,在实际工作中,工作者角色意识淡漠,行为偏离角色规范,不仅未能"理解"农民,与农民打成一片,即使在工作者群体内部也是矛盾丛生,未能同心协力。

乡建工作展开的关键在于拉近与农民的距离以"谋工作上便利"④,但下乡去的知识分子在城市中所形成的心理、生活及行为习惯往往在不自觉中影响着对自身角色以及"对于农村问题的认识"⑤,使其不能适应农村生活,了解农民心理、农民问题以及农民对自身的期待,也就无法真正动员起农民。在邹平,村学本为乡学基础,但乡学普遍得以成立,而村学工作反无显著进展,主要原因就在于村学教员未能尽力,诸如擅离职守等现象频生,"最召乡民厌恶"⑥。县政府为此特制定各村学、村立学校教员请假办法以整顿弊病,规定不请假而每月旷课达十小时者扣当月薪金三分之一,达二十小时者扣当月薪金二分之一,达三十小时者则予以裁撤。在1935年时研究院也不得不将现任村学教员一律调回院,参加村学讲习会,"给一短期讲习,关于乡村

---

① 《张俶知先生自川东来信》,《乡村建设》第2卷第26期,1933年4月,第14页。
② 齐植璐:《乡村工作人员应有之凤养》,《农村建设》第1卷第3期,1937年1月,第8页。
③ 尤蔚祖:《失业大学生下乡之五道防线》,《复兴月刊》第3卷第8期,1935年4月,第8页。
④ 章元善、许仕廉编:《乡村建设实验》第2集,上海:中华书局1935年版,第146页。
⑤ 瞿菊农:《乡村运动的自省与对于社会的要求》,《民间》第3卷第1期,1936年5月,第3页。
⑥ 《邹平村学近讯》,《民间》第2卷第7期,1935年8月,第23页。

教学之基本理论,以及实施办法,重新讲解,俟讲习期满,再为分配工作,以收实效云"①。

邹平村学教员所存在的问题并非个例,其他乡建区工作者与农民脱节的现象也所在多有,一些知识分子"即使具了绝大决心实行下乡,实际上仍与置身'象牙之塔'无疑……至于主持设计的人,则虽身在乡村,大有与乡民不发生接触的危险。这种现象,在许多地方,都可以看到。还有一层,一个知识分子即使与乡民发生了接触,接触的性质,往往是机械的,不自然的,有时甚至是居高临下的,不尊重对方的"②。结果,乡建工作偏离了促进"农民自为"的本意,"一切发动的中心如合作社、农场、医院、学校,在乡民眼中看来,都是由一批外来的拿薪水的职员在那儿主持。这种现象,可以说是乡村工作人员职业化,和一切机关'衙门化'"③。

工作者之间不能互相合作也是一个极大的问题。就人员分配而言,各乡建区范围内每村的工作者数量普遍较少,如在邹平的一些村庄仅有一二人,需要彼此之间联合,既可互相鼓舞士气,又可互帮互助。"在乡村里,如果一个人,真的就如同匹马单枪杀重围一样:就是没有问题发生,只受僻塞的环境支配,也就会使你退步!所以,只有联合几个同志,勉励自修,互相批评,才能使自己有生机,能振作,不致(至)于日渐趋于消沉!尤其是血气畅旺的青年同志。"④在杨效春主持的邹平县郭庄乡农教育研究会上,与会诸教员也极为强调同学之间的彼此合作,协力共进,"各有长短,何用计较。各尽心力,无许疑忌。同学都好,研究院声誉才好。各人亦好。而且我们须明白此间乡校之维持责任当在本地同学小学教师与士绅长老身上,不在外人。大家必须维护本地同学之信誉。本地同学尤宜奋勉谨慎,以期求此种任务之实现"⑤。

---

① 《开办村学讲习会》,《民间》第 2 卷第 6 期,1935 年 7 月,第 23 页。

② 徐宝谦:《乡村建设运动的精神基础》,《乡村建设》第 6 卷第 3 期,1936 年 9 月,第 2 页。

③ 江问渔、梁漱溟编:《乡村建设实验》第 3 集,上海:中华书局 1935 年版,第 493 页。

④ 千秋:《乡村工作经验谈》,《乡村建设》第 6 卷第 19 期,1937 年 7 月,第 2~3 页。

⑤ 杨效春:《第二区乡农教育实施报告》,《乡村建设》第 1 卷第 21~30 期合刊,1932 年 7 月,第 22~23 页。

但实际上,这种理想中的联合未见有多少,反而是矛盾冲突不断,互相不能合作。1934年底王柄程在《乡村学臆说》一文中就指出在邹平乡学村学的教职员之间存在很大的问题,"就目下邹平之乡村工作言之,辅导员大概顾及乡学内学董、学长、乡理事、教员之物色,介绍,运用,合作。至对于村学教员,能水乳交融,打成一片,提携共进者,甚少。甚或彼此隔阂误会,亦数见不鲜。各村学教员,能否与辅导员打成一片,协力前进,亦是问题。故目下邹平乡村学之工作同学,可谓为完全无组织。你动我不动,乃至你东我西,拚头磕脑,亦所在多有。故工作人员,此际应有一番整理及组织,而澈底解决之。不可参以一点'感情',当专用'理智'为解决之根据"①。工作者之间的矛盾冲突甚至使研究院不得不令部分乡农学校实行校长自由聘任教员制以图解决,"乡校职教员所以要由校长自由聘任的根本意义:从过去以至现在,乡校的大问题是内部不和,弄出许多笑话,以至工作废弛,效率减低;为避免这种缺憾,才有自由组合及校长自由聘任的规定"②。

2.从客观环境来说,"上联下接"的动员方式使工作者无法抗衡地方势力的抵制与破坏,在权力网络中艰难生存

在近代乡村社会中办理事业,采取动员地方绅士并借用其力量的做法并非不可取,而在自身力量相对薄弱的情况下更需如此。一则固有的乡村组织握于绅士之手,以其号召农民较之工作者零星地动员农民,可收事半功倍之效;二则绅士普遍为地方领袖,为乡民所望,如能争取绅士的支持,则不难获得民众的欢迎。更何况虽然"劣绅化"的趋势在国家渗透压力不断增长的情况下无法遏制,在一些生存环境相对较好、血缘关系紧密的村庄,仍会有品性相对端正的绅士散落乡间,即便不过问公事,但在地方上仍有一定号召力。山东乡村建设研究院极为重视与地方绅士的联络,平教会在推行平民教育时也注意与其进行接洽。宛西四县更是地方精英主导的乡村自治,总体来看对绅士的动员取得了一定成效。

---

① 王柄程:《乡村学臆说》,《乡村建设》第4卷第13期,1934年12月,第4页。
② 王凤山:《读了任君君的"对于鲁南乡校现行编制之批评及其改进意见"以后》,《乡村建设》第6卷第4期,1936年10月,第2页。

但问题在于,为获得绅士的支持以利于事业的开展,工作者有时过于追求团结,往往会对绅士持放任态度,对其行为不加干涉,即便这种行为有可能损及村民的利益,也只做一做"吹风"的工作。如在村款问题上,"这里乡村运动者又应作什么工夫呢?只是你老实记着,乡村领袖最怕你于他的账项参加意见,只有平常里对于这问题注意考察,而善意的供献意见于乡村领袖……乡运者要去提倡正气,导化恶劣份子,帮助现在的乡村领袖作事,因势利导,使流弊无从发生,渐渐转移乡村风气,使村庄人士能时时聚集,要用种种方法使之融洽,例如互为扬善隐恶,互为解释嫌隙等,这样能使乡村领袖合作,乡村事业才能进展"①。这种态度与做法也使工作者常陷入两难境地,处于绅士与农民之间而不得动弹,如办理乡农学校时,部分经费是由各里庄按粮银均摊,如何做到平均公摊就是一个极大的难题,"应如何清理稽核以防从中舞弊情事?要清理或得罪于士绅;不清理则无以取信于乡农"②。处理不当则既不见容于绅士,也无法取信农民。

再者,研究院及平教会等强调乡村建设是一种社会运动,尽量避免政治强制力的运用,寄希望于工作者用道德等进行规劝感化。如王伯平的《献给地方上的领袖们》一文,就试图用乡土感情对绅士进行规劝:"先生们:你是有智识的人;你是地方上领袖;同时你也是地方上的眼目头脑,你的一举一动,与农村影响很大。换一句话说:破坏的农村,须要你来恢复,你有你很大的责任,不要忽略才好!地方的力量不能彼此再摧残了!'对付'的心理必须取消,把彼此倾轧的力量,用在地方建设事业上,一心一德的,那么地方才可慢慢的变好,同时你也不愧算个地方领袖。"③杨效春也认为工作者处于"客"位,应注重道德感化,而不能以势相逼,"我们大家对于地方人士的态度,我想对于绅耆概宜尊敬;对于农友概宜亲爱;对于地痞,流氓,赌棍,瘾民及一切乡间所鄙视的小人,我们亦概宜以善意感化他,教导他,使他悔悟,改过自新。这并不是说我

---

① 王枕心:《农运领袖的责任与自备的条件》,《乡村建设》第6卷第3期,1936年9月,第6页。

② 杨效春:《第二区乡农教育实施报告》,《乡村建设》第1卷第21~30期合刊,1932年7月,第17页。

③ 王伯平:《献给地方上的领袖们》,《乡村建设》第2卷第15期,1932年12月,第2页。

要我们大家不知好歹,不分黑白,在乡间做个乡愿!乃是因为我们大家之于地方人士是宾客,是朋友,至多可以说是'老师'!我们对于乡村大众亦只能以情动,以理喻,而必不能以势相胁。"①

劣绅化的趋势既非因个人道德沦丧所致,用道德情感进行号召的作用自然几乎为零,研究院试图将绅士纳入乡农学校、乡学村学等以化解矛盾的构想也很大程度上落在了空处。如有过半年村学教员经历的原山东省第一乡村建设师范学校乡师部学生贾巨川回忆道:"梁漱溟先生意图将政治上的统治者与被统治者的关系,纳入乡学、村学的师生关系中去,认为有了这种师统政治的组织,就可以将'相对之势'转化为'相与之情'。事实上,几年的实验结果,乡村的师统政治未见有什么灵验,相对之势仍是相对之势,并未见转化为相与之情。"②魏家庄工作者为"策村学入轨"的艰辛努力也只取得乡村领袖"只在消极方面之不为阻力,并进而予他人以影响或暗示;而积极方面之振作奋发,有若何要求,供给若何意见,助成我们以何事何业,实未得到"③。而对政治强制力的规避,又使工作者无力应对地方势力的抵制与破坏。

在章丘县办理民众学校的刘清洙将地方领袖对乡建事业的态度归结为三种,即帮助、不助与敌对,而"泛泛皆在不助圈里盘旋"④。诚斯言也!纵观邹平、定县等地的乡村建设历程,地方势力的破坏屡见不鲜。在第一次下乡试办乡农学校时,训练部学生董继善就感言工作困难:"乡人之顽梗者根本不理我们,乡愿则纵横捭阖造谣中伤,更使我们穷于应付。"⑤1932年初,邹平孙家镇知名教师孙子愿经由梁漱溟动员后参与乡村建设事业,但在开展工作时因地

---

① 杨效春:《写给在乡工作的同学三封信》,《乡村建设》第4卷第13期,1934年12月,第14页。

② 贾巨川:《山东省第一乡村建设师范学校及邹平乡村建设实验情况》,见山东省政协文史资料委员会、邹平县政协文史资料委员会编:《梁漱溟与山东乡村建设》,济南:山东人民出版社1991年版,第244页。

③ 萧克木编校:《邹平的村学乡学》,邹平:乡村书店1936年版,第255~256页。

④ 刘清洙:《章丘县第八区民众学校进行概况(完)》,《乡村建设》第3卷第5期,1933年9月,第15页。

⑤ 杨效春:《第二区乡农教育实施报告》,《乡村建设》第1卷第21~30期合刊,1932年7月,第18页。

方势力的抵制而颇为不顺。其下乡后先任第五区区长,后因地方势力过强,工作处处掣肘而转任第六区区长。在第六区时,孙子愿目睹霍家坡西边的官家庄农民生活困苦,衣食无继,遂召集全区十余名里长开会,动员捐款捐粮进行救济。在会上,他当场表态捐出部分粮食,"其他里长见区长带头,也纷纷捐粮捐钱,共集了3大车粮食和部分钱,使这个村的农户过了冬"。但却因此得罪了部分里长。不久孙子愿就被控告为"是耶稣教徒,横行乡里"①。后经梁漱溟从中斡旋才不了了之。

在一些地区,土豪劣绅的强力抵制甚至使乡学不得不转移地区。赵增之原为研究院训练部第一届学生,在院时成绩优秀,深受梁漱溟等的器重,毕业后由县政府礼聘加委为第二乡乡理事。第二乡乡学全部机构原本设在青阳店(时称青阳镇)万寿寺,镇长王某是全镇的权势人物,在地方上横行霸道,被称为"坐地虎"。其对于乡学颇为反感,因为"镇上有乡学就显示不出他镇长的权威身份"②,且在政务及私人关系方面与赵增之有些矛盾,赵增之不愿与他纠缠,遂将乡学搬往醴泉寺。

在平教会迁入定县开展实验工作后,主要依靠平校毕业同学的力量推行建设。以青年农民为主体的平校同学与绅士之间的矛盾冲突也是层出不穷,"不但地方上的豪绅,就连县政府的县长科长都不放心,都起来反对。因此怀疑、恐惧、造谣,对我们加上许多'帽子',用种种方法想破坏我们的工作"③。不

---

① 孙子愿:《追忆我在邹平参加美棉运销合作社的活动》,见山东省政协文史资料委员会、邹平县政协文史资料委员会编:《梁漱溟与山东乡村建设》,济南:山东人民出版社1991年版,第133页。

② 耿巨吾、宋一平:《邹平实验县第二乡乡学》,见山东省政协文史资料委员会、邹平县政协文史资料委员会编:《梁漱溟与山东乡村建设》,济南:山东人民出版社1991年版,第207页。

③ 晏阳初:《平民教育运动的回顾与前瞻》,见宋恩荣主编:《晏阳初全集》第2卷,长沙:湖南教育出版社1992年版,第294页。

容否认，同学会一些过激甚至假公济私的做法①确有其不当之处，但地方绅士、政府对定县实验本身的猜忌与抵制是冲突产生的根本原因。

面对冲突的不断产生，平教会不得不规定同学会应"特选聘村中公正士绅为指导员，并谋彼此积极的合作"②。但名为指导，实则为制约，乡建工作也因之一时限于停顿，"在过去，平校毕业同学会确于平教会之活动上极有帮助，一切'下乡'事业均赖毕业同学会员推动，一时成为定县事业之最前线，实际工作者⋯⋯惟同学会员都为青年农民，一般行动，未免有急进之处，每与耆老——地方领袖——等意见有所出入，因而事业活动上之阻碍亦甚大，最近则同学会之活动似已等于无矣"③。瞿菊农在总结教训时也指出定县工作中的困难有相当一部分是因为"社会的、政治的、经济的条件不够，与社会'既得权益'阶级的抵牾"④。

不仅地方绅士抵制，中央政府及地方势力也在阻挠、限制乡村建设运动的发展。在致力于加强自身权威及控制力的南京国民政府看来，乡村建设运动能够动员地方力量，具备潜在的社会控制能力，因此"对乡村改革及改革者的态度一度处于矛盾状态"⑤。在县政建设开展之前，社会自发的乡建团体、机构普遍未能得到政府的认可，如山东乡村建设研究院成立后，国民政

---

① 孙诗锦：《1930年代定县实验中的同学会及其与乡绅的关系》，《历史教学》2011年第20期，第41页；"平教会与地方民众间的冲突太深，今后应消极的减少冲突，积极的力谋融洽，以利工作的进行。尤其在霍六丁先生长定县的任内，与地方冲突，几于水火不能相容，实际上霍先生也很少建树，穿粗布大褂等小节目的粉饰，不能获得民众的信仰，平校同学会的仗势欺人，因为与霍先生的关系而自豪（霍先生系社会式教育部主任，担任指导同学会的活动），今后吕先生应注意这一点，否则实验工作将绝难畅遂进行。"（张炳钧：《定县实验区的介绍与批判》，《众志月刊》第1卷第5期，1934年8月，第69页。）

② 张炳钧：《定县实验区的介绍与批判》，《众志月刊》第1卷第5期，1934年8月，第63页。

③ 许莹涟、李竟西、段继李编述：《全国乡村建设运动概况》第1辑上册，邹平：山东乡村建设研究院出版股1935年版，第369页。

④ 李紫翔：《乡村建设运动的再批判》，《新中华》复刊第6卷第15期，1948年8月，第5页。

⑤ [美]艾恺：《最后的儒家——梁漱溟与中国现代化的两难》，王宗昱、冀建中译，南京：江苏人民出版社1996年版，第241页。

府就"不立案、不承认"①。学生毕业后虽获研究院所颁发的证书,但并不具备官方资格,1936年毕业学生薛泽生谋求安徽省初中训育主任公民教员职位时便遭遇资格认定的困难。当局认为"其所缴毕业文证,系山东乡村建设研究院乡村建设研究部证书,是项资格究与何种学校程度相等,无从臆断"②,后上呈中国国民党中央执行委员会民众训练部,经特别审查后方给予资格认定。③山东第一乡村建设师范学校也不能针对乡村建设进行课程安排,因为"当时省教育厅规定,学生毕业时,必须参加全省会考,会考不及格的不发给毕业证书"④。这类专为乡村建设培养人才的学校因受此限制在课程内容安排上也不得不与其他普通乡村师范大体相同。合法政治地位的缺失使乡建工作的开展受到严重干扰,"政府对于改进工作,能予助力者,十不得一二,能敷衍门面,不问不闻,已属难得;甚或处处予以难堪,阻其进行,竟或行其诡计,破坏不留余地,或竟诬害暗杀,言之痛心"⑤。

3.工作者对角色权力未能善加利用,不能用政治力辅助乡村建设的进行

研究院及平教会等虽将乡村建设运动视为社会运动,只能依托社会力量进行,但这并非意味着对政治力量的决然排斥。无论是在"乡村建设"阶段抑或"县政建设"阶段,为了使事业得以顺利开展,也借助政治力量以为辅助。然部分工作者不孚所望,对自身所掌握的权力未能妥善运用,为乡建事业创造

---

① 孙子愿:《追忆我在邹平参加美棉运销合作社的活动》,见山东省政协文史资料委员会、邹平县政协文史资料委员会编:《梁漱溟与山东乡村建设》,济南:山东人民出版社1991年版,第133页。

② 《解释山东乡村建设研究院乡村建设研究部毕业生资格与何种学校毕业程度相当》,《中央民众训练部公报》第3期,1936年4月,第83页。

③ 《令安徽省训育主任公民教员资格审查委员会为据呈请解释山东乡村建设研究院乡村建设研究部毕业资格与何种学校相当等情令仰遵照办理由》,《中央民众训练部公报》第3期,1936年4月,第33页。

④ 贾巨川:《山东省第一乡村建设师范学校及邹平乡村建设实验情况》,见山东省政协文史资料委员会、邹平县政协文史资料委员会编:《梁漱溟与山东乡村建设》,济南:山东人民出版社1991年版,第243页。

⑤ 陆叔昂:《参加全国乡村工作讨论会后》,《教育与职业》第148期,1933年9月,第658页。

有利条件。

在拟订结业学生回县服务办法时,山东乡村建设研究院曾向省政府、民政厅呈请在各县指定一区,由研究院结业学生充任区长一职,"在各县中,凡经有民众学校筹备成立之一区,即作指定之区,以后不拘任何一区区长出缺,除应照章以本院结业生尽先委用外,并调任该指定区以图双方互为照顾"①。在经批准实行后,研究院学生陆续就任各区区长,如阳信县第五区区长由结业学生杨文元充任②,博山县第七区区长由结业学生翟作鸾充任③。研究院这一做法的用意在于"以区长推进民校,以民校辅成区治,两者相依为用,而总归于推行乡村建设之本旨",期望这些学生能洁身自好、恪尽职守,协助研究院推进乡建事业,"我同学今已多堂堂乎为区长矣:若果能反心自念,我农家之子弟也,我曾身受一般政治黑暗之毒者也,今我职在亲民,幸有力可以为人,宜如何忧勤惕厉,以求有益于农民,毋忝厥职守,上不负国家养士之恩,下不负师友期望之意。以荷此遗大投艰之重要使命;若乃剥削乡民,自作威福,蹈贪吏之故辙,以金钱为指归,斯固一般猥局冗司之所作为,非所望于我智识开明之同学也,来日大难,匹夫有责,我同学其勉之哉!"④

然事与愿违,在荣膺区长的同学中,能不辞劳苦,勉力民众学校事务的有之,如原为研究院训练部第一届学生的邹平第三区区长纪凌云,1933年7月到任后即着手促办民众学校,不辞辛苦,劳碌奔波,到10月民校成立,校址设在黄由前庄,计高级部、普通部各一班,经营"煞费苦心"⑤。而只知奉行政令,漠视民众学校之建设者亦所在多有。其原因既有主观上不愿为之,也有骤任区长而经验不足所致,如博山县第七区区长翟作鸾就因经验不足,"初次接

---

① 指导处:《关于民众学校之文件》,《乡村建设》第2卷第16期,1933年1月,第18页。

② 指导处:《各县同学工作状况》,《乡村建设》第2卷第19、20期合刊,1933年2月,第32页。

③ 同学会指导处:《本院结业同学在乡工作状况》,《乡村建设期刊》第2卷第7、8期合刊,1932年10月,第33页。

④ 裴雪峰:《与蒙阴同学王意诚书》,《乡村建设》第2卷第9期,1932年10月,第7页。

⑤ 《邹平第三区区公所与民众学校归并一处办公》,《乡村建设》第2卷第16期,1933年1月,第20页。

事,未能对民校事进行"①。为整饬弊病,研究院不得不经院务会议议决四项办法:"(一)凡同学任区长者,应时将乡村建设及民众学校意义向乡镇长副及民众剀切说明,努力倡导。(二)凡指定区由同学任区长者,其区公所与民众学校以合并一处办公为原则,如现在邹平第三区之例,一切用人及开支自较经济而精神亦可团聚,其有事实上不能迁移归并者,亦应在区公所内或附近兼办一民众学校,区长及助理应常往照料并讲话,自任功课。(三)兼办民校时,补助金应先尽他处民校支领。如款额有余,当可照章支领以资津助。(四)所有各区长办理民校状况应每月月终呈报一次,以凭考核。"②

而在研究院所主持的菏泽试验县,工作者不能善加利用政治力量的现象更为突出。因地方不靖,菏泽的乡农学校被赋予的行政权力相对较大,几等同于下级行政机构,就其职责而言,"一方面要佐助县政府推行政令,一方面要以全乡区之民众为对象而施其教育,二者之中,尤以后者为重要"③。但许多在乡农学校工作的学生,一方面因不谙乡建意义、方法,一方面不愿辛苦费力,"除去县政府交办的事件以外,就好像无事可作,对于主要的社会活动方面,很少有一种自动的详细的工作之计划",呈现一种极为散漫懈怠、因循敷衍的状态,"这些干部和梁漱溟在致力于理论与实践的结合方面遭到了全面的失败。大部分干部仍然在'文官政府'的世界里活动和思想,在这个世界里,写作公文和报告是长技,而劳心者与劳力者之间也存在着不可消除的隔阂"④。这无疑与乡农学校的本意不符,更谈不上推进乡建事业,"现在有许多的乡农学校,只能作点推行政令的工作,而忽略了另一方面的教育工夫,这实在是一个大的错误!因为如此一来,则所谓乡农学校,就完全变成一个呆板的机械的被

---

① 同学会指导处:《本院结业同学在乡工作状况》,《乡村建设》第2卷第7、8期合刊,1932年10月,第33页。

② 指导处:《关于民众学校之文件》,《乡村建设》第2卷第16期,1933年1月,第18页。

③ 王湘岑:《对于乡农学校服务之同学一言》,《乡村建设》第6卷第11、12期合刊,1937年3月,第1页。

④ [美]艾恺:《最后的儒家——梁漱溟与中国现代化的两难》,王宗昱、冀建中译,南京:江苏人民出版社1996年版,第282页。

动的下级行政机关,而失掉其伟大的活泼的主动的推进社会之功用;这不能不说是乡农学校走入了歧途!"①

通过以上对以邹平乡建工作者为中心的考察可知,在最为重要的民众动员工作上,研究院本着"以团结求建设"的思想,规划了"上联士绅、下接民众"的工作方式,而下乡服务的学生也大都采取了礼待绅士、拉近农民的做法,收到一定的民众动员效果,但并未能取得预期的成效。在实际动员民众的过程中,工作者出现过于追求与绅士的团结而放弃对民众利益的争取等现象,反使自身陷入绅士与民众的夹层,既不能取得绅士的支持,也无法获得农民的信任。与此同时,工作者寄希望于通过道德等形而上的说教对地方绅士进行感化、规劝,显然于事无补,而没有政治力量为依凭,又导致工作者无法约束劣绅,抵制对建设事业的破坏。

而对于普通民众,工作者也始终没有找到适当的动员手段。在工作中存在着两种趋向:一是因动机、能力等无法实现自身的农民化;一则是将工作者的作用无限放大,将能否动员农民与工作者自身能力素质甚至道德精神画等号,导致过度农民化的倾向,如黄艮庸所持的乡村工作者应自愿变成"农民"的观点。不能实现"农民化",民众动员不可能取得显著成效,但过度农民化同样并不一定有助于事业的推进,正如蒋廷黻反驳燕树棠认为平教会职员生活水平太高的观点时所言:"我们试平心静气的想想:我们过惯了都市生活的人是否能够过乡村生活;并且倘若我们饮食起居各方面事事都平民化,我们是否能够维持工作的效率。此中的困难不是我们的生活程度过高,是平民的过低……我以为少吃少作不是个好办法,或是因为日常生活不舒服致工作减少也不是个好办法。"②作为乡村建设事业的引领者,工作者是农村一种新力量的代表,需要有一定的地位,否则也不易取信于农民。

工作者不具备改造客观环境的力量以及自身的角色错位成为动员工作未

---

① 王湘岑:《对于乡农学校服务之同学进一言》,《乡村建设》第6卷第11、12期合刊,1937年3月,第1页。

② 廷黻:《跋燕先生的论文》,《独立评论》第74号,1933年10月,第10页。

能取得预期成效的重要致因。这反映出以团结求建设的动员思想以及"上联下接"的动员方式存在相当的局限性,并不能适应乡村社会矛盾不断积累等现实趋势。历史的经验证明,在"人情"因素影响依然强大的近代乡村社会中进行民众动员,强调"人"的作用的做法并非决然不可取,但如果不建构起适当的、体系化的动员机制及相应制度则无法真正实现动员,完成乡建使命。

民众动员工作所出现的问题不仅导致建设事业没有获得多少农民的支持,"闹的农村的村夫野妇头昏脑痛,简直觉得太麻烦了"[①]。乡建工作者也被外界目为"吃乡建饭的阶级"。更为严重的是,乡村建设运动也由此遭遇到社会认同危机,"中国改造运动的方式,已经由上层而下层,由都市而农村了。此中不少投机的分子,无聊的举动,因此也就引起外界不少的误解,不少的批评"[②]。社会舆论对乡村建设运动及乡建工作者评价的降低意味着运动及工作者本身社会地位的下降,而这无疑是对乡建工作者社会认同感的极大打击,并加速着工作者社会认同的消解及整个群体的分化。

---

① 陈掖神:《知识份子应到农村去》,《教育周刊》第 206、207 期合刊,1934 年 10 月,第 10 页。
② 杨开道:《我为什么参加农村工作》,《民间》第 2 卷第 1 期,1935 年 5 月,第 10 页。

第五章 CHAPTER FIVE

社会认同视野下的乡建工作者群体

作为时代运动的主潮，乡村建设运动受到全国各界的极大关注，不断有个人及团体到各实验区进行参观、考察，而与乡村建设有关的评论观点也不断见诸报端，甚至引起论争。立足于不同的立场，各方的评论毁誉不一，赞扬、批驳乃至客观中立者兼而有之，并在一定程度上影响着乡建工作者群体的社会认同。而作为运动主角的乡建工作者，其对自身身份、工作的认同度是制约建设事业能否得以顺利开展的关键因素。但事实上，有相当数量的工作者存在着社会认同困境，尽管乡建团体、机构有着各种促进与加强认同的措施，但未能完全消除认同困境。随着时间推移，工作者的社会认同在各种因素作用下逐步消解，奠定了群体分化的基础。由于乡村建设与工作者密不可分，对乡村建设事业的看法常常隐含着对工作者的评价，由此本章拟梳理社会各界对工作者及乡村建设事业的认识、评价，探讨乡建工作者群体社会认同的形成、特点及消解等问题，以期加深对这一群体的认知。

第一节 农民对乡建工作者的认识与态度

乡村建设运动的直接受众以及工作者的工作对象是乡村民众,而民众对于工作者的看法及态度则直接影响着乡村建设运动的开展以及工作者的工作体验乃至社会认同,无疑值得考察。但农民无法直接发出自己的"声音",对于这个问题的探讨也不得不主要通过间接材料进行简要分析。这些材料一部分来自研究院训练部学生第一次试办乡农学校的工作报告,一部分则是由华洋义赈会提供的关于第二次乡村工作讨论会的农民征文。

从训练部学生反馈的报告中可知,在很多设有乡农学校的村庄里,农民与教员的感情是较为融洽的,主动帮助工作者排忧解难,如第三区见埠庄乡农学校"本村为区公所所在地,人民知识比较他村尚为开通,村中知识份子对于设立高级部格为热心提倡,对于同人等感情亦极为融洽"①。第七区大官庄乡农学校"当才去的时候,一切农民们,对我们(乡校教员)是冷淡的、漠视的,渐处久了,便由冷淡而亲近,由漠视而爱重了"②。第二区乡农学校校董出于对工

---

① 叶剑星、茹春浦:《山东乡村建设研究院邹平试验县区第三区乡农学校工作报告》,《乡村建设》第 1 卷第 21~30 期合刊,1932 年 7 月,第 50 页。

② 徐晶岩:《第七区乡农学校工作报告》,《乡村建设》第 1 卷第 21~30 期合刊,1932 年 7 月,第 119 页。

作者的信赖也大力为乡校提供援助，"因为彼此的感情稍稍有点朋友的味道，遇事他们也就能尽力的帮忙。过年以后，他们特给我们高级部加了一座很好的房子……还有无论普通部、高级部，凡是校内有需要的零星东西，或给我们借，或给我们买，无不慨然即办"，并表示对教员的赞扬，"各普通部的校董们有年老点的，每一到了青阳店和我(即教员武绍文)见面时，开头就是你研究院的学生着实好呵，怎样的规矩、勤俭、和气、热心，等等的话。更说研究院是给地方作好事、正人心一类赞叹的话"。①

充任乡校教员的训练部学生本多为农家子弟，与农民接近，而乡校学生对教员也极为敬重，两方感情深厚甚令教员感慨欷歔，"在年前放假时候，他们在事先给同学们收拾行李，同学们走后又收拾房子。临走的时候有二十多个学生一次一次的都送到庄外半里许，我们一再的阻止，大家回顾相视无言，心情之亲热，至于如此，回想起来尚欲落泪！"②因各种原因未入乡校的一般乡民"最低限度对于乡农学校总有些敬意"，如乡校负责人武绍文所言："我们无论走到那一个庄子的街上，凡是遇到三五成群的乡农在一齐，多是要站起来面带喜色的向我们打招呼，闻说这是当地对于外乡人的风俗。但他们如果要不满意我们的时候，不但不如此，反而我们一走过去，他们是有意要说些不好听的话，使我们听到的。"③

乡村民众对乡建工作者的认可还充分体现在称谓的变化上。训练部学生初下乡时身着研究院统一配发的制服，间有携带枪支武器以防身，使农民误认为是军队过境，常以"老总"称呼，学生马资固对此进行了详细描述："第一次到乡间去，寻找我们特别区试验的庄村时，我们穿着黑色的制服，当走到一个村庄附近，有两位年约四十左右的老者，正在那里收获庄稼，他见我们走至

---

① 武绍文：《在第二区山西办理乡农学校经过自述》，《乡村建设》第 1 卷第 21~30 期合刊，1932 年 7 月，第 41 页。

② 武绍文：《在第二区山西办理乡农学校经过自述》，《乡村建设》第 1 卷第 21~30 期合刊，1932 年 7 月，第 41~42 页。

③ 武绍文：《在第二区山西办理乡农学校经过自述》，《乡村建设》第 1 卷第 21~30 期合刊，1932 年 7 月，第 42 页。

近前,现出几分畏惧惊惶的模样,很不自然的说一声:'老总上那里去的呀!催什么捐的呀?'"①在经过一段时间的了解与熟悉后,农民对乡校及教员渐有信任而称谓也随之发生变化。"我们到乡间将及一月了,这天是邹平县东关集日,为购买我们生活上必需品,由乡回院,走至东关街头,见人头集集,车马辐辏,余刚要进街,听旁边一声叫喊:'老师!来赶集的吗?'我回头一看,原是六十多岁的一位乡校学生崔君,他看到我便脱下帽去,行了个九十度的鞠躬礼;我也只好用让他到院内坐坐喝茶等话去应酬了,在街上同样有识有不认的遇见许多,使我大有迎(应)接不暇之势。"②训练部学生元孝展也认为这种称谓的变化源于农民对自身的信任。"我们初到乡间,一般乡人都以为我们是'老总'。后来他们对于我们将'老总'的称呼换成了'先生'。我们与他们成了朋友,很亲热,很信任,自然发生许多乐趣。"③一名负责庶务的职员更是感言,"现在买东西,再不要还价钱了,满市乡校学生,口口都是老师,还怎样讲价呢!"④

在定县的平教会注重训练当地青年农民,许多实验工作尤其是社会式教育的推行得到平校毕业同学的帮助极多,章元善在考察平教会工作之后也感言:"成绩一天比一天明显了,人民对平教会的信仰一天比一天的深刻了,村子内的种种问题,都会如此用本地的力量兴办本地的事的。单就这一点说,——就地取材与办教育——平教运动的进展是有了出路了。"⑤在霍六丁即将离职时所发生的请愿现象也展现着民众的情感倾向:"定县县长霍六丁氏近因病辞职,曾再三向于主席及晏院长请辞,始获允准。省府并委吕复氏继任。

---

① 马资固:《特区农民生活问题与我们的设计》,《乡村建设》第 1 卷第 21~30 期合刊,1932 年 7 月,第 148 页。

② 马资固:《特区农民生活问题与我们的设计》,《乡村建设》第 1 卷第 21~30 期合刊,1932 年 7 月,第 148 页。

③ 杨效春:《第二区乡农教育实施报告》,《乡村建设》第 1 卷第 21~30 期合刊,1932 年 7 月,第 19 页。

④ 马资固:《特区农民生活问题与我们的设计》,《乡村建设》第 1 卷第 21~30 期合刊,1932 年 7 月,第 148 页。

⑤ 章元善:《从定县回来》,《独立评论》第 95 号,1934 年 4 月,第 8 页。

农民因情感关系于四月十二日赴河北省县政建设研究院请愿。经晏院长、霍县长劝说后,始各散去。"①

另一部分相对集中的材料来自在河北办理合作事业的华洋义赈会。为更好地讨论乡村建设诸问题,华洋义赈会针对农民(实际上主要是合作社社员)进行征文,并命名为《农人们对于乡村工作讨论会之希望》,提交第二次乡村工作讨论会,体现着农民对工作者的认识:

河北河间西崔村社员黄象升认为,虽然农村破产、农民旦夕不保,但幸而有这些埋头苦干的知识分子为振兴农村不懈努力,"得同各位先生讨论切身问题,算是我们平生第一荣幸的事了"②。而工作者从分散走向联合更昭示着农村前途的光明,"大家若能联合统一,整齐步伐,作整个的计划,再各献其所长,分别办理教育、自卫、卫生、建设、工业等事,假之以时,政治昌明是不必发愁的,只要去作,就比只会作文章,说好听话好得多。最后请大家多多注意甄拔训练人才,保持住社会团体独立性,永久作我们的导师"③。

河北香河周贾庄社社员张绍诚对工作者也毫不吝啬赞美之词,"幸而国内有等仁人志士,不图利禄,不计权荣,本已值得我们敬佩了,他们还欲把个人工作之情形,公诸同好,联合同志,集会研究,藉收集思广益之效,他们的意义是何等的深,他们的志愿是何等的切呢"④。但同时希望工作者一方面自身能够做到真心实意为乡村着想,另一方面团体与团体之间、个人与个人之间能团结合作、截长补短,"志士们不去作官,都有知识才干,但也不在宦海里去逐鹿,倾心实意的扶教乡农,如此行为,真可谓为高尚之极矣!故鄙人希望他们采取'合衷共济截长补短'的心理,在将来实施的时候,要显出'分工合作始终如一'的精神来"⑤。如此农民生活才能改善,农村才能振兴,而中国前途才有希望。

---

① 《农民挽留霍六丁》,《民间》第 1 卷第 1 期,1934 年 5 月,第 36 页。
② 章元善、许仕廉编:《乡村建设实验》第 2 集,上海:中华书局 1935 年版,第 482 页。
③ 章元善、许仕廉编:《乡村建设实验》第 2 集,上海:中华书局 1935 年版,第 483 页。
④ 章元善、许仕廉编:《乡村建设实验》第 2 集,上海:中华书局 1935 年版,第 477 页。
⑤ 章元善、许仕廉编:《乡村建设实验》第 2 集,上海:中华书局 1935 年版,第 478 页。

其他农民社员的表述虽多少存在差异,但对工作者基本表示一致的赞扬,希望工作者能端正动机、互相合作也成为普遍的观点与期望。如无极北丰社社员耿守己所说:"我希望各关于农事的学校,来做这复兴农村的工作。我们农民们是很欢迎的。可是不可以投机自谋己利,失了复兴农村的本旨。如果文人学士来办这农村合作事业,固然是比一般的农民很有技能,如要手腕太高了,必然也要愚弄这一般的劳农。我所希望的那文人学士,如办这乡村工作,处处要与农民着想,这样农村才能恢复。"①同社社员韩兰群也认为:"农村复兴也不是三言两语所能及的,必须政府及全体机关合作,照一秩序去行,全体动员,分工合作,真正实地到乡村指导农民,才可解除我们的痛苦,才能解决民众们的生活问题。各个社会机关,虽然略有救济民生的口头倡导,虚幌招牌,假执旗号,事实上无曾照真实行,希望诸君讨论之后,要把虚幌牌号完全免除,要真正到乡村来,是我们老农无不欢迎希望的。"②

恶劣的生存环境虽使农民不得不以"保守"的姿态应对外部世界,但无疑希望困苦能得以解除,生活得以改善,邹平老人迫不及待地将生活中的困难告知即将参与乡村工作讨论会的工作者,希望其能代为传达并解决的事例是对这种期望的最好说明。③经过教员不断的宣传以及与农民的接触,一些农民也通过所见所闻逐渐意识到教员是为农村"做好事的",而乡农学校等组织有利于自身乃至整个乡村。尽管农民并不一定能了解乡村建设运动的深远意义,但丝毫并不影响他们对工作者的认可与支持,"日子渐久,他们认为我们是办教育,为农民谋利益的,他们诸渐与我们接近、日益加多、情谊浓厚,凡本院提倡事务,学生都竭力协助,他对于本校信仰笃实、态度诚恳、深表同情"④。

不过,对于农民的态度不能做太过乐观的估计,毕竟乡农学校的工作报告存在宣传成分,而从文字水平来看,华洋义赈会所得征文的作者至少也是受

---

① 章元善、许仕廉编:《乡村建设实验》第 2 集,上海:中华书局 1935 年版,第 475 页。
② 章元善、许仕廉编:《乡村建设实验》第 2 集,上海:中华书局 1935 年版,第 480 页。
③ 章元善、许仕廉编:《乡村建设实验》第 2 集,上海:中华书局 1935 年版,第 480~481 页。
④ 徐晶岩:《第七区乡农学校工作报告》,《乡村建设》第 1 卷第 21~30 期合刊,1932 年 7 月,第 122 页。

过相当教育的农民。办理乡农学校的学生魏晏清也坦言:"说他们对乡校的明白则可,说他们对乡校打成一片则不可,说他们知办乡校是为求乡村好则可,说他们认乡校就能够把乡村办好则不可。这固然是相处日浅,也是事实使然,在一时之间,没有深厚的陶融没有整个的办法,是不易有显著的成效可睹。"①

获得农民的认可与信任是相当困难的。农民虽不能发出自己的声音,却有着关于身份地位的区分"想象",在岗上村从事农村工作的刘大作对此深有感触:"依我的观察,他们分明是不愿意和城里来的陌生人接近。至于他们怕自己家里面有些龌龊,不便招待外面来的人,也是真的意思。"②这种区分是极为敏感的,工作者在与农民接触中自觉或不自觉表现出的态度都能被农民所察觉,稍有不当就会导致双方交流的失败。"所谓农民化者,最困难的是心理的意识……农民的感觉似乎是十分灵敏的,你的下意识的态度,常常决定了他的接受的程度……我们对于农民的交接,很难得到合宜的态度,深一层说,我们行为上有时不自觉的表现出某种态度,便可以引起农民的怀疑或憎恶。"③

抗战爆发后,因山东当局通过乡农学校等组织以欺骗、强令等手段收取枪支、带走壮丁,更使农民乃至社会人士对乡建工作者及乡村建设运动的信赖全然毁灭,"事前乡农学校固未料到,而曾向乡民以'绝不带走'为担保式之声明者,至此毫无办法,自己落于欺骗民众地位。甚至有时乡农学校亦在被骗之列,而乡民仍认为乡农学校行骗。怨毒之极,致有砸毁乡校,打死校长之事。我同学之死于此者竟有数人之多,曷胜痛吊! 其实不顾信用,为此巧取豪夺者,除省当局外,或系专员,或属县长,或为军队;与一乡校校长何预? 以建设乡村之机构,转而用为破坏乡村之工具,吾侪工作至此,真乃毁灭无余矣! 吾同人同学几乎不能在社会立足,几乎无颜见人矣! 言念及此,真堪痛哭!"④

---

① 徐晶岩:《第七区乡农学校工作报告》,《乡村建设》第 1 卷第 21~30 期合刊,1932 年 7 月,第 111 页。

② 徐宝谦编:《农村工作经验谈》,上海:青年协会书局 1936 年版,第 19 页。

③ 徐宝谦编:《农村工作经验谈》,上海:青年协会书局 1936 年版,第 88~89 页。

④ 梁漱溟:《告山东乡村工作同人同学书》,见中国文化书院学术委员会编:《梁漱溟全集》第 6 卷,济南:山东人民出版社 1993 年版,第 13 页。

工作者的言行举止影响着农民对工作者本身的认知，而农民的态度反又影响着乡建工作开展的顺利与否以及工作者的工作体验。得到农民的支持有助于工作者改善工作体验，获得成就感及自信力，进而增进自身的社会认同，而农民的抵制则使工作者感觉困难重重、束手无策。这无疑阻碍着工作者认同感的形成，并使其陷入认同的困境。

第二节 "吃乡建饭的新阶级"：知识界对乡建工作者的评价

在华北乃至全国各乡建区中，定县、邹平两地因历时较久、规模较大而一直处于各界关注的中心。为更好地了解乡村建设运动，不断有社会各界人士深入两地参观访问①，人数之多甚至使平教会"颇感痛苦"，不得不通过设立"参观周"等方式进行应对，"据去年一年之统计，即有八百多次，计五千余人。几乎每日有人参观。然实验区之工作，并非一目所能了然者，为谋各方便利起见，特于每年春季举行参观周一次。今年自四月二日起至七日止举行。凡欲来参观者，须预先接洽，以便招待并筹备宿膳等项。参观周分为两期：第一期二日至四日，第二期五日至七日，每期中参观程序，概由会中拟定"②。出于不同的立场，各界人士对乡村建设运动以及乡建工作者的评价毁誉不一，赞扬、批驳乃至客观中立兼而有之，"那成千累万的中西人士看了'平教工作'之后，到底得了些什么印象，恐怕没有两个人的说法会完全相同"③，不仅代表着舆论所向，也影响着工作者的社会认同。

其一，积极的评价。在农村危机日益凸显之时，能够毅然负起救国救民重

---

① 《参观者提名》，《乡村建设》第4卷第4期，1934年9月，第21页。
② 《平教会本年度参观周》，《民间》第1卷第1期，1934年5月，第37页。
③ 老向：《定县的平民教育》，《人世间》第27期，1935年5月，第3页。

责,深入乡间从事建设工作的知识分子普遍得到各界极高的赞誉。曾任中国乡村建设学院水利系主任的崔宗培就表示其在少年时就对从事平民教育的晏阳初等人极为敬佩。"早在20世纪20年代,我还在天津南开中学读书的时候,就听说晏阳初先生在河北省定县办平民教育。说他拒绝在政府里当官,一心一意为老百姓做好事,把全部精力都投入到乡村的平民教育事业上。为了提高平民的知识和文化素质,坚决走教育救国的道路。当时社会上的人们,包括我们这些年轻的中学生们,谈起他来都十分钦佩敬仰。"①这实际上体现出是时部分青年学生及社会舆论对不畏艰辛下乡去的知识分子的肯定。

　　在邹平、定县等地建设事业全面铺开后,许多到访者经参观考察后也对乡建工作者的精神、态度予以很高的评价。一位署名为"愫"的作者认为国家民族的复兴不能仅靠上层的变革,更为重要的是"必须下最大的决心,用起死回生的法术,把我们已死的人民,救活过来,才有希望",而平教会正是本着这种精神,"采取研究的态度,运用科学的方法努力中国民族的复活运动。他们既不是什么慈善机关在定县施舍教育,更不是什么党什么团到定县贩卖主义。我觉得平教会所抱的这种精神,要比他们已经获得的成绩,伟大的多!我们这一次在定县所受的教训,也比我们所看到的具体的事物重要得多!"②吴敬敷也持相同的态度,在到邹平一游后,他表示常怀的梦想——"在这污浊不堪的中国社会,如果有几个志同道合的人,在一个先知先觉的领导之下,到乡间创办一个类似书院的学术机关,大家过着清苦的生活,向前追求着一个共同的目标",已被邹平的乡建工作者所实现,"此次一到邹平,多年来的憧憬,仿佛就是现在我的眼前一般。看到研究院那班穿土布衣服,著'乡运鞋'(邹平有一种布面布底的双鼻鞋,每双价银三角,他们都呼之为'乡运鞋'),戴芦苇笠,面有喜色的工作人员,心里感觉无限钦佩,同时也感觉无限羡慕"。③

　　袁植群在考察邹平、定县后也获得极深的印象,认为两地的建设在领袖及社会环境因素作用下而各具特色。"在邹平主办乡建院的人,态度甚沉着,出

---

① 晏阳初纪念文集编辑委员会:《晏阳初纪念文集》,重庆:重庆出版社1996年版,第41页。
② 愫:《中华平民教育促进会试验下的定县》,《清华周刊》第37卷第12期,1932年,第106页。
③ 吴敬敷:《邹平见闻录》,《农村复兴委员会会报》第2卷第4号,1934年9月,第62页。

言甚迟滞,在定县主办平教会的人,态度甚活泼,出言甚流利,乡建院兼重精神的感化,平教会侧重物质的建设。乡建院有齐鲁古风,平教会浓西洋风气",并有着一致的坚毅刻苦精神,"他们总想为老百姓做些有益的事业,这是值得赞佩的,与一般做官拿钱而不做事,尤其是做官拿钱而为老百姓做许多坏事的人,是不可同年而语的"。①

其二,质疑与否定。在赞扬声中,也有一些学人察觉到建设事业及工作者群体同样存在着若干问题,并表示了质疑与批评。1935年10月,国立北平师范大学乡教区师范班全体师生前往河北定县参观平教会主办的各种乡村教育事业。观后,领队者李旭感言工作者往往是从理想而不是从现实出发,导致工作设计华而不实,"尽管展览室中,陈列着计划纲要,统计表册,琳琅满目,多半是全凭着脑里想出来的。是从理想到事实,不是从事实到设计。所以一切的计划纲要,尽管讲的天花乱坠,结果,我们听讲以后去看实际情形,满人意趣固然不少,终觉理想浮于事实"。在工作者职权的划分上也不够明了,"平教会已经做了县政建设研究院的事实上的核心,研究院只成一个外形,如此工作的责任,事实上由平教会肩负,设计研究属研院,研院只成了表面责任者,如此双重组织,实难稽核成绩,明了责任"。②

在来自各方的批评意见中还有一些明显带有特定的立场倾向,不仅一概抹杀乡村建设及工作者的成绩,甚至指斥其危害一方,尤以针对平教会的言辞最为激烈。在平教会、同学会与定县部分绅士冲突不断加剧的背景下,关于定县实验工作的诋毁性言论开始出现,较早的是1933年10月燕京大学教授燕树棠所发表之《平教会与定县》一文。作者先自称所言不是个人私见,而是定县平民的舆论舆情,"代替我们那被试验的'文盲'的老百姓们,对于那试验者不文盲的平民教育会的活动,说几句话",继而指责平教会在事业上利用"模范县"的招牌,将定县固有的建设事业冒充为自己成绩,而定县民众"自始就怀疑平民教育会的诚意!"在工作者方面,平教会蓄意制造"教党与非教党"的冲突,同学会则横行乡里,"自霍县长就职以后,他所组织一切民众团体,都

---

① 袁植群:《青岛邹平定县乡村建设考察记》,成都:成都开明书店1936年版,第127页。
② 李旭:《参观定县教育纪实》,《师大月刊》第25期,1936年2月,第346~347页。

是以平教会员为基础。从前凭借官势以欺压老百姓的人不过是数十名劣绅。现在呢?这一万名平教会员变成了县长的爪牙。结果:从前一般老百姓受数十人之欺压;现在反受一万人之欺压了!平教会员可以直接面见县长;非平教会员就没有这个机会。乡下人能见县官就可以欺诈乡愚。现在平教会员实在是定县的统制(治)阶级,晏阳初先生实在是定县的'斯台林'了。所以大家呼平教会员为'教党'。"①此外,平教会还将实验经费大部分用作支付高额薪金,职员追求舒适的生活也导致定县奢侈之风日盛。"平民教育会的本部及附属的机关都设立在定县城内,他们每年二十多万的经费大部分用作他们的薪金。城内头等的房子都彼(被)他们租用作了公馆,他们虽以平民自居,但占用城中贵族式的房子,他们还以为不美观,都已另加修饰。那些公馆内的小姐太太们都是摩登装饰,摩登衣服。城内的'文盲'妇女固然随时效颦,那城外的村女村妇也因羡慕而仿效。因此这几年城内添了好些家绸缎庄洋货店。"②这不仅使平民深受其害,而且危及定县的发展前景。

紧接燕文之后,1933 年 12 月自称为定县平校同学会成员的李明镜撰《"平教会与定县"(通信)》一文,几以相同的笔调及思路批评平教会存在着"务虚名不讲实际"、"新设施之不适应用"等问题,实验的结果则是"好的成绩不及坏的影响大"、"平教会员欺骗乡愚"、"同学会之跋扈骄横",致使民众信仰丧失,"同学会干涉村政,争夺权利,恶劣份子则乘机肆虐,鱼肉乡里,一般愚民对平教会既失却信仰力,复受种种凌辱,岂有不痛恨的道理呢?"③

"全盘西化论"的代表人物陈序经也对乡村建设运动及工作者持否定态度,代表着相当一批学人的观点。1936 年 4 月陈序经在《独立评论》发表《乡村建设运动的将来》一文,不仅指出乡村建设运动注定失败,更指斥乡建工作者为"吃乡建饭的新阶级","事实上今日一般之提倡与从事乡村建设的人,不但不能'自家创造出饭来吃',连了深入民间也少能实行……一般热心于这种工作的领袖,每以为环境或他种关系,整天忙于招待参观来宾,招待关系上司,

---

① 燕树棠:《平教会与定县》,《独立评论》第 74 号,1933 年 10 月,第 6 页。
② 燕树棠:《平教会与定县》,《独立评论》第 74 号,1933 年 10 月,第 6 页。
③ 李明镜:《"平教会与定县"(通信)》,《独立评论》第 79 号,1933 年 12 月,第 17~18 页。

以至应付工作人员,管理各种事务,而好多普通工作人员又把这种工作当作进身之阶,吃饭之所,结果恐怕只是养出一个吃乡建饭的新阶级罢"。①

其三,"发扬正论"与建设性批评。对于某些言辞激烈的负面评价,也有学人表示了质疑,如蒋廷黻就针对上述燕树棠之文作跋文,认为燕氏的言论有故意中伤之嫌。"他对于定县的原状,无论是农业或教育,是完全满意的。谈到定县现在的政治,他是与失意的政客和乡绅表同情的。谈到定县的经济政策,他是偏袒地主和债主的。所以他的批评,与其说是代表定县三十万老百姓,不如说是失意绅士和地主的恶感的反映。"②进而中肯地指出乡村建设作为一种实验性质的工作难免会存在着这样或那样的问题,"因为谁也没有得着此中的秘诀;试验者因个人性情的特别也免不了有开罪于人的言行,因为人都是不完全的;改革的方案总要使一部份人士不满意,因为利害的关系和人们守旧的根性"。而未曾参与其中的各界人士对于这种实验"只应有善意的贡献意见,不应有恶意的破坏"。③

此外,尽管本着"真正独立而尊重别人意见"④的宗旨,《独立评论》第79号刊载李明镜的《平教会与定县》一文,但编者也对其中内容表示了怀疑,"李君此文太长,我大胆删去了一部分。如末段(丙)项原文举一事例,我们有点怀疑,所以删去了。此文中(乙)项所举唐城村病鸡一事,李君说是'曾听说的',我们也有点怀疑,希望本地的朋友给我们一个有力的证实或否证"。同时声明自身的态度是理性的、中立的,"凡是一种社会改革,总免不了'民怨沸腾'。我们替定县的改革家发表一点'民怨',也许可以给他们一个辩正解释或参考的机会"⑤。这些观点均代表着知识界对工作者的另一种态度:善意批评与理性中立。

署名为"忧患生"的作者将定县的实验工作比作"一个小谜",言人人殊,

---

① 陈序经:《乡村建设运动》,上海:大东书局1946年版,第36~37页。
② 蒋廷黻:《跋燕先生的论文》,《独立评论》第74号,1933年10月,第11页。
③ 蒋廷黻:《跋燕先生的论文》,《独立评论》第74号,1933年10月,第11页。
④ 蒋廷黻:《蒋廷黻回忆录》,长沙:岳麓书社2003年版,第146页。
⑤ 《编者附记》,《独立评论》第79号,1933年12月,第19页。

"誉者以为中国惟一的希望,民族复兴的基础,毁者便以为平教诸君不是在那里骗人玩,便是在那里骗饭吃。老实说起来,双方都有他们的道理……大约诋毁的人,理想比较的高,因为定县过去的工作,没有达到理想的标准,所以由批评而失望,由失望而诋毁。而称赞的人,并不那样苛求,有一点成绩便是一线希望,有一点进步又是一层希望"①。立足于社会事业发展的普遍状况,作者认为没有缺憾的事业是不存在的,平教会的工作虽也有弊端,但不足为病,也不必为讳,只要有所收获就是做出了自己的贡献。并指出作为局外旁观之人应持一种同情、鼓励的态度,对工作者应持支持、合作的态度,"定县工作成功,是我们大家的成功,定县工作失败,是我们大家的失败,我们有什么可以笑的,更有什么可以骂的。当然定县的工作,只是一种预备工作,一种研究工作,胜固不足为荣,败亦不足为辱,等到定县研究有了相当结果以后,定县预备有了相当基础以后,我们才去推行平教运动,才去谋求整个民族解放。我们还能袖手旁观,冷眼相视吗?"②

杨骏昌则借分析陈序经之《乡村建设运动的将来》一文表明对乡建工作者的态度。他认为陈序经的"悲观态度是过分一些",参与乡建工作的人素质良莠不齐,"混饭吃"的现象也的确存在,但这并不是乡建运动本身的缺陷,而是管理与任用上的问题,"是事务上的问题,提醒促大家注意可也,因此而悲观,则大可不必"③。对于工作者也不应苛求责备,"至于从事乡建人员的私人生活,更可以不必去管,只要他忠于职,勤于事,对工作有相当认识,有丰富的技能,他妻子儿女的私生活,又何必管他?……从事乡建工作人员能吃苦耐劳是应该的,但在工作之余,享受一些舒适的私人生活,则没有甚么不可"④。更为重要的是,乡村建设是国内各种建设之一,既不是某种特殊的建设,也不是万能的建设,其成功与失败"除因办法的问题与人员的问题之外,是随着整个社会环境而定的"。乡村建设运动有其意义及价值所在,不能"因噎废食",也不

---

① 忧患生:《定县之谜》,《独立评论》第 97 号,1934 年 4 月,第 18 页。
② 忧患生:《定县之谜》,《独立评论》第 97 号,1934 年 4 月,第 20 页。
③ 杨骏昌:《论乡村建设运动》,《独立评论》第 198 号,1936 年 4 月,第 17 页。
④ 杨骏昌:《论乡村建设运动》,《独立评论》第 198 号,1936 年 4 月,第 17 页。

应持悲观的态度,"我国是凡百落后的国家,各种建设只怕没人肯去做,既有人肯卖力气,我们站在旁观地位的人,除加以善意的指导与谏议外,更应给与勇气,鼓吹前进,免得这微弱的一点曙光因受多方面的摧折而消减,这样才是我们正当的态度。否则,在兴头上给浇下一盆冷水,前途不知更要受多大的打击呢!"①

出于这种同情的立场,一些对乡建区进行过实地考察的知识分子也出于各自的理解,从不同的角度提出善意的批评与建议。任职于中山文化教育馆的孔雪雄曾多次以私人资格对各地农村运动进行调查,并形成了自己的认识。从评价标准的角度出发,他认为对乡村建设运动的不少评论是失当的,不是赞美的几乎无以复加,就是吹毛求疵甚至怀疑别有用心。这不但忽视了理论与事实,"亦是乱世社会的神经衰弱之徵象;于真正社会改造运动实在是一种妨碍"。农村运动绝不是少数人在一个预定时期内可以完成的,在开展工作时常会遇到意想不到的困难与障碍,如单以眼下所取得的成绩作为评判依据,则无法得到正确的认识,"无论是工作者或观察者,抽取事情之一面或琐细的一点来批评来宣传,一定陷入认识不足的错误。如说'生产增加若干倍','全境无不识字之人'……都未免是一种不扼要的夸耀"②。不过,各地的工作者普遍有着自己的理论与立场,"他们那样埋头苦干实做的精神,至少是今日所需要而使我们敬佩的"③。但同时孔雪雄也指出农村工作者必须不断努力使工作做到"核心"去,"就改造工作方面言,在不良政治和土地私有制度之下,只容许很小限度的改良,要想做超过某一限度的工作,就会发生根本的矛盾与冲突。澈底的社会改造运动家,对于此种问题,至少应存'虽不能至,心向往之'的观念而为不断的努力"④。

马博厂在回顾了邹平、定县的建设情况后感言乡村建设和县政建设的前途是光明的,但存在着与政府、地方势力的冲突,增加人民负担,农民不易接

---

① 杨骏昌:《论乡村建设运动》,《独立评论》第 198 号,1936 年 4 月,第 17~18 页。
② 孔雪雄:《中国今日之农村运动》,上海:中山文化教育馆出版物发行处 1934 年版,第 401 页。
③ 孔雪雄:《中国今日之农村运动》,上海:中山文化教育馆出版物发行处 1934 年版,第 401 页。
④ 孔雪雄:《中国今日之农村运动》,上海:中山文化教育馆出版物发行处 1934 年版,第 412 页。

受等困难。要解决这许多困难,乡建工作者应在态度与方法上灵活调整与运用,"若能采取正当的态度和适宜的方法,以上种种困难,似不难迎刃而解。就第一种困难先说,各地乡建领袖,如能顾及推行中央或省的法令和长官的心理,时时与他们接近,慢慢向他们解释,以至诚和蔼的态度,和他们商量疏通,务必使自己所作的事业,全部给他们明了……虽不能完全消除,但在各方面的关系上,自会有相当的进展。至于其他的困难,并无永久性,若能应付得宜,不难逐渐解决"①。

1937年初,南开大学经济研究所的王维显也深感各界对定县的毁誉存在"过情"而抑制正论的发扬,并"为爱护平会人士之工作并期待一种新事业之得竟全功起见",对定县前后"模范县"与"实验县"进行整体性的分析与评价,以为县政建设借鉴之资。作者认为定县实验县政之最大优点在于对数项农村问题有明确的认识,且能提供成套的、切合实际的解决办法,而平教会职员的精神也极为可嘉,定能取得相当之成果。"我们承认研究院当局——亦即平教会之干部人员——均肯以出世的精神干入世的事业,不汲汲于个人之享受,而具有改造农村且与大众共甘苦之热诚;并相信平会于数年来所创获之'成套的学术'确有可资建设供推广者。"②但问题在于工作人员过高的薪给几乎耗尽全部实验经费,"据该院第一年度预算案(二十二年三月河北省政府批准),全年经常费共为十万零八千四百四十元,而各部薪津,共占经费总额64.92%;仅就干部各级人员之薪津计之,即占经费总额42.49%,然原预算案中尚有许多项目系由平教会兼任者,正副院长及研调两部主任亦只月领八十元之办公费为止,并无俸给;否则恐罄全部经费尚不足供薪津之需矣。"③作者认为这样一种经费的分配方法与平教会宣示之宗旨相悖,"有点太未能认清当前的机会,太不重视自身使命的前程,太抹杀地方建设的急迫性!"并提出设想或说

---

① 马博厂:《邹平定县等地考察印象记》,《行政研究》第1卷第1期,1936年,第113页。
② 王维显:《"模范县"期与"实验区"期的定县县政》,《政治经济学报》第5卷第3期,1937年4月,第682页。
③ 王维显:《"模范县"期与"实验区"期的定县县政》,《政治经济学报》第5卷第3期,1937年4月,第684页。

建议,"设若我们是研究院当局,我们决定这样做:于最初两年之内,全体干部人员一律免支薪给,仅按当地普通生活程度酌予生活费,而将经费之大部拨作实验部事业费;同时一方面择定一二病民之民事或行政,严加禁革,一方面就平会实验所得之'成套的学术'择其确实可行有益民生者、选定两种可收急功近效的事项,迅予以普遍的推行"[1]。

总的来说,知识界对乡村建设工作者的评价偏于赞扬或立足于同情立场的善意批评,当然也有出于特定目的的诋毁性批评。这些评价不仅表达着评论人的看法与思考,更营造着一种社会氛围,影响舆论导向。[2]无疑,正面评价可以增进工作者的信心、增强认同感,负面评价则影响工作热情,更在无形中压低工作者的社会地位,进而促进工作者群体社会认同的消解。

---

[1] 王维显:《"模范县"期与"实验区"期的定县县政》,《政治经济学报》第5卷第3期,1937年4月,第683页。

[2] 《对定县平教会的多角批评》,《深光》第3卷第1期,1933年,第15~16页。

第三节 基于政纲之评定：国共两党对乡建工作者的认知及立场

随着乡村建设运动社会影响的日益扩大，国共两党也将目光逐渐投向这一新兴的乡村事业。但与知识界不同的是，国共两党作为有执政诉求的政党，对乡建工作者群体的认知更多的是以是否符合各自的政纲政策为标准。以地方自治为施政要点的国民党对乡建工作者群体的态度可归纳为有限的认可与联合，而致力于新民主主义革命的中国共产党对这一群体的态度则经历了从单纯批判到联合争取的转变。国共两党的认知与立场是影响乡建工作者群体社会认同的重要因素，尤其是中共为救亡图存而提出的乡村工作联合阵线理论及其诠释，以无可辩驳的事实及充满革命激情的话语获得众多乡建工作者的赞同，从而加速着这一群体的分化。

一、有限的认可与联合：国民党对乡建工作者的立场

推行以县为单位的地方自治是自孙中山以来国民党政权的重要施政方

略。孙中山认为地方自治实为"国之础石也。础不坚,则国不固"①。1924年由其所拟订并提交国民党第一次全国代表大会的《国民政府建国大纲》中就宣布:"在训政时期,政府当派曾经训练考试合格之员,到各县协助人民筹备自治。其程度以全县人口调查清楚,全县土地测量完竣,全县警卫办理妥善,四境纵横之道路修筑成功,而其人民曾受四权使用之训练,而完毕其国民之义务,誓行革命之主义者,得选举县官以执行一县之政事,得选举议员以议立一县之法律,始成为一完全自治之县。"②南京国民政府成立后奉行"总理遗教",继续制定及推行县自治,并自1928年起仿山西村制等样板先后制定《修正县组织法》(1929年6月5日国民政府公布,1930年7月7日修正公布),出台《县长奖惩条例》(1929年1月28日)、《县长考试条例》(1935年9月7日)、《修正区自治施行法》(1929年10月2日公布,1930年7月7日修正)、《修正乡镇自治施行法》(1929年9月18日公布,1930年9月7日修正)、《县参议会组织法》(1932年8月10日)、《县参议员选举法》(1932年8月10日)等众多配套的县政法规,可以说,基本完成了国民党以自治为追求目标的县政制度建构。③

但从文本建构到实际推行还存在着相当距离,历史证明,国民政府的地方自治"与中央及全国人民之所期望,不啻相距百倍"④。国民党骨干陈冰伯也毫不掩饰自己对县政改革的失望,"各县县政府,自民国十七年起,按照新组织法改科为局,先后成立四局,县公署改称县政府,除了设科之外,另设一秘书。十九年起,各县又遵照部令,成立区公所,办理地方自治。短期之内,在县政府

---

① 孙中山:《在沪举办茶话会上的演说》,见中国社会科学院近代史研究所中华民国史研究室、中山大学历史系孙中山研究室、广东省社会科学院历史研究所合编:《孙中山全集》第3卷,北京:中华书局1984年版,第327页。

② 孙中山:《国民政府建国大纲》,见《孙中山全集》第9卷,北京:中华书局1986年版,第127页。

③ 内政部年鉴编纂委员会:《内政年鉴》第1册,北京:商务印书馆1936年版,第864、886、897、938、942、1010、1011页。

④ 张德善:《江宁实验县地方自治调查摘要》,《地方自治》创刊号,1935年,第133页,转引自李伟中:《20世纪30年代县政建设实验研究》,北京:人民出版社2009年版,第33页。

之下,添了如许机关,自然第一要解决的,便是经费。于是不得不增加人民担负,遂陆续的多了建设自治之类的附加税。人民于兵燹之余,担负未减,反而加重,当然不会满意……其次新设立的机关,因为不得其人,多半是虚耗公帑,无补时艰。而自治方面,最重要的区长,多半拿钱而不能办事。人民对这种种新政,缺乏仰信"①。

地方自治并非地方社会的"自行之治","乃是在国家权力与地方社会权力适当分域的规范前提下的现代权力运作体制,二者的相关性和互动性,构成社会正常运行和发展的基本条件"②。但近代以来"国家政权建设"并未完成,辛亥之际的革命党人虽以实现三民主义、五权宪法为革命"收功之日"③,而革命后建构起之新型国家政权却是徒有民主共和之形式,却无"自由、平等、博爱"之精神。辛亥一役的确"以一新构造代旧构造,以一新秩序代旧秩序"④,但这"新秩序"实为地方绅士之天下。诚如时人评论,就农村社会而言,辛亥革命只是"绅权打倒官权"⑤,地方绅士实为革命拔帜易帜之最大受益者,不仅沿袭了前清赋予的体制性权力,而且绅权由于不再需要以往皇权所提供之体制机构为权力合法性与合理性来源而出现质变性扩张。结果,中央权威之式微使国家与地方权力的分裂如同城乡之间文化、经济分野一样日渐凸显。失去了国家与社会权力(权威)的有效监督与制衡,所谓的地方自治必然沦为各自为政的"乡劣统治"。

地方自治的失败不仅使国民政府整合乡村社会的意图落空,也招来社会各界的质疑与非议。而且"九一八"后日本帝国主义、中国共产党以及乡村建设团体三股势力也都在不同程度上给国民党的统治施加着压力。为消除内外

---

① 陈冰伯:《今日之县政》,上海:同文图书1933年版,第14页。

② 王先明:《从自治到保甲:乡制重构中的历史回归问题——以20世纪三四十年代两湖乡村社会为范围》,《史学月刊》2008年第2期,第78页。

③ 贝华:《中国革命史》,上海:光明书局1928年版,第211页。

④ 梁漱溟:《中国文化要义》,见中国文化书院学术委员会编:《梁漱溟全集》第3卷,济南:山东人民出版社1990年版,第224页。

⑤ 冯友兰:《三松堂自序》,北京:生活·读书·新知三联书店1984年版,第34页。

各种压力，控制乡村社会以稳固统治，国民党一方面将地方自治与传统保甲制进行融合，一方面则致力改善县治状况，与乡村建设团体、机构合作推进县政建设实验。"经数年实行(《县组织法》)之结果，县政组织既未能发挥效能，而地方自治之推行亦更未尽如所期；其由于环境及事实之关系方面固多，而前述制度本身之未尽切合实际，要为一重大之原因。是以各方为谋改善此项缺点，以健全地方基层组织起见，乃有县制改革运动"①。

国民党领袖蒋介石很早就对邹平、定县等地的乡村建设运动有所关注，中原大战平息后不久，他就派曾任湖北省政府秘书的张文伯赴定县进行考察，并在获得积极的回馈意见后随即电邀晏阳初、梁漱溟到南京进行会晤。晏阳初对蒋介石在会谈中的积极态度印象深刻："到南京后，与蒋先生谈了三个下午三个晚上，有一天谈到深夜十二时，蒋先生虽然疲倦上楼休息，还留蒋夫人和我续谈到很晚的时候才得辞出。第二天清晨，蒋夫人在电话中告我，昨夜蒋先生和她通宵未睡，在想民众组织与训练的问题，这个工作太重要了，无论如何要把这个基础工作做起来！"②此后不断有国民党中央及地方政府的要员到各乡建区进行考察参观，如冯玉祥、陈立夫、蒋百里、国民党内政部次长甘乃光、国民党中央组织委员会干事杜维涛及李漠栋，国民党中央委员李宗黄，上海市代理市政委员陈克曜等③，不胜枚举。

通过参观、考察及报告讨论等途径，很多政要意识到乡村建设的重要性以及对改进地方自治的重要借鉴意义。如政要彭学沛等十八委员就提出《促进乡村建设方案》，倡议由政府输送人才下乡进行乡村建设，并"用政治的力量去援助他们，用经济的力量去维护他们，并且规定方法出来，指导他们，监督

---

① 胡昭华：《新县制概论》，北京：商务印书馆1942年版，第40页。

② 晏阳初：《平民教育运动的回顾与前瞻》，见宋恩荣主编：《晏阳初全集》第2卷，长沙：湖南教育出版社1992年版，第295页。

③ 《中央党部派员到院参观》，《乡村建设》第3卷第1期，1933年8月，第29页；《参观者综志》，《乡村建设》第3卷第11期，1933年11月，第20页；《参观者题名》，《乡村建设》第3卷第29期，1934年6月，第23页。

他们",得到行政院等的支持。①内政部部长黄绍竑在参观后则表示希望平教会能进一步密切与政府的联系,使实验取得更大效果。"在现社会里,如果离开国家的行政系统,想从旁得到政治上的成功,是不可能或是极不容易的事。平教会的目的是政治的改革,所用的手段是教育的方法。想单独用教育的方法来达到政治的改革,就是有政权的关系,亦属不容易。若果离开了政权的关系,那就更困难了。"②而内政部次长甘乃光也"深切感到,为了促进并加速像定县所制订的乡村建设计划的执行,有必要重建县政府的机构"③。国民党政府派员参与乡村工作讨论会者也日渐增多。④

在不断的实地考察以及征询乡建领袖的意见后,国民党政府于 1932 年 10 月召开第二次全国内政会议,重点讨论内务行政及地方自治问题,以期"一以立国防之本,一以奠政治之基,并由此而发展地方自治之事业"⑤。在县政建设方面,大会讨论通过了《县政改革案》及《各省设立县政建设实验区办法》两案,其中后者由总纲、组织及权限、经费、实施的方式与程序等组成,分别规定了实验区所应奉行之原则⑥,是为县政建设的纲领性文件。随后全国 11 个省中有 20 个县被划为县政建设实验县。

县政建设实验的迅速筹定及大范围开展,已然显示出国民党高层对于各地乡村建设运动及工作者有着一定程度的认可,如任职于农村复兴委员会的吴敬敷在参观后表示:"邹平的乡村建设工作,是一种有灵魂的工作,他有一种透澈深刻的理论做他的根据。这种理论是由他们几个领袖经过长时间的彷徨歧途深思冥索,然后找出来的,所以他和普通一般看见中国的病态,看不见

---

① 彭学沛等:《促进乡村建设方案》,《社会经济月报》第 4 卷第 3 期,1937 年 3 月,第 4 页;《会拟彭学沛等提议促进乡村建设方案意见》,台湾近代史研究所档案馆藏,档号:17-21-088-02。

② 黄绍竑:《五十回忆》,杭州:云风出版社 1945 年版,第 236~237 页。

③ 晏阳初:《定县的乡村建设实验》,见宋恩荣主编:《晏阳初全集》第 1 卷,长沙:湖南教育出版社 1992 年版,第 277 页。

④ 参见历次乡村工作讨论会报告。

⑤ 《第二次全国内政会议宣言——二十一年十二月十五日》,《海外月刊》第 5 期,1933 年 1 月,第 85 页。

⑥ 内政部编印:《内政法规汇编》第 2 辑,内政部公报处 1934 年版,第 193~195 页。

中国的病源,凭着一腔'是役于人'的热气,而贸贸然跟着人家揭起'到民间去'的旗帜,是根本不同的。"① 军官毛应章也认为:"平教的理论,原则以及办事的精神和方法,都可使我们佩服;尤其是平教的实施方法,更是再好没有了。"②

但必须认清的是,国民党对乡建团体的认可是出于控制乡村社会,并将这股与地方实力派有密切联系的社会力量收为己用的意图,对于乡建工作者超出政令的理论及行为也有批评与限制。"领导各地乡建工作的人,多半是抱着相当的理想和一定主张来做的,为要推行他们理想上的计划,所以对于现状或现行法令,不免有出入矛盾的地方,这种忽略法令的行动,很足以招致上级政府当局的误会,甚至不能得到谅解"③。如毛应章虽对工作者的精神与方法表示赞扬,但对于平教会职员所持之中心思想及信仰表示怀疑。"平教会的同人也相信三民主义,并且以三民主义为平教的必修课本,既然如此,何以不以中山先生为平民教育的中心思想呢?这并不是因为我是国民党员,而说这种话,我觉得就是在理论上和事实上都是非如此不可的。"④ 委员李宗黄也认为各地的乡村建设是一种和平建设而非革命建设,工作应当有一定的"范围","希望不要超乎中国国民党的主义和中央的法令。同时希望他们少创造些名词,如称县政为村治,中学为县学,高小为乡学,初小为村学,监察委员为学长,村长乡长为理事,民众为学众,毕业为结业。因为制度与名词本身并无罪恶,若只知尽量翻新,而加之于民众简单头脑中,乃有更增加民众的厌烦与疑虑"⑤。

从另一方面说,作为一个"弱势独裁政党"⑥,国民党往往不能左右下级政

---

① 《我们的歧路?》,《乡村建设》第4卷第6期,1934年9月,第11页。
② 毛应章:《定县平民教育考察记》,南京:拔提书店1933年版,第87页。
③ 马博厂:《邹平定县等地考察印象记》,《行政研究》第1期,1936年,第113页。
④ 毛应章:《定县平民教育考察记》,南京:拔提书店1933年版,第88页。
⑤ 李宗黄:《考察"邹平""青岛""定县"后的感想》,《众志月刊》第1卷第3期,1934年6月,第40页。
⑥ 王奇生:《党员、党权与党争:1924—1949年中国国民党的组织形态》,上海:上海书店出版社2009年版,第361页。

府。尽管高层致力于推行实验,但地方政府或由于"不解其意",或有意抵制,常常不予积极配合。"实验区之建设事业,系整个的县政府事业,举凡财政、教育、实业、建设等厅主管之事,均应在实验范围;过去各省每有误认实验区或实验县为民政厅直属机关,其他各厅,或取旁观态度,或且从而阻挠之者,实为重大错误"①。另外各地乡建工作者政治成分复杂,有国民党党员,有地下党员,也容易引起地方政府的猜忌,而且建设事业"必须大刀阔斧的去做,对于固有社会阶级的利益,委实不能一一顾全,因此难免开罪于地方的巨室,甚至引起一班人士的恶感和攻击来"②。在通过《各省设立县政建设实验区办法》后不久,内政部又通电各省阐述《实验区办法之根本精神》,要求各省政府及各厅予以支持,"试行之初,总不免对少数人士,有不便利之处,好事者诪张为幻,藉故阻挠,省政府及各厅,遇有控诉实验县长案件,似不必事事查办,以期阻力潜消,新政易于实现"③。但通电归通电,地方政府依然我行我素,对建设事业的抵制与破坏屡见不鲜。

总之,乡建工作者群体从国民政府方面所获得的认可是有限的,尽管部分高层人物表示了支持,但这种支持是有保留的,或说尚显不足。虽通过一系列法案规定了县政实验的组织原则,但在如何使实验区范围内的乡建事业及工作者融入现行体制这一问题上,没有进行足够妥善与周密的安排。如在由政府各部署参加的乡村建设方案第二次讨论会上曾拟有决议:"(一)乡村建设所需人才,如农业推广、农村经济、乡村卫生等类,得酌量情形予以登记。其登记办法由教育部会同实业部及卫生署拟订之。……(三)各项乡村建设人才由教育部根据乡村建设事业之需要,就现有各级学校养成之。(四)各项乡村建设人员与县市政府之关系,除公布之法规已有规定者外,由主管部署与内政

---

① 《实验区办法之根本精神》,见江西省政府民政厅专员室:《县政资料辑要》第3辑,江西省政府民政厅1941年版,第49页。

② 马博厂:《邹平定县等地考察印象记》,《行政研究》第1期,1936年,第113页。

③ 《实验区办法之根本精神》,江西省政府民政厅专员室:《县政资料辑要》第3辑,江西省政府民政厅1941年版,第49页。

部商订之。"①但这些意见终未能落在实处。各乡建团体、机构则常因之遭遇不能"备案"的尴尬境地,甚至不能为建设乡村进行针对性的工作规划及人才培养。就地方政府的表现而言,能积极予以配合的实属凤毛麟角,能虚与委蛇或放任不管的也算难得,更多的则是消极的抵制与破坏(如第四章所述)。在实际工作中,工作者被限制、打压,甚至"污名化"的现象几如家常。这不仅使乡建工作难以为继,更令工作者对国民政府失去信任,也动摇着自身的社会认同。

二、乡村工作联合战线:共产党对乡建工作者的态度及其转变

如果说国民党对乡村建设运动的态度是出于统一政令与维持统治的考虑,那么,另一股不容忽视的政治力量——中国共产党对乡村建设运动的认识则是基于对中国革命道路的选择。共产党在1927年大革命失败后开始探索适合国情的革命道路,逐步将革命的中心从城市转向农村,致力于建设革命根据地,开展土地革命,组织和领导广大农民群众进行反帝反封建的斗争,"肃清土地关系里的封建余毒,完全消灭一切压迫束缚的方法,完全消除地主阶级的剥削制度";"一切没收的土地之实际使用权归之于农民。租田制度与押田制度完全废除,耕者有其田"。②

为正确认识乡村政治、经济、社会各方情况以适应革命战略的转变,共产党人及其他接受马克思主义理论的学者将农村各种问题纳入研究范围,"中国农村派"应运而生。"中国农村派"是指20世纪三四十年代以"中国农村经

---

① 《会拟彭学沛等提议促进乡村建设方案意见》,台湾近代史研究所档案馆藏,档号:17-21-088-02。

② 《中国共产党第六次全国代表大会土地问题决议案》,见洪金陵编:《中国现代史资料选辑》第三、四册补编(1927—1937),北京:中国人民大学出版社1992年版,第167~168页;《关于土地问题党纲草案的决议》,见中央档案馆编:《中共中央文件选集》第3册,北京:中共中央党校出版社1989年版,第501页。

济研究会"的机关刊物《中国农村》为阵地,以研究中国农村经济结构为宗旨,用马克思主义立场及理论方法研究中国农业、农村和农民问题的学术流派,其成员多为中国共产党人和革命知识分子如陈翰笙、薛暮桥、孙冶方、钱俊瑞等人。①可以说,《中国农村》所发出的声音基本上代表着中国共产党的观点及立场。基于对中国革命道路的思考与认识,中国农村派一开始就对乡村建设运动有着鲜明的态度,即反对"改良主义"的建设路线,批判工作者的思想认识与工作方法。

以马克思主义为"批判的武器"的中国农村派所关注的重点在于农村生产关系,"根据我们底目标来研究农村经济,最根本的问题是要彻底地明了农村生产关系和这些生产关系在殖民地化过程中的种种变化"②。如钱俊瑞认为当下农村经济研究的总任务在于"现阶段的农村经济研究其总的任务乃在对于中国的农村生产关系,在其发生、成长和没落上面去探讨,从而规定一种新的能使生产力更进一步发展的社会形态";"这种研究有别于前阶段的农村经济研究者三:第一,它的出发点是农村生产关系的彻底改造;而后者乃从旧秩序的持续和局部改良出发。第二,现阶段研究的对象是农村社会的生产关系,而前阶段则着重于生产力的技术的分析(并非生产力发展的社会形态)。第三,现阶段的研究方法,是从农村生产关系与生产力相互适应和矛盾的过程中,全面地把握其本质与归趋;而前此的研究则把事物的片段孤立起来,仅仅从事于静止的观察"。③而从生产关系的角度出发,农村经济破产的根源在于土地分配不均、生产物分配不均以及帝国主义的商品侵略深入中国农村,如不推翻封建主义、帝国主义的压迫与剥削,中国农村乃至整个国民经济则没有

---

① 张光宇主编:《中国社团党派辞典》,西安:陕西人民出版社1992年版,第27页。

② 《〈中国农村〉发刊词》,见薛暮桥、冯合法编:《〈中国农村〉论文选》(上),北京:人民出版社1983年版,第32页。

③ 钱俊瑞:《评陈翰笙先生著〈现今中国的土地问题〉——兼评陈先生近著〈广东的农村生产关系与农村生产力〉》,薛暮桥、冯合法编:《〈中国农村〉论文选》(下),北京:人民出版社1983年版,第876页。

发展前途。① 显然，这种以"农村生产关系的彻底改造"为出发点的理论指向与乡村建设理论与思想路向有着截然的不同。

各地的乡村建设运动普遍采取渐进的工作方式，不用强力破坏现存的生产关系与社会制度，如山东乡村建设研究院所秉持之"以团结求建设"思想。这种方式可谓利弊并存，利的一面在于可以减少地方势力与农民的抵触心理，但无法大刀阔斧地改造乡村社会，只能在细枝末节处着手，导致收效既缓且微，在国难日深的情况下显得颇不合时宜。在中国农村派看来，乡村建设运动仅把识字、造林等运动作为挽救农村破产的对策，无疑是一种"改良主义"，"一切乡村改良主义运动，不论它们底实际工作是从那一方面着手，但是都有一个共有的特征，即是都以承认现存的社会政治机构为先决条件；对于阻碍中国农村，以至阻碍整个中国社会发展的帝国主义侵略和封建残余势力之统治，是秋毫无犯的"②。而这种改良主义只能在细枝末节上取得一些成绩，但无法触及农村问题的"痛处"，"非但救不了农村，而且在目前，这运动本身都没有获得成功的希望的"③。

对乡村建设运动的批判也不可避免地波及乡建工作者群体。工作者尤其是乡建领袖作为"改良主义"的策动者与执行者，起初被整体性地印上"乡村改良工作者"的烙印并加以批判。如余霖就认为从乡村建设运动的成就来看，以往许多乡村工作者未能协助和督促政府来实行各种经济政策、组织民众团体、铲除乡村中的残余封建势力，只在无关痛痒的地方下功夫，结果"农民不但怀疑政府，甚至对于乡村工作者也怀疑起来；在乡村工作者和农民中间，同样也发生了'上下不通的情形'"④。李紫翔也认为将中国农村与农民从帝国主义的压榨中解放出来以及进行土地的合理分配才是解决农村问题的前提与中

---

① 孙晓村：《中国乡村建设运动的估价》，见千家驹、李紫翔编著：《中国乡村建设批判》，上海：新知书店 1936 年版，第 40~42 页。

② 孙冶方：《为什么要批评乡村改良主义工作》，《中国农村》第 2 卷第 5 期，1936 年 5 月，第 23 页。

③ 《关于歧途中的农村改良主义工作》，《中国农村》第 2 卷第 7 期，1936 年 7 月，第 84 页。

④ 余霖：《抗战爆发后的乡村工作》，《中国农村》第 3 卷第 8 期，1937 年 8 月，第 8 页。

心,也是"已被历史的事实所证明而是一个不可争辩的真理"。但奉行农村改良主义的"哲学家"和"实行者","不过因为害怕真理的实现,害怕中国农村问题的澈底解决,所以有意无意地躲藏在温情的改良主义的幌子下,而为帝国主义和封建势力做了续命的忠臣了。枝枝节节的农村改良,决不能够挽救农村的破产;同时一切改良工作的本身,都不免直接间接去为破坏农村的主要因素——帝国主义和封建势力去效忠尽力。这在一般农村改良运动者,也许还是不愿承认的,但是事实的雄辩,胜过口舌的雄辩,而事实的批判,更证实了理论的批判之正确"①。

署名为"光一"的作者则运用马克思主义的阶级分析方法对乡建工作者进行了逐条批驳,认为其虽自命为"救国救民的菩萨",但对农村问题的认识是"皮相之见",甚至掩饰农村所存在的问题。他指出乡建工作者的问题在于:其一,没有看到中国农村问题的本质,颠倒农村破产的因果。一方面高呼所谓的"社会失序",要重建秩序,而忽视了生产关系的决定作用;另一方面把农村破产、农业不发达的原因归为农民知识不发达,存在"愚贫弱私"诸多病态,更是本末倒置。其二,不承认中国有阶级剥削,允许军阀土豪劣绅地主的存在。农村经济的破产正是因为帝国主义和封建势力的压榨,不冲破这双重束缚,仅用点点滴滴的技术改良来与国际经济相抗争无异于空谈。②

中国农村派对乡村建设运动改良路线的批判是毫无余力的,但对于工作者群体则有所保留。诸如上述的批判虽是针对乡建工作者群体而言,但其矛头实际上仍是直指乡村建设理论。乡建工作者群体能以复兴农村、振兴民族国家为己任,不辞艰辛深入乡间的精神也得到不少赞扬,如千家驹所言:"我要愿意声明,我的批判仅限于平教会之把平民教育工作评价得太高,以及他们对于中国社会认识之根本错误一点而已。至于定县实验运动之全部,我是丝毫没有菲薄之意的;反之,他们工作的精神,以及他们肯把目标自大都市移到乡村,这些都值我们深切的同情。他们整个的哲学虽不免于错误,但实验工作中之某几部分,特别是保健制度与平民读物等等确已获得极大的成功,值

---

① 李紫翔:《农村建设运动应有的转变》,《中国农村》第 2 卷第 4 期,1936 年 4 月,第 26 页。

② 光一:《对于乡村改良工作的态度》,《中国农村》第 2 卷第 9 期,1936 年 9 月,第 28~30 页。

得我们推广到别的乡村去实行。"①孙晓村也认为从事乡村建设事业的工作人员甘愿抛弃都市舒适生活而下乡工作的精神意志是值得佩服的,"当然我们并不是看轻了一切乡村实际工作,反之,我们是十二分看重这个工作,而且看重参加实际工作的人员",并希望只知"摇笔杆"的批评者也能够深入乡间从事乡村实际工作。正因重视工作者的作用,孙晓村认为应对其进行批判,通过批判至少可以推动若干乡村工作青年对于他们所从事的改良主义运动进行反省,可以为农村大众指出一条正确的大路,"当无数诚挚热烈的乡村工作青年,在各种改良主义的麻醉下,以平民识字课本,改良麦种改良农具作钓饵去吸引农民,以自治,保甲,民团等等新的桎梏去束缚农民底解放斗争的时候,一篇批评和揭露改良主义运动的文章,其意义必然是在任何改良主义的建设工作之上"②。

的确,乡村建设工作者中有很多是为农村、为民族国家复兴计而下乡去的青年知识分子,虽然他们所接受的理论与所运用的方式不同,但所具备的牺牲精神及最终目的则与中国农村派有着内在一致性。"乡村改良运动的领导人是有学问的,大多数参与者是关心国家命运的爱国知识分子,特别是青年抱着拯救农民、复兴国家的愿望而投身乡村改良运动,他们这种主观希望与我们是有共同点。"③这使得部分中国农村派学者看到这一群体是一股可以被改造、吸收的力量,"无论如何,我们决不应当忽视在这些乡村改良主义团体(如邹平的乡村建设研究院、定县的平民教育促进会、无锡的教育学院)中,是有着几千几万有良心的青年,他们主观上是企图改造乡村,改造中国,他们不是为着掩护地主资产阶级,甚至不是为着个人的金钱或地位,而是为着追求

---

① 千家驹:《中国农村建设之路何在——评定县平教会的实验运动》,见千家驹、李紫翔编著:《中国乡村建设批判》,上海:新知书店1936年版,第111页。

② 孙冶方:《为什么要批评乡村改良主义工作》,《中国农村》第2卷第5期,1936年5月,第26页。

③ 薛暮桥:《薛暮桥回忆录》,天津:天津人民出版社1996年版,第79页。

光明,追求自己的空洞的理想,而在这里艰苦地工作着"①。基于以上认识,随着国难的日深,中国农村派对乡建工作者群体的态度也逐渐发生变化。

进入1935年后,日本不断挑起事端,分离、蚕食华北地区,酿成华北事变,使得中日民族矛盾上升到主导地位,"今天不同了,日本帝国主义者已经显示他们要向中国本部前进了,他们要占领全中国。现在是日本帝国主义要把整个中国从几个帝国主义国家都有份的半殖民地状态改变为日本独占的殖民地状态……威胁到了全国人民的生存"②。面对局势的变化,中国共产党及时调整革命策略与任务,力主建立"广泛的民族革命统一战线","所有这些都指明,革命的阵势,是由局部性转变到全国性,由不平衡状态逐渐地转变到某种平衡状态。目前是大变动的前夜。党的任务就是把红军的活动和全国的工人、农民、学生、小资产阶级、民族资产阶级的一切活动汇合起来,成为一个统一的民族革命战线"。③

与革命策略的调整相适应,中国农村派也开始主张建立有关农村工作的全国统一战线,联络包括乡建工作者群体在内的一切可以联合的力量。"1936年《中国农村》就注意争取乡村改良主义运动中的广大青年,劝他们在乡村中教育农民抗日救国。西安事变后,我们又与中华农学会共同发起、组织乡村工作人员的抗日统一战线。包括改良主义团体中的领导人士,只要他们同意抗日,我们都愿意同他们联合。"④在内容方面,《中国农村》一方面逐渐减少刊载批判乡村改良主义的言论,一方面增加有关农村工作联合战线研究的文章,如第2卷第9期的编辑者所言:"二卷五期孙冶方先生的《为什么要批评乡村改良主义工作》发表以后,我们已经得到了五篇批判改良主义工作的文字。不过这些论文几乎完全接受孙先生的意见,似乎没有必要",而自从张宗麟发表

---

① 薛暮桥:《给刘少奇同志写的报告——关于白区乡村和中国农村经济研究会的工作问题》,见中国人民政治协商会议全国委员会文史资料研究委员会编:《文史资料选辑》第84辑,北京:中国文史出版社2000年版,第9~10页。

② 《论反对日本帝国主义的策略》,《毛泽东选集》第1卷,北京:人民出版社1991年版,第143页。

③ 《论反对日本帝国主义的策略》,《毛泽东选集》第1卷,北京:人民出版社1991年版,第151页。

④ 薛暮桥:《薛暮桥回忆录》,天津:天津人民出版社1996年版,第81页。

《乡村运动的联合战线》一文后,"我们觉得这个问题实在太重要了。所以最近两期本刊,想多留一点篇幅来讨论这个问题"。①

1936年8月,张宗麟在《中国农村》上发表《乡村运动的联合战线》一文,首次提出建立乡村工作的联合阵线。他认为假若中国各派的乡村运动者已经下了决心要从乡村做起,为中国民族谋幸福,那么必须采取联合战线的策略以抵御外敌入侵。而且各种运动中最容易采取联合战线的要算乡村运动,因为各派的乡村运动者均是已然觉悟的、致力于救国的知识分子,在救国目的上的一致"已经够我们来采取联合战线,何况在救国的步骤上又相同"②。以往工作者各守其宗派,不仅力量不能集中,有时甚至互相抵消,形成"此起彼伏,时起时灭的现象",而在当下国将不国之时,各方应倾尽全力,摒弃成见,联合从事救国工作,"我们乡运同志,人人都从救国的一点上出发的,也是向着救国的总方向前进的,在进行的方法上容或有些许错误,不过这是能力问题,好比十几人同推一车,有的力气大用力多,向前进了,有的力气小用力少,当然落后,不过既然同推一车,落后者决不会脱离此车而去,除非受了同伴的讥诮责骂。倘若同伴者能够善意地批判,互助,这个小力气的人不但不脱离队伍,并且可以增加勇气,鼓着精神向前进"。③

张宗麟的观点得到中国农村派的肯定,认为其所主张的建立乡村运动联合战线是"值得我们提倡的一件工作"④。这不仅是救亡图存的需要,而且在客观上也有成立联合战线的基础,因为尽管中国的乡村运动者中存在着许多一时无法泯除的"宗派"之别,各有各的立场并自觉或不自觉地代表着某一社会阶层,但各派乡村运动者的努力都是为着救国,而且都愿意从乡村着手。基于这一共同的立场,各派乡村运动者仍可以而且必须在生死存亡的危急关头为维护民族国家的利益而联合起来,求同存异以共赴国难。孙冶方也指出"联合阵线"虽已成为全国救亡运动的中心口号,但在乡村运动方面构筑联合战线的设想还是首次提出,对中国农村运动的前途具有非常重大的意义。他认为

---

① 《编后记》,《中国农村》第2卷第9期,1936年9月。
② 张宗麟:《乡村运动的联合战线》,《中国农村》第2卷第8期,1936年8月,第17页。
③ 张宗麟:《乡村运动的联合战线》,《中国农村》第2卷第8期,1936年8月,第21页。
④ 张宗麟:《乡村运动的联合战线》,《中国农村》第2卷第8期,1936年8月,第22页。

抗敌救亡能否取得胜利的关键在于能否组织并动员起三亿农民大众参与抗敌斗争。从事乡村运动的团体和个人可以而且应该承认并坚持自己对农村社会问题的不同观察和不同的主张，但只要承认抗敌救亡是中华民族的唯一出路，那么就应采取联合战线的策略。如果对于抗敌救亡的工作有着真正的决心，那么乡村工作者就应该毫不迟疑地"跟着乡村中的这个主要的抗敌救亡的大军——农民——跑，而不应该因为姑息少数的动摇份子而牺牲了主要的实力"①。

很快，中国农村经济研究会联合生活教育社、妇女生活社拟订《第四次全国乡村工作讨论会提案——本会应以全力使全国乡村工作人员一致团结共赴国难案》。提案先畅言农村工作者大联合之必要："年来主权丧失，土地沦陷，民族存亡，危在旦夕。处此非常时期，我乡村工作人员，如再闭门自守，斤斤于一乡一县之从容试验，则敌军所至，非惟积年心血，行将尽付东流；即我各地乡村工作实施机关，亦恐难免尽为覆巢之卵。故今日而言乡村工作，自以抗敌救国为唯一前提。而欲抗敌救国，又非全国一致，共同奋斗，不能取得最后胜利。"②进而借讨论会召开之机提出联合的四项具体办法：1.本届年会应以上列提案为一中心讨论问题，并作广泛宣传。2.设立经常联合机关，欢迎全国乡村工作人员及团体自由参加。3.上述联合机关应以抗敌救国为其首要工作，并应提出简明工作纲领。4.下届年会应以讨论联合机关工作效果为一中心讨论问题。③

尽管中国农村派为第四次乡村工作讨论会精心准备了会议提案，但讨论会并未能顺利举行。在临近会期时，瞿菊农、杨开道发布启事，建议乡村工作讨论会改为两年一次，"敬启者，去年十月无锡之会曾经议决继续举行四届乡村工作讨论会，时间为今年十月，地点为四川广东或陕西，值年推菊农、开道

---

① 孙冶方：《乡村运动大联合的基本认识》，《中国农村》第2卷第9期，1936年9月，第13页。

② 《第四次全国乡村工作讨论会提案——本会应以全力使全国乡村工作人员一致团结共赴国难案》，《中国农村》第2卷第9期，1936年9月，第63页。

③ 《第四次全国乡村工作讨论会提案——本会应以全力使全国乡村工作人员一致团结共赴国难案》，《中国农村》第2卷第9期，1936年9月，第64页。

担任,负责接洽及筹备一切。数月以来,与各方接洽及讨论咸以川粤陕三处路途太远,费时既多,费钱亦不少。乡村工作同人工作本极忙碌,待遇又甚菲薄,年年奔走,年年集会,虽所得不少,而所失亦不少,似以改为二年一次为宜。二年一次各处工作成绩较多,各人意见、经验亦多会集一堂,互相讨论,互相切磋,其兴趣之浓,效力之大当可驾一年一次之例会而上之,加以南北多故,筹备者固不易措手,参加者亦甚难踊跃。故徇同人意见,改在明年十月举行,特此奉告。"①

面对这一临时变动,中国农村派认为"不管今年的乡工讨论会开得成与否,并不能丝毫减少乡村运动和乡工人员联合战线问题讨论底重要性"②。一些学者则主张成立新的乡村工作者组织以取代全国乡村工作讨论会,如张西超就直言:"我觉得在国难这样严重的今日,全国乡村工作人员,正宜共同讨论团结御侮的具体方法,停止开会是绝无理由的。"进而主张成立新的乡村工作者组织——"全国乡村工作同志会","我们希望今后的乡工同志,能够有一个坚固的,永久的组织。全国乡村工作讨论会,不过是一个临时的集会,一个交换意见的机会,闭会后没有负责执行的机关;我们要发挥乡村工作的伟大力量,要推动乡村的救亡运动,这完全是不够的。所以我主张:我们应该发动组织一个全国乡村工作同志会。这个同志会,应该以团结御侮为唯一任务。"③钱俊瑞也赞成将乡村工作讨论会在内容等方面进行扩充,使其成为全国乡村服务人员大团结的共同组织,"全国各地各种不同的乡村服务机关,团体和个人都跟这个组织发生密切的联系,在各派乡运领袖的领导之下,为整个民族的利益而献身"④。

紧接着,《中国农村》第2卷第10期刊出《乡村运动联合问题特辑》,用多

---

① 《全国乡村工作讨论会值年瞿菊农杨开道启事》,《乡村建设》第6卷第4期,1936年10月。
② 《乡村运动联合问题特辑》,《中国农村》第2卷第10期,1936年10月,第28页。
③ 张西超:《对"全国乡村工作人员一致团结共赴国难"的一点意见》,《中国农村》第2卷第10期,1936年10月,第60页。
④ 钱俊瑞:《关于乡村服务人员大团结的一个具体建议》,《中国农村》第2卷第12期,1936年12月,第14页。

篇文章阐述了中国农村派对乡村工作联合阵线的理论思索与办法构想。抗敌救亡需要动员起全国民众,尤其是占绝大多数的农村大众,"当民族生存和国家独立已经在敌人直接的威胁下的时候,全国各级人民的救亡联合阵线之建立,已经成了必然的要求。但是中国四万万人民中,乡村人民要占到百分之八十以上,这百分之八十以上的人民不能团结起来参加救亡运动,那么所谓全国的联合战线只是一句空话而已"①。而要建立乡村民众的联合战线,最好的方式则是先从乡村工作人员自身的联合做起。

孙晓村在《乡村运动大联合的理论与实践》一文中号召工作者牢记救国救民的动机,联合起来组成统一战线,并实现"最低限度的实践","联合战线不是一句空话,是一种实践,只有在实践的时候,联合战线才能给我们广大的想象不到的力量"。②所谓"最低限度的实践"应注意六个方面的内容,即第一,乡村运动的联合战线首先要在方式上打破"标本主义"。在民族国家生死存亡的关头,应尽量多地教育、组织民众,而不能局限于某一地区、某一阶层。第二,应当放弃"实验主义"。过去的乡村运动可谓乡村建设实验运动,但民族存亡的危机不容许进行从容的实验,而且抗敌救亡并不需要实验,应当把"学究式"的实验改变为广泛的实践。第三,应当肃清"门罗主义"的倾向,打破派别之间的隔阂。第四,联合战线的目标在于动员全国民众进行抗日救国,因此乡村建设运动"应当把目标鲜明地、公开地、简单地确定在抗日救亡上",所有的工作都应以这个目标为出发点。第五,全国乡村运动者应更进一步地与农民接近,同时在不破坏乡村中各阶级联合战线的前提下,采用说服与压制地主等方法,改善农民的经济政治生活,扩大救国阵线的组织。第六,全国各地乡村运动同人应在最短的时间内召开大会或重启第四届全国乡村工作讨论会,公开讨论并制定乡村运动联合战线的方案,并组织一个常备的中心机关来担

---

① 《乡村运动联合问题特辑》,《中国农村》第 2 卷第 10 期,1936 年 10 月,第 28 页。
② 孙晓村:《乡村运动大联合的理论与实践》,《中国农村》第 2 卷第 10 期,1936 年 10 月,第 49 页。

负推进联合的责任。①这实际上是对组建乡村工作联合阵线方针策略的初步构想。

李平心则在《建立乡村运动联合战线的任务与纲领》一文中提出了更为具体的纲领与联合措施。他指出农民大众是民族解放运动的主力军，而乡运工作人员是促使农村各阶层民众结成救国联合战线的有力推动者，"各派乡运工作者联合起来，事实上就是乡村各级人民大联合之缩影"。各派工作者可以在独立地保留政策与主张的前提下，凝聚力量，"为造成农村的广大救国战线而工作，将一切无补时艰的浪费的'建设'与斗争，大部分转变为国防的建立运动，并且扩大和巩固整个的民族联合战线"。②为结成稳固的乡运联合战线，不可或缺的需要一个共同纲领，而这个纲领必须能顾及各派的意见与利益，动员所有力量加入其中，并能够与乡村民众的救国运动进行密切配合，推动乡村联合战线的开展。为此，李平心在工作者的任务目标、团体之间关系、团体组织建构、工作方式等方面提出十项纲领内容：

"一、一切参加乡运的团体和个人，不论主张信仰如何，也不论工作方式如何，都必须以抗敌救国为共同的中心任务，以争取民族解放为工作的最高原则。二、属于各派和各集团的村乡（乡村）运动者可以保留他们的独立的工作方针和党派信仰，他们可以相互批判，进行各种理论的斗争。但此种批判与斗争不能采取超过民族敌忾的仇恨形态。三、从事乡运的团体和工作人员可以在'抗敌救国第一'的原则之下，在各地成立联合的组织，此等组织必须按照民主原则选举出来，它们除了商讨各种救国工作的方针以外，还可以用会议的形式解决乡运上特殊的困难问题，担任仲裁的职务。四、乡运联合战线反对帝国生（主）义特别是 X 寇损害乡村各级人民利益的进攻政策……五、乡运联合战线反对一切勾结外敌的汉奸和劣绅扰害乡村鱼肉乡民的行动和组织（如汉奸在乡村实行骚扰、劫掠、烧杀、组织各种卖国的团体等），并且肃除汉奸在

---

① 孙晓村：《乡村运动大联合的理论与实践》，《中国农村》第 2 卷第 10 期，1936 年 10 月，第 49~51 页。

② 平心：《建立乡村运动联合战线的任务与纲领》，《中国农村》第 2 卷第 10 期，1936 年 10 月，第 36~37 页。

乡村的潜伏势力。六、乡运联合战线按照分工的原则,方从各面(从各方面)去宣传教育和组织乡民,使广大的乡村人民参加抗敌救国的工作……七、乡运联合战线和一切救国阵线实行互助合作,特别援助武装抗敌的部队(如义勇军以及抗 X 军)和下乡宣传国难的爱国志士。八、乡运联合战线反对一切消耗抗敌实力破坏农村的内战,但对于攻击或防御汉奸的革命战争,则极力援助。九、乡运联合战线在对付某些农村问题和土地问题上,可以在不损害农民利益并不妨害乡村人民联合战线的原则之下,用协议的方式解决。但各派仍然保留最后决定政策之权。十、乡运联合战线在推进某些乡村公益事业和文化事业上(如办义学,改良农村卫生,救济灾民,破除迷信,改良农业技术等等),可以采取各派合作的方式,但这并不妨碍各派独立进行设施的自由。"①

在最后,李平心还指出应尊重各派乡运团体和人员建立救国战线的自主精神与独立能力。不论是政府选派的官员、半官方的乡运名流、民间出身的乡村工作人员,还是属于各政党的乡村运动者,只要他们抱有抗敌救国的志愿,都可以参加乡运联合战线,共同为民族国家救亡努力。同时,乡运联合战线绝不应受到任何权力的干涉和包办,相反,"它还应当督促一切拥有实力的当权者对敌抗战。不但如此,参加乡运的上层份子——特别是官派的和半官的乡运者是比较容易动摇的,因此下层的工作人员为巩固联合战线,还应对他们作不断的善意的督促,当他们破坏联合战线时,与之斗争也是必要的"②。

通过对联合阵线理论与方法的讨论,基本上确立了争取下层乡村建设工作者的思想,中国农村派对这一群体的态度由单纯的整体性批判转变为区分对待、努力争取。千家驹的观点最具代表性,他认为对乡建工作者不能加以"一概的抹煞的批评",第四届乡村工作讨论会虽因"一二位乡村工作领袖的消极"而延期举行,但"一二位领袖的消极也并不意味着做乡村工作下层同志的消极"。乡村建设领袖的认识及理论虽有许多错误、歪曲之处,但基层的乡

---

① 平心:《建立乡村运动联合战线的任务与纲领》,《中国农村》第 2 卷第 10 期,1936 年 10 月,第 38 页。
② 平心:《建立乡村运动联合战线的任务与纲领》,《中国农村》第 2 卷第 10 期,1936 年 10 月,第 39 页。

村工作者却是应积极争取的救国力量,"试问我们做救亡运动,如不脱下长衫,深入民间,启发劳苦大众潜在的抗敌情绪,把他们实地组织起来训练起来,做抗 X 斗争的主力军队,此外还有什么更好的下手方法?"①

在肯定工作者价值的同时,千家驹也要求工作者应反省自身在从事建设事业的过程中是否将抗敌救亡作为唯一的目标,是否把乡村工作的每一过程、每一阶段、每一步骤都与民族解放运动相联系起来,"假如这是由于乡村运动领袖的认识不够(即理论的错误),下层的工作同志们应该立刻自动地改正他们的认识,获取正确的救亡理论。假如他们已有理论的认识,而行动尚不够充分,即没有把工作与救亡有机地联系起来,则应该立刻改变行动的方式,把正确的理论应用到实践的各方面去,务要做到乡村工作的每一节奏都能直接增加大众抗敌的力量"②。这是乡村工作者应有的方向转换,也是唯一有前途的方向转换。由此,他认为应该通过说服、鼓励等方式努力争取乡建工作者加入救亡统一战线以壮大力量。"我们认为:此后我们再不应该在消极方面批判他们的理论,而应该把他们的工作当为救亡运动的一部分,而且是重要的部分,以同志的态度,以正确的理论去说服他们,去鼓励他们,最好是实地参加到他们的阵营中去,说服他们,我们必须以民族利益为一切工作的前提,在'抗 X 救亡'的实践之下,把一切的乡村建设运动都统一起来。我们不能放弃每一个机会去争取落后的群众,我们更不能忽视乡村工作者在救亡运动中所演的重要角色,我们要与他们手携手的联合起来向着民族解放的途上迈进,这才算是真正的联合战线,这才能号召全国乡村团体共赴国难!"③

孙冶方也指出应争取乡村改良主义团体中的工作者,"一个觉悟的乡村工作人员,他只要认清了农民解放的真正道路,就是在改良主义的(甚至比改良主义更不如的)机关中,可以做很有意义的民族解放和农民解放的工作。改良主义的工作形式决不是束缚住他们的工作能力"④。他认为需要反对的不是"乡

---

① 千家驹:《乡村工作与救亡阵线》,《中国农村》第 2 卷第 10 期,1936 年 10 月,第 44 页。
② 千家驹:《乡村工作与救亡阵线》,《中国农村》第 2 卷第 10 期,1936 年 10 月,第 43~44 页。
③ 千家驹:《乡村工作与救亡阵线》,《中国农村》第 2 卷第 10 期,1936 年 10 月,第 44 页。
④ 孙冶方:《乡村工作人员应走的道路》,《中国农村》第 3 卷第 3 期,1937 年 3 月,第 17~18 页。

村改进事业"的本身,而是把这种事业当作救国救民的唯一大道,并在自觉或不自觉中利用这事业来蒙蔽农民,阻止他们走上彻底的解放道路的改良主义。对于原来在乡村改进机关中服务的、现今已然觉悟的乡村工作人员,则应劝其继续留在原处,尽力除去所从事工作的改良性质并用新的内容进行充实。"我们希望在乡村改进机关中服务的同胞们,趁此机会在自己能力所及的范围内多做一些抗敌救亡的准备工作。在农民中培植反帝国主义的民族意识,养成团结的习惯和能力"①。

中国农村派对待乡建工作者群体态度上的明显转变引起了学人的关注乃至怀疑,"有的以为我们对于乡村建设者的改变态度,只是一种策略,并非出于本心;有的以为我们已经放弃原来的立场,完全赞成乡村建设工作以及一切乡村改良运动"②。为表明立场,薛暮桥发表长文——《反对?联合?投降?》,申明中国农村派的态度转变及其原因。他指出中国农村派并未放松对乡村改良主义的批评,但不会一笔抹杀乡村改良运动者的工作成绩,批评乡村改良主义工作也并不意味着鄙视或者反对各地的乡村工作(包括各种乡村改良工作)人员。薛暮桥赞成将乡村改良工作与工作人员区分对待,"乡村工作或许是改良主义工作,但是乡村工作人员不一定是改良主义的信徒"。他认为自国民革命运动失败之后,许多对于革命运动心有余而力不足的青年纷纷投身于乡村改良运动的队伍,希望能借机为民众服务。这种青年在各地的乡村工作者队伍中占据相当大的比例,而且"他们正因为改良主义工作的没有出路而烦闷着,悲哀着。一旦抗敌救亡运动高涨起来,他们是会迅速投入民族解放战争的洪流中间去的。我们为什么要鄙视他们,反对他们,不肯伸出手来,去和他们精诚团结,共赴国难呢?"③因此,在精诚团结、共赴国难这个原则之下,薛暮桥认为不仅不应拒绝,反而应十分欢迎与包括奉行改良主义者在内的任何乡村工作团体和乡村工作人员进行合作,"这是因为我们知道中国大多数的乡村工作人员并不会死守着改良主义;而且我们相信,在民族危机最严重的

---

① 孙冶方:《乡村工作人员应走的道路》,《中国农村》第3卷第3期,1937年3月,第18页。
② 薛暮桥:《反对?联合?投降?》,《中国农村》第3卷第4期,1937年4月,第15页。
③ 薛暮桥:《反对?联合?投降?》,《中国农村》第3卷第4期,1937年4月,第21页。

今日，任何乡村工作团体只要真为民族前途着想，都有可能起来参加抗敌救亡运动的缘故"①。

中国农村派对乡建工作者群体的态度与认识有着从批判到联合的明显转变，这不仅有助于抗战救国历史使命的完成，对乡建工作者自身的社会认同也有着重要影响。乡村工作联合阵线的提出，指明了农村工作的新出路，吸引着越来越多的乡建工作者脱离原来岗位投身于民族解放的潮流，"改良主义团体中有不少中层骨干写信或文章来响应这个号召"②。再者，中国农村派高举抗敌救国旗帜，其主张在国难日亟的环境中占据着道义及话语上的主动权，"一切乡村工作青年今后只能在下面的两条途径中选择一条：或者是踏上民族解放战线充当反帝反封建的战士，或者是继续在改良主义守旧主义的麻醉之下继续充当江湖庸医的助手"③。在比较与评价中，不少乡建工作者放弃所秉持的建设理论，转向中国农村派及中国共产党，以寻求新的救国理论与农村工作方案，群体的分化也随之日渐明显。

---

① 薛暮桥：《反对？联合？投降？》，《中国农村》第3卷第4期，1937年4月，第16页。
② 薛暮桥：《薛暮桥回忆录》，天津：天津人民出版社1996年版，第81页。
③ 平心：《乡村工作青年的出路和任务》，《中国农村》第2卷第8期，1936年8月，第16页。

第四节 乡建工作者群体的社会认同及其发展演变

"认同"(identity)一词源于拉丁文"idem",最初是心理学范畴中的一个基本概念,指的是个体潜意识地向某一对象模仿的过程。随着学科发展的日益成熟,"认同"或作为具体课题,或作为理论视角,在社会学、人类学、政治学乃至历史学中得到越来越多的运用。虽然学者们对"认同"的意涵有着不同的诠释,但共识在于将认同视为一种"同化"与"内化"的社会心理过程,即将他人或群体的价值、标准、期望与社会角色内化于个人的行为和自我概念之中。①与"内化"相伴而生的是"异化",因此认同的过程也是一体两面的,即不仅有"求同",还有"存异",一个人的前后同一性或一个群体的成员之间的相似性,同时也就构成与他人("他人"或"他们")的差别,因而认同也可视为"是一种有关'我们''你们'和'他们'的边界划分,边界的存在是辨别自己和他者的标记"②。

认同主要包括社会认同(socialidentity)和自我认同(self-identification/self-identity)。自我认同是指个人对自己角色的一种自我确认,它是个人一系列个

---

① 郭星华等:《漂泊与寻根:流动人口的社会认同研究》,北京:中国人民大学出版社 2011 年版,第 140 页。

② 谢岳:《抗议政治学》,上海:上海教育出版社 2010 年版,第 105 页。

性的统一,是一个人区别于另一个人的整体标识,也即别人如何定义我们,我们又如何定义自己,自我认同就在这样的社会互动中形成、发展。与自我认同相对应,社会认同是某个集体的共同认同。社会认同理论在20世纪70年代后经泰弗尔、特纳等人的开拓成为认同理论中越来越重要的组成部分。其基本观点为,社会认同是"个体认识到他(或她)属于特定的社会群体,同时也认识到作为群体成员带给他的情感和价值意义"。也即社会认同是行动者对其群体资格或范畴资格积极的认知评价、情感体验和价值承诺。[①]社会认同强调的是集体成员之间的相似性以及集体成员相信他们之间所具有的某些共同性和相似特征。社会认同不仅影响着群体中个人的意识与行为、群体活动,还制约着群际关系。

乡建工作者尤其是下乡去的知识分子,大多数面临着从繁华都市到凋敝乡村的生活环境改变,以及从学生到乡建工作者的职业转变。他们的社会认同,即对自己目前身份、工作的理解与体验是乡村建设事业能否得以顺利展开的关键因素。很多下乡去的知识分子对乡建工作存有一定的认同感,不同的乡建团体、机构也通过多种方式强化工作者的社会认同,增进团体凝聚力。基于这种社会认同感,乡建工作者也不断调整工作策略,采取对内进行激励,对外抵制消极批评及重构评价标准等方式灵活处理与同质群体、异质群体之间的群际关系,进而谋求更好的发展空间。然而社会认同并非绝对、单一的,很多工作者因个人抱负及工作开展困难等原因存在着认同的困境。随着时间的推移,在来自社会各界尤其是中国农村派的批评质疑声中,部分乡建工作者的社会认同逐渐消解,而整个工作者群体则逐步走向分化。

一、"乡村必需建设,民族必自救":乡建工作者的社会认同及其特点

社会认同的过程一方面来自"内化",即内在的对自身身份的理解与体验;

[①] 郭星华等:《漂泊与寻根:流动人口的社会认同研究》,北京:中国人民大学出版社2011年版,第142页。

一方面来自"异化",即外在的对群体边界的划分。就对自己目前身份的理解与体验而言,邹平山东乡村建设研究院、定县平教会中有很多真心实意为乡村振兴计而加入的工作者,他们对乡村建设工作有着相当的兴趣与热忱,并立足于对历史、社会环境的理解与分析来主动建构认同,而通过工作所获得的兴奋感、成就感也在加强着他们的认同。

最早对邹平进行各项社会调查的学生杨庆堃、周振光在下乡时就抱着为乡村建设事业贡献自己的决心,"一个青年人,当他能将他的力量与生命贡献给工作以后他便感到无限的慰藉,因为在不绝的尝试的程途上,他已经尽了他的责任"。正是本着对乡建工作的热忱,他们不断克服调查工作中的困难,在历尽艰辛的两月后终取得显著成果。"我们在邹平一共两个月。其中有六个礼拜是埋葬在固定的工作里,有十天则做全县的旅行。在短短的十天之中,我们的所得虽不多,但在极困顿的环境里,我们食无定时居无定处,但我们并没有顾累到一切。每日除了四小时至六小时的睡眠外,每分钟我们都用尽了我们的智慧与体力去应付环境,去满足我们的智识和与经验的饥渴。"①

研究院学生李敬民在下乡前的演讲中表达了自己对乡村工作的认识。他认为中国社会的基础在乡村,"要想富国得先富乡村;而中国民族的真精神尤在乡村中孕育而保存着;我们要作健全国民也得身入乡村;要实现民主政治要救国难尤须深入到乡村中"②,因此从事乡村运动才是知识分子的真正义务,才算一个合格的中国国民。另一名学生马奉玉也认为唯有乡村建设才是抵御外敌、振兴国家民族之路,"乡村建设,正是来组织农民和来训练农民,促醒农民的自决,使散漫无纪的民众而变为团结凝固的民众,建设起乡村的经济基础——也就是建设起了中国经济基础,那末我敢大胆的说一句,不仅是对付日本有了办法,就那一般虎视眈眈的列强,也不敢藐视了我们"。进而号召同学发深心大愿承担起乡村建设的责任,"我们是正负着了建设乡村的责任,我们正是要准备下乡组织民众的人们,我们的使命是若何的大,国家将亡匹

---

① 杨庆堃、周振光:《邹平社会调查工作报告》,《乡村建设》第 1 卷第 11~12 期,1932 年 1 月,第 14 页。

② 李敬民:《我们为什么要看重乡村?》,《乡村建设》第 1 卷第 11~12 期,1932 年 1 月,第 16 页。

夫有责,在这国难临迩,我们应将更进一步的努力!"①

在日常工作中,乡建工作者也在通过演剧等方式发出自己的"声音",表达着自身的社会认同。为贺新年,魏家庄乡农学校教员及高级部学生共同排演了《下乡》、《不识字的痛苦》、《自救》等剧,其中《下乡》一剧讲述一名大学生毕业后没有找到适当工作,终日奔走于权门,但负债累累却一无所获。在遭到旅店店主无情讥刺后,顿然觉悟教育制度的错误以及人才集于都市而乡村凋零的弊害。后到某县公署求谒县长,恰逢县长受某省府委员之逼迫,强勒军费、预征丁粮,又有许多失业工人、抵制日货之爱国学生及遭受水旱匪蝗各灾之农民群集于县政府请愿。县长在这种种困境下也意识到国家衰弱之总因在于乡村被破坏,要复兴民族国家非联合各界共同下乡工作不可。县长遂将所见传达于请愿者,农工商人皆欢呼同意,而此大学生也深为感动,愿意共同下乡服务。县长于是辞职与农工商学共同下乡。②这一剧目之目的在于呼吁知识分子下乡,也表达出了编剧者对乡建工作的认同。

从燕京大学教授杨开道的经历中也能看出乡建工作者的社会认同。杨开道原本受家庭环境熏陶及父亲的安排在圣约翰大学学习商业,后读孟宪承所翻译的《黑伟人》,"始感人格之伟大,教育的重要",遂放弃商业,决心从事乡村教育事业。随后他考入南京高等师范的农科,但南高的农科"既没教育的功课,教育科也没有农民教育的功课",又改主修农科农艺系,而在学习的过程中"科学家的理想,不知不觉地胜过教育家了"。1923年赴美前,杨开道在乡间居住两个月并切身体会到农村、农民问题的迫切性,深刻意识到中国农民问题不但是农民问题而且是农村问题,不是个人问题而是社会问题,仅靠科学救不了农村。农民知识的缺乏固然亟待补救,但更为严重的问题是农民没有组织,互相不团结。于是,如何可以重新组织中国农村社会遂成为他"时时刻刻所不能忘记,不能答复的问题"。抱着学习"农村自治"的想法,他踏上留美

---

① 马奉玉:《对付日本唯一的路子!》,《乡村建设》第1卷第11、12期合刊,1932年1月,第14~15页。

② 蓝梦九:《第四区乡农学校工作报告》,《乡村建设》第1卷第21~30期合刊,1932年7月,第61页。

之路并结识熊佛西、瞿菊农等人。但美国的农业教育并不能适用于中国,杨开道又一次失望。三年后他回国并进入燕京大学,与张鸿钧、许仕廉一起致力于开展农村调查等工作,并恰逢其会开办清河镇实验区,才将苦苦追寻的乡村教育等事业落为实践。①

平教会骨干成员很多是被晏阳初的个人魅力及平教理论吸引而来,如农学博士冯锐就是由晏阳初邀请来到定县。"晏先生,我决定和你们一起干,我回国至今已有四年,在大学里教农业课,但迄今为止,我连一个农民都不认识,我要接近我们的农民,要了解他们。"②在鲜明的理论及较为密切的个人关系影响下,平教会职员也有着较强的社会认同感及凝聚力。著名女学者陈衡哲在参观后也感言:"此次第一使我注意的,是平教会诸位领袖的牺牲与合作的精神。这精神招徕了许多位志同道合的人才,又把他们团结到了一起。举一个例吧。无线电的技师李先生,据我看来,确是一位机械的天才。请他的地方也很多,他有机会可以得到比在平教会多到五六倍的薪水,但他却宁愿在那设备简陋的小地方工作。这与其说是牺牲,无宁说是爱乐他的这个特种的工作……我在那里住了三天,会见了许多人士,看了不少的地方,而最使我感动的,却莫过于这种精神,盘绕着你的左右,把平教会的几十位同志融成一体,使他们彼此相视如兄弟骨肉。"③

对乡村工作的体验也在塑造着工作者的社会认同。仍以山东乡村建设研究院第一次分派学生下乡办理乡农学校为例。办理第二区乡农学校的学生张永棠就经历了观念上的改变,"在我未到乡间以前,总觉得到乡间去难过。处处都不方便。物质也一点得不着享"。在下乡后则觉悟农民并不是顽固愚蠢、不可救药的,只是没有人来进行领导,"我们所到的庄村,女子入学了,农人也为着十九路军抗日卫国而捐款,且非常踊跃,便是很好的证明"。因而"虽物质

---

① 杨开道:《我为什么参加农村工作》,《民间》第 2 卷第 1 期,1935 年 5 月,第 10~11 页。

② 赛珍珠:《告语人民——与晏阳初谈平民教育运动》,见宋恩荣主编:《晏阳初全集》第 2 卷,长沙:湖南教育出版社 1992 年版,第 598 页。

③ 衡哲:《定县农村中见到的平教会事业》,《独立评论》第 51 号,1933 年 5 月,第 23~24 页。

生活不得圆满。精神上却得着点安慰"①。

在第七区工作的学生魏晏清也通过办理乡农学校加强了自身对乡建工作的自信心。第七区位于邹平最北部,风气相对闭塞,农民起初怀疑乡农学校的目的在于募兵、劝捐与劝教,魏晏清则以真诚好意对待农民并逐渐获得乡农的理解与接受,乡农"看着乡校或者就是现在的顶好不过的一会事,如能得在本庄设立一处,就是全庄的幸福,拿乡校作了一庄的依仗,拿乡校教师当作了极信仰的同情者,使出十二分的敬意,好像是感恩莫及的样子。他相信乡校是忠心待他,绝没有害他的事,因此计听言从,就很庸(容)易办任何的事情。且感中形外,见同学汲水送信洒扫就很不安,处处跑到头里去替我做"。魏晏清对此虽不敢接受,但自述"使我十分心喜,有了乡村能够接近的自信力"②。

由于鲁溪、高赞非等领导的第六区乡农学校教员通过实践工作,也对乡农学校的意义和乡村运动的性质有了更为深切的体会和认识,"我们觉得,乡村运动根本可说是一种文化运动,最中心的,还是乡村人的生活本身之开发与指导。盖惟此乃是乡村运动的基础,一切具体改进之方法,如合作,农业改良,自卫等事,惟有附丽于此根基之上,始能得其长养。乡农学校,其真正的意义盖乃在此。以惟有此乡农学校,乃能与乡村运动之性质相适应。然亦惟有这样,我们乃不能求近功,走巧路,惟有深心诚毅以对之,以期其生机之自发。若出之以粗心浮气,则其不落于助长之途者几希。凡吾同人,当亦同具斯感欤?"③

社会认同是某个集体的共同认同。它强调集体成员之间的相似性以及集体成员相信他们之间所具有的某些共同性和相似特征。而一个集体的相似性总是同它与其他集体之间的差别相伴而存在的。"只要人们处在社会的交往和互动过程中,就不可避免地对人和物进行分类,建构一种主观的、概念的、

---

① 杨效春:《第二区乡农教育实施报告》,《乡村建设》第1卷第21~30期合刊,1932年7月,第20页。

② 徐晶岩:《第七区乡农学校工作报告》,《乡村建设》第1卷第21~30期合刊,1932年7月,第125页。

③ 于鲁溪、高赞非:《第六区乡农学校工作报告》,《乡村建设》第1卷第21~30期合刊,1932年7月,第95页。

想象的'符号边界'。"①只有通过界定这种差别,相似性才能被识别。因此,对群体的区别与分类也是乡建工作者社会认同的一种表现。尽管"下乡去"的呼声高涨,但对于"谁是自己的同志"这一问题,乡建工作者有着自己的理念与认识。

一则材料清楚地体现出邹平乡建工作者脑海里中存在的"群体分界"。1932年初《乡村建设》刊出研究院同人许之华所讲的《开头向农友谈的一段话》,兹节录如下:

"第一,我们的生活是农民化的——'到乡间去''解除农民痛苦'是现在所谓'高于一切'的人们常呼的口号,诸位已经司空见惯了。但是始终没有见着他们来到乡间为农民打算的,只能玩些哄人的把戏。这是什么缘故呢?一方面因为他们的生活程度太高,日常穿洋服,著革履,油头粉面,翩翩然好像些王孙公子,较之衣鹑结食糟糠,简易朴实的农民,相去不知几千万里。他们怎能肯到乡间来?一方面因为他们的地位太高,素以特殊阶级自居,临乎民众以上,作福作威,来支配农民役使农民,甚且压迫剥削农民,农民痛苦有加无已,还能有解除的希望吗?幸而他们没有来到乡间,假定真来的话,恐怕农友认为是大人先生委员老爷,望而生畏避之惟恐不及,何能敢合(和)他接近呢?我们来这里办乡农学校,谋乡村建设的实施,可说是真正来到乡间了。我们主要的工作在提倡文化道德以维系固有的善良风俗,贯(灌)输新知识,以求民智之提高。改良农业增加生产,以谋生活的改善。讲求自卫方法,团结农民力量,以保秩序的安宁。凡此种种,可说是完全为农民着想的。然而我们不敢居于领袖,不能置身事外,乃是投身于农友之中,同化于农友之内,和农友同甘苦,同生活,本着吃苦耐劳的精神,以尽我们建设乡村的天职。

第二,我们以农友所需要的为工作标准——现在一般居于领导民众地位的人们,多是不了解社会心理,不明乡村状况,更不知道农民的需要是什么。只一味蛮干横闹,对于农人切身的问题,置之不理,而把许多无关紧要而惹人反感的事情,反操之过激(急),使其强迫高压的手段以对付之。无怪农友们视

---

① 郭星华等:《漂泊与寻根:流动人口的社会认同研究》,北京:中国人民大学出版社2011年版,第190页。

若辈为眼中钉,持讨厌的心理和反对的态度。我们从事乡村工作,是因事而生法,不因法而生事,换句话说,就是因农民所苦的设法解除,因土宜的为之兴利,随时随地观察农友的痛苦和要求,以求得深切的了解和适当解决的方法。同时让农友能注意自身问题,能解决自身痛苦。然而我们这种工作,不是给官府当苦差,也不是向农友来讨好,乃是基于良心的不安,来和农友表同情,顺着村治的路子以求达到救民族的目的。"①

从这则材料中,我们可以清楚地看到乡建工作者是如何进行"他们"与"我们"的区分:在生活上,空喊"下乡去"的人被描绘为"日常穿洋服,著革履,油头粉面,翩翩然好像些王孙公子"、"素以特殊阶级自居,临乎民众以上,作威作福",而工作者则"投身于农友之中,同化于农友之内,和农友同甘共苦,同生活,本着吃苦耐劳的精神,以尽我们建设乡村的天职";在工作内容上,一般的民众领导者"不了解社会心理,不明乡村状况"、"一味蛮干横闹",而工作者则是"随时随地观察农友的痛苦和要求,以求得深切的了解和解决方法"。这种比较无疑是对群体边界的想象,彰显着乡建工作者这一职业角色所具备的特质,即站在农村、农民的立场,深入乡村开展建设事业,为民众解决问题、谋求利益,进而达到救济农村、复兴民族国家的目的。同时,在比较与区分中还隐含着对工作者自身的褒扬与激励。

此外,还有一些工作者也表达了类似的观念,显示着工作者群体中有关群体区分意识的普遍存在。如署名为"清居"的工作者就认为只要愿意关注乡村问题便"都是我们的同志",并对乡村运动者与政治党派进行了区分,"他们是唯我独尊,他人皆阿斗,唯我是诸葛。我们是信任天下人,大胆的相信一切,一切都予以承认"。这种区分还带着对乡建工作的强烈认同,"我们的目的远大,我们的方法切实;我们的态度磊落。同志们,坚决咱们的信念吧,乡村建设运动,实是救国的正途,真从这里作起,才能给中国民族寻得出路,才能苏醒将亡的中国,同志们,亲爱的同志们认清这条路的"②。许卓群也指出乡建工作者

---

① 许之华:《开头向农友谈的一段话》,《乡村建设》第 1 卷第 21~30 期合刊,1932 年 7 月,第 26~27 页。

② 清居:《给乡村运动者第二封凯》,《乡村建设》第 2 卷第 3 期,1932 年 8 月,第 44 页。

使命重大、职责繁重,"今日的乡村工作,便是救国建国的基本工作,今日的乡村工作者,便是救国建国的唯一灵魂"。真正的乡村者应具备"慈母的心肠"、"充实的知能"等多种素质,而在乡村工作中所存在的"呐喊派"、"鬼混派"是事业前途最大的危险,由此呼吁动机不纯、认识不清者"赶快悬崖勒马或别作是想,另奔前程,一则可免遗(贻)误他人,一则可免自贻后悔!"①

文本表达自然不能等同于真情实感,但乡建工作者的描述也不尽然是个人编造。无论是对实际工作的理解与体验,还是对群体边界的想象都体现着工作者存在着一定的社会认同。邹平、定县等乡建实验区也通过制度安排、象征塑造等方式进一步加强工作者群体的社会认同,提高工作者群体的凝聚力及精神意志,以利于乡建事业的开展。

二、制度安排与象征塑造:强化乡建工作者社会认同之路径

社会认同同时存在建构性与被建构性。对自身工作的理解体验以及群体边界的想象划分体现出的是工作者作为建构者所进行的主动的自我建构,而同时邹平、定县等实验区所采用的制度安排、象征塑造等方式则从外部建构并加强着工作者群体的社会认同:

其一,制度安排。通过制度安排强化认同的方式在邹平体现得最为明显。早在山东乡村建设研究院开办之初即议定有"巡回导师"制度,"第一届学生毕业后,回县工作,应派巡回导师四员,视察指导,每员月薪 120 元,连同旅费每月准增经费 800 元。除令财政厅知照外,合行令仰该院遵照办理此令"②。随后研究院有鉴于训练部第一届学生已各回本县服务,但尚无统一的指导机关进行督促与指导,而乡村建设研究部学生虽已有较长时期的理论研究,也缺乏实地经验,从而在经院务会议议决后成立"乡村服务指导处",实现"训练本

---

① 许卓群:《乡村工作者应具之条件》,《民间》第 2 卷第 20 期,1936 年 2 月,第 12 页。
② 《省政府训令本院招生令文》,《乡村建设》第 1 卷第 19、20 期合刊,1932 年,第 23 页。

为服务而训练,研究亦为服务而研究"的宗旨与目的。

乡村服务指导处合指导、研究、实验、编辑四项工作为一体,目的在于"使在各县服务同学,取一致精神,而在工作上亦有其一定之标准;且在本处指导之下亦可促进其工作效率"①,并将学术上的研究所得用于实际试验,同时促进研究院各部工作之间的联系以收分工合作之效。该处设主任1人,由研究部主任兼任,总理一切事宜。主任以下分为5系,即服务指导、实验、教材编审、旬刊编审、书记。其中服务指导系由院务会议推请巡回导师2人,由处主任指派巡回指导员(由研究部同学担任)若干人,亲赴各县巡回指导。先后任巡回导师一职的有徐晶岩、时济云、武绍文、高赞非以及陈亚三等人。

研究院导师及邹平实验县第五科科长杨效春也常常下乡考察乡农学校的开办状况,但他认为这不是视察而是慰劳,"我仍然是你们的老师,是你们的朋友,到乡间来,是来看看你们,慰劳你们啊!"②下乡首要目的在于联络感情、共勉共励,"第一,是要看看各位……在我看,各位都是小弟弟,此次入乡实习,好比是一家的众兄弟,分散到各处店铺,做徒弟,学专艺。我想众兄弟,众兄弟也许在想我,我得来看看大家。果然,不论走到那里,大家相见,都怪觉亲热。陋室之中,大家促膝谈心。明月之下,大家并肩散步,破棹之前大家站着围着,共□白菜、豆腐,咸花生仁与黑馍,大家细尝,这里面都有无限的人生乐趣啊!"其次则在于了解教员的工作情形,"办什么事情?用什么方法?定什么计划?取什么态度?遇什么难题?有什么心得?并感受什么乐趣与苦楚?"③并就能力所及予以帮助。

"巡回导师"制度及导师下乡活动可以说营造了一种"导师在场"的状态,一方面可以督促、激励工作者开展乡建事业,另一方面则可以为工作者提供帮助,增进其信心。

其二,塑造群体象征。社会认同建构论的代表人物本尼迪克特·安德森在

---

① 编者:《本院乡村服务指导处成立经过及其组织》,《乡村建设》第2卷第6期,1932年9月,第3页。

② 杨效春:《写给乡村工作的朋友》,巢县:黄麓乡村师范1935年版,第17页。

③ 杨效春:《写给乡村工作的朋友》,巢县:黄麓乡村师范1935年版,第91页。

《想象的共同体》一书中论证了国家、社群、民族等共同体得以形成的一条重要途径在于通过具体象征物(如旗帜、民族服装、仪式等)而进行的想象,从而揭示出象征物与社会认同形成之间的密切关系。具体的象征物如旗帜、服装、徽章等往往是一个群体、机构的标志,彰显特色并体现着精神风貌,也是与其他群体进行区分的重要标识。

而山东乡村建设研究院与平教会均有着各自的具体象征物。在1931年冬研究院初次分派学生下乡试办乡农学校时,第二区乡农学校教员就为乡校制作了校旗,以鲜明的图案象征乡农学校的意义。"上绿下黄。绿象乡农,黄象土地,绿象和平,黄象富裕;以求乡村太平富足之意。绿上有红圈,圈内有二字,示二区乡农之活动与团结。"①1932年6月研究院教职员及第一届训练部学生赴济南举行结业典礼时也制有院旗,"院旗为方形,以青绿两色制成,文曰:'山东乡村建设研究院'"②。平教会同样有着自己的"平"字徽章,"一到了考棚(实验区办公处)的大门,抬头就看见约摸三尺丁方的一个大大的'平'字,高揭门楣!我知道这就是平教会底商标了。许多出版物的封面上,都印着红色的'平'字,会里办事人的衣襟上也都挂着'平'字的徽章,处处是平,无往不平。在这样的一个满天平色的雾团里,本人哲学的心潮却陡然平地起了风波!"③平校毕业生也有着自己的标示,"有的身上还带着一块黄布做的徽章,问起来,方知道他们都是平民学校卒业同学会的职员"④。

除外在标识外,平教会还有内在的精神标识——《平教同志歌》。此歌是晏阳初按照古曲《苏武牧羊》填写而成,其词如下:"茫茫海宇寻同志,历尽了风尘,结合了同仁。共事业,励精神,并肩作长城。力恶不出己,一心为平民,奋斗与牺牲,务把文盲除尽。男男女女,老老少少,一齐见光明。一齐见光明,青天无片云,愈努力愈起劲,勇往向前程。飞渡了黄河,踏过了昆仑,唤醒旧邦人,

---

① 杨效春:《第二区乡农教育实施报告》,《乡村建设》第1卷第21~30期合刊,1932年7月,第21页。
② 孟张龙:《山东乡村建设研究院旅行团纪实》,《乡村建设》第2卷第3期,1932年8月,第23页。
③ 谢扶雅:《'平'底哲学——到定县后底一个感想》,《民间》第2卷第24期,1936年4月,第1页。
④ 衡哲:《定县农村中见到的平教会事业》,《独立评论》第51号,1933年5月,第20页。

大家起作新民,意诚心正,身修家齐,国治天下平。"①歌词慷慨激扬,令人振奋,甚至远在西南边陲的教育家吴太仁也将其列为四川江津县立简易乡村师范学校校歌,以之鼓舞学生"一心为平民",做一个"真心救民的大丈夫!"②平教会职员开会必先齐唱一遍《平教同志歌》,而在实验区有了无线电广播后也播出此歌以及其他歌曲,广播时鸣锣通知村子里的民众来听,同学会会员则从旁领导民众学习、演唱。③这既是平教会成员心声的表达,也在强化着认同。

除具体的象征物外,乡建工作者还通过塑造人物模范来实现对群体成员的激励以及社会认同的形成与巩固。研究院同人王湘岑就将泰州学派代表人物韩乐吾视为乡村建设的模范人物,进行褒扬以激发乡运者之精神。韩乐吾(即韩贞),字以中,号乐吾,明兴化县人。其出身陶匠,先习佛后师儒,师从泰州学派创始人王艮之子王襞④,成为这一学派中劳动阶层的代表人物之一,常于秋成农隙之时,聚徒讲学,农工商贾从之者千余。⑤王湘岑认为其能够不为境遇所扰而奋发向上,并以倡导化俗为己任,"实永可作吾辈青年之模范",遂成文《一个乡村运动的模范人物韩乐吾》。文中对韩乐吾的生平、作为及人格精神进行介绍与赞扬,并呼吁乡建工作者要以韩乐吾为楷模,不因物质困难

---

① 宋恩荣编:《晏阳初文集》,北京:教育科学出版社1989年版,第393页。

② 陈思平:《记吴太仁先生》,见中国人民政治协商会议四川省江津市委员会文史资料委员会编:《江津文史资料》1997年第17辑,第147~148页。

③ 晏阳初:《平民教育运动的回顾与前瞻》,见宋恩荣主编:《晏阳初全集》第2卷,长沙:湖南教育出版社1992年版,第286页。

④ 泰州学派最重要的特点在于"讲学明道,教育淑世",致力于将儒学通俗化,并利用传统知识分子的聚会形式——"讲会"进行讲学,吸引社会下层民众的注意力,"泰州之学从王艮创立学派宗旨以降,经颜钧、王襞、罗汝芳、何心隐、李贽、焦竑、周汝登等后学发皇光大,一代胜似一代,他们无不讲学以见于世,尽管身为草民匹夫,但始终抱持教育淑世的精神,奔走南北各地,过市井启发愚蒙……他们都以教育为专业,视社会讲学为人间最快乐之事,故勇猛以行之。所有这些,都表明了泰州学派在一定程度上统合了独善其身与兼善天下,既摆脱政治樊笼,又承担儒者之社会责任。这意味着知识分子于入仕行道之外,找到了自己独特的济世道路,这条道路就是讲学明道,教育淑世。"(黄文树:《泰川学派教育思想之研究》,高雄师范大学教育学系博士论文,1997年,第260~261页,见宣朝庆:《泰州学派的精神世界与乡村建设》,北京:中华书局2010年版,第5页。)

⑤ 张岱年主编:《中国哲学大辞典》,上海:上海辞书出版社2010年版,第555页。

而退缩,不因境遇暗淡而灰心,能够树立真志,奋发向上创造崇高人格,用一己之力为社会、国家尽责,"假使今日之中国,每省之中,能得若先生者四五人,则乡村建设之运动,自能树之风声,蒸蒸日上,而不难达于成功之境矣!吾甚愿作乡村运动之同志,皆能修养成若先生之精神人格也!"①

1933年,原研究院训练部学生薛荫山因病辞世,院刊《乡村建设》也用了相当的篇幅发文进行纪念,细数其生平,志向:1928年秋时,薛荫山与王伯平一同就读于陈亚三、梁漱溟所办重华书院,受业于陈亚三。是时乡村破产迹象日渐显露,而农民生活每况愈下,薛荫山"目睹惨状,顿生恻悯之心,爰发救济之志,适值区长训练班第二届招生,欲借区长职权,以行其救济乡村之志也,遂奋然投考;受训期满回郓后,即任职本县第九区区长,颇为乡民所爱戴",担任区长期间受到诸多牵掣,无法实现自身抱负,遂毅然辞职。1931年夏,山东乡村建设研究院在邹平成立,感觉与自身志向相合,遂入学于研究院研究部,"修学二年,对于建设乡村之理论益以明,救济乡村之志愿益以切"②。1933年3月,赴菏泽协助孙则让处理实验县政府事宜时,因操劳过度感染肝病,最终救治无效而与世长辞。研究院同人虽"不愿怎样替他吹嘘反损失了敬意,不过记几条个人印象中的事件,和感慨的情绪,在每人的生命史上,镂上一条创痕,在乡村运动的团体中落个纪念而已"。然悼词肃穆,充满敬意,也已足以为逝者哀悼而为生者壮威。

尽管很少有材料能说明这些措施在多大程度上塑造与强化着工作者的社会认同,但所起的积极作用应毋庸置疑,不仅增进了群体凝聚力,还影响着群际关系及群体所运用的适应策略。

---

① 王湘岑:《一个乡村运动的模范人物韩乐吾先生》,《乡村建设》第2卷第5期,1932年9月,第9页。

② 侯子温:《荫山小传》,《乡村建设》第3卷第3期,1933年8月,第21~22页。

三、批评与自我批评：
基于社会认同的群际关系适应策略

乡村建设运动在 20 世纪二三十年代时日渐发展壮大，成为一股不可忽视的力量，"有人估计到了民国二十四年为止，关于乡村建设的团体，有了一千多个，同时与这种团体有关系的农学会社，又有了一万多个。至于理论方面，除了梁漱溟先生的著作之外，出版物之提倡乡村建设工作的，也有了十余种之多，从我们的行政院以至好多省政府，县政府，区公所，对于这个运动，都给予不少的注意。"①到邹平、定县等实验区进行参观的团体、个人络绎不绝，褒贬不一。从总体来看，一般知识界、教育界人士大多倾向于赞扬或持理性中立的态度，而乡建团体、机构在与其他同样致力于谋划中国农村乃至整个国民经济发展道路理论与措施的团体之间则存在着一种潜在的"竞争"关系，如与推行地方自治的国民党之间存在乡村控制之争，与致力于新民主主义革命的共产党，力主"全盘西化"、"工业化"等学派之间存在着路线之争等。

再者，在群体区分的想象中，乡建工作者自视与其他社会团体有着明显不同，在实际工作中也遵循着与工作内容、性质相符合的"农民化"等角色规范。这不免与其他社会群体存在着行为规则、情感价值观等方面的差异，不容易形成有效交流，进而陷入格格不入、互不理解的状态。杨效春就曾描述过这种尴尬处境，后被人转述："他（杨效春）临行时，在送别会上对大家说：我最怕做官，校长虽不是一个官，可是不得不同官厅往来。他说，他有一次到山东省政府去参观珍珠泉，大家见到韩主席都立正，他不好不立正，但他觉得十分不自在。又有一次，他在邹平县政府任教育科长时，何厅长到邹参观，他因为是科长不得不去接，同时，小学生也去接。何厅长坐着汽车来了，下了车招呼大家一下之后，又上了车向前走了。他带着一大堆小学生在后面吃灰尘。他说，对官员们不会说话，见了终年劳苦的农友们，都很谈得来。"②

---

① 陈序经：《乡村建设的途径》，《当代评论》第 3 卷第 2 期，1943 年，第 11 页。

② 编者：《编辑后记》，《乡村建设》第 4 卷第 16、17 期合刊，1935 年 2 月，第 62 页。

在上述因素的作用下,乡建工作者群体的处境可谓并不十分乐观,尤其是与一些颇具能量的异质群体关系相对紧张。"群际关系通常是竞争、敌视以及对抗的"①,当群体间的社会关系处于紧张状态时,对群体的"刻板印象"②会变得更加显著,并且充满敌意。来自政府、社会各方的毁誉不断,其中不乏有善意的建议性批评,有理论、路线上的论争,也有因参观时间过短等原因无法深入了解而产生的质疑,更有本着打压等目的而出现的燕树棠、张博泉式的诋毁性评论。这些负面的甚至带有敌意的评论无疑影响着工作者群体的社会认同及实际事业的开展。为此,乡建工作者也在积极调整群际关系的适应策略以缓和紧张关系,提高群体的社会地位,增进社会认同:

其一,表明虚心接纳批评的态度,呼吁外界多给予建设性的批评,"以工作答复批评"。

平教会深知乡村工作者常驻乡间并以一乡一村乃至数乡数村为活动范围,视野相对狭窄,因而对于外界一般的批评表示欢迎与虚心接纳的态度。"我们需要同人对于各地农村工作的相互批评,和外间对于农村运动有兴味而并未加入农村工作者的批评。同人都埋头干他自己的工作,有些问题是不站在工作以外便看不出来的。现在参观农村工作的风气已经大开了,参观以后,或以同业的观点,或以局外学者的观点,总之是都以民族前途向上发展的

---

① [澳]豪格、[英]阿布拉姆斯:《社会认同过程》,高明华译,北京:中国人民大学出版社 2011 年版,第 60 页。

② "刻板印象"是社会认同理论中的概念术语,指的是基于人们的范畴资格(category membership)而产生的推论。刻板印象认为特定群体的所有成员具有相同特质,这些特质界定了这个群体,同时也将群体与其他群体区分开来。某一具体的群体成员被认为在本质上与其他内群体成员是相同的,或者被当作彼此相同的来对待;群体作为整体被看作是同质的,并被作为同质群体来对待,而且存在着将贬义刻板印象赋予外群,将褒义刻板印象(favourable stereotypes)赋予内群的趋势。刻板印象的一个重要特征就是,它们在社会成员中共享,也就是说,在"某一群体的刻板印象是什么"这一问题上,社会中的大部分成员已经达成了共识。刻板印象对行为有着深远且重要的影响,小到有关人类的某种无关痛痒的假设,大到像种族清洗这样的暴行,都与刻板印象有关。它是构成偏见和群际关系的核心成分,当群体间的社会关系变得紧张时,刻板印象会变得更加显著,并且充满敌意。[澳]豪格、[英]阿布拉姆斯:《社会认同过程》,高明华译:北京:中国人民大学出版社 2011 年版,第 81~83 页。)

观点,对于各地工作下深切的批评,使各地工作的同人知所警惕,知所参考,这也是迫切需要的。"①并指出农村运动者是"最虚心的","无论对于农村运动中的同人或社会一般人士的批评都非常愿意接受,也愿意和他们讨论,只要时间精神能够许可……批评讨论是必要的,只有从批评讨论才可以得到大致相同的观点,有了大致相同的观点才可以得到大致相同的工作步骤"②。

本着这一态度,平教会对于外界的批评指责并不做过多辩解,"当时虽有定县参观热,而平教会的领导却相当冷静,因为它认为自己的工作,并不尽善尽美,在实验过程中,仍须不断进行修正,以求达到较为完善的地步。所以对于各方的毁誉,不曾放在心上,即使对于燕树棠先生那样的文章,也没有进行辩解。虽然当时平教会有自己的机关杂志《民间》"③。只是呼吁外界能更多地给予善意的批评与有益的建议,并以之为实验工作的参考材料,埋头苦干以促进乡村建设事业的发展。

瞿菊农的回应代表着平教会的这一殷切期望。1936年时瞿菊农连续发表《乡村运动的自省与对于社会的要求》以及《以工作答复批评》等文章,指出乡村建设运动的成功不能仅靠工作者自身的努力,还需要社会各界尤其是大学及知识分子的理解与支持,"乡村建设运动——或者简直说是乡村工作者——对于一般社会亦有他的要求……一是希望从大学里得着学术的合作与领导,一是希望大学能供给乡村工作的人才……对于知识分子亦有两样要求:一是工作上的赞助倡导;一是工作上的同情的批评"④。他认为乡村建设运动只是处于初期阶段,必然存在着认识不深入、准备不充分、办法有错误之处,而善意的、建设性的批评有利于工作的进步以及乡村建设运动使命的完成,同时号召工作者应埋头苦干、贡献力量,以工作成绩回应批评。"我们从事乡村工作的人们,只有一天一天的努力工作,报答我们对于社会所负的债务。批评与

---

① 编者:《发刊词》,《民间》第1卷第1期,1934年5月,第1页。
② 编者:《卷头语》,《民间》第3卷第1期,1936年5月,第2页。
③ 堵述初:《平民教育运动在定县》,见政协河北省委员会文史资料研究委员会编:《河北文史资料选辑》第11辑,石家庄:河北人民出版社1983年版,第38页。
④ 瞿菊农:《乡村运动的自省与对于社会的要求》,《民间》第3卷第1期,1936年5月,第3~4页。

责难正足磨励(砺)我们,鞭策我们,一点一滴的向上累积,一步一步的向前进行。同情的批评我们欢喜承受,破坏的批评,亦可以作为我们自身检讨的材料。我们不怨旁观者的批评,只恨自己的努力不够,不能取信于国人。我们不愿意表功,亦不愿意辩驳。我们只有努力的工作,开创乡建运动的将来,为我们的劳苦大众,我们的国家尽一点微末的力量!我们要以我们的工作,答复一切的破坏的批评。"①

其二,调整刊物内容,增加"不同的声音",在工作者自我批评与激励中促进事业发展。

作为平教会、研究院机关刊物的《民间》与《乡村建设》,为适应形势也在不断调整刊物内容,增加有关乡村建设运动的批评与自我批评文字,促进对工作的反省与检讨,以期有助于减少工作阻力、改善工作体验。《民间》创刊时,平教会希望其能承载四项任务,其中之一就是"发表从事农村运动者和一般社会人士对于农村工作的意见和批评"。但因各种因素的制约,前2卷并未能落实这项任务,从第3卷起开始侧重发表此类稿件,"乐于为农村工作同人及国内热心人士多多发表。至于农村工作者业余有什么佳作,甚至不关涉农村问题的;或社会人士描述农村情况,甚至与今日的农村运动毫无关系的;本刊也都乐为发表"②。

1936年时《乡村建设》也开始出现内容上的变化。第6卷第1期开辟新的专栏——《乡运者的话》,目的在于加强工作者在实际工作经验方面的交流以及进行批评与自我批评。"本刊为沟通乡运者的声气,彼此切磋起见,乃于六卷始增辟'乡运者的话'一栏,以专供各地工作同仁表达意思感情,相与讨问(困)难的园地。希望站在乡运尖端,担负艰钜的下层工作同仁,热情的赞助:将自己有用的经验,亲切的感触,真实的工作情况,困心衡虑的难题,及对整个乡运或一地工作的主张或批评,不时的写出交敝刊发表。"③专栏的开辟,一定程度上改变了以往工作者无法发出自己"声音"的状态,得到工作者的拥

---

① 瞿菊农:《以工作答复批评》,《民间》第3卷第2期,1936年5月,第4页。
② 编者:《卷头语》,《民间》第3卷第1期,1936年5月,第1~2页。
③ 《本刊"乡运者的话"征稿启事》,《乡村建设》第6卷第1期,1936年8月。

护。如基层工作者郭震亚所言:"我很早就感觉着乡运下层工作者有话而没有说的机会,一切的苦闷,都无可告诉。真好像哑子吃着黄连。这种苦况,与我有同感的,或与我表同情的一定很多。现在好了,乡运者的话也有地方发表了!再也不受'无告'那样的凄楚了!我们应该欢喜庆幸。最后我希望大家十二万分的,热烈的拥护他——'乡运者的话',并连络乡运下层的工作同仁,集体的来扩大这种拥护!使他永远成为我们底播音台,呐喊筒。"①

紧接着,第6卷第7期刊载"编者谈",再次表明刊物内容的转向及原因。编者认为,在过去近十年乡村建设历程中,工作者很少理会外界的颂扬与诋毁,而是带着"毁誉无所介意"的襟怀与一往直前的气概埋头苦干。这无疑是值得赞扬的现象,但借助外界的批评及自我批评对工作进行回顾及反省也是迫切需要的,"没有'自我批判'则不能认识过去的错误,了解自己困难的来源,及找出前途正确的路线与成功的方法。因之,他人的批评不但有注意的必要,不管其批评的立场与动机如何,与其所见之对不对,自己的检讨,尤应该很忠实的很客观的很坦白的来作"②。为此,《乡村建设》将言论限制降到最低,立足于"一个全国性的运动立场上"刊登有关乡村运动的批评与建议,"一方面希望它底言责问题不嫁落到或连带到其母体的机关身上;一方面希望读者不要误会到他是出于什么'奉御'或'体旨'或认它是可以'代表'的。那么我们就可超然而客观地刊载一些'自我批判'与'他山攻错'的稿子了!"③

除进行自我批评外,工作者还将积极的评价赋予群体成员以增强认同,如较常见到的研究院巡回导师杨效春对下乡学生的鼓励。在《写给在乡工作同学的第十封信》中,杨效春历数在各乡实习同学在组织合作社、调解纠纷、推广教育方面的成绩,对学生不断克服困难的勇气与智慧表示赞扬。"第二乡实习的同学都单身匹马地在各村干:一个人在一处试办啊。这些都是使我非常欢喜的。在大家知道了这些消息以后,想必也是欢喜吧。我想我们都是少年,我们浑身有的是力:是向上发展,向前进步的生命的力!……我们年青的人,

---

① 郭震亚:《接到"乡运者的话"征稿启事以后》,《乡村建设》第6卷第1期,1936年8月,第8页。
② 《编者谈》,《乡村建设》第6卷第7期,1936年11月。
③ 《编者谈》,《乡村建设》第6卷第7期,1936年11月。

横直都喜欢用力,绝不会吝啬于使用自己的力!青年的苦闷是有力无处用,不是用力太多和太忙。大家所怕的是没有工作,不是工作太麻烦。"①

其三,对"破坏的批评"进行积极抗争,同时强调工作者的职责以提高社会地位。

尽管乡建工作者持虚心接纳外界批评的态度,但对于"破坏的批评"也积极进行抗争,最典型的例子就是围绕陈序经的《乡村建设运动的将来》一文所展开的论争。

在陈序经发表《乡村建设运动的将来》一文后,《民间》少有的连续刊载《乡村建设运动的将来》、《陈序经先生的将来》、《众目睽睽下的乡村建设》等文章表明立场并进行抵制,"我们不希望运动以内的同人畏惧,也不希望运动以外的君子讥评,欲希望在国家民族将来福利的共同目标下设法解决"②。其中傅葆琛发表之《众目睽睽下的乡村建设》可谓平教会观点之代表。作者在文中指出乡村建设运动本身是一个最困难的社会运动,需要学术力量、政治力量、社会力量的结合方能成功,不仅要靠领袖人物及工作者抱定信心,也需要运动之外人士的呼应与鼓励,"凡不站在乡建运动战线上的人们,不但应当对这种运动表充分的同情,而且应当尽力协助,并从旁鼓励,如同看长途赛跑的人,在圈外不断地呐喊着,希望着,至少他们能给予跑者精神上的兴奋。"③乡建工作者无论是站在专家、政府或人民的立场均应有敢"碰钉子"、坚持到底的精神毅力,在不断总结经验教训中找出解决乡村问题的途径,而外界也应减少无意义的悲观议论和消极批评,"我还盼望各乡建机关今后对于用人行政格外注意,不可授人以口实,减弱自己立场,即使有人任意批评,也要虚心采纳,努力改善。我更盼望站在乡建运动圈子外的人们,今后不可发悲观的议论和消极的批评,因为这是毫无补益的,应当拿旁观者的地位去指导,去纠正,若是能进一步直接地或间接地参加这种运动,那更好了!"④

---

① 杨效春:《写给在乡工作同学的第十封信》,《乡村建设》第4卷第18期,1935年2月,第9页。
② 《乡村建设运动的将来》,《民间》第2卷第24期,1936年4月,第14页。
③ 傅葆琛:《众目睽睽下的乡建运动》,《民间》第3卷第1期,1936年5月,第26页。
④ 傅葆琛:《众目睽睽下的乡建运动》,《民间》第3卷第1期,1936年5月,第28页。

研究院学生黄省敏也立足于梁漱溟的乡村建设理论对陈文进行逐层批驳。他指出乡村社会需要知识分子下乡作为耳目、喉舌与头脑进而认识、解决农村问题，而"吃饭"是人生的基本需求，"不但知识分子要吃饭，尤不但从事乡建运动的知识分子要吃饭"，只要"吃饭"而能做出有益于乡村的工作就是合理的。对于存在着"不配吃乡建饭"的机会主义者的问题，黄省敏予以坦然，但同时强调这一问题并非乡村建设运动所独有，而是任何一种潮流运动所不可避免的，只要真正的工作者能担起责任，那么投机现象必然消失，"问题在不怕有假的乡建运动者，而怕没有真的乡建运动者。如果有真的乡建运动者，则假的乡建运动者自然会归于消灭；要想去掉不配吃乡建饭的人，只有配吃乡建饭的人干起来！"①最后立足于对陈序经的反驳，他更进一步提出对乡村建设运动应该从理论、方法上来批评、讨论，"若只枝枝节节的在零碎问题上来肯定说'乡村工作结果只是养成吃乡建饭的新阶级'，这都是浅陋之见！"②

对于诋毁性的批评，乡建工作者一方面进行积极的抵制，一方面则强调工作者的职责与价值以提高社会认同。平教会认为乡村工作者深悉农村情况，可以也应该提出对民族国家前途的意见，"我们国民的最大多数是农民；同人在农村里居住，比城市中人至少能多知道一点农民的苦乐。那么我们从早夕相处的农民中得到对于国家民族的意见，尽我们的力量表达出来，不但是农民希望我们这样做到，就是城市中的学者和政论家，也希望我们这样做到，以影响或修改他们对于国家民族前途的看法。"③熊佛西也指出工作者应改变作风，一改"埋头苦干"为"抬头苦干"，"现在的世界大势决不容许我们再'埋头'了，以免演成闭门造车的覆辙。我们过去的毛病就是过于着重'埋头'了，过于'埋头不干'了。我们的东三省及热河是因为'埋头不干'失掉的，我们的农村也是因为'埋头'而至破产的。我们觉得今后大家都应该抬起头来，挺出胸去

---

① 黄省敏：《读"乡村建设运动的将来"敬答陈序经先生》，《独立评论》第216号，1936年8月，第16页。

② 黄省敏：《读"乡村建设运动的将来"敬答陈序经先生》，《独立评论》第216号，1936年8月，第16页。

③ 编者：《发刊词》，《民间》第1卷第1期，1934年5月，第1页。

苦干！要有计划，要有策略，要有手法的苦干！大干而特干！如此才能顾到世界的大势和国家的需要！"①

在陈文发表不久后，《民间》再次重申工作者不能放弃"国民应尽的天职"，应从自身的职业出发做出贡献，"第一，农村工作者也和其他职业的工作者一样，不能放弃国民应尽的天职；第二，农村工作者也和其他职业的工作者一样，他们可以从职业的观点，发挥其他职业的工作者所不能看到的对于国家民族的意见……农村工作者自身不要放弃国民的任务，也须督促农民不要放弃国民的任务，那便应该对国家民族多多发表意见了。"②这种对职责的重申与强调既是对外界诋毁性评论的反驳，彰显工作者群体的存在意义与价值，也是对工作者群体的鞭策与激励，有助于群体社会地位的提高。

其四，重构评判标准，重评工作成绩。

外界人士对定县、邹平等地乡建工作的评价往往并不是从乡村建设本身的宗旨与目的出发，而常以自身的理想或愿望为标准进行评价。"近来我国社会人士不特对于乡建运动期望太殷，而且常常误解了乡建的工作。他们总以为从事乡建运动的人们应当早点把工作成绩拿出来给大家看。其实他们所想象的成绩，常常不是从事乡建运动人们所希望获得的"③。这种理想与现实之间的偏差导致批评与指责不断。为此，工作者也努力建构另一套评判标准，重新评定工作成绩，以期减少因不理解等原因而产生无谓的批驳。

孙伏园在 1937 年初发表《谈谈定县农村工作》一文，指出定县农村工作的真正成功应从两个方面看，"一是定县本身，二是影响其他"。一方面，从定县本身来说，卫生保健等制度是一种成功，不仅有效地控制了定县疾病，三级卫生保健网络也可通行于其他地方；人才的养成是一种成功，参与定县实验工作的知识分子增进了对农村社会的认识，以后"无论在本地工作，或在其他各地的农村事业中工作，甚至放弃农村仍回向城市中的普通学术机关工作，他们已经知道我国民族基层的农村社会生活是个什么样子，言论举止决不会像

---

① 《抬起头来苦干！》，《民间》第 1 卷第 3 期，1934 年 6 月，第 25 页。
② 编者：《卷头语》，《民间》第 3 卷第 1 期，1936 年 5 月，第 2 页。
③ 傅葆琛：《众目睽睽下的乡建运动》，《民间》第 3 卷第 1 期，1936 年 5 月，第 26 页。

若干从未与实际社会晤面的所谓学者专家那样荒谬了"。另一方面,定县实验工作所产生的影响也是极为重要的成绩,如"大学课程的更动,又如有的大学增设农村建设奖学金,又如许多大学生的毕业论文题目是定县的农村工作,又如其他种种由注视或崇拜东洋西洋转而内向民族自身的看法,无不是这种运动的副产品"①。在这种新评价体系的构想中,孙伏园不仅将具体的事业成绩作为标准之一,也注重人才养成与社会风气转变等方面的贡献,使评价标准更加多元化,也更符合乡村建设运动的宗旨与目标,并由此呼吁社会人士应在深入考察后再进行审慎的评判。"农村工作的重要,我们并不希望人们因耳食而感得;同时我们也不希望人们但(单)凭耳食的材料反对农村工作;这种粗心的或大意的赞成者和反对者,实在都是农村工作的障碍"②。

总之,为应对来自各方的批评、指责,乡建工作者采用虚心接纳建设性批评、抵制破坏性批评、进行自我批评与自我激励以及构建评判标准等多种方式缓和群际关系,求得更多的理解与支持,同时重申与强调工作者的职责与价值,提高群体社会地位,增进群体社会认同。

四、理想与现实的差距:
乡村工作者社会认同的困境与消解

基于自身对乡村建设运动的认识及工作体验,再加上外部制度安排等措施的影响,乡建工作者对自身身份存在着一定的认同。但社会认同在现实中"不是同质线性和单一维度的。对同一个体而言,很少存在绝对的认同和绝对的不认同。社会认同在多数情况下是复杂的、多维的,在某种程度上认同又是矛盾的和背离的"③。不可否认,有相当数量的工作者如平教会职员堵述初、梁漱溟得意门生公竹川一样始终对乡村建设运动抱有忠诚,"乡村建设有没有

---

① 孙伏园:《谈谈定县的农村工作》,《文化建设》第3卷第4期,1937年1月,第76页。
② 孙伏园:《谈谈定县的农村工作》,《文化建设》第3卷第4期,1937年1月,第76页。
③ 郭星华等:《漂泊与寻根:流动人口的社会认同研究》,北京:中国人民大学出版社2011年版,第152页。

前途呢？这是近来许多批评家研讨的一个问题。对于这问题的答案，我是肯定的"①。但也有很多工作者的社会认同存在着困境或说两面性，即认同改造、建设乡村的重要性，但不一定完全认同身处的乡建团体、机构的理念与方法。

困境产生的原因一方面来自工作者的动机、抱负与乡村建设理论的不符。在20世纪二三十年代兴起的各种农村运动中，乡村建设运动的影响较大，吸引着有志于救国救民的各界人士参与其中。不过，很多参与者是为了获得实现抱负的契机与平台，而乡村建设的理论与方法不一定与他们的意识相同。如山东金乡县人秦丹亭是一位受共产党影响而走上革命道路的青年，曾秘密成立青年团并任青年团团长、农协常委。后在县国民党党部及县长的压力下被迫停止农民活动，继而考入济宁乡村服务人员训练处，希望能够获得实现理想的机会。在训期间，他虽努力学习梁漱溟的乡村建设理论，但并不十分认同梁漱溟所持的"中国走西洋的路子不行，走共产党和国民党的路子也不行，只有走乡村建设的道路才能救中国"的理论观点，"就是这一条，我一直搞不懂，共产党领导穷人翻身闹革命的路走不通，还有哪条路能通？"②训练结束后，他到鸡淑乡乡农学校任职，继续组织与领导农民对抗土豪劣绅，直到1937年因被通缉而逃离。作为一名倾向于用革命手段救农村、农民的青年，秦丹亭认为乡村救亡是必需的，虽在没有选择的情况下充任了乡建工作者，但他却并不十分信奉乡村建设的理论与方法，社会认同的困境在他身上得以鲜明的体现。

另一方面则源于工作的开展遭遇困难，无法找到出路，造成工作者信心的动摇。对濒临破产的乡村社会进行改造绝非易事，"到乡下来作工作的朋友们，不管其出发点或立场是怎样不同，但总想作出一点事业来，这是一个非常好的现象；但遗憾的是乡村工作的成绩不能很容易很迅速的拿出来的，他时常要走曲线，要绕圈子，要开倒车"③。随着乡村建设事业的深入发展，"关于

---

① 《乡村建设必有前途》，《民间》第4卷第1期，1937年5月，第20页。

② 秦丹亭：《参加金乡县乡村建设活动的情况》，见山东省政协文史资料委员会、邹平县政协文史资料委员会编：《梁漱溟与山东乡村建设》，济南：山东人民出版社1991年版，第304~305页。

③ 齐植璐：《乡村工作人员应有之夙养》，《农村建设》第1卷第3期，1937年1月，第8页。

乡村建设的思想、理论、实际工作、学术研究,各方面的问题,越来越深刻严重"①。然因自身知识能力不足以及客观环境的限制,乡建工作者常遭遇开展工作的困难,无法找到出路,进而陷入一种迷茫状态,对乡村建设事业产生怀疑。如在滨县办理乡农学校的训练部学生刘士衡就认为自己不仅在知识方面不足以指导农民,所从事的事业又很琐碎,"在我所感到最大的困难,只是我自身的能力太不够;因为学校是开了,乡民是入了学了,而我也是站在讲台上了,但我自问是有什么可以来指导人?真是惭愧!……自认实在是没有什么可以来指导人,而终日所干的又都只是些琐碎,如农民以多数不识字的缘故,都来找我替他们写信,因此'写信'倒成了一件很主要的工作。"②因而他用"很不值得说"来表达自身对工作的看法,对于导师王静如的劝导也"不很十分留心",显示出他对乡建工作的失望。

工作者所存在的认同困境并非不为人知,运动外的旁观者就指出许多热诚青年抱着信念,在"到乡村去"、"深入民间"的呼声中参与建设乡村的工作,但因受种种因素的制约,导致热诚转化为苦闷,"尽准备着苦干与硬干的精神与毅力,而事实上的推展,仍是困难横生,如乡村豪绅土劣的从中作梗或积极破坏,农民自身的不觉悟,农村经济生活的破产,凡此等等,都足以引起工作者的消极烦闷……政府不能有充分的事业费为实行工作之用,只求形式的过去,公文工作的交代和考成,与青年所希望实相距太远,欲进无法,致使热诚转化为苦闷"③。瞿菊农也承认很多乡村工作同人因理想与现实的巨大落差而处于一种"烦闷"的状态,"从事乡村工作的同人,也感觉到国难的严重,自身工作的困难百出而成效很难在短时间内表现,不期然而发生心理的烦闷,随时有迫不及待的心理,当前的应付又是满路荆棘,更使人有俟河之清之感"④。

然部分乡建领导者却认为解除"苦闷"的唯一方法就是"行动","烦闷的

---

① 《编者的话》,《乡村建设》第 5 卷第 1 期,1935 年 8 月,第 1 页。

② 王静如:《与刘士衡同学的谈话即以介绍给在乡的诸同学》,《乡村建设》第 2 卷第 30 期,1933 年 5 月,第 15 页。

③ 孔凡定:《农村工作的一点感想》,《合作青年》第 1 卷第 6 期,1937 年 4 月,第 24 页。

④ 瞿菊农:《乡村运动的自省与对于社会的要求》,《民间》第 3 卷第 1 期,1936 年 5 月,第 3 页。

发生是由于认识的现实与情感上的期望不相应。而惟一解破此烦闷心理的条件是行动。乡村工作不是旦夕可以成功的。需要时间,需要忍耐,需要不断的努力。乡村建设的成功,即在此继续不断的努力工作之中"①。同时,还一味强调工作者在行动中应反省自身,"我以为并不必顾虑一般乡民的愚昧无知,难以启发,也不必焦急乡村问题复杂烦难,无法解决,而散乱了我们的心,动荡了我们的气;要在检查我们的本身完整不完整,各个的分子健全不健全,能不能作乡民的领导者,配不配担当这样的大事业,这才是最重要的根本问题,这才是我们乡村运动者的最重要的先决问题!"②这种做法只是在高呼"埋头苦干"的口号中继续将工作者推向找不到出路的工作中,不仅无补于事,反而导致怀疑与逆反心理的生成,造成认同感的不断消减。

  群体成员通常会在自觉与不自觉中拿自己所属的团体与其他团体进行比较。通过比较,如果所处的社会地位相对优越,他会尽力维持这种积极的认同;相反,如果社会地位相对低劣,他会设法改变这种消极的认同,如重新选择比较的对象团体以及标准,集体努力改进该团体的消极地位,或者个人尝试离开该团体而成为社会评价更加积极的团体的一员。③乡村建设运动自产生之日起就不断地受到批评指责,处境并不乐观。进入 1935 年后日本制造华北事变并威胁到整个中华民族的生死存亡,抗战救国也随之成为无可争议的时代诉求,而反观乡村建设运动既不高扬反帝反封旗帜,甚或有与封建势力"勾结"之嫌,更显得极不合时宜。对于一些身处运动之中的工作者来说,中国农村派的理论及中国共产党领导的农村革命运动更能满足时代要求,充溢着革命激情,吸引着他们脱离原有的乡建团体而加入其中,"许多做过了多年乡村改良主义工作,碰了不少次壁,因《中国农村》和其他刊物之批评,而对于自己向来所走的路发生了怀疑的人们,现今正在彷徨中,在十字路口观望着,他

---

  ① 瞿菊农:《今年的乡村建设运动》,《大公报》1936 年 1 月 1 日,第 11 版。
  ② 马仲安:《乡村运动与乡村运动者》,《乡村建设》第 2 卷第 9 期,1932 年 10 月,第 10 页。
  ③ 谢岳:《抗议政治学》,上海:上海教育出版社 2010 年版,第 106 页。

们向《中国农村》问讯,要后者指示他们方向"①。在比较的过程中,相当一部分乡建工作者的社会认同渐趋消解。抗战爆发后,一部分工作者转移到大后方继续乡村建设事业,另一部分工作者则在对以往所从事的乡村工作的总结与反思中,转变理念,"奔向延安",转而从事新民主主义革命事业。整个乡建工作者群体最终产生分化与不同的走向。

---

① 孙冶方:《为什么要批评乡村改良主义工作》,《中国农村》第2卷第5期,1936年第5月,第22页。

第六章 CHAPTER SIX

乡建工作者群体的分化与走向

随着七七事变后抗日战争的全面爆发,华北大部分乡村建设实验区如邹平、定县等地失去了继续开展事业的环境,已经取得的成果也几乎毁于一旦。各乡建团体、机构或停止活动或转移到大后方开辟新的建设区域,而乡建工作者群体也在局势的剧烈变动中产生了分化:一部分工作者抱定信念转移后方继续从事建设,也有不少来不及转移的工作者就地加入国共两党领导的抗日救国活动。与此同时,还有相当一部分工作者果断放弃乡建道路,投身于中国共产党领导的新民主主义革命事业。通过对所从事的乡建工作及其成效的反思,一些工作者意识到如不先进行反帝反封建斗争求得民族国家之独立、不解决土地问题,乡村建设终究是一条走不通的路。再者,工作者群体中有许多是对国民政府统治及社会现状深怀不满的青年学生,有着强烈的通过变革来改变民族国家及自身命运的诉求。

自九一八事变、华北事变到七七事变,他们不断在各乡建实验区开展程度不同的抗日宣传与动员活动。然而这些活动不仅遭到国民政府的打压,出于理论认识的不同及维持实验区稳定的考虑,一些乡建领袖也并不支持激烈的抗敌救亡活动。面对诸种阻挠,这些思想倾向已然发生转变的工作者在中共积极的宣传组织、动员争取之下,"奔向延安"以寻求新的方向与路径。总之,以抗战的全面爆发为契机,整个乡建工作者群体出现分化,走上不同的道路。

第一节 "三条路"：工作反思与思想倾向的转变

"大凡一种运动的产生都不是偶然的。时代的需要与环境的逼迫是一种运动所以能相当的引起一部分人的努力与一般社会的认识的原因。"①乡村建设运动的兴起同样是近代以降乡村危机不断凸显的时代产物，加入其中的工作者也多少都怀有振兴民族国家的热忱。然而，在华北地区10年左右的乡村建设工作虽取得一定成效，但无疑没有实现救济农村、复兴民族的预期目标与历史使命。在外界的不断批评质疑以及对乡建事业的反思总结中，部分工作者意识到乡村建设运动应改变方针政策，更有人得出乡村建设既不能救农村更不能救中国的结论。

以儿童教育闻名的教育家张宗麟曾在1935—1936年间任邹平县简易乡村师范学校校长，为邹平的乡村建设事业培养人才。在因传播进步思想而被迫离开邹平后，他对乡村建设工作进行了反思与总结，可以说代表了一部分工作者的认识。

张宗麟认为在过去的乡村建设运动中，许多社会上层分子不仅自己抛弃城市优渥的生活深入乡间，而且带动了大量青年下乡去参与建设工作。尽管

---

① 瞿菊农：《以工作答复批评》，《民间》第3卷第2期，1936年5月，第1页。

因习惯、思维等与农民存在着"不同调",但经过工作者的不懈努力,也起到了一些"唤起民众"的作用,"不但农民受到了许多影响,知识分子也渐渐改去他们的旧习惯。在双方互相影响的进程中,在知识分子方面所获得的是技术的进步,在农民方面所获得的是比较以前能够增加见闻"①。

在肯定工作者的精神、所取得的成绩的同时,张宗麟也指出因建设时间太短以及"半路出家"的知识分子对于农村实际情况不可避免的隔膜,各地的乡村建设工作存在着许多错误,而且"许多错误实在太普遍了,甚至几乎成为流行性了"②。他进一步将乡村工作者的根本错误归结为没有认清乡村危机根源于帝国主义的侵略,"有的人以为这是贫弱愚私,所以弄到如是。有的人以为中国固有文化的式微,所以弄到如此。有的人以为中国以农立国,全国农民的生产量与生产技术太不如欧美日本,所以弄到如是。有的人以为全国教育非常不普及,尤其在乡村里更不普及,所以弄到如是……以上各派的认识,显然不够,只看到问题的表面,没有看到问题的根处"③。对农村问题的肤浅认识一方面导致乡村建设的理论建构脱离农村实际,并且他不指名地批评了梁漱溟的乡建理论,"逃避现实,空说中国农村问题。什么性理之学,什么东西哲学,什么佛道,什么……搬了一大堆,依然抓不着痒处"④。另一方面在认识不足的情况下,实际工作也不可能充分地展开,只在细枝末节上努力,图点滴的改良,甚至以为如果仔细考察工作内容,"恐怕连'改良'二字也当不起"。除此之外,工作者还存在着没有深入农民队伍里、工作技术不够熟练以及组织力量不够坚强等诸多问题。

---

① 张宗麟:《全国乡村工作的检讨——乡村运动的联合战线(二)》,《中国农村》第2卷第9期,1936年9月,第16页。
② 张宗麟:《全国乡村工作的检讨——乡村运动的联合战线(二)》,《中国农村》第2卷第9期,1936年9月,第18页。
③ 张宗麟:《全国乡村工作的检讨——乡村运动的联合战线(二)》,《中国农村》第2卷第9期,1936年9月,第18页。
④ 张宗麟:《全国乡村工作的检讨——乡村运动的联合战线(二)》,《中国农村》第2卷第9期,1936年9月,第19页。

通过对工作的反思，张宗麟认为乡村建设运动必须改正以往这些错误，将运动与抗日救亡紧密联系起来，才不至失去复兴民族国家的本意。"乡村工作是社会运动，是今日救亡运动中最大运动之一，决不是一个人数十人所能做得起来的。必须集合全国从事乡村工作者及与乡村工作有关系者，加以有机的组织，然后再与整个救亡运动联系起来，才有力量"①。由此，他表达了对运动的期望：一方面已有少数觉悟的工作者及团体与救亡运动联系起来，希望有更多的个人及团体参与其中；另一方面则希望全国各救亡团体运用"联合战线"的策略，尽量吸引全国乡村工作者（个人及团体）参加到联合战线里来。

在洛阳实验区工作的陈大白等人在抗战爆发前也意识到以往乡村建设工作的理想与事实不符，运动的路线与方针亟须转变。陈大白认为过去一般乡村工作者视乡村工作为救国救民之"万灵膏"而不遗余力地进行鼓吹，政府方面受此影响"也感觉到乡村工作之重要，依样画葫芦的随声附和。于是复兴农村，建设乡村，无论在议决议案上，施政纲要上，时常可以见到。因此所谓复兴农村，乡村建设，交了红运，真是煌煌乎喧赫于一时！"②然而建设乡村并非易事，虽然被外界视为"复兴民族的战士"，但工作者的实际情形不容乐观，"一般从事实际乡村工作者，已经是干的焦头烂额，叫苦连天，凡是稍知乡村工作实情者，恐怕都知道内中之底蕴……重重苦闷，哑子吃黄连，也有说不出之苦衷。偶然与各地同志谈谈家常，叙叙实情，乃不约而同的同病相怜，惟有互倾衷曲，以解闷耳"③。立足于对工作经验的总结，陈大白感言乡村工作之进展绝非少数热心人站在"超然阶级，运用教育方法"就能成功，此后的乡村建设事业路线需有新转变，即"乡村工作之推行，是要运用政治力量，乡村事业之建设，应该先从经济着手，如是推行既易，事业亦切实用，乡村工作人员之困难，

---

① 张宗麟：《全国乡村工作的检讨——乡村运动的联合战线（二）》，《中国农村》第2卷第9期，1936年9月，第24页。

② 陈大白：《对于目前乡村工作的意见》，《中国农村》第3卷第5期，1937年第5月，第57页。

③ 陈大白：《对于目前乡村工作的意见》，《中国农村》第3卷第5期，1937年第5月，第57~58页。

固可解除,而于民众所受实际裨益至大且切"。①

也有一些工作者认识到农村问题并不是出在农村、农民上,从农村、农民本身寻找解决危机的办法不啻缘木求鱼,从而更进一步否定了乡村建设运动。有着多年民众教育经验的陈君谋在 1936 年底也感言农村改良性质的工作无法解决农村问题,农产改进弥补不了价格低落所遭受的损失,合作社等经济组织的收益也敌不过苛捐杂税的滥征。很多工作者也处于一种"颓唐萎靡"的状态,"谁也不用讳言,这几年来,无论在那一个团体,或在那一个专家领导之下的,清晰的前进的乡村工作人员,眼看着当前的工作,抓不住民众,得不到要领,都感觉着没有出路的苦闷,于是陷乡村工作于停顿不进的状态,致自己的身心颓唐萎靡。更有因找不到适当有效力的工作,于是就把病态倒因为果的诊治"②。并进而指出乡村工作者身处救国最前线,要认清自身工作的成败在于能否打破帝国主义、封建主义的束缚,使农村大众获得自由,在于能否建立救亡联合阵线,动员农民大众的力量服务于抗战。因此,工作者真正的出路不在于琐碎的改良工作,而在于组织民众,发动"最伟大的民族革命抗战"。"时至今日,整个的中华民族在敌人炮火威迫之下,意志再不容我们犹豫,我们只有以我们的力,我们的气,一片真诚,把占着最多数最有力的劳动大众,组织起来,结成联合的救亡阵线向着我们最大的敌人抗斗……深信这是大众的出路,同时也是乡村工作人员的出路。"③

在唯亭山从事乡村工作近五年的施中一自述有"有两件心事积压在心头,好几年无法解脱",即一是地方政府的态度,一是农村环境的恶化。对于乡村建设事业,地方政府不是一味敷衍塞责就是为博政绩而利用强制力硬干、蛮干,导致农民叫苦连天;同时,农村中的恶势力横行而正直之士纷纷隐匿,使农民趋于消极保守,无形中加大了建设阻力。对此他极感怅惘痛心却又无能为力,"很多的朋友当时劝我做区长,确实也有几个能帮我成就,我气忿的时候真想跳起来向恶势力掷个炸弹,但是细细考虑起来,站在农民的立场上

---

① 陈大白:《对于目前乡村工作的意见》,《中国农村》第 3 卷第 5 期,1937 年第 5 月,第 58 页。
② 陈君谋:《当今农村工作人员的出路》,《中国农村》第 2 卷第 10 期,1936 年 10 月,第 53 页。
③ 陈君谋:《当今农村工作人员的出路》,《中国农村》第 2 卷第 10 期,1936 年 10 月,第 57 页。

来看,社会上那一方面可以叫人满意呢?我和农民坐火车,我恨不得做个卖票员或站长;我看见农民的女人被卖,农具被窃,而无门求援,我就想做公安分局长或区长;辛苦办成了小学,教员却常上城上镇去逛,我就想做个小学的校长……许多许多说不完的问题,说不尽的郁悒"①。在思想的纠结中,他最后领悟到农村问题的产生与解决已经超出了农村本身的范围,"农村问题的症结不全在农村的本身。在农村里,在农民的身上想找到澈底的解决,不啻'缘木求鱼'"②。

在对事业内容进行反思与总结的同时,部分工作者的思想倾向也在随着20世纪30年代中后期中日民族矛盾的日益尖锐及进步思想的传播而发生着剧烈转变。

自九一八事变、华北事变至七七事变,日本帝国主义侵略步步紧逼,国内抗日爱国潮流随之激荡。在邹平、定县等地处华北前线的实验区中,一些工作者尤其是各实验区所设之乡村师范类学校学生的抗日救亡情绪也在不断高涨。这一时期的乡村师范学校可以说是乡村贫寒青年接受中等教育的重要途径,主要原因就在于普通中学大多位于省会、城市或经济较为发达的大县城,普通农民家庭很少能够在长达几年的时间内供养起子弟求学,而乡村师范则设在农村,况且大都免收学费并提供膳食住宿,间或还有津贴③,于是就成为农家子弟的最佳选择。但乡村师范学校数量稀少,招生名额相当有限,有研究表明,20世纪30年代的乡村师范入学考试竞争非常激烈,录取率一般在2%—10%,最高的也只有15%,能够被录取的学生可谓是乡村青少年中的佼佼者。④这些出身基层社会的优秀学生较能了解民众所承受的苦难,自身也常在饥寒交迫中挣扎,对于改造社会、改变自身命运有着极为强烈的诉求,很容

---

① 徐宝谦编:《农村工作经验谈》,上海:青年协会书局1936年版,第48~49页。

② 徐宝谦编:《农村工作经验谈》,上海:青年协会书局1936年版,第49页。

③ 如辉县百泉乡师的学生每月由学校发给六块钱以维持在校生活,参见赵文甫、穆欣:《黑暗年代河南文坛的一点火星——忆新垦文艺社的抗日宣传活动》,政协辉县市委员会、文史资料委员会编:《辉县文史资料》1999年第7辑,第10页。

④ 丛小平:《通向乡村革命的桥梁:三十年代地方师范学校与中国共产主义的转型》,《二十一世纪》2006年8月号,第41页。

易接受知识界、中国共产党等所倡导的抗敌救亡、民主政治等进步思想。在邹平简易乡村师范、辉县百泉乡村师范、宛西乡村师范等学校，众多新思想通过多重渠道在师生中间传播着，影响着思想倾向的转变：

（一）进步教师发挥带头作用，对乡校学生积极进行思想上的引导

尽管南京国民政府成立后，国民党为全面控制社会而制造的白色恐怖笼罩全国各地，但邹平、定县等实验区的政治环境却相对宽松。

其原因一方面在于国民党内部派系纷争、各自为政，无法进行全面的监控，如定县实验区所在的河北省在当时是张学良的势力范围，省主席于学忠是东北军的核心将领，也是张学良的左膀右臂，主席以下的民、财厅长也都是东北人。省内驻军也全为东北军而没有中央军，蒋介石费尽心机也只能在保定设一个行营，在名义上虽算作全省乃至整个华北地区的最高军政机关，但其武装只有一个宪兵第三团，主要任务则是对付北方的革命势力与共产党。不过因力量相对薄弱，行营的活动基本集中在北京市附近，"他们的魔爪一时还没有伸到北平市以外的各县，像定县离保定仅有一百二十里，只是车站上驻有七八个宪兵，所以除非有特殊重大的情节，尚无瑕（暇）过问地方的事"①。此外，当时河北省还实行旧的地方自治条例，没有实行保甲、联保制，也没有像国民政府所辖各省中所存在的各种或明或暗的特务组织，因而"定县革命活动不大重视保密"②。

另一方面的原因则在于乡建领导者视乡村建设为一种"天然的"社会运动而不是政治运动，极力回避政治力，所关注的重心也在于建设事业本身，因而对工作者的政治身份并不刻意进行区分，"在旧社会约一个人工作，尤其在教育界，一般根本不考虑他的政治思想问题，只看他们的品格怎样，业务能否胜任而已"③。如1930年冬时梁漱溟亲访地方知名教育人士孙子愿，谈及乡村建

---

① 霍六丁遗稿：《我任定县实验县县长的回忆》，见政协河北省委员会文史资料研究委员会编：《河北文史资料选辑》第11辑，石家庄：河北人民出版社1983年版，第57~58页。
② 霍六丁遗稿：《我任定县实验县县长的回忆》，见政协河北省委员会文史资料研究委员会编：《河北文史资料选辑》第11辑，石家庄：河北人民出版社1983年版，第58页。
③ 霍六丁遗稿：《我任定县实验县县长的回忆》，见政协河北省委员会文史资料研究委员会编：《河北文史资料选辑》第11辑，石家庄：河北人民出版社1983年版，第54~55页。

设研究院的工作并动员其参加乡建活动。孙子愿原本在邹平民教馆任教，兼任邹平县国民党党部党务整理委员会干事，负责组织宣传工作，属于国民党左派。1930年4月孙办《民主周刊》报，赞成国民党第一次、第二次全国代表大会宣言，公开反对蒋介石一手包办的第三次全国代表大会，后被国民党通缉，逃回家乡孙镇。这一段经历的存在使孙子愿对梁漱溟的邀请心存顾虑，但梁漱溟则表示"没关系，研究院不牵扯那些事"①。

还有一些乡建领袖对党派活动持中立甚至同情的态度，有着一定的容忍度，如平教会社会教育部主任、后任定县实验县县长的霍六丁就曾为共产党员提供保护。平教会职员李元璋本为河南民众师范学院学生，在院期间就曾被军阀刘峙逮捕，后由当时任代理校长的霍六丁担保出狱。1931年霍六丁在学院院长的举荐下邀其同去定县平教会工作。在平教会期间，李元璋负责编辑《学生会周刊》，并发表了一些较为激烈的言论，而霍六丁出于为整个平教会考虑对其再三劝阻，"你自己的政见如何我可以不管，但你现在在平教会刊物上作这种宣传，而平教会是不同意这种宣传的。这样下去，必然会惹起麻烦。到那时我对平教会不好交代，所以我十分为难"②。李元璋虽因此辞职离开平教会，但后来被通缉时仍得到霍六丁的保护，还得赠路费五十块大洋，方才脱离难关。③1932年和1933年时定县党组织连续遭到破坏，国民党密电霍六丁逮捕张达、白芸、张省三、孙志远等人。但霍六丁和张省三曾在平教会共事，关系交好，从而冒着被怀疑的风险提前将消息告知张省三等人，使其得以迅速离开定县，安全隐藏他处。身为当事人之一的张轸也认为"这个县长当时对共产党还是有好感的"④。

---

① 孙子愿:《追忆我在邹平参加美棉运销合作社的活动》，见山东省政协文史资料委员会、邹平县政协文史资料委员会编:《梁漱溟与山东乡村建设》，济南:山东人民出版社1991年版，第131页。

② 霍六丁遗稿:《我任定县实验县县长的回忆》，见政协河北省委员会文史资料研究委员会编:《河北文史资料选辑》第11辑，石家庄:河北人民出版社1983年版，第55页。

③ 霍六丁遗稿:《我任定县实验县县长的回忆》，见政协河北省委员会文史资料研究委员会编:《河北文史资料选辑》第11辑，石家庄:河北人民出版社1983年版，第56页。

④ 张轸:《霍六丁县长和共产党的关系》，见政协河北省委员会文史资料研究委员会编:《河北文史资料选辑》第11辑，石家庄:河北人民出版社1983年版，第62页。

宛西地方自治以"夜不闭户,路不拾遗,村村无讼,家家有余"①为目的,本身带有强烈的变革地方社会秩序的意图。在地方自治领导者中有相当一部分对共产党抱有同情,甚至本身就是共产党员,如李益闻、罗卓如等。自治灵魂人物彭禹廷也并不盲目地反对共产党,宛西乡师的教师吴丽泉对此回忆道:"一次,谈起了共产党的事,他对我说:'共产党也是中国人,也是要救中国的。共产主义可以研究,但现在不能实行。'我说:'现在实行共产主义不行,但将来一定要实行共产主义。'他说:'那是将来的事。'因为他当时一心搞自治,我关于共产主义的谈论他听不进去。但他对苏联很赞成,很佩服列宁,说:'列宁和孙中山、印度的甘地一样,是世界伟人。'在我和他的接触中,从没有听到他讲批评苏联、列宁的话。"②彭雪枫是彭禹廷的族侄,他在西北军军官子弟学校就读时与彭禹廷交往密切,后也自述之所以参加革命与受彭禹廷的影响有很大关系。③

相对宽松的政治环境使许多进步人士得以容身于邹平、定县、宛西等地。在定县实验区,先后约有 400 人参加乡建工作,其中"有些是当时的地下党员,如白志耕、张寒晖、霍白丁等。有些是非常接近共产党的人士,如黄齐生老先生等。平教会的领导人,虽然知道他们思想左倾,但仍欢迎他们在实验区工作"④。山东乡村建设研究院系统的人员构成也比较复杂,有多名没有公开身

---

① 镇平县十区自治办公处编:《镇平县自治概况》,镇平:镇平县十区自治办公处 1933 年版,第 170 页。

② 吴丽泉:《我的朋友彭禹廷》,见中国人民政治协商会议河南省委员会文史资料研究委员会编:《河南文史资料》1985 年第 14 辑,第 14 页。

③ 彭雪枫,1921 年因家贫投奔在天津教书的伯父彭延庆,入南开中学读书,因参加学潮而辍学。后得彭禹廷资助,入西北军军官子弟学校,又转北京育德中学和汇文中学。此间,接受马列主义,投身"五卅"运动,曾任学生自治会会长,参加北平南苑暴动。1925 年加入共青团,次年转为中共党员,担任中共汇文中学支部书记。南苑暴动失败后,他往来于北平、天津、烟台、开封、上海等地,秘密从事学运和兵运工作。1930 年后,奉命到中国工农红军工作,历任红军大队政委、支队长等职务。(白万献等:《南阳历代名人》,郑州:中州古籍出版社 1998 年版,第 280 页。)

④ 堵述初:《平民教育运动在定县》,见政协河北省委员会文史资料研究委员会编:《河北文史资料选辑》第 11 辑,石家庄:河北人民出版社 1983 年版,第 39 页。

份的共产党人如李星三、张宗麟以及众多进步教师如邹晓青等任职其中。①

这些进步人士或充任领导骨干，或充任师资教员，通过各种方式将抗日救亡乃至革命思想传播给培养中的乡建工作者。曾任邹平简易乡村师范校长的张宗麟可谓引导研究院学生参与抗日救亡的先锋，被称为"点燃革命之火的人"②。1935年8月时张宗麟应梁漱溟之邀出任邹平简易乡村师范学校校长。到任后，他以陶行知提出的"社会即学校"、"生活即教育"、"教学做合一"等理论为依据，进行教育改革：首先对校园进行改造，实行男女合校；在教学上则采用"道尔顿制"，改变以往填鸭式的教学，发挥学生学习的主动性，"主要方法是讨论式。教室内除教桌外，设了4张长方形课桌，学生分4组围坐，各科任课教师事先把学习的内容告诉学生，学生经过自学提出问题，然后教师做总结式的讲解，再布置必要的作业"③。

在学习过程中，为鼓舞学生抗敌救亡的热情，张宗麟还令教员教唱歌曲《开路先锋》、《大路歌》、《渔光曲》、《毕业歌》、《满江红》、《锄头歌》，排演《放下你的鞭子》、《雷雨》等话剧，激发学生斗争向上的精神与意志。更为重要的

---

① 孙子愿：《追忆我在邹平参加美棉运销合作社的活动》，见山东省政协文史资料委员会、邹平县政协文史资料委员会编：《梁漱溟与山东乡村建设》，济南：山东人民出版社1991年版，第133页。

② 张宗麟，浙江省绍兴人，1921年秋考入南京高等师范教育系，受教于陶行知、陈鹤琴教授。1924年毕业留校后，协助陈鹤琴教授创办南京鼓楼幼稚园，研究幼稚教育。在此期间，张宗麟还兼任杭州浙江女子高级中学教务主任，该校校长和秘书都是共产党员，"张宗麟通过他俩接触到马克思主义，认为这才是救中国的真理"。（张沪：《"白头永葆青春志"——记陶行知先生忠实战友张宗麟》，周毅、金成林编：《创造奇葩——陶行知的弟子们》，成都：四川教育出版社2001年版，第12页）。1927年4月，张宗麟加入中国共产党，不久与党失去联系。1927年6月任南京市教育局学校教育课幼儿教育视导员，9月兼任晓庄第二院（幼稚师范）指导员、吉祥学院院长。次年响应陶行知"要筹募一百万元基金，征集一百万位同志，提倡一百万所学校，改造一百个乡村"的号召（《中华教育改进社改造全国乡村教育宣言书》，《陶行知全集》第1卷，成都：四川教育出版社1991年版，第99页），主动辞去待遇优厚的视导员职务，专职晓庄学校指导员主任。学校被封闭后，张先后任厦门集美乡村师范学校校长、桂林师专教师、重庆教育学院教务长、湖北教育学院教育系主任等职。

③ 宋一平、王景五、耿巨吾：《邹平县简易乡村师范学校与张宗麟老师》，见山东省政协文史资料委员会、邹平县政协文史资料委员会编：《梁漱溟与山东乡村建设》，济南：山东人民出版社1991年版，第236页。

举措是将校园中的大成殿整理为阅览室,备有《大众生活》、《中国农村》、《社会科学》、《大公报》、《邹平实验县报》等多种报纸杂志,使学生在课外时间能够接触到一些进步读物,促进思想上的觉悟。

此外,张宗麟反对闭门读书、不问政治的取向,号召学生要关心国家大事。"他曾讲,学历史的要弄通中国历代农民起义的原因、辛亥革命失败的教训;学地理要算一算中国还有多少'干净'的土地,帝国主义侵占了我们多少领土;学军事的要学会枪械的使用和阵地战、游击战、露营野餐、战地救护等基本知识和技能,为参加抗日救国做准备"①。因而除正常的教学外,他还积极组织各种社会活动以培养学生关注与解决社会现实问题的意识与能力,如组织高年级学生到全县13个乡进行社会调查,宣传抗日救国,普及教育,查禁妇女缠脚,改革落后习俗等。在短短的一年时间内,简师许多学生深受张宗麟的影响而抱定抗日救亡的信念,并在抗战全面爆发后走上中国共产党所领导的革命救国道路。

1934年失去党组织关系的罗卓如②经李益闻、吴丽泉等人的推荐到宛西乡师担任国文教员。罗一到学校即与李、吴两人密切配合,积极在学生中传播

---

① 李晓黎:《点燃革命之火的人——记张宗麟同志在邹平简师的革命活动》,见中共惠民地委党史资料征集研究委员会编:《渤海星火——惠民地区战前党史资料集》,北京:华龄出版社1990年版,第166页。

② 罗卓如,原名固城,字宗强,出身贫穷,父亲做裁缝,被人视为下九流,备尝艰辛。但罗宗强勤奋好学,1919年后考入武昌法政专门学校。正值五四运动兴起,他积极投入反帝反封建的浪潮中去,参加了示威游行,从而结识了几位我国早期的马克思主义者,接受了共产主义思想。1924年加入中国共产党,以后即在董必武、陈潭秋、恽代英等的直接领导下,在武昌从事学生运动和工人运动,迎接北伐军北伐。1927年蒋介石发动反革命政变,他转入地下,回商城和中共地下党员蒋明华组织成立中共商城南邑区委,罗任书记,先后发动了立夏节农民暴动、商南武装起义等,成为商城县轰动一时的红色人物。后因商南暴动,被敌人通缉追捕,跑到开封,适中共河南省委遭破坏,找不到关系,乃到南阳以教书为业,继续进行革命活动。1934年,罗卓如经李、吴推荐,到宛西乡师担任国文教员。1935年,李、吴二人相继离校,即由李益闻将罗卓如推荐给别廷芳,成为别的内政、外交的助手,并帮助办学校。在校内处处代表校长行事,但从不以个人名义发号施令。他不担任学校的任何职务,但学校的内部行政和选聘教员的权力全由他掌握。(王国谟:《罗卓如与宛西自治》,中国人民政治协商会议河南省委员会文史资料委员会编:《河南文史资料》1988年第25辑,第15~17页。)

新思想。1935年李、吴两人相继离校后，罗卓如成为别廷芳的得力助手，并掌握乡师内部行政与选聘教员等大权。在主持乡师期间，罗卓如经王扶山推荐，重点选聘了一批原宛西中学的教师，其中大多为共产党员与进步人士，如地下党员周子凡（又名周达夫，是大革命时期的共产党员）、郭庠生、王云枫（王国谟）和同情革命的中共湖北省汉川县委秘书刘立之等。

这些人在宛西中学时就致力于向学生灌输新思想，据当事人王国谟回忆："特别是周子凡，学识渊博，教法灵活，他看到新入学的学生大半是从私塾中来的，多喜欢旧文学，他就从选讲诗词歌赋入手，逐渐转教西洋文学，如莫泊桑、高尔基的作品，还选讲了《共产党宣言》和《帝国主义论》，一下子把学生的思想引向新的世界。吴梦兰教历史，是从奴隶社会、封建社会、资本主义社会，一直讲到社会主义社会，最后讲到中国，说只有社会主义才是中国的出路。"① 在他们的影响下，宛西中学中有很多学生后来加入共产党，以至于宛西中学被誉为"红色苗圃"，周子凡等人也被誉为"红色园丁"②。当这批教师从宛西中学转到宛西乡师后，罗卓如主动和他们配合进而形成一个"进步核心"，"向师生秘密进行马列主义教育，传播共产主义思想。同时团结无党派的好教师尚天培、张子择等教好功课"③。此外，罗卓如还特别指示图书馆管理员常鸿钧购买各类报纸杂志以及国内外各学派的著作，包括被国民党查禁的马列主义著作、社会科学理论书籍和在当时颇受欢迎的鲁迅、郭沫若、蒋光慈、邹韬奋等人的作品，供学生课外借阅。七七事变后，罗卓如驳斥流传的"唯武器论"、"抗战必亡论"，鼓舞学生抗日情绪，并支持学生组织宣传队、话剧团到附近乡间以及内乡县城、西峡口镇、赤眉城等地进行巡回宣传。这些举措无疑促进了乡师学生新思想的形成及抗日救亡热情的高涨。

---

① 王国谟：《宛西自治中的王扶山》，见中国人民政治协商会议河南省委员会文史资料委员会编：《河南文史资料》1988年第27辑，第64页。

② 镇平县史志办公室编：《中国共产党镇平县历史大事记》，北京：中央文献出版社2008年版，第3页。

③ 王国谟：《罗卓如与宛西自治》，见中国人民政治协商会议河南省委员会文史资料委员会编：《河南文史资料》1988年第25辑，第17页。

(二)学生自发成立读书会、文艺社等团体组织,宣传抗日救国,传播进步思想

"读书会"在当时的各个乡师极为流行,是一种联系、团结进步师生,进行交流思想、开展活动的组织,"尽管读书会在形式上多种多样,但实质上都是青年师生传阅进步书刊、学习革命理论、探讨研究问题的秘密组织,也是他们与反动当局斗争的一种组织形式"①。

在1936年初张宗麟被迫离开邹平简师后,简师部高年级学生刘瑄等感觉有在同学中建立核心组织的必要,遂决定重新恢复读书会组织,设法订阅各种进步书籍杂志,而百泉乡师、宛西乡师的进步学生也都秘密或公开成立各种形式的读书会。通过读书会而相互传阅的书籍报刊种类很多,如有关于社会科学理论的《大众哲学》、《社会科学》、《政治经济学 ABC》,有介绍国内外历史及时事的《世界知识》,描绘苏联生活的《萍踪寄语》、《萍踪忆语》,描写斯大林的《从一个人看一个新世界》,还有左翼作家鲁迅、郭沫若、茅盾等人的作品,能力稍强的学生还涉猎《〈政治经济学批判〉导言》、《家庭、私有制及国家的起源》、《帝国主义论》、《两个策略》等马克思、恩格斯及列宁的经典著作②。

在这些读物中颇值一提的就是学生中间流行较广、影响较大的《大众哲

---

① 李守成:《百泉乡师的抗日救亡活动》,政协辉县市委员会文史资料委员会编:《辉县文史资料》1999年第7辑,第166页。

② 罗琪、戈华、程雨村:《邹平县简易乡村师范学校师生的抗日救亡活动》,见山东省政协文史资料委员会、邹平县政协文史资料委员会编:《梁漱溟与山东乡村建设》,济南:山东人民出版社1991年版,第232页。

学》一书①。作者艾思奇认为只有站在改变世界的立场上,在实践中磨炼出来的哲学才是真的哲学,写作《大众哲学》诸篇文章的宗旨也在于"把马克思主义哲学从哲学家的课堂上和书本里解放出来,走入到生活在社会底层的广大人民群众中去,同他们的生活与斗争融合在一起"②。全书除绪论外,分本体论、认识论、方法论三大部分,最重要的特点在于对辩证唯物主义及历史唯物主义进行了深入浅出的阐释,使抽象的理论变得形象具体、通俗易懂,如在讲述感性认识与理性认识时就以当时颇为知名的卓别林、希特勒为例进行说明:

"除了感性的认识以外人类还有更高明的认识能力,有了这种能力的帮助,人类不但能够认识事物的表面现象,还能够认识到更深刻的根本的特性;不但能摄取零碎的胡子、鞭子,还能够整个地认识卓别林先生。……空话少说,我们还是拿卓别林先生来具体地讲一讲。已经说过,照片上印着的卓别林先生只是一个留着小胡子的人,照片上除了他那一副褴褛的形相以外,不再告诉我们什么,但我们如果再问一问自己的认识,就知道,我们不但能看见这一副形状上的种种表面特征,并且还能了解这位先生是一个滑稽大王。'滑稽大王',这名词我们可不要随便忽略了!这名词可不比胡子之类只代表着零零

---

① 艾思奇(1900—1966),原名李生萱,云南腾冲人,其先祖系蒙古族。早在云南省立第一中学读书时,艾思奇就在进步教师楚图南、罗稷南的影响下,阅读了布哈林的名著《共产主义ABC》和《向导》、《新青年》等革命书刊,开始接触和了解马克思主义。1927年和1930年,他两度赴日本求学,对于马克思主义哲学进行了深入的研究,不仅读了日文的马克思主义哲学著作,而且又学习了德文,直接阅读马克思、恩格斯的原著。1931年,因抗议日本发动九一八事变,艾思奇弃学归国,在上海参加中国共产党领导下的左翼思想文化运动,开始写作介绍马克思哲学的论文,并用马克思主义哲学探讨中国哲学的历史和现状。1934年,在李公朴的建议下,史量才主持的《申报》开设了《读书问答》副刊,由共产党员柳湜负责。艾思奇受党组织的委派参加《读书问答》副刊工作。从1934年11月起,艾思奇先后在《读书生活》上发表了24篇《哲学讲话》,于1935年底汇集成册,以《哲学讲话》为书名出版。由于该书第3版遭到国民党书报审查机关的查禁,第4版遂易名为《大众哲学》继续出版,以后便以《大众哲学》名世,得到很高评价,称为"继瞿秋白在上海开始介绍辩证唯物主义之后,艾思奇又在上海为辩证唯物主义在中国的广泛传播做出了独特的贡献"(李维武:《长江流域文化与近代中国哲学》,武汉:湖北教育出版社2005年版,第166~167页)。

② 李维武:《长江流域文化与近代中国哲学》,武汉:湖北教育出版社2005年版,第168页。

碎碎的各部分，它是代表了卓别林这一整个的人，它所反映的并不是表面的褴褛形相，而是卓别林这个人的根本的特性。这一种整个的特性，是不是照相可以摄取呢？不是的！是不是感性的认识可以认识到呢？不是的！如果单单依靠感性的认识，那我们只能看见胡子之类的特征，这胡子，和德国法西斯蒂的首领希特勒的胡子完全没有两样，我们将要觉得着卓别林和希特勒没有什么分别。这就是感性的认识骗了我们，这就是照相骗了我们。但是只要我们不是小孩子，只要我们有点学识，我们就不会被照相所骗，因为我们不单单靠感性的东西来认识，我们始终能了解，卓别林是滑稽大王而希特勒是一个独裁统治者。"①

《大众哲学》的通俗化解释使马克思主义哲学得以广泛地传播，"成功地使辩证唯物主义从哲学家的课堂上和书本里解放出来，以通俗易懂的形式掌握了千千万万的群众"②，只要接受过一般中等教育程度的人都能有所理解与认知。对于乡师学生来说，《大众哲学》及其他类似的读物就成为学习马克思主义理论的基本材料，并通过学习进而掌握认识、解决社会问题的重要理论武器，促进着思想上的觉悟与转变。

除读书会外，学生自发组织的各种救亡团体如时事辩论会、学生救国会等也不断涌现，其中最著名的就是辉县百泉乡师的新垦文艺社。百泉乡师在辉县开办了6年零9个月，"这一时期是其坚持面向农村，致力乡村建设的鼎盛时期，也是广大师生爱国热情空前高涨的时期"③。在校长李振云及来自中央大学、河南大学、北平师大、武汉大学、晓庄师范等知名学府的教师带领下，百泉乡师形成了良好的校风学风与独特的教学方式，乡师学生对个人人生、乡村社会及民族国家的前程有着较多关注，爱国热情也颇为高涨。在九一八事变爆发后，学生迅速组织起来，罢教罢课，臂戴书有"誓雪国耻"四字的黑布袖章举行游行示威，散发传单，并根据当时辉县7个区的建制分作7个宣传组，

---

① 艾思奇：《大众哲学》，北京：中国社会出版社2000年版，第68~69页。
② 李维武：《长江流域文化与近代中国哲学》，武汉：湖北教育出版社2005年版，第166页。
③ 秦启安：《辉、汲两县历史上的村治运动》，见政协新乡市学习和文史资料委员会编：《新乡文史资料》2007年第16辑，第190页。

分赴城镇乡村开展抗日宣传活动,抵制日货,还自编诗歌进行传唱:"衣服让它破,不用洋布做。衣服让它旧,衣旧山河寿,抵制日货,制造国货。不再空口说白话,事情该做便须做。"①

到1935年10月,进步学生赵文渊(赵文甫)、乔景楼、傅尚普(傅东岱)、王福义(王苏林)、吕和珠(吕英)发起成立"新垦文艺社",1936年,穆欣(杜蓬莱)也加入该社,成为主要负责人之一。此后又有多人加入,文艺社成员最后发展到20多人。据成员自述,新垦文艺社是一个追求进步、主张抗日的青年文艺组织,其主要成员均倾向于抗日救亡,反对国民政府的腐败统治,"有的是'九一八'事变以来,在不同地区参加过学生抗日救亡活动;多数是长期爱好新兴社会科学书籍与左翼作家作品并从事创作活动;还有几位当时与组织失去联系的共产党员。他们有共同的思想基础和时代感,志同道合,自觉地组织起来,努力学习,探讨革命理论,积极响应党的抗日救亡主张,通过各种活动方式,传播进步思想。决心运用文艺武器,开展抗日救亡运动,反对国民党妥协退让政策,反对法西斯独裁统治"②。

新垦文艺社充分发挥文学艺术的宣传鼓动作用,不断开辟专栏、创办刊物宣传抗日救亡,传播新思想。1936年1月5日,社员首先在郑州《大华晨报》上开辟《新垦》文艺周刊,接着又借《警钟日报》副页创办《向实》周刊。在乡师语文教师何申之,音乐教师刘诚甫,以及原为南京晓庄师范学生、后留学日本的教育学教师唐文粹,政治经济学教师王瑞甫等的经费及稿件支持下,1936年7月16日,新垦社印行了代表刊物——《海星》,利用诗歌、散文、评论、小说等各种形式的文艺作品,宣传团结抗日的主张。

在创刊号中,《文学与政治》以及《文学与时代》两篇文章可以视为对文艺社宗旨的阐述。文章明显带有马克思主义理论观点,认为文学受社会现状、政治环境等因素的制约。"同是一碧无际的大海,或写出柔荡的心弦,或写出凶

---

① 秦启安:《辉、汲两县历史上的村治运动》,见政协新乡市学习和文史资料委员会编:《新乡文史资料》2007年第16辑,第186~187页。

② 赵文甫、穆欣:《黑暗年代河南文坛的一点火星——忆新垦文艺社的抗日宣传活动》,见政协辉县市委员会文史资料委员会编:《辉县文史资料》1999年第7辑,第2页。

狂的象征,或写出血和泪的情绪。其他对春花秋月,竹、树、云、石当然也各有不同的写法。这种不同,不是指技术,是指表现出来的观感。这种不同的观感,隐隐地受着生活、政治底支配的。"①文学应服务于社会,紧扣时代的要求,应摒弃"为艺术而艺术"、"艺术至上主义"等狭隘观念,"我们要生存——而且要图整个的人类幸福地生存,应毫不沉吟地以纯正而热烈笔尖指示大众图存的方向,煽起大众爱群的火焰,销毁一切人类幸福底障碍,这才算文学底神圣的使命。""文学不但是随着时代变化和演进,而且每每成为革命的先导,时代的前驱,和未来社会的向导的。"②

本着这一宗旨,《海星》大量刊载反映人民大众生活疾苦、揭露统治腐败以及呼吁抗战救亡甚至革命的作品,如创刊号刊登的散文《生活》,以"朱门酒肉臭,路有冻死骨"这一著名诗句为话题,将剥削者和劳动人民的生活加以对照,怀着深切的同情,叙述劳动人民的贫困和痛苦:"有些人'生活'得异常的舒适;又有些人是勉强能够支持着'生活';甚至还有一些人终日里忙碌的结果,受过几层剥削之后,根本就不能够'生',就不能够'活',这是何等不平的事情啊!"③在《五年——九一八五周年纪念》一文中则呼吁团结抗敌,指出"我们必须要恪守着,——永远恪守着两个铁的原则:对内是:'谁发一颗子弹于内战上便是国家民族的罪人;谁的枪口向外我们就拥护谁!'对外是:'谁能够同情或帮助我们的抗敌谁是我们的朋友,谁阻止我们的救亡战争我们的枪口向谁!!'只有这样,才是中华民族的生路!"④

尽管现在看来《海星》所发表的作品在文笔上不算成熟,艺术表现力上也显得不够老练,但由于作品反映的是与大众生活息息相关的社会现实,同时

---

① 赵文甫、穆欣:《黑暗年代河南文坛的一点火星——忆新垦文艺社的抗日宣传活动》,政协辉县市委员会文史资料委员会编:《辉县文史资料》1999年第7辑,第3页。

② 赵文甫、穆欣:《黑暗年代河南文坛的一点火星——忆新垦文艺社的抗日宣传活动》,政协辉县市委员会文史资料委员会编:《辉县文史资料》1999年第7辑,第3—4页。

③ 赵文甫、穆欣:《黑暗年代河南文坛的一点火星——忆新垦文艺社的抗日宣传活动》,政协辉县市委员会文史资料委员会编:《辉县文史资料》1999年第7辑,第10—11页。

④ 赵文甫、穆欣:《黑暗年代河南文坛的一点火星——忆新垦文艺社的抗日宣传活动》,政协辉县市委员会文史资料委员会编:《辉县文史资料》1999年第7辑,第7页。

蕴含着进步学生救国救民的急切诉求，因而具有极强的感染力。如《乡村教师》一文着力塑造了一个决心为穷人办学校、办实业，最后因与地方恶势力发生冲突而献出青春与生命的乡村教师形象，在结尾，作者用饱含感情的笔锋呼吁青年行动起来改变民族国家的命运："陈英先生死了,他的鲜红的血还没有干,趁着这时候,李铁旦和咱们的同志,拿定决心,踏着鲜红的血迹前进了!咱们有一个远大的期望！在地狱上造无数座天堂，用铁和血去打开中华民族的出路,争取中华民族的自由！争取中华民族的生存！"①不过,这些充满感情、富于鼓动力的作品显然不能见容于国民政府,《海星》在艰难出版第2期后就被政府查禁,新垦文艺社也仅存在了1年多时间,但其影响则及于校内外,不仅促进了乡师学生的觉悟,还得到河南大学、开封师范、开封高中、信阳师范一些进步学生如杜希唐（笔名柳兮）、张因凡（张立云）、杜庭芳等的支持,被誉为"黑暗年代河南文坛的一点火星"②。

各校的读书会及新垦文艺社等团体组织为新思想尤其是抗日救亡及马克思主义的传播做出了巨大贡献。在积极的组织、宣传作用下,许多学生的思想倾向发生了剧烈的转变,如1936年插班到邹平简师的杨殿陞所言："许多同学原来就认识,他们过去都是活动积极分子。不久,我又参加了同学组织的时事研究会、读书会,听教师们介绍社会主义和'五一'宣言,读《读书生活》、《大众哲学》、《世界知识》、《铁流》、《现代哲学的基本问题》等等,更多地接触了社会,扩大了知识范围,也更加向往苏联,向往社会主义,向往共产党。当时在我们这些同学中,'共产主义'、'社会主义'、'阶级斗争'、'暴力革命',已是经常在私下谈话中出现的名词了。"③宛西乡师学生杨廷寅也认为在校的日子是自己的思想启蒙时期,"星期六下午,学生们三五成群在校周围岗上各找地方开小组生活会,这是学习延安的办法。校大门内合作社除卖生活用品外,还出售

---

① 赵文甫、穆欣：《黑暗年代河南文坛的一点火星——忆新垦文艺社的抗日宣传活动》，政协辉县市委员会文史资料委员会编：《辉县文史资料》1999年第7辑，第13页。

② 秦启安：《辉、汲两县历史上的村治运动》，政协新乡市学习和文史资料委员会：《新乡文史资料》2007年第16辑，第187页。

③ 杨殿陞：《革命的起点》，政协邹平县委员会编：《邹平文史资料选辑》1996年第7辑，第8页。

《朱德传》《毛泽东自传》《二万五千里长征记》等小册子,同学中间常传阅象《大众哲学》等进步读物。在我来说,这一段是思想上的一个启蒙时期"①。

思想上的转变带来的是抗日救亡活动的高涨。邹平乡师学生利用读书会组织同学们在校内出墙报,宣传停止内战、团结抗日的主张;在校外则利用邹平黄山每年农历四月初八日的庙会进行社会调查,了解社会现实情况,同时结合调查进行抗日救亡的宣传教育。在一些进步青年教师的协助下,读书会还组织一部分同学开办工人夜校,"一方面教工友们识字学文化,另一方面向大家讲时事,宣传抗日救国道理"②。百泉乡师、宛西乡师的师生也毫不逊色,广泛开展抗日救亡活动,借助教学实习和节假日深入周围教育实验区和其他乡村宣传抗日,并充分利用一年一度的百泉药材交流大会等地方性集会向群众宣传抗日救国、抵制日货、团结御侮的道理,致力于提高农村民众的抗敌意识与爱国热情。

然而,面对日本的侵略,南京国民政府一味妥协退让,先后签订《塘沽协定》《何梅协定》等丧权辱国的条约,几乎使自己失尽人心,"'九一八'事变后师生们对于持不抵抗主义的蒋介石已经反感"③,蒋对内则通过各种方式乃至于建立特务组织、制造白色恐怖来压制抗日爱国思潮及运动。而出于理论认识的不同及维持乡村建设实验区稳定的考虑,一些乡建领袖也并不支持激烈的抗敌救亡活动。梁漱溟在1936年底发表《我们对时局的态度》的讲演,阐述了为什么对时局不"兴奋"的原因。他认为乡村建设是有计划、有步骤、有目标的工作,与受时局的刺激而产生的"兴奋者"有着必然的不同。"我们是和现在一般人很有一种距离的。这个缘故,就是因为我们是一向深切地关心国家民族的问题,从很逻辑地分析而产生我们理论见地,本此理论见地而有一种继

---

① 杨廷寅:《宛西乡村师范和宛西自治的回忆》,见政协河南省委员会文史资料委员会编:《河南文史资料》1988年第25辑,第10页。

② 罗琪、戈华、程雨村:《邹平县简易乡村师范学校师生的抗日救亡活动》,见山东省政协文史资料委员会、邹平县政协文史资料委员会编:《梁漱溟与山东乡村建设》,济南:山东人民出版社1991年版,第233页。

③ 李道祥:《任百泉乡师指导主任的回顾》,见中国人民政治协商会议河南省委员会文史资料委员会编:《河南文史资料》1994年第1辑,第71页。

续不断的努力……现在很多人都因为时局严重情势而兴奋,跑到绥远去劳军,去服务,但在平时却并没有在问题上努力。我们不然,我们不是等到时局严重表面化的时候才注意,所以,我们对眼前时局不格外去兴奋,这不是我们的不积极,不是我们对时局的冷漠,无心肝。我们正是沉着应付。"①基于上述理念,梁漱溟表明对于时局应守的第一个原则就是"置重于根本工作,——即调整社会关系的工作——民族复兴在此求,不能求之于临时对外工作!临时工作只是不可避的,不得不应付,而不是最要紧最根本有多深意义的工作!"②

在定县实验区工作的王静如也表达了类似的观点,代表着相当一批平教会职员的意见。在《抗日与乡运》一文中,他表示了对实际从事抗日救亡运动工作者的敬意,但同时认为"今日的问题似是对外的问题,而实是治内的问题;因为要求对外,必先求政治之上轨道!"政治不上轨道的原因一是在于民众动员不起来,二是社会没有组织,而乡村建设运动的意义正在于此:"一是求普遍的农村社会自进于组织然后才认整个大社会的组织乃可期;二是从事于最大多数的乡间居民拉起然后才认强有力的政权乃可立。这是我们乡村运动之所从出发的一个根本观念!"③由此,他指出之所以不发表抗敌意见的原因并非是麻木而感觉不到国难的严重性,也不是苟且偷安,只是抗敌救国没有捷径,更需要的是埋头苦干,"只要是不安于做亡国奴的人,那时仍只有继续的奋斗,努力的反抗,以至不屈而死!也只有不屈而死,比任何抵抗的理由都充实,比为怀着任何利害观念而作战的精神都要勇敢;这也就是我们早经决定而确立不移的一个态度!"④

由于国民政府的打压以及乡建领袖的不支持,乡村建设实验区的抗日救亡活动受到颇多压制,1936年初邹平简师校长张宗麟就因组织学生进行抗日宣传而被实验县政府驱逐出境,震动一时。"1936年初,张(张宗麟)组织了一

---

① 梁漱溟:《我们对时局的态度》,见中国文化书院学术委员会编:《梁漱溟全集》第5卷,济南:山东人民出版社1992年版,第926~927页。
② 梁漱溟:《我们对时局的态度》,见中国文化书院学术委员会编:《梁漱溟全集》第5卷,济南:山东人民出版社1992年版,第929页。
③ 王静如:《(抗日)与(乡运)》,《乡村建设》第2卷第26期,1933年4月,第3页。
④ 王静如:《(抗日)与(乡运)》,《乡村建设》第2卷第26期,1933年4月,第4页。

次示威活动,要求国民政府停止打击共产党,转而去抗击日本人,他也因此被县里的地方官员驱逐出(县)境。梁漱溟当时是明确反对共产党的,虽然他的运动可以接纳具有左倾思想的改革者,但并不能够容忍中国共产党政策的公开支持者。"①面对诸种阻挠,思想倾向已然发生转变的乡建工作者愈发认识到乡村建设不能实现自身抱负并开始寻求新的路向。

在当时的救国方案中,共产党的新民主主义革命对这些学生而言颇具吸引力,"30年代地方师范学校的学生大多出身贫寒,都是乡村青少年中的佼佼者;但困守乡间,几乎没有改变自身状况的可能。在他们进入师范学校后接触到激进的社会理论,开始反思乡村社会。由于国民党政府对日政策软弱,使得共产党激进的革命政策与民族主义更有吸引力,因而他们也更易接受共产党对乡村问题的解决办法"②。千家驹对这种勇于转变的态度也深有感触:"自从我在《中国农村》及天津《益世报》上同时发表了《中国的歧路》一文后,曾收到六七位读者的来信,他们问我说:他们的办法既然不行,请你拿出你的来吧。最令我感动的是一位山东乡村建设研究院的同学来信说:'先生假如有具体的办法时,我立刻抛弃了此间的工作而愿意跟着先生干。'"③

抗战爆发前,邹平简师学生创作出一幅画有"三条路"的图,是对乡建工作者新选择的最好诠释,"乡师建设研究院院长梁漱溟先生在谈话中说'当前中国有三条路,第一条是蒋介石先生领导的国民党的路;第二条是毛泽东先生在延安领导的共产党的路;第三条是乡村建设的路'。这次讲话后,引起了议论。刘殿帮(建庵)同学在《野火》报头上画了一幅醒目的图,画面上有三条路,左边一条是布满荆棘和陷井(阱)的路,右边一条是弯弯曲曲的小路,中间一条是通向延安的光明大道,为首的一名男青年学生昂首阔步踏在中间的大道

---

① [丹]曹诗弟(Thoegersen,S.):《文化县:从山东邹平的乡村学校看二十世纪的中国》,泥安儒译,济南:山东大学出版社2005年版,第124页。

② 丛小平:《通向乡村革命的桥梁:三十年代地方师范学校与中国共产主义的转型》,《二十一世纪》,2006年8月号,第42页。

③ 千家驹:《中国农村的出路在那里》,见千家驹、李紫翔编著《中国乡村建设批判》,上海:新知书店1936年版,第93页。

上。无疑是针对梁先生的讲话画出来的,这幅画当时吸引了许多师生观看"①。显然,"布满荆棘陷阱的路"暗示依靠国民政府的领导实现救国救民极不现实,"弯弯曲曲的小路"喻指乡村建设运动成效不彰,最好的选择则是通往延安的"光明大道",号召师生转向革命以完成拯救民族国家危亡的历史使命。总之,对工作的反思总结以及自身思想倾向的转变奠定了工作者群体分化的基础,其中有不少工作者在面对国民政府的阻挠及乡建领袖的反对时,逐渐走上革命的"第三条路"。

---

① 宋一平、王景五、耿巨吾:《邹平县简易乡村师范学校与张宗麟老师》,见山东省政协文史资料委员会、邹平县政协文史资料委员会编:《梁漱溟与山东乡村建设》,济南:山东人民出版社1991年版,第237页。

第二节 "奔向延安"：群体的分化

随着七七事变后抗日战争的全面爆发，华北大部分乡村建设实验区先后沦陷敌手，失去了继续开展事业的环境，已经取得的成果也几乎毁于一旦。许多团体、机构或停止活动或转移到大后方开辟新的建设区域，华北地区历时十余年的乡村建设运动至此暂时画上句号。而随着局势的剧烈变动，各处的乡村建设工作者也走上了不同的道路。

面对华北事变后局势的日益紧张，梁漱溟等人开始考虑山东乡村建设工作的去向问题。1935年10月至12月之间，为决定在山东的进退，梁漱溟、梁仲华及孙廉泉诸人或同行或分头与守土将领韩复榘进行会谈，以期探明态度。起初梁漱溟认为韩复榘能够坚拒敌人的胁迫，尚有抗战决心，"态度十分正大面（而）有信心"[①]。及至七七事变后，韩复榘错误估计战事不会波及山东，"对于近熟人之谈话，时而流露出山东或可避免战事之意"，待10月战事一起遂仓皇撤退。此时梁漱溟正奔走于邹平、济南、济宁、徐州、南京、武汉等地，除为济宁乡村服务人员训练处讲课外，还会晤了蒋介石、胡宗南、李宗仁等人，

---

① 梁漱溟：《告山东乡村工作同人同学书》，见中国文化书院学术委员会编：《梁漱溟全集》第6卷，济南：山东人民出版社1993年版，第5页。

商谈山东局势问题,并出席国防参议会,未能阻止韩复榘的撤退。

对于邹平的乡村建设事业来说,当局匆忙撤退所造成的打击是毁灭性的。一方面,本已取得的成果遭到破坏,如乡农学校所训练之壮丁以及枪支等资产被强行或以欺骗的方式带走,而民众对乡村建设运动的信任也因之丧失殆尽,"韩(韩复榘)既急切欲退,自不发动民众抗战,亦不复顾惜地方,而只想将地方枪支、壮丁、财款带走。人心怨嗟离叛,惶惶不可终日"①。另一方面,邹平在无保卫的情况下很快落入敌手,大量工作者来不及撤退而四处逃离,散落各处。1937年12月底邹平沦陷,"盛极一时的'乡村建设运动',随着韩复榘的撤退而销声匿迹"②。不久后沈鸿烈继任山东省政府主席,将乡学村学及各地民众学校以不合法令为由一律撤销,重新恢复旧的区乡制度,标志着山东乡村建设运动的结束。

尽管事业遭到毁灭,但逃散于敌后各处的原乡建工作者尚有不少具备较高思想觉悟,他们或独立进行领导,或加入国民党组织的抗日活动,或与共产党合作建立抗日民族统一战线,积极投身抗日救亡斗争,其中较为知名的为高赞非③、

---

① 梁漱溟:《告山东乡村工作同人同学书》,见中国文化书院学术委员会编:《梁漱溟全集》第6卷,济南:山东人民出版社1993年版,第7页。

② 万永光:《梁漱溟先生及其在山东从事乡村建设的活动》,见山东省政协文史资料委员会、邹平县政协文史资料委员会编:《梁漱溟与山东乡村建设》,济南:山东人民出版社1991年版,第38页。

③ 高赞非(1906—1969),原名佩纶,山东郯城县马头镇人。师承于梁漱溟和熊十力,是著名的儒家学者。其父亲影响,从小便对儒学产生兴趣。1924年,他经友人引荐,前往曹州省立中学,拜见梁漱溟,相谈颇为投机;同时结识了正在重华学院任主讲的熊十力,深得赞赏,几被视为传人。1926年,高赞非随梁漱溟、熊十力、卫西琴等在北京西郊万寿山共同研讨儒家哲学与心理学,每逢周五开讲论会,讲学的有梁、熊、卫以及张俶知等人,在此期间高赞非深受影响。1930年春,梁漱溟在河南省辉县创办村治学院,邀高赞非前往任班主任。1931年,高返回故里,在临沂山东省立第三乡村师范学校任教师,兼训育主任。半年后,即转到邹平梁漱溟开办的山东省乡村建设研究院任班主任。两年后,即1933年,又去山东乡村建设研究院菏泽实验县工作,出任研究院第一分院教育长。尔后数年,追随梁漱溟致力于乡村建设运动。在此期间曾撰写《地方自治与民众组织》一书,从地方自治组织、合作组织、"乡农学校"等方面,对乡村建设理论进行阐述和发挥。(靳星五:《烽火挚友》,济南:山东人民出版社1995年版,第287页。)

孙厚甫①等人。

抗日战争爆发后，有感于韩复榘等人的仓皇撤离，高赞非意识到乡村建设之路行不通，只有武装民众开展抗日斗争才是救国救民的正确道路，遂公开宣布"决不流亡"！1937年冬时，他组织百余人在菏泽、郓城一带开展抗日斗争，协助创办《鲁西吼声》进行宣传抗日。不久，他与共产党领导的抗日武装取得联系，亲赴抗日根据地参观，并经聊城专员范筑先介绍会见了徐向前、宋任穷等八路军领导人，对共产党提倡的抗日民族统一战线表示钦佩与赞扬。1938年夏，日军占领高赞非家乡郯城县马头镇，其父母及胞弟宁死不屈，投水自尽。国仇未了，又添家恨，高赞非立即投身领导家乡的抗日斗争，主办《动员报》，宣传团结抗日。1939年10月，八路军一一五师一部攻克马头镇，随后成立郯城县抗日民主政府，高赞非被推选为郯城县民众总动员委员会主任、鲁南民众总动员委员会四分会主任。与此同时，范明枢、刘民生、李澄之、梁竹航等人组织鲁南国民抗敌协会（抗协），任命高赞非为山东抗敌协会四分会主任、省会部宣传部副部长、山东省文协研究部长、滨海区文协主任、滨海区临时参议会参议长等职。在与共产党的合作中，高赞非积极从事宣传和组织群众工作，团结各阶层人士，还亲自把高家兄弟姐妹子侄多人先后送到中共抗日民主政权和抗日组织中参加革命。②

孙厚甫是在敌后坚持进行抗日斗争的另一典范。"一二·九"运动后，在教育界供职的他有感于民族危机的日益严重，开始积极求索救国救民的真理，并于1937年4月到菏泽乡村建设研究院分院任教。七七事变后，他把妻儿送回原籍，而自己只身留在鲁西志愿"为抗战尽自己一分责任"③。1937年12月，

---

① 孙厚甫，又名孙承光，字厚甫，1906年生于云南省昭通县。家境贫寒，勉强读完中学，考入云南东陆大学预科，仅就读半年，因经济困难，再考入公费学校——国立成都高等师范。后来转学南京中央大学教育系，1928年毕业后受聘徐州中学小学部教务主任。1930年到上海中华书局任《中华教育界》杂志主任编辑。因参与书局职工罢工斗争于1931年告假回滇，先协助省教育厅筹建师范学院，后回昭通中学任教。1935年到湖北省立实验中学当教导主任。1937年去山东省菏泽乡村建设师范学校教书。

② 刘大可主编：《山东重要历史人物》第7卷，济南：山东人民出版社2009年版，第317~319页。

③ 陈兆殷：《孙厚甫同志在鲁西》，见政协山东省郓城县委员会文史科编：《郓城文史资料》1987年第2辑，第7页。

孙厚甫得到去延安参观的机会，两个月的学习与生活使他对抗敌救亡的理论与路线有了更清晰与深刻的认识。1938年春回到鲁西后，孙厚甫即以建在郓城黄安小学的重华书院为落脚点，同教育界知名人士桑平伯、高赞非、许贯中、姜伯棠、宋乐艳等人组建了鲁西救亡工作团。8月，又在郓城内第一高小创办《鲁西吼声》，既任主编也是主要撰稿人。他利用此刊宣传毛泽东的持久战思想，结合形势写了《鲁西父老在怒吼》、《保卫大武汉》、《汪精卫自绝于国人》等文章，在当地影响颇广。受其感召，许多仁人志士纷纷加入抗战的行列。1938年夏，中共郓城中心县委为了团结一切抗日力量、培养抗日干部，遂聘请孙厚甫担任政治教员。1939年春，八路军一一五师到达鲁西，又委任孙厚甫八路军郓东办事处主任一职。1939年底转为八路军东进支队，先后在冀鲁豫军政学校、鲁西军政干校、冀鲁豫抗大一分校二校任教育科长、处长，从事培养训练干部工作。在敌后抗战时期，孙厚甫发挥自身在当地上层人物中的影响，在宣传组织群众抗日、筹集部队经费等方面做了大量工作，为郓城一带抗日民族统一战线的形成做出积极的贡献。①

面对抗战的全面爆发，梁漱溟也开始正视抗日宣传与活动。针对乡建工作者散落敌后进行斗争的状况，梁漱溟于1938年发出《山东乡村工作人员抗敌指南》（以下简称《指南》），指示有抗战意图但无法就地开展工作者撤回镇平参加训练讲习，同时为已经开始敌后抗战的工作者拟订工作原则与方法。梁漱溟指出特殊环境下的乡村工作的总目标应转为抗敌，中国持久抗战最后胜利的希望在于乡村，因而乡村抗敌工作意义重大。但在抗敌中仍不能忘却建设新社会之目标，"要使上层各项工作同时更具有建设新社会之意义"②，如在政治工作中启发民众政治意识，养成其组织能力，引导其政治生活趋向民主化；在经济工作中，促进农民合作，养成农民适应环境之能力，使经济重心转移于乡村，经济生活趋向于社会化；在军事工作、文化工作中则应树立坚强

---

① 中共郓城县委党史委员会：《中共郓城地方革命史》，济南：山东人民出版社2003年版，第21页。

② 梁漱溟：《告山东乡村工作同人同学书》，见中国文化书院学术委员会编：《梁漱溟全集》第6卷，济南：山东人民出版社1993年版，第39页。

的、有形与无形的国防基础等。在工作原则上则应严分"敌我之界",激发民族意识,巩固内部团结,并妥善处理与一般民众、其他抗敌工作者、地方行政系统、乡村工作同人之间的关系,"总括而言其最要紧之点……吾人第一须耐烦才行。但耐烦非易事,必愿力宏者乃能耐烦。在知识分子之间,彼此相轻,彼此不服,你看我不合适,我看你不合适,为人事问题所由起。故吾人第二须肯服从人才行。但服从人亦非易事,必常常见得自己有许多缺短,怀抱确乎谦虚者,乃能服从人"①。

在发出《指南》后不久,梁漱溟又与国民政府协商组织起"军委会政治部第三政治大队",试图开展抗敌工作。抗战爆发后,济宁乡建区有七八百名工作者及乡民壮丁退到豫东淮阳,又退到镇平。鉴于这批人尚有武器、款项,梁漱溟遂于政治部主任陈诚协商,准备重回山东进行抗战。"我们都是暂时停留在镇平,镇平城外有个大庙,我们停留在那个地方,我们还是要准备返回山东去抗日。跟政治部陈诚接头,政治部给我们一个名义,这个名义就是叫做'政治部直属'——直接管的,'直属第三政治大队'。这个大队的队长就是我们派的一个人,叫秦亦文,做队长,让他领着这八百多人回山东。"②在得到国民政府一定的支持后,1938年9月第三政治大队正式开拔,除留第五支队在豫北工作外,其余渡过黄河经冀南入鲁。

据董沣清回忆,第三政治大队下辖有几个支队。第一支队由吕公器率领,主要从事话剧演出等宣传工作,在鲁西郓城刘口组织训练当地青年参加抗战,在鲁南沂水演出话剧慰问抗敌战士;第二支队由李星三率领,在鲁北惠民一带开展抗敌斗争;第三支队由裴雪峰、宋乐颜先生等原乡村建设研究院菏泽分院工作人员带领,活动于鲁西菏泽、郓城、鄄城三角地带;第四支队共400余人,由陈登五率领,在鲁西郓城潘渡打击敌伪军。③

---

① 梁漱溟:《告山东乡村工作同人同学书》,见中国文化书院学术委员会编:《梁漱溟全集》第6卷,济南:山东人民出版社1993年版,第43页。

② [美]艾恺采访,梁漱溟口述,一耽学堂整理:《这个世界会好吗:梁漱溟晚年口述》,上海:东方出版中心2006年版,第223页。

③ 梁培宽:《梁漱溟先生纪念文集》,北京:中国工人出版社1993年版,第88页。

除此之外,还有许多研究院教职员及学生以个人名义参加各种团体,从事与抗敌救亡有关的工作,如在鲁南有公竹川、黄孝方、李鼐、赵继之等,在鲁西有徐怀盛、姚树声,在鲁东有王凤山、赵勤、张华涛等。虽然这些敌后的斗争活动已经不再打着"乡村建设"的旗号,但这些原乡建工作者均为抗敌工作做出了自己的贡献。

相比于山东乡村建设研究院,另一个乡村建设运动的中心——定县平教会应对战争的准备则相对及时,在抗战全面爆发前,平教会就着手在华中、华南等地开辟新的实验区,抗战全面爆发后又将工作陆续转移到西南大后方,这也构成了乡村建设工作者群体的另一大走向。

自1935年下半年起,平教会鉴于华北局势的危急而逐步转移工作,除继续坚持定县的实验外,有计划地将总会和部分工作人员南撤到华中、华南和西南一带。与此同时,广西、广东、湖南、四川、江西等省当局也纷纷邀请平教会派人协助他们推进乡村建设工作。经过考察后,晏阳初认为广西、湖南、四川的条件比较成熟,遂决定除留一小部分人坚持定县实验外,其余大部分人员转移到广西、湖南和四川开展工作。1936年6月平教总会正式自定县迁往长沙,同年7月协助湖南省政府成立衡山实验县。七七事变后不久,定县沦陷敌手,留在当地的平教会职员一部分参加敌后工作,一部分陆续迁往长沙。1938年9月,平教会在湖南泸溪设置临时办事处。1939年8月泸溪办事处撤销,12月迁至四川巴县歇马场。1940年2月开始筹办璧山实验区,作为将来乡村建设育才院学生实习场所,次年4月璧山实验区在来凤驿开始工作。1946年11月又成立华西实验区,从事综合性的乡村建设实验区工作。①

在开辟大后方新的实验区的同时,平教会对乡建人才的培养也极为注重。1939年3月,平教会出于"一方面继续充实学术上之研究,随着时代潮流、社会需要来努力改进,一方面更要把我们以往研究实验的宝贵经验、心得,传授给一般有为有志肯牺牲服务于农民的青年们,使能对改造农村、复兴国家的

---

① 《中华平民教育促进会大事记》,见政协河北省委员会文史资料研究委员会编:《河北文史资料选辑》第11辑,石家庄:河北人民出版社1983年版,第96~99页。

基本工作有所贡献"①的目的,在重庆成立中国乡村建设育才院筹备处,并选定重庆近郊歇马场为院址。因平教会在抗战初期人力物力损失惨重,晏阳初不得不多方奔走以争取社会的支持和赞助。经过不懈努力,平教会邀请了各方面代表人物如张群、蒋梦麟、翁文灏、熊式辉、张治中、陈布雷、甘乃光、蒋廷黻、黄炎培、卢作孚、梁漱溟、梁仲华、陈筑山、张伯苓、晏阳初等组成董事会,选张群为董事长,晏阳初和卢作孚分别担任董事会秘书和会计,处理筹募经费和建校等重大事宜。②在前后共筹集开办费 38 万余元,并得卢作孚协助在大磨滩征购土地 500 亩作为校址后,1940 年中国乡村建设育才院整体落成,10 月在教育部正式备案,随即招生开学。1945 年后经扩充,发展为独立学院——"私立乡村建设学院"③。

乡村建设育才院可谓平教会所办第一所专门针对乡村建设运动培养人才的学校,晏阳初称其乃"平教会同仁 20 年来之宿愿"。"盖凡为'力'之世界,而'力'之最伟大最基本者,厥惟'民力'。吾国民力之富,举世无双,惜皆潜伏于广大民众身上,急待于开发与培养。自抗战开始以来,'民力'之表现,始为人所重视;吾国以农立国,此种表现,自以农民为主体。平教会素以建设农村,开发'力矿'为一切研究实验之总目标。因此,遂不得不于此种千辛万苦之环境中毅然创办育才院,为国家社会培养大批乡建人才,以为争取最后胜利建设新中国之主力军。"④

育才院独具特点:校址与一般高等学校不同,设在农村且没有校门和围墙,旨在促使学生熟悉农村、了解农民,习惯乡村生活,并培养对乡村建设事业的热情。院系设置也是经教育部长陈立夫特别批准而与当时《大学法》的规

---

① 晏阳初:《办好乡建学院的意义与要求》,见宋恩荣主编:《晏阳初全集》第 2 卷,长沙:湖南教育出版社 1992 年版,第 137 页。

② 谭重威:《中国乡村建设学院的创办和它的特点》,见中国人民政治协商会议重庆市北碚区委员会文史资料委员会编:《抗日战争时期的北碚》,1992 年,第 315 页。

③ 《为本院呈准扩充为独立学院校名改为"私立乡村建设学院"希查照由》,"国史馆"藏,档号:25-00-17-002-01。

④ 晏阳初:《为社会培养大批乡建人才》,见宋恩荣主编:《晏阳初全集》第 2 卷,长沙:湖南教育出版社 1992 年版,第 130 页。

定不同,下设研究部和专科部。研究部收少量大学生为研究生,研究乡村教育和农村经济。专科部第一年设乡村教育和农业两个专修科,学制为两年,1942年后增设水利专修科和社会专修科。除了四个专修科(后改为四个系)所开设的必修专业课程外,还开设有各科(系)共同必修的课程,如"乡村建设概论"、"农村经济"、"社会工作法"、"公共卫生"等。此外,育才院不仅要求学生学习书本知识,还注重通过实地社会调查,参与研究与实验等方式培养学生发现问题、分析问题和解决问题的能力。各系各年级均有实习的规定,有参观见习、调查研究、乡建工作实习、专业实习、综合实习等。平教会为此还特别在璧山县设立实验区,作为学生的实习基地。①

在殷切的希望下,平教会致力于将育才院办成一所有新校风、新教风、新作风的"革命性"大学,承担起转移社会风气、造成诚朴仁勇学风的责任。晏阳初将育才的目标定为:"(一)劳动者的体力;(二)专门家的知能;(三)教育家的态度;(四)科学家的头脑;(五)创造者的气魄;(六)宗教家的精神。"②因此,育才院对学生要求较为严格,所聘教师也有很多是高风亮节之士,不求高官厚禄而愿为乡村建设贡献力量,如农田水利系的白季眉原为复旦大学土木系主任,社会系的任宝祥也是辞去社会部儿童福利科科长之职而应育才院的聘请。在这些因素作用下,育才院中形成了良好的学风氛围,曾任教其中的郑体思对此印象深刻:"乡建院的校风和学风都是好的,提倡求实、求索的治学精神,课堂讨论中,教师鼓励同学发表不同意见,主张言之有理,持之有据,主张谦虚谨慎,诚实做人,不说假话;主张独立思考,坚持真理,不唯书、不唯分、不唯上;提倡大胆思考、勇于探索。"③

从 1942 年到 1945 年,乡村建设育才院的在校人数维持在百人左右,毕业生人数不完全统计,为 115 人。其中女生 14 人,包括教育专修科 45 人,社会

---

① 谭重威:《中国乡村建设学院的创办和它的特点》,见中国人民政治协商会议重庆市北碚区委员会文史资料委员会编:《抗日战争时期的北碚》,1992 年版,第 316~317 页。

② 晏阳初:《为社会培养大批乡建人才》,见宋恩荣主编:《晏阳初全集》第 2 卷,长沙:湖南教育出版社 1992 年版,第 147 页。

③ 郑体思:《中国乡村建设学院和华西实验区》,见中国人民政治协商会议四川省巴县委员会文史资料委员会编:《巴县文史资料》1992 年第 9 辑,第 141 页。

专修科 17 人,农业专修科 36 人,水利专修科 17 人。毕业生除少数分到其他部门工作或充任中学教师外,一部分留院任助教,其余均到璧山实验区(后扩大为华西实验区)参与乡村建设工作。① 抗战爆发后中国乡村建设育才院(后来的中国乡村建设学院)成为平教会新的工作者培养中心,在西南大后方延续着乡村建设工作。

乡建工作者的另一条重要走向则是"奔向延安",加入中国共产党及其领导的新民主主义革命事业。华北事变后,中国共产党鉴于中日民族矛盾上升而国内阶级矛盾、政治矛盾下降的新局势,决定"适当地调整国内国际在现时可能和必须调整的矛盾,使之适合于团结抗日的总任务"②。并将革命的任务及时转变为争取一切可以争取的力量,建立抗日民族统一战线,"争取国内和平,停止国内的武装冲突,以便团结一致,共同抗日"③。而要实现这一目标,则必须动员起包括无产阶级、农民、城市小资产阶级在内的广大群众,"抗日民族统一战线的组成、巩固及其任务的完成,民主共和国在中国的实现,丝毫也不能离开这一争取群众的努力。如果经过这种努力而争取千百万群众在我们领导之下的话,那我们的革命任务就能够迅速地完成。我们的努力将确定地打倒日本帝国主义,并实现全部的民族解放和社会解放"④。革命任务及策略的改变使共产党对同样从事民众动员与组织工作的乡建工作者的态度发生显著改变:一方面在理论层面上,中国农村派对乡建工作者从单纯地批判其改良主义建设理论转变为争取与联合,并提出建立乡村工作联合战线的倡议;一方面则从各实验区入手,对工作者积极进行动员并吸收先进分子入党或外围组织,促进了工作者群体的分化。

---

① 谭重威:《中国乡村建设学院校史简介》,四川省政协文史资料委员会、巴中县政协文史资料委员会合编:《平民教育家晏阳初》,成都:四川大学出版社 1990 年版,第 94 页。

② 《中国共产党在抗日时期的任务》,《毛泽东选集》第 1 卷,北京:人民出版社 1991 年版,第 254 页。

③ 《中国共产党在抗日时期的任务》,《毛泽东选集》第 1 卷,北京:人民出版社 1991 年版,第 255 页。

④ 《为争取千百万群众进入抗日民族统一战线而斗争》,《毛泽东选集》第 1 卷,北京:人民出版社 1991 年版,第 279 页。

有鉴于学校政治环境相对宽松且青年学生文化素质较高,很多人有着改变自身命运乃至改造国家社会的强烈诉求,容易接受民主政治、抗日救国等进步思想,中国共产党各级党组织将动员的重点目标放在各实验区的乡村师范类学校在校学生身上。

1934年夏,为在邹平简师发动师生参与抗日救亡活动,中共山东省委秘密派遣共产党员张俶知、邹眠虹、宫乃全、何为之陆续来到简师、县卫生院,以教师、医生等合法身份秘密开展动员工作。①后失去组织关系的张宗麟也被聘为邹平简师校长,积极组织学生进行抗日宣传活动。1936年春在张宗麟被邹平实验县政府强令出境后,邹平简师被并入山东第一乡村建设师范,学生活动也一时停滞。为继续动员工作与宣传抗日,中共决定调整策略,令党员以学生身份打入乡师内部,动员与组织其他学生。趁1936年8月学校招生之际,中共胶东特委派党员柳运光,寿张乡建师范党组织派党员訾乃全(訾修林),济南第一师范党组织派党员傅同庚同时考入山东乡村建设第一师范特师部,建立邹平乡师特师部党小组,柳运光任组长,积极发展党员,开展工作。在组织读书会的基础上,党小组秘密建立起中华民族解放先锋队(简称"民先")。

"民先"组织是中国共产党的外围组织,发展民先队员的手续不像发展中共党员一样复杂,只要有一名介绍人(党员或是民先队员)即可。填表入队以后,必须按队章办事,紧密团结在中国共产党周围,积极参加抗日救亡宣传及组织工作。②是时表现突出的乡师学生刘瑄(刘怀璞)、苗柏杰、罗琪(张继丙)、戈华(郭念春)、李振江、霍方侠等十余人成为第一批民先队员。③"民先"在校内领导读书会,宣传中共的抗日主张,并团结广大师生,联系进步人士和力量,与校内的语文教员屈忆原,武术教官怀焕文,军事教官杜永辉、王鸿章,美术教员王子正,合作社罗子为,卫生院共产党员何为之,实验小学进步教师梁

---

① 刘士合主编:《中共邹平地方史》第1卷,北京:中国档案出版社2005年版,第16页;中共邹平县委党史资料征集研究委员会编:《中共邹平党史大事记(1925—1949)》,北京:中共党史出版社1991年版,第12页。

② 刘士合主编:《中共邹平地方史》第1卷,北京:中国档案出版社2005年版,第27页。

③ 山东省邹平县地方史志编纂委员会编:《邹平县志》,北京:中华书局1992年版,第209页。

君大、邹晓青、邹德馨、邹德慧等都保持着经常的联系和接触。①继"民先"成立之后，1937年7月，从苏州国民党监狱释放后来邹平的共产党员刘靖与乡师共产党员邹德馨、刘瑄等人又秘密组建起"邹平抗日青年团"，刘靖任青年团书记，邹德馨任副书记兼妇女部长，刘瑄任组织委员，苗柏杰任军事委员，夏尚志任宣传委员，发展柴启尧、李峰等第一批团员40余人，积极开展武装斗争的准备工作。②在中共领导下，民先及抗日青年团成为学校内进步思想传播与活动组织的中心。

宛西自治派与国民政府之间的矛盾也使中共获得了一定的发展空间。1933年宛西乡师创办后，中共即派党员进入该校开展活动，在师生中间宣传抗日主张并努力发展党的组织，吸收优秀分子入党。1933年3月，中共镇平县委派县委委员郭同昌（又名郭曙光）考入该校，令其以上学作掩护从事筹建党组织的活动，同时利用一切有利时机，在学生中宣传马克思主义及党的方针政策。同年4月，郭同昌经过考察了解后发展了该校五班学生张长年（张明三）加入中国共产党。1934年春，邓县穰东学校共产党员高书习和闫文甫考入该校，又介绍九班学生张济康（张保岑）入党。随着党员人数的增加，1934年5月成立了宛西乡村师范学校支部，郭同昌任书记，张长年任组织委员，有党员5人。1934年秋以后，郭同昌被调往南召县任区委书记，学校党支部书记、宣传委员等改由张长年、张济康、王聆音、赵寅尧等接任，继续发展党员。1935年冬因学校合并，原宛西中学党组织③转移到宛西乡师内，在校党员人数最高时曾达到48人，分为6个党小组。④

---

① 刘士合主编：《中共邹平地方史》第1卷，北京：中国档案出版社2005年版，第19页。

② 山东省邹平县地方史志编纂委员会：《邹平县志》，北京：中华书局1992年版，第232页；曲延庆：《邹平通史》，北京：中华书局1999年版，第269页。

③ 1933年8月，地下党员李之瑾、杨廷弼、张宛平、梁玉双、任宝贤等考入宛西中学，建立了中共宛西中学支部，由张宛平任支部书记。（中共镇平县委党史工作委员会：《中共镇平党史大事记1928—1949》，1991年版，第22页。）

④ 王瑋璋：《宛西乡师党组织的演变与活动》，见中共河南省委党史工作委员会：《中原大地发春华（下）》，郑州：河南人民出版社1991年版，第169~170页。

在学校党支部领导下,宛西乡师各班以党员和进步学生为骨干,编写《火炬》、《汇流》、《谁是我们的朋友？》等刊物及《大众》等墙报专栏,发表宣传救亡的文章。成立"天明剧场",全团40多名成员中有三分之二是党员,由教师张景福担任团长,党员、中师学生王聆音担任副团长,排练《火》、《放下你的鞭子》、《血泪仇》、《山河泪》等抗日话剧,在学校及周边地区演出,推动抗日救亡运动的发展。此外,还建立起"中华民族解放先锋队"、"青年救国团"等外围组织以培养骨干,壮大党组织。①

随着进步思想的传播以及各级党组织的不断努力,乡建区的动员工作颇有成效,很多乡建工作者经培养、锻炼成为共产党员或"民先"队员。尽管无法统计出详细而又精确的数字,但上述资料已然证明这些工作者在乡建区成为一股推动抗日救亡与革命运动的重要力量。不过,因多属各校在校学生,活动尚受一定限制,所做工作也多侧重于宣传方面,所需要的仅仅是一个时机。

1937年7月7日夜,日军炮轰宛平城,中国守军第二十九军第三十七师第二一九团奋起还击,从而拉开了中华民族全面抗战的序幕。面对民族生死存亡的关头,国民党军队节节败退甚至不战而逃,使得部分原本寄希望于国民政府领导抗战的乡建领袖大失所望,如梁漱溟所言:"日本人来了之后,全国有一种崩溃之象……就是都不行了,上海退南京,南京退武汉,北京、天津都沦陷了,山东也沦陷了,全国人都是在逃难,你逃难,我逃难,大家各自逃难,崩溃,好像无主了。蒋的政府眼看没有什么能力,没有什么办法。我对他很失望,对南京政府很失望。"②甚至乡建领导者之间在抗战问题上也产生矛盾与分歧,原任邹平实验县县长的徐树人对此直言不讳:"到汉口,与梁漱溟先生及梁仲华、孙则让、黄艮庸、秦亦文等见了面。大家都无话可讲。情绪都不好,相互间都有些意见。孙则让对我没有带武装到鲁西归队不满意。我对他集合人和枪跟韩复榘逃跑不满意。最讨厌的是秦亦文等人,他认为我和孙则让都有武装,没有运用武力和敌人打一下,为乡村建设运动者争点面子。我想你

---

① 王瑝璋:《宛西乡师党组织的演变与活动》,见中共河南省委党史工作委员会编:《中原大地发春华(下)》,郑州:河南人民出版社1991年版,第172~173页。

② [美]艾恺采访,梁漱溟口述,一耽学堂整理:《这个世界会好吗:梁漱溟晚年口述》,上海:东方出版中心2006年版,第80页。

不是很早就高唱打游击吗？为什么老早就跑了呢？总之互相责备,事实上糟糕的程度都差不多,谁也不比谁强。"①相反,中共坚持抗战的主张以及抗日民族统一战线政策则越来越受欢迎,一些乡建上层人物也转向共产党,到当时的革命总根据地——延安②寻求应对危亡的办法与新的出路。

1938年初时鉴于国共已然达成第二次合作,梁漱溟遂在征得蒋介石同意后前往延安进行考察。梁漱溟自认为是"要求社会改造的人",始终同情共产党改造社会的精神,但极为反对共产党不了解中国社会而一味借用国外阶级斗争等手段与方法。面对共产党改武装斗争为统一战线的策略转变,梁漱溟一方面表示欣喜,一方面又对这种转变"是否靠得住"以及如何实现国家统一等问题心存不解,因而此行之目的则在于:"其一所谓考察者,不是考察别的,是专为考察共产党的转变如何。其一所谓交换意见者,不是交换旁的意见,是

---

① 徐树人:《我担任邹平实验县县长的前前后后》,见山东省政协文史资料委员会、邹平县政协文史资料委员会编:《梁漱溟与山东乡村建设》,济南:山东人民出版社1991年版,第108页。

② 延安是陕甘宁边区政府所在地。刘志丹、谢子长等1933年到1935年先后建立了陕甘边区和陕北苏区,并组建起红二十六军和红二十七军。在革命斗争中,两地区的党组织和红军相互配合,互相支援,1935年2月成立中共西北工作委员会和西北革命军事委员会,统一了西北革命根据地和西北红军的领导。在粉碎了国民党对陕甘边区的第四次"围剿"和陕北苏区的第二次"围剿"后,解放了安定、延长、延川、安塞、保安、靖边6座县城,使两块革命根据地连成一片。1935年10月,党中央及中央红军经过长征到达陕甘苏区,纠正当时"左"倾肃反错误,并经过直罗镇战役,全歼东北军第一〇九师,彻底粉碎了国民政府对西北革命根据地的"围剿"。从此,西北革命根据地就成为中央红军和各路红军长征的"落脚点"和抗日战争的"出发点"。为了统一和加强对西北各省苏维埃运动的领导,党中央决定成立中华苏维埃共和国中央政府驻西北办事处。抗战爆发后,由中国共产党领导的,以国共两党合作为基础的抗日民族统一战线形成。为了团结全国人民一致抗日,党中央决定把苏维埃政权改为抗日民主政权。经过国共两党和平谈判,1937年9月,中共中央领导机关所在地陕甘宁根据地,根据国共两党协议,由苏维埃政府改名为陕甘宁边区政府,是中国共产党领导的中国人民抗日战争的指挥中心和敌后抗日根据地的总后方,红军改为八路军和新四军。1937年10月,陕甘宁边区发布政府命令——《成立延安市政府》:延安市为边区政府所在地,关于市政、公安、防空、消防、卫生、建设等工作极其重要,特根据市民要求组织延安市政府,受本政府直接领导。兼任命马南风为延安市市长,刘护贫为延安市公安局局长。(陕西省档案馆、陕西省社会科学院合编:《陕甘宁边区政府文件选编》第1辑,北京:档案出版社1986年版,第1~2、28页。)

专为求得国家进一步的统一,而向中共负责人交换意见。"①

到延安后,梁漱溟与张闻天、郭洪涛等中共要人交换了意见,也与毛泽东进行了前后八次谈话,而且一般是两个小时以上乃至通宵达旦的长谈。尽管在中国社会性质以及阶级斗争等问题上,梁漱溟与毛泽东各持己见,相持不下,但此次陕北之行使梁漱溟对延安有了一定了解与好感,"然而在极苦的物质环境中,那里的气象确是活泼,精神确是发扬。政府,党部,机关,学校都是散在城外四郊,傍山掘洞穴以成。满街满谷,除乡下人外,男男女女皆穿制服的,稀见长袍与洋装。人都很忙!无悠闲雅静之意……一般看去,各项人等,生活水准都差不多;没有享受优厚的人,是一种好的风气。人人喜欢研究,喜欢学习,不仅学生。或者说人人都象学生。这又是一种好的风气。爱唱歌,爱开会,亦是他们的一种风气。天色微明,从被窝中坐起,便口中哼啊抑扬,此唱彼和,仿佛一切劳苦都由此而忘却!人与人之间情趣增加,精神上互为感召流通"②。

更为重要的是,梁漱溟对于中国革命的前途也有了新的认识。到延安之前,目睹国民党军队丢城失地、狼狈逃窜景象的梁漱溟对抗战前途相当悲观,但在谈话中毛泽东向梁漱溟分析了各方力量的对比、强弱的转化、战争的性质、人民的力量等问题,并得出抗战前途非常乐观,中国必胜而日本必败的结论,又使梁漱溟深受鼓舞。"可以这样说,几年来对于抗战必胜,以至如何抗日,怎样发展,还没有人对我作过这样使我信服的谈话,也没有看到过这样的文章。蒋介石的讲话、文告我听过、看过多次,个别交谈也有若干次了,都没有像这一次毛泽东那样有这么大的吸引力和说服力。我说这些,毫不带主观上的随意褒贬,而是历史事实。"③受此影响,梁漱溟开始正视抗战的问题,并在离开延安抵达徐州后写成《告山东乡村工作同人同学书》和《山东乡村工作人员抗敌工作指南》,合为小册子印发,开始着手指导散落敌后的乡建工作者进行抗战救国的工作。

---

① 梁漱溟:《我的努力与反省》,桂林:清江出版社1987年版,第139页。
② 梁漱溟:《我的努力与反省》,桂林:清江出版社1987年版,第139~141页。
③ 汪东林编:《梁漱溟问答录》,武汉:湖北人民出版社2003年版,第84页。

在梁漱溟考察延安后不久，堵述初也主动向平教会申请前往延安进行参观，其原因一方面是自身思想倾向的转变，从1928年大学毕业后即加入平教会到1937年离开定县迁往长沙，他自述"近十年的定县工作中，思想上也有一些变化"；另一方面则是受黄齐生①的影响而对延安心生向往，"1938年三四月间，黄老先生由延安返回贵州老家路过长沙，我和黄先生得以再见。黄先生说起延安情况，使我欣羡不止。黄老先生便劝我到外面走走，最好到延安。由于黄老先生的鼓励，我便萌生了'静极思动'的意念"②。而平教会也出于"考察中共在延安地区的政治设施与文化活动情况，以供平教会在抗战期间工作的参考"的目的批准了堵述初的申请，遂成行。

1938年5月22日，堵述初与孙伏园之子孙惠迪、孙惠畴抵达延安城。随后参观了解了边区的政治制度、民政、财政、教育、司法、建设以及工作人员生活等情况，并在6月13日晚与毛泽东就平民教育的前途进行了一次长谈。堵述初略述了平教会实验工作的性质、私人学术团体的立场以及政治社会环境的困难，并说明平教运动的发展不但系于本身工作的努力，而且希望得到外部力量的推进。毛泽东则指出政治是最基本与最主要的问题，平教工作的大规模发展必须先有为平民服务的政治，一切推行方法尚在其次，并表明"共产党

---

① 黄齐生（1879—1946），贵州安顺人，原名禄，又名鲁连，字齐生，号青石，晚年号石公，教育家。早年在贵州达德学校任教，辛亥革命前夕与自治党、宪政党联系共谋起义。贵州宣布独立成立军政府后辞不就官，1913年出任达德学校校长，1915年转任监学，曾赴昆明、香港、上海等参加讨袁活动。后一直在教育界认职。1929年初赴南京，在晓庄学校与陶行知共事。1931年任昆山徐公桥农村改进实验区总干事，兼农村改进讲习所主任。此后相继到山东邹平乡村建设研究院及河北定县中华平民教育促进会担任文史教席。1934年秋任中华职业教育社漕河泾农学团总干事。1936年回贵州达德学校，积极宣传革命思想，1937年冬赴延安，受到毛泽东等接见，旋仰返滇黔川等省推动抗日民主运动及群众教育事业，且介绍许多青年赴延安学习。1946年2月代表延安各界飞抵重庆慰问被国民党特务打伤的李公朴、郭沫若等人，同年4月8日，与中共代表王若飞、秦邦宪、叶挺、邓发等飞延安途中，因飞机失事遇难。（中国近现代史史料学学会贵阳市会员联络处编：《贵州近现代人物资料》，1997年，第261~262页；王波、李迎选编：《晋绥风云人物名人·英烈卷》，北京：中央文献出版社2007年版，第347页。）

② 堵述初：《回忆一九三八年延安之行》，见中国社会科学院近代史研究所近代资料编辑部编：《近代史资料》总96号，北京：中国社会科学出版社1999年版，第143~144页。

愿做你们的朋友"的态度。从延安回到平教会，堵述初根据参观所得著成《陕甘宁边区考察报告》向晏阳初进行汇报，而晏阳初则"以高昂的激情，倾听我的口头汇报，而且边听边记，全神贯注，手不停挥"①，并命其向在长沙办事处工作的30余名平教会职员进行报告。后又将与毛泽东的谈话记录整理为《毛泽东会见记》一文发表于机关刊物《民间》上，供平教会全体成员了解以及日常工作中参考。

不仅上层领袖的思想与态度发生着转变，对于倾向于共产党甚至已经入党或加入"民先"等组织的工作者而言，抗战的全面爆发及陕甘宁边区政府的成立则为他们提供了一个彻底投身中共领导的新民主主义革命事业的契机，"一批批进步青年，从四面八方涌向延安。'到延安去，到前线去'成为当时最流行、最响亮的革命口号"②。

随着战争形势的急剧恶化，邹平简师的进步师生意识到乡建区已经难以为继，决定转向延安寻求新的出路。实验县县长徐树人也并不表示反对："一次，乡师的学生推举代表来见我，说：'形势紧了，徐先生你有无办法？你若有办法我们就跟你干，你没有办法我们就到延安去。'我答复他们说：'我除了听上级命令办事而外，别的能有什么办法？我不欺骗你们，讲老实话，我没有好办法，你们愿意到延安去我不阻止你们。'"③这些学生遂相互约定取道兖州共赴延安，后因交通阻隔，只有刘瑄（刘怀璞）、苗柏杰、罗琪（张继丙）、戈华（郭念春）、李振江、霍万侠、张玉山七人安全抵达延安，原简师的教师邹晓青、何卫之也已先期到达延安，军事教官杜永辉则进入延安抗日大学进行学习④，而

---

① 晏阳初纪念文集编辑委员会编：《晏阳初纪念文集》，重庆：重庆出版社1996年版，第14页。
② 罗琪、戈华、程雨村：《邹平县简易乡村师范学校师生的抗日救亡活动》，见山东省政协文史资料委员会、邹平县政协文史资料委员会编：《梁漱溟与山东乡村建设》，济南：山东人民出版社1991年版，第234页。
③ 徐树人：《我担任邹平实验县县长的前前后后》，见山东省政协文史资料委员会、邹平县政协文史资料委员会编：《梁漱溟与山东乡村建设》，济南：山东人民出版社1991年版，第105~106页。
④ 罗琪、戈华、程雨村：《邹平县简易乡村师范学校师生的抗日救亡活动》，见山东省政协文史资料委员会、邹平县政协文史资料委员会编：《梁漱溟与山东乡村建设》，济南：山东人民出版社1991年版，第234页。

未能到达延安的其他学生亦根据情况各自奔赴抗日前线,"当地至今流传着'七君子上延安'(指简师刘瑄等七名学生奔赴延安参加革命)和83名秀才投笔从戎的佳话"①。据不完全统计,邹平简师先后参加革命的师生中"担任县团级以上干部职务的有20多人,有10多人在长期的革命战争中英勇牺牲;另外还有许多同学战斗在经济、文化、教育战线上,为中国革命和社会主义建设做出了应有的贡献"②。宛西乡师的一些年龄稍大的学生也在中共地下党组织的培育下"一批批奔赴延安"③。

百泉乡师的新垦文艺社社员在抗战全面爆发后也积极投身于抗日斗争,如田发育(田原)于1937年5月奔赴山西参加抗日决死队,后任牺盟会特派员兼吉县县大队长,次年在与日军的作战中英勇牺牲,年仅19岁。骨干赵文甫(赵文渊)于1937年7月毕业后到洛阳明德初中任历史教员,10月加入中国共产党后在洛阳一带以教员等身份为掩护,积极组织城乡抗日救亡活动并负责指导洛阳《行都日报》内党组织的活动,此外还输送了一批进步青年前往延安。④另一名骨干傅东岱于1938年元月奔赴山西,随后加入中国共产党,先后在山西牺盟会洪赵中心区、薄县县分会和晋西北吕梁剧社任职。1939年底至1940年3月之间,他在延安鲁迅艺术学院与音乐家冼星海合作,创作出《牺盟大合唱》、《山西农民救国会会歌》、《游击小组歌》等作品⑤。这些歌曲在经延安

---

① 李晓黎:《点燃革命之火的人——记张宗麟同志在邹平简师的革命活动》,中共惠民地委党史资料征集研究委员会编:《渤海星火——惠民地区战前党史资料集》,北京华龄出版社1990年版,第169页。

② 李晓黎:《点燃革命之火的人——记张宗麟同志在邹平简师的革命活动》,中共惠民地委党史资料征集研究委员会编:《渤海星火——惠民地区战前党史资料集》,北京华龄出版社1990年版,第169页。

③ 杨廷寅:《宛西乡村师范和宛西自治的回忆》,见政协河南省委员会文史资料委员会编:《河南文史资料》1988年第25辑,第10页。

④ 河南省地方史志编纂委员会编纂:《河南省志》第60卷《人物志(传记上)》,郑州:河南人民出版社1995年版,第257~258页。

⑤ 秦启安:《辉、汲两县历史上的村治运动》,见政协新乡市学习和文史资料委员会编:《新乡文史资料》2007年第16辑,第188页。

鲁迅艺术学院音乐系、晋西北吕梁剧社传唱后流行于各地，起到了较强的鼓舞抗敌士气的作用。

任何一个社会群体的产生、分化与消失都与时代环境息息相关。20世纪二三十年代的乡村危机促成了乡建工作者群体的产生，而30年代中后期中日民族矛盾的上升又促成了群体的分化。随着华北地区乡村建设运动的停滞与瓦解，工作者群体也最终分化成若干股力量，一部分转移大后方开辟新的实验区延续乡村建设工作，对于另一部分深受进步思想影响的工作者来说，救国救民的志向与革命道路逐渐融合，"奔向延安"成为一种必然的选择，而加入国共两党领导的抗日斗争的乡建工作者尽管社会角色产生变化，所承载的建设乡村使命不复存在，但以往乡村工作的经验与作风得以保留，在领导与从事基层革命等事业时更为得心应手，为中国革命的胜利、民族的解放继续贡献着力量。正如罗加正之总结："抗战初期，山东省地方抗敌工作，多为乡村工作人员所领导……他如河南西部，陇海道上，从事抗敌工作者，亦颇不乏其人。其于抗战中未能特别显示出其工作者，以其多参加地方政府工作，本身并未另立组织系统。此从党派观念来看，或为其自身之缺点，若从整个民族对敌抗战而言，并未失其作用。其散布于大后方者，多从事教育及农村经济工作。"①

---

① 罗加正：《乡村建设派》，《再生》总104期，1945年，第27页。

第七章 CHAPTER SEVEN

乡村建设工作者群体的再审视

　　自 1926 年到 1937 年底,以定县、邹平、宛西为代表的华北地区乡村建设运动风起云涌,引来了社会各界以及政府的关注与参与。十余年的建设工作虽在复兴农村经济、推进教育文化、普及医疗卫生等方面取得一定成绩,但远未能达到预期的动员、组织民众,振兴农村,复兴民族的目的。抗战爆发后,杨开道也进行了深刻的检讨:"乡村建设运动虽然由知识份子所发起,由知识份子与领导,然而乡村到底是农民的乡村,必需引起农民自动工作,产生农民自身的领袖,方能称为真正乡村建设工作。关于这一点,燕京南开那些学术团体固然是有意忽略,而定县山东方面成绩也不很好。只有河南宛西各县比较有一点地方力量,产生了几个地方领袖。"①造成这种结果的致因无疑是多方面的,其中乡

---

① 杨开道:《乡村建设运动过去的检讨》,《现代读物》第 4 卷第 8 期,1939 年 8 月,第 10 页。

建工作者本身的数量、动机、能力等因素的影响至关重要，以上各章也基本围绕这一问题展开分析与论述。不过同样值得考虑的是，作为乡建事业的承载者、路线方针贯彻者，工作者群体的生活状态、工作活动、社会地位、处境及工作成效至少在两个方面提示着民国时期乡村建设运动的深层问题，即在乡村建设过程中如何处理社会与政治力量以及制度与人情之间的关系。

第一节 政治力量与社会力量：乡村建设力量的选择

ERSHI SHIJI ZHI ZHONGGUO

乡建工作者群体是乡村建设运动的主体力量，其政治地位与工作得失反映的是乡建工作应如何处理社会与政治力量之间的关系问题。乡村建设运动起初是一种社会自发型的运动，推进建设事业的工作者也多为自愿参与的知识分子，没有政治身份、地位与权力，因而在开展工作时常常遭到政府猜忌、豪绅阻挠，使工作成效大打折扣。从乡村建设发展到县政建设阶段后，部分乡建机构变成政府机关，而工作者则成为行政人员。政治力量的介入虽使乡建工作受到的障碍大大减少，但又出现机构"衙门化"与工作者"职业化"等现象，部分建设事业的开展也蜕变为政令的推行。这实际上形成一种悖论：乡建工作进展不顺利则难以推进，进展顺利则无法收到实效。

在乡村建设基本动力的选择上，邹平、定县、宛西等地的乡建领袖起初普遍认为事业的开展应借助知识分子、学术团体、教育团体乃至地方势力等社会力量而不能依赖政治力量。如梁漱溟始终坚持乡村建设天然是一种社会运动，要靠知识分子来引导、靠乡村自身为主力，不能寄希望于政府主持，"政府最贤明的政策，是间接的与这种运动以种种的方便，而助成其事，却不是政府包揽负责来作。——此固为社会形势所不许，事实上无论如何不会有的。社会一般人如果以此期望政府，便是增加乡村的破坏。政府如果真这样负责直接来作，便增添政治的纷扰并且扰乱社会。我们祝望政府当局有此自觉，而善用他的力量！"①而晏阳初所领导的平教会本身就是一个私人学术团体，人员与经费来自社会各界乃至国外基金，先致力于推广平民教育，后转为从事整个的乡村建设事业，在定县进行研究与实验性质的工作。宛西的情况虽稍显特殊，但归根结底地方自治也是以地方精英为主导，动员地方力量而得以开展。

1933年后，定县、邹平两地转化为县政建设实验县，但依然回避政治力量的使用。在邹平实验县，由乡学村学组织取代各级行政机构，力图实现"教育机关化"，"此教育机关化的县行政统系，愈到下级（如村学）愈成为教育机关，愈到上级（如县政府）愈不能不带行政机关性质而已。愈到下级即愈近社会而直接民众，愈应当多用教育功夫而不用行政手段"②。梁漱溟也一再强调教员、辅导员等一线工作者应把握乡学村学的基本组织精神，将乡学村学视为教育机关而不是地方自治组织或下级行政机关，多用教育力量而不是政治力量，"辅导员虽代表县政府，像是个行政人员；但与其说为行政人员，（毋）宁说为教育人员"③。

在研究院领导下的另一个实验县——菏泽实验县，因匪患严重等特殊原因而采取了以乡农学校直接作为县以下行政组织的做法。"他的校长教员都是由我们派去的，把一县分成若干乡，每一乡设一个乡农学校，去作训练民众的工夫。从一方面说是民众教育机关，社会教育机关；从另一方面说又是下级行政机关。这个乡农学校，好象是一个小县政府，凡是县政府的命令，都是经过乡农学校传达到乡村，所以含着启发地方自治的意思少，而是凭藉着行政的力量去作社会改进"④。在研究院的领导者看来，这种借助政治强制力的做法仅是一种权宜之计而非最终方式，并告诫教职员始终牢记教育才是运动成功的根本所在，"现在所作的事，只算是乡校的一部分，而此一部分又几乎都

---

① 梁漱溟：《乡村建设是什么？》，见中国文化书院学术委员会编：《梁漱溟全集》第5卷，济南：山东人民出版社1992年版，第377页。

② 梁漱溟编：《村学乡学须知》，邹平：山东乡村建设研究院出版股1935年版，第26~27页。

③ 梁漱溟编：《村学乡学须知》，邹平：山东乡村建设研究院出版股1935年版，第27页。

④ 梁漱溟：《我们在山东的工作》，见中国文化书院学术委员会编：《梁漱溟全集》第5卷，济南：山东人民出版社1992年版，第1015~1016页。

是偏于行政方面的事;至于真正乡校要作的,那基础的教育的事业,现在才算刚在萌芽。如果我们以为乡校只是这样了,那便是自塞其前进之路。真正圆满的乡农学校,是要在能启发出乡间自身的力量,而能作到乡间一切事业推动之中心的。我们虽然与乡校以政治力,但却要知道是为著掩护教育,其本身只是手段而非目的"①。

1933年7月,河北省县政建设研究院成立,下设调查、研究、训练与实验四部,实验部即定县实验县,部主任兼任县长。研究院的机构设置出于平教会的设计,很多重要职员也由平教会骨干担任,如院长由平教会干事长晏阳初担任,实验部主任兼实验县长则由霍六丁出任。尽管存在着人员上的重叠,但平教会认为两者的性质存在着明显差异,"研究院系河北省政府根据中央的法令和选定实验区的条件而创设的,其性质完全是政治的,欲以定县作河北全省之县政改革的出发点。平教会是私人创设的教育学术团体,其工作完全是社会的教育的学术的性质,其目的在从人民生活里研究实验出一种民族改造的基本方案,贡献与政府及社会作参考或采用。这是工作性质显然不同的地方"②。并澄清两者在法律地位、经济事务上没有关系,只是在实际乡村建设工作方面因双方互相需要而存在较为密切的合作关系,"从平教会方面去看。平教会一切工作的研究实验都是为推行全国着想,所以就不能抛开政治而专讲学术。但政治力量如何运用,和运用什么政治力量,都非从政治本身作一番研究实验的工夫不可,然此则非平教会所能兼顾的事。于是则不得不借重研究院的力量去作推行和应用的实验;——这是平教会需要研究院而与之合作的地方"③。进入县政建设阶段后,平教会在推广实验这一问题上转而与政府合作,谋求政治与学术的结合,以期达到"政治学术化,学术事业化"的目的,同时保持着自身在其他方面的独立性,在定县继续进行着研究与实验工作。

---

① 高赞非:《乡农学校的渗透运动》,《乡村建设》第3卷第30期,1934年6月,第3页。

② 晏阳初:《中华平民教育促进会定县实验工作报告》,见宋恩荣主编:《晏阳初全集》第1卷,长沙:湖南教育出版社1992年版,第344页。

③ 晏阳初:《中华平民教育促进会定县实验工作报告》,见宋恩荣主编:《晏阳初全集》第1卷,长沙:湖南教育出版社1992年版,第345页。

梁漱溟、晏阳初等人回避政治力量而主要依靠动员社会力量来进行建设的选择并非出于个人的喜好或说主观臆断,而是基于对历史发展的认识及对社会现状的判断。

其一,站在社会的立场可以自下而上地发现农村、农民的问题,使乡建事业能适应乡村社会的需求。在近代以来城乡关系日渐分离的时代趋势下,各级政府与乡村社会也渐行渐远,再加上政局的动荡,使历届政府无暇也无法顾及乡村社会的发展,略有复兴农村的举措也往往不能适应农村、农民的需求。"近年来,中央主政人员大多不谙地方情形,往往为表示中央地位尊严而发命令,对于命令所包含的人才经济与效用顾虑不周,结果命令愈多,地方对于中央之信用愈失。时至今日,中央各部,皆有号令不出都门的痛苦,其错误固不尽在地方。"①

强令推行既定措施虽能取得一定的表面成效,但体现的只不过是政令的贯彻,不仅无法促使民众自觉参与,还导致民怨载道。更何况通过政府公职人员推行乡村事业不可避免存在着被迫下乡或追求政绩等心理,不能全心全意为乡村复兴计。如王伯平就认为在山西以政府力量推动村治的做法并不现实,"像山西的确政府绞脑汁,挖心血的用尽了苦心了,而结果只能推行法令而已,人民依旧不能自治。况乡村自治的完成,须在农村经济农民教育有相当的增高时才可能,当着现在农村大崩溃的过程中,怎样能去谈地方自治? 政府方面的进行方法,也多是训练人才后,即委以区长,或其他名目,他们是有所为而来,他们是有所恃来,他们虽到民间,但是他们不是为甘心到民间而到民间;他们之到民间,只是完成他某种目的的手段,他完全是个无生气的,如何能推动乡村前进? 故从这几面看,政治推进乡村是不可能的"②。相反,如果运用社会力量,以一般社会人士的身份深入民间则能自下而上地发现农村、农民所存在的问题,择其紧要者加以解决,可使建设事业收事半功倍之效。"假如我们站在政治立场,或政府的地位,人民便不敢开诚接谈,假如我们自己站在人民立场,至少是人民认为没有利害冲突的朋友,便可无话不谈,无孔不入

---

① 陈志潜:《内政部卫生行政技术会议》,《民间》第 1 卷第 3 期,1934 年 6 月,第 12 页。
② 王伯平:《邹平实验县概况(续第四期)》,《复兴月刊》第 2 卷第 5 期,1934 年 1 月,第 5~6 页。

了。虽鞭之长,不及马腹,每个乡村,每个农民的问题,不是站在政治的立场,站在政府的地位,可以澈底了解的。"①

其二,运用社会力量有利于接近民众、动员民众,奠定乡村建设运动成功的基石。乡村建设运动成功的关键在于促进民众自发参与,以往政治环境的恶劣使农民"畏官"心理严重,一旦借用政治力量,则农民对运动避之犹恐不及,更遑论积极主动地参与。同时,政治力量带有强制性,即便是推行一些并不能与农民所需所愿相契合的措施时,农民也只能被迫接受、敷衍了事,造成民众动员工作出现"大推大动,小推小动,最后推亦不动之局面"。"因为政治是带有强制性的,机械性的,他只能叫人如何如何,不能引导人如何如何。所以从政治上作出来的事情,大都只有形式而没有内容,此即因其本身缺少内在的精神故。因此政治上的力量用的越大,而民众越成被动的;越强推他动,他越不能自动。"②此其一。而工作者及工作本身也不免因行政体制的约束而受到不良影响,"民众对运用行政力量的乡村运动团体或乡村工作者不能有亲切的同类感,而会在情绪上发生迁就、畏惧、躲闪或甚至憎恶与怨怼;那自然不能发动他们起来,使凝成伟大的力量了;此其二。乡村运动工作通过行政机构,则它底动力势必受那套家伙的限制,既不能发出很多匹的马力,并且也失了因机肆应的能动性与随地发动的扩展性;此其三"③。

由此,从动员民众的角度看,开展建设事业最好的方式是站在社会立场、运用教育手段,将建设与教育打成一片,"教育与建设,是在相关系的,是从事乡村工作的所应具的两个最大立场。用简单的方法来解释,破产的农村,我们应当从各方面把他建设起来;但是要谈建设,是要用教育的力量,把建设的知识,建设的能力,乃至建设的精神,灌输给农民,而建设的事业才能长久,才能真正上轨道,而达到从事乡村工作的最后目标。就是说能够使农民自动的起

---

① 杨开道:《乡村建设运动过去的检讨》,《现代读物》第4卷第8期,1939年8月,第11页。
② 王湘岑:《菏泽实验县宝镇乡乡农学校(下篇)》,《乡村建设》第4卷第25期,1935年5月,第23~24页。
③ 黎康民:《乡村运动与政府农政之分际问题(上)》,《乡村建设》第6卷第7期,1936年11月,第2页。

来，自谋农村的建设"①。

其三，以社会力量为原动力可以保持乡村建设运动的独立性，不为政局动荡等外部因素所累。民国以降，历届政府有统一之名而无统一之实，派系纷争不断而政局动荡不安。有鉴于此，乡建领导者顾虑如将运动与政治相结合，一旦遇到政治波动则难免为其所累，村治派代表人物尹仲材就对此感触颇深。

1929年时他对湖南地方自治情况进行了考察，认为湖南政局变动对地方自治推行将产生极大的消极影响，"湘政局自受讨桂军事影响改组之后，前后政策异趣，而不惜牺牲党义以牵就党人治国的朝令夕改，或自相矛盾之威权滥施，尤足令原有自治计划破碎无余，所以逆料将来训练所同学各回本县设立自治筹备分处时，对于村制人员之养成，和实际建设村制的工作，必不免因经济的掣肘，和党政的纷争，大受其波折"②。由此他号召河南村治学院学生认清村治自始至终是学术思想的产物，村治前途操于学术团体之手，"村制是根据中国伦理学的人生观，由家政推到村政，含有自由创造性的组织，达到全国村村相联，县县相接的时机，便自然合著中山先生所谓'先县自治之成立而后国家机关之成立'的成效，同学们果能如此认定，如此努力，则收效似迟而且速，那末，在今日全国或全省各地政象歧出之下，遇有合着党义治国之助力，固得完成自治使命的便利，即遇著党人治国之纷拿嚣张，他究竟不能禁我学术思想上村制个性的自由发展"③。

更进一步说，政局的动荡使地方秩序陷入混乱，各级政府尤其是县及以下的机构肆意以捐税形式从乡村单向汲取资源，对于乡村社会的发展有百害而无一利，根本谈不上依靠其领导推动乡村建设事业。"中国现在南北东西上下大小的政府，其自身皆为直接破坏乡村的力量。这并非政府愿意如此，实在它已陷于铁一般的形势中，避免不得。乡村建设的事，不但不能靠它，并且以它

---

① 王湘岑：《菏泽实验县宝镇乡乡农学校（下篇）》，《乡村建设》第4卷第25期，1935年5月，第24页。
② 尹仲材：《十八年各地村治工作访问录》，《村治月刊》第1卷第10期，1929年12月，第2页。
③ 尹仲材：《十八年各地村治工作访问录》，《村治月刊》第1卷第10期，1929年12月，第2页。

作个引导都不行。"①

　　立足于适应农村、农民需要的立场，选择社会力量而非政治力量的考虑有着一定的合理性，但自传统到近代，社会本身所孕育的力量可谓先天不足。在独特的政治体制与环境作用下，中国并没有像西欧国家一样产生强有力的"市民社会"，而作为在野的、唯一能与政府（官府）相抗衡的力量——绅士阶层也在皇权凋零后或流向其他社会职业，或蜕变为地方恶性割据势力，能像宛西彭禹廷等人领导地方事业的已属凤毛麟角。仅靠微弱的社会力量开展具有变革社会意味的乡村建设运动，无疑困难重重。

　　从乡村建设开展所需的外部条件看，仅靠社会力量无法抵抗来自基层政府的破坏。如前所述，下乡去的乡建工作者在开展实际工作时因没有适当的政治地位常遭土豪劣绅及政府机关的猜忌与抵制，"乡村建设对于乡村恶势力是不利的。因为不利于他们，所以他们常与从事乡村建设的人为敌，甚至勾结政府，专事破坏……如地方政权不在从事乡村建设的人的手里，而欲铲除乡村一切的恶势力，使乡村建设工作进行顺利，那是很不容易的。……且乡村建设的私人团体，有时反为地方政府所嫉忌，而积极的或消极的加以妨害"②。而推广工作更是难上加难，"年来从事乡村建设的人们，多数不能得到政治上的实力赞助，工作的范围，多局促于一县，一区。工作的范围虽小，工作的困难并不因之减少，帝国主义，国际经济势力，与夫国内不良政治，土豪劣绅，皆足以破坏乡村建设工作。凡此皆有事实的证明，在此不须细说。又因为乡村建设工作，不合于我民族数千（年）来旧习惯，旧文化，不易用力。'满途荆棘'，如何能责望他有大成效呢！"③

　　此外，肃清匪患、维持稳定的地方秩序也是开展乡村建设的一个先决条件，而乡村自卫力非得地方政府提供物资、经费同样不能形成，正如邢广益之总结："民众教育或者乡村建设工作的本身，并没有多大的问题，真正成其问

---

①　梁漱溟：《乡村建设是什么？》，见中国文化书院学术委员会编：《梁漱溟全集》第5卷，济南：山东人民出版社1992年版，第377页。

②　符致逵：《乡村建设与地方政权》，《民间》第2卷第5期，1935年7月，第20~21页。

③　赵冀良：《乡村建设感言》，《大公报》1935年4月28日，第9版。

题的却在中国政治尚未达到清明正轨……社会事业学术事业，它的本身便缺乏很大的力量，同时也要受政治的支配和影响，要想超越政治的力量来谋民众教育或乡村建设，这是绝对不可能的……民众教育也罢！乡村建设也罢！欲责其成功，非政治责任者先造成可以教育可以建设之环境不可；否则，教育终究是粉饰点缀的把戏，纸老虎一经戳破，其效用只让老百姓含着眼泪笑一笑而已，在理论家看来，教育自有深意，不至卑贱若斯；然而教育不能跳出政治圈外，却是颠不破的事实。"①

从乡村建设所取得的效果看，仅靠社会力量往往事倍而功半，无法适应国难日深而救亡急如星火的时代要求。乡村建设极为繁难，所需大量资源投入，仅依靠社会力量却无法完成人力、物力等的动员。伴随乡村建设运动的兴起，旨在呼吁知识分子下乡参与乡建事业的"归农运动"也蓬勃发展，一时间"下乡去"的呼声振聋发聩，但这一时期特定的时代环境同样决定了"归农"难以实现。

近代以来城乡分野的趋势日渐明显而不可阻挡，使两者各成一极，无法形成有机的联合，不解决城乡失衡问题，则不能真正实现"下乡"，"乡间除了可以自由呼吸的空气以外，比都市更没有办法。回到民间去的呼声，唱得不可谓不久，不可谓不响了，结果除去一时的热闹外，便什么都没有了。任何一种运动而单凭热情和义愤是不够的，事物的推演决不管人的热情或义愤，它自己遵循着它内在的法则。因之，可知无论用苦口的宣教方式，或武力的押解，青年的离乡倾向总会是继续下去的"②。吴景超也指出除非能运用政治力量进行人才的统筹安排，否则乡村工作必然会因人才的匮乏而无法进行，"农政局的职务，既然在服务农民，所以他的存立，一定可以吸收一些志在改良社会而不在掠夺社会的智识份子。同时在农政局服务的人，并不是去办慈善事业，他们是可以支薪的，而且所支的薪水，不妨比较一般大学毕业生还要高些，以鼓励那些肯下乡服务的青年，并且也可表示社会上对于这种职务的重视。只有用政治的力量，在中国各县安设这些位置，才可吸收很多智识份子下乡，否则智

---

① 邢广益：《政教合一之先决条件》，《民间》第 2 卷第 7 期，1935 年 8 月，第 17 页。
② 《押解知识分子下乡》，《华年》第 5 卷第 15 期，1936 年 4 月，第 273 页。

识份子，一定都是向都市去，结果乡村中有一部份的工作，必因缺乏人材而无从进行的"①。

事实也确实如此，除少数知识分子能克服重重困难真正深入乡村社会外，大多数则是抱着好奇、无奈或投机的心态来到乡村，从事乡村建设工作。再加上受客观环境及个人能力等因素的影响，未能实现自身的"农民化"，更遑论"化农民"与"动农民"，最后或重归城市，或在实际工作中消极保守、敷衍了事，形成农村中的"特殊阶级"，进而导致整个乡村建设运动在事业与人员的脱节中步履蹒跚，更遭遇社会认同危机。

同时，社会力量的运作方式主要体现为柔性的教育措施。依靠教育进行经济、卫生等方面的建设，所用手段主要是引导与宣传，其成效较之政令的推行显得极为缓慢。在时人看来，这显然与运动所承载的急迫的民族国家复兴重任相矛盾，"我们民众教育战士也真是太辛苦了，自从黎明起床一直到民校散课，几乎无时无刻不和民众周旋，无早无夕在考虑民众问题，实施者固已力心交瘁，埋头苦干，其成绩虽有可观，引起中外人士之注视，但作者终觉猛狮搏兔，费力多而效率少……教育毕竟是柔性的，是王道的，在教育本身，没有很大力量来组织民众和训练民众，它仅仅能够劝导，感化，静待着民众自觉呢！但在这过程中不知耗费几许心血，实施者固感精疲力尽，而成绩尚不十分显著，难免遭人诽议，因之哀怀时感苦闷而莫知所措也！"②

高赞非也认为无论是在经济还是在社会风气方面，近代以来乡村社会是"逐渐向下沉沦，而愈到最近，其沉沦的速度亦是愈行增加"，只用柔和的教育力量来扭转这种"加速度的沉沦"趋势虽并非绝不可能，但极为艰难迂缓，"因为教育方面所用的力量，当然是正面的、建设的，而乡村自身的倾向，却是负面的、破坏的。这个负面的、破坏的力量（如毒品、不良的风俗、穷与紊乱都是），现在正如燎原之火，方兴未艾。正面的建设的力量，不要说培养不起来，即能培养起一点，将也禁不住后一种力量暴烈的摧残"。③显然，要抵制这种负

---

① 吴景超：《农政局——一条智识份子下乡之路》，《独立评论》第64号，1933年8月，第8页。
② 邢广益：《政教合一问题之我见》，《民间》第2卷第2期，1935年5月，第13页。
③ 高赞非：《乡农学校的渗透运动》，《乡村建设》第3卷第30期，1934年6月，第2~3页。

面的力量,就只能借用或直接掌控政治力量,"试看目前中国的下级政治,尤其是乡村镇方面,我们毋庸讳言的说,一方面是紊乱,充分表现无政府的状态,一方面更是污浊……长此以往,民众如何会有组织训练? 政治如何能清明入轨? 所以我们要不客气的把我们的力量加到政治方面去"①。

随着乡村建设运动的深化,事业内容不断扩展,仅靠社会力量所遇障碍也越来越多,许多乡建工作者通过亲历的工作感受逐渐倾向于寻求政治力量的帮助。"从前农村运动的人们,以为教育和政治无关……依他们的经验,以为政府素来就不注意农村,与其求之无功,不如舍之独立。其次则政府不断的更迭,党派均利其所私,一与政治发生关系,政府若有变更,反而影响到辛苦经营的事业。但现在经数年的经验,知道事业扩大,单纯教育的力量,不能独行。农村只管生产,税捐不减,结果还是空虚的;事业只管推行,政治不良,用力还是白费的。反一方面,如果政治良好,和教育相辅而行,她的成功,直是事半功倍,这班教育家现在已有这个倾向。"②这种倾向集中体现在建设方针上"政教合一"口号的出现。

1934年10月在定县召开的第二次全国乡村工作讨论会上,李景汉代表"农民负担"、"自治保卫"、"乡村卫生"三组报告《如何拟订地方自治工作原则及促进方法案》,明确提出建设应采取"政教合一"的方式,"同人咸以为今日谈不到地方自治,必先用教育引发,培养人民新的知识能力,使乡间分子渐次团结,用政教合一的方式发生一力量,由力量过渡到组织,由组织然后才能达到自治"③。专门赶赴定县与会的徐宝谦也感言与政府机关进行合作已成为与会者的共识,"知识分子之下乡也,农青之训练也,其运动之方向,皆为自下而上。此种自下而上之运动,虽极有价值,然设政治势力,不与之合作,或且从而掣其肘,则运动之势力,必极有限。故政治机关与人民机关之合作,实为本运动之急迫要求。利用政治力量,以作有效的推进,此点实为到会者公有之认

---

① 邢广益:《政教合一之先决条件》,《民间》第2卷第7期,1935年8月,第16页。
② 陈公博:《从定县一瞥想到社会的基础》,《民族》第1卷第10期,1933年10月,第1578页。
③ 章元善、许仕廉编:《乡村建设实验》第2集,上海:中华书局1935年版,第36页。

识"①。

另一方面随着运动本身影响力的日益扩大,国民政府出于缓解内外政治、经济压力,整合乡村社会以巩固统治基础等考虑,也迫切有着与之进行合作的意图。1933年时在征求梁漱溟、晏阳初等乡建领袖的意见后,国民政府通过《县政改革案》,设立五大县政实验区,正式推行县政建设。在双方的转向中,"政教合一"成为一种必然的选择与趋势,"现在各地民教机关联络他种势力的工作,却是各别的自由的进展着,为求效能的增大,进展的敏速,最要是政治与教育合一。'政教合一'的口号,近来为社会教育同人呼唤出来了!自内政部颁布实验县条例以来,尤见风靡一时"②。

不过,作为社会团体、私人学术团体而与政府的合作并没有太多先例,也没有相应的经验可循。对于前者来说仅仅是通过工作经历而直观感觉有进行合作的需要,"希望教育政治二种力量合用:这话说的不知道对否,不过在过去的感觉是这样,譬如在行政方面要乡村办一件事,乡村或者当耳旁风,或者怀疑,或者惊怕,总是不能痛痛快快办到;就是用政治力量,逼他作到,至少不免失于硬性,惹得怨声载道。再说,负教育责任者要提倡一件事,就是他知道需要、该办,也是不肯办理,任你说破嘴皮,总是要惹他一个多事的评论。我想二者若能合用,必定事半而功倍,至少无功亦无弊"③。署名为"千秋"的作者也感言:"我始终觉得,只有感化力量才能启迪农民,才能复兴农村。我们已经听了许多的工作同志,他们口口声声喊着'非政治力量不可'!而许多'役吏'们,更真实的说:'非揍不可'!我觉得,用这般人去作乡村工作,只是去堵塞乡村建设的大门,当然,也不能说完全不用政治力量,不过、还得要靠乡村工作者去善用,以辅助力量之不足。"④

这样一种认知是相对模糊的,对于如何进行两者之间的合作尚没有足够的理论探索及方法规划,部分乡建工作者的态度甚至是极为矛盾的,既希望

---

① 章元善、许仕廉编:《乡村建设实验》第2集,上海:中华书局1935年版,第492页。
② 邢广益:《政教合一问题之我见》,《民间》第2卷第2期,1935年5月,第12页。
③ 萧克木编校:《邹平的村学乡学》,邹平:乡村书店1936年版,第260页。
④ 千秋:《乡村工作经验谈》,《乡村建设》第6卷第20期,1937年7月,第3页。

借用政治力以打破障碍,又担忧政治力的介入会破坏工作。停留在这种认知层面,导致"政教合一"进程中问题不断:一方面是乡建体制与具体制度的混乱。政教合一的必要虽已为公认,但具体方式并未有统一规划,高践四就将政教合一的方式归为三种,即教育政治化、政治教育化与政教合作,并希望乡建工作者多加研究,"使政教合一能早日实现,俾不致走错了路道,以后又诅咒政教合一的制度。我以为政教合一的方式如果合宜,必可解决中国政治经济和其他的一切社会问题"①。然而进入县政建设阶段后,各乡建区因认识与理解的不同,导致政教合一的运作方式出现较大差异,如定县平教会在恪守自身独立性的前提下与河北省县政建设研究院进行合作;河南辉县实验区则通过政府机构、社会组织与学术团体的分工协作力谋乡村现代化;未设为实验县的宛西地区则遵循彭禹廷的"三自主义",将社会力量与政治力量融合一体进行着独具特色的建设,甚至同为山东乡村建设研究院领导下的邹平、菏泽两个实验县也存在着较大差别。

政教合一方式上的差异一定程度上导致各地乡建制度与体制出现较大不同,无法统筹并进,在一定程度上影响着乡建团体之间的合作及效能,"乡村建设运动到底是一个社会运动,还是一个政治运动,我们应否参加政治工作,和应否用政治力量去推行乡村建设运动,都是应当先决的问题。因为见解的不一致,于是步骤也不一致,有的永远站在社会立场,有的永远站在学术立场,有的时而站在社会立场时而站在政治立场。这种错乱的步伐,对于乡村建设的前途是有百弊而无一利的"②。

另一个同样严重的问题则是"政教合一"后对政治力量的滥用。政治力量带有强制性,在推行乡村建设尤其是扫除迷信、开展公共卫生等事业时,运用政治力量的收效要远快于教育手段,但弊端则在于存在着脱离民众与社会现实的危险。在进入县政建设阶段后,乡建领袖如梁漱溟等就屡次发出警告,"无论如何,用教育方法是很对的。将来实验区成功与否,就要(看)能否继续用教育方法。假使一旦实验区行政化了,工作人员公务员化了,那就毫无希

---

① 高践四:《政教合一问题之研究》,《民间》第2卷第1期,1935年5月,第7页。
② 杨开道:《乡村建设运动过去的检讨》,《现代读物》第4卷第8期,1939年8月,第11页。

望。因为行政机关是太机械化，不能有进步；不比教育界志愿下乡去办实验区，或者由社会运动团体为主动，有组织，有生气的"①。而实际上，政教合一的根本用意也在于借用政治力量辅助社会力量，为其创造条件、提供保障。

但正因政治力量见效快、阻力小，使得很多乡建工作者在有意或无意中倾向于使用政治力量并流于滥用，一些本应以教育入手的建设事业，如组织合作社、训练青年农民等也强制推行，导致乡村建设事业蜕变为推行政令，偏离了促进农民自为的建设本意。"乡村建设的对象，到底是在人不在事。如果我们忽略了人的价值，则事不论做得怎样多，终属徒然。谈到这点，乡建运动目前有一个亟待解决的问题，就是：本运动与政治力的关系。乡村建设应当利用政治的力量，似乎已经成为一个公认的结论。不过，利用政治力，有极大的危险。因为，政治是重事不重人的。一条公路要修，一种工程要做，在政治家的眼光看来，大可征集民夫，强迫去做。至于这种做法，是否劳民伤财，往往不复顾及。这种例子，各地都有，而在用兵区域，尤属常见。"②这种逐渐凸显出的"行政化"趋势使梁漱溟等人的担忧成了现实，导致乡村建设运动的实际推行与预设路径产生不小的偏差，消极影响的产生在所难免。

单靠社会力量无法在短期内收到改进乡村的效果，走向"政教合一"又出现"行政化"等错误趋向，这实际上形成一种悖论，即乡村建设如果进展困难则难收速效，如果进展顺利又难收实效。其关键致因就在于没有处理好社会力量与政治力量的关系，在两者中间摇摆不定，使两种力量均未能发挥适当作用，"地方的县政或国省的农政就与乡村建设工作没有什么分别；甚至乡村运动的工作机构与国家的中下级行政机构混为一体"，于是"一面形成乡村运动行政化的危机，他方面，政府的农政亦未能树立规模而为有效的设施"③。在国家政权建设一时无法实现，基层政治无法走向正轨的情况下进行乡村建设，"政教合一"首要的着力点应该是确定两者的分际，再实现有机结合。

---

① 梁漱溟：《乡村运动中的三大问题》，《乡村建设》第 4 卷第 27 期，1935 年 5 月，第 6 页。
② 徐宝谦：《乡村运动的精神基础》，《乡村建设》第 6 卷第 3 期，1936 年 9 月，第 2 页。
③ 黎康民：《乡村运动与政府农政之分际问题（中）》，《乡村建设》第 6 卷第 8 期，1936 年 12 月，第 2 页。

到运动后期这一问题逐渐得到认识与关注。1936年底署名为"亦农"的作者发表文章《乡村建设到那里去》,较先直面这一问题。他认为乡村运动的产生源于时代环境的需求,运动初期并没有明确的走向,而在历史、文化乃至社会政治局势的影响下既可以向下发展成为一种中国式的农民运动及民族社会的改造运动,又可以向上发展成为一种地方政治改革及国家农政设施的运动。就当下各处乡村建设实验区的情况来看,由于不是预先设有一种统一的理论或主义而后发起此运动,只是在"各种机缘的凑合及社会的政治的形势之'逼成'与'推演'"下,各自顺着较易通行的方式向前发展,结果则是普遍偏离了社会运动的本意或者说未成功成为一种社会运动。"譬如彭禹廷先生在镇平宛西所领导起来的农村自救运动,本可以发展成为农民的自救运动,而结果成了镇平地方人士的自治;平民教育促进会在定县的农村工作原是以教育青年农民成一团体去进行的——即平民学校毕业同学会——而近年则发展成县政实验;邹平工作,本有其理论,而事实上亦是一种县政实验——虽内容不同——乡村建设在山东的开展,亦并未走向为社会改造的运动,而下级行政化的成份则日趋浓重。"①由此作者感觉乡村建设的走向面临着"重大的歧路","即是不能振起其已微的社会运动的生机,就将发展到成为国家的整个农政,及普遍的地方事业而走到它最高可能的极大限度了"。并表明对乡村建设运动走向的困惑,"现在的问题就是乡村建设要到何处去呢?是一直向着政府方面去呢?或是折回来向着社会去呢?或竟有一'执两端而用中'之道呢?"②

"亦农"的困惑绝非其个人所有,而是此前缺乏"政教合一"理论探索与方法规划的必然结果。紧随其后,黎康民发表《乡村运动与政府农政之分际问题》一文,对乡村建设运动的走向问题进行了深入系统的分析,同时代表着乡村建设思想的新发展。作者认为乡村建设运动不会截然地倒向政府或一直保持社会独立性,两者既不可合一又不能决然分离,而是处于一种"不分亦不合的局势中"③。在演进至"政教合一"阶段后,乡村建设运动已经超出了单纯的社会运

---

① 亦农:《乡村建设到那里去》,《乡村建设》第6卷第7期,1936年11月,第3页。
② 亦农:《乡村建设到那里去》,《乡村建设》第6卷第7期,1936年11月,第3页。
③ 黎康民:《乡村运动与政府农政之分际问题(上)》,《乡村建设》第6卷第7期,1936年11月,第1页。

动,而是"将行政的(或说政治的)改造,放在社会改造之中,或由行政的改造以改造社会",地方的县政或国家的农政、乡政与乡村建设工作在表面上不再有明显区别,甚至不少乡村运动的工作机构与国家的中下级行政机关混为一体。然而两者在性质上又有明显差异:前者是社会运动,后者是行政事务;前者动力发于社会,后者则来自国家权力;前者重在发动社会力量(不限于乡村)改造社会形势,后者重在执行政府政策或计划;前者以农民或说人民为主,后者则以政府机关或行政官吏个人为主。在乡村建设工作中如不处理好两者的关系,就会在"动力"、"立场"乃至"痛痒"等方面产生问题,如乡村运动者的立场应站在农民与乡村社会一方,如此才能代表农民、乡村的利益,进而与农民打成一片。而随着乡村运动团体转变为行政机构,工作者则立于一种官方或半官方的地位,所有的工作都是自上而下要求农民接受,甚至与农民产生对立,失去原有立场。再者,乡村建设运动旨在为农民谋利益,一旦工作者处于官方或半官方的地位,难免与农民、农村产生距离,无法察知农民所需及乡村社会所存在的问题,久之则会丧失复兴农村的热忱而蜕变为一个公务人员。①

基于以上分析,黎康民认为当下最为紧要的问题就是乡村运动者与政府之间,也即社会力量与政府力量之间的"分际"问题,以及乡村运动主体动力之"凝成与生长",并特拟订若干项原则,可谓解决这一问题的初步尝试:其一,乡村运动者与政府之合作应有"主客"之别,也即是领导动力的问题。由于在农村问题上政府往往处于被动或不自觉的状态,乡村运动则有着积极的、自发的力量,因此应以乡村运动为主、政府为客,而乡村运动者应"猛自振拔,在与政府之合作上,保持自身之为主的动力,不可堕居附庸",并紧密结成团体,用团体的力量领导社会、推动政府。其二,乡村运动的工作机构不应与国家中下级行政机构混为一体,乡村运动者也不应全部加入政府机构。合理的方式应为合作方式的参加,为有原则的参加,有政纲的参加,否则容易导致工作者自身的官僚化而失去为农民、乡村乃至整个中国牺牲奋斗的气魄与自主创造的精神,实际工作也会因行政机构之限制不能顺利开展。其三,乡村运动

---

① 黎康民:《乡村运动与政府农政之分际问题(上)》,《乡村建设》第6卷第7期,1936年11月,第2页。

与政府农政之间应有"各自的精神面目"。政府农政偏于强制推行政令,而乡村运动则应着重促进农民自觉并以农民所需为努力方向,忌用权威。①

到1937年5月,梁漱溟在谈"如何促兴农业"时也表达出乡运团体与政府应有分际的思想,进一步丰富了乡村建设理论,即乡村建设中的经济事业如土地问题、金融问题应由政府主持,而乡村运动团体只宜担负教育工作,"在上级各机关服务的人员,或属技术人员,或属行政人员,于作社会运动不甚相近,不一定都加入乡村运动团体。唯有担负教育工作的人,尤其是我所说的乡村教育机关的人,最好都是乡村运动团体的分子"②。梁漱溟认为教育在其所设想的理想社会制度内居最高领导地位,即便是在未能实现这一理想社会之时,教育也应保持相当独立性而不应附属于政权、受政权支配,"这样,乡村运动团体与政府的分野,就是各项行政归政府,而教育归乡运团体;机关属政府(或地方自治团体),而人员属乡运团体。乡村运动既稳定大局形成统一政权于前,而在此进行经济建设之时,它更以教育领着经济建设向前走;一首一尾都是它。它的工作始终以社会大众为对象,要完成它的理想社会,而工具方法始终不离教育。政治经济都在其包涵之中,而超然不身当其事"③。

尽管乡村建设领导者与一般工作者已经意识到乡村建设运动的顺利进行除实现"政教合一"外,尚需更进一步解决社会力量、政治力量如何分际及合作的问题,但留给他们继续深入探索研究、制定方案的时间已然无几。很快,华北地区的乡村建设运动因全面抗战的爆发或停止或转变,对这一问题的学理探索与具体实践也就此中断。不过历史经验是宝贵的,通过工作者的处境、工作情况及乡建事业的走向来看,没有统一的民族国家政权,乡村建设运动不能成功,而没有适当的政治力量、社会力量的分际也极大地约束着运动所能取得的成效。

---

① 黎康民:《乡村运动与政府农政之分际问题(中)》,《乡村建设》第6卷第8期,1936年12月,第5~6页。

② 梁漱溟:《中国之经济建设(续)——乡村建设理论第三段》,《乡村建设》第6卷第16期,1937年5月,第10页。

③ 梁漱溟:《中国之经济建设(续)——乡村建设理论第三段》,《乡村建设》第6卷第16期,1937年5月,第10页。

第二节 法治与人治：乡村现代化进程中的"制度"与"人情"

各地乡村建设运动虽在目的、内容及实践方面多有不同，但就宏观主旨而言，却都是致力于"对农村政治、农业经济和农民素质的现代性改造"①。不同学科对"现代化"的定义不尽相同，但核心内容则大同小异，基本可归结为"经济领域的工业化，政治领域的民主化，社会领域的城市化以及价值观念领域的理性化的互动过程"②。就当时的中国农村而言，现代化的路向体现在契约合作型团体组织的形成，农业技术的改进，公共卫生标准的提高以及农民文化素质的提升及观念的转变等方面，而这些转变无不需要一系列制度乃至法令的支持。

然出于对政治强制力的忌惮以及培养民众自发力、组织力的考虑，乡建工作者尤其是山东乡村研究院同人在开展工作时往往不以制度为依托，而以绅士、农民喜好、习惯为基准，极为注重通过拉拢与民众的关系与感情动员民众参与乡建，进而形成一种鲜明的"人治"特点。"我们如果根据理智，虽用十分的能力，只能收一二分的成效，但是，在情感方面，只要用一二分能力，便能收

---

① 虞和平：《民国时期乡村建设运动的农村改造模式》，《近代史研究》2006年第4期，第95页。

② [美]西里尔·E.布莱克编：《比较现代化·译者前言》，杨豫、陈祖洲译，上海：上海译文出版社1996年版，第7页。

到十分的果效。在乡村工作中,理智与情感自然要并重,然在人的关系上说,情感的连系,更是一切工作进行的基础。乡村的人民对于我们如没有情感,就没有信仰,工作就不能顺利的进行"①。梁漱溟在设计乡学村学等新乡村组织时就并不刻意进行硬性约束,"因为这村学乡学意在组织乡村,却不想以硬性的法令规定其组织间的分际关系,而想养成一种新礼俗,形著其组织关系于柔性的习惯之上。所以实验计划中设立村学乡学办法的各条文,其意都很含蓄,且颇富弹性"②。同时强调注重运用情感、道德解决乡村内部问题,"总之,在村学乡学这种乡村组织中,没有监察委员会,亦没有调解委员会;我们把这两项事情都归于学长来负责,让学长来尽监督理事,调和大众的作用。我们为什么要这样安排呢?要紧的一点用意就是:在我们的团体(村学乡学的团体)中,遇有问题发生,不愿意用法律解决的办法,必须彼此有情有义相对待。我们解决纠纷,是要以情义为主,不囿于法律条文。换句话说,我们是要以代表情理的学长来监督教训大众,把法律问题放在德教范围内,这样就对了。这便是我们与现行地方自治组织的一个大不同"③。

在以上述"人治"方式推行建设事业的过程中,制度的重要性被人为降低而且远低于人情关系,"我们要明白,制度机构好比一套机器,机器是得人来用;机器的好坏固然能影响于生产率,可是其原动力还是操之于人……要想使乡下人活起来,岂不是得先要我们干乡村工作的活起来吗?所以小的制度机构的好坏,并没有多大关系;其关系最大的还是在人"④。梁漱溟也认为在乡村推行各种近代制度的时机尚未成熟,"我深悟到制度与习惯间关系之重大,我深悟到制度是依靠于习惯。西洋政治制度虽好,而在中国则因为有许多条件不够,无法建立起来。许多不够的条件中最有力量者即习惯问题。或关系其他

---

① 徐宝谦编:《农村工作经验谈》,上海:青年协会书局 1936 年版,第 82 页。
② [美]艾恺:《最后的儒家——梁漱溟与中国现代化的两难》,王宗昱、冀建中译,南京:江苏人民出版社 1996 年版,第 254 页。
③ 梁漱溟:《乡村建设大意》,见中国文化书院学术委员会编:《梁漱溟全集》第 1 卷,济南:山东人民出版社 1989 年版,第 707 页。
④ 王凤山:《读了任君君的"对于鲁南乡校现行编制之批评及其改进意见"以后》,《乡村建设》第 6 卷第 4 期,1936 年 10 月,第 1 页。

条件而可以包括许多其他条件者即为缺乏习惯这一极重要条件。因为中国社会、中国人(一切的人)缺乏此种习惯,则此种制度便建立不起来"①。

具体来说,"人治"的特点明显体现在实验区各种合作社及其他合作组织的创办与运作上。合作社是伴随着近代资本主义经济发展而产生的一种新型经济组织。尽管五四运动后合作主义思潮盛行一时②,民间慈善机构华洋义赈会也在20世纪20年代初就开始在华北地区组织农村信用合作社,但对当时生活在乡村建设实验区的大多数民众来说,合作社还是一个无法理解的新名词。为了动员、训练民众参与合作社,邹平的乡建工作者认为农村合作社必须契合一般农民的知识与习惯,"合作的对象既是农民,则其组织及办法须处处从农民方面着想,必合乎民情,才能深入民间,打成一气"③,因而应在各个方面变通、简化合作社组织与制度,如在组织名称上应去除执行委员会、监察委员会、社务委员会等称谓,实现名词上的"土住农民化","现在办合作社,固在求农民之进于组织化与纪律化;但组织纪律云者,完全是事实问题,不一定是名词上的关系"④。在组织体制上应求简单化,合作社组织原本相对复杂,下设多个委员会分权制衡以维持平稳运作,但如全盘照搬国外模式,则农民因教育程度不足不仅难以掌握,更增添许多畏惧心理,影响合作社的受众与普及。

在"人治"及"简化"的原则指导下,邹平实验区的合作社在体制设置上均只设有执行人员而无监察人员,致力于通过激发职员的公平、正义感来防止舞弊问题。"盖以中国乡村人不习监察,设等于虚;更以此种监察人员之设置,意在防止执行人员之作弊,不啻对执行人员一种不信任之表示。此种安排不独为中国人之态度所不许,亦且违反合作之真精神,欲期合作社社务进行无私无弊,应积极的从启发职员热心公正从事与社员关心社务两方面着眼,不应徒为消极的防弊牵扯之安排也。"⑤另一方面则极力简化手续,如在邹平特

---

① 梁漱溟:《自述》,见中国文化书院学术委员会编:《梁漱溟全集》第2卷,济南:山东人民出版社1990年版,第19~20页。

② 赵泉民:《20世纪20年代中国的合作主义思潮论析》,《学术月刊》2004年第8期,第89页。

③ 任子正:《谈办合作社问题(一)》,《乡村建设》第3卷第14、15期合刊,1933年12月,第32页。

④ 任子正:《谈办合作社问题(一)》,《乡村建设》第3卷第14、15期合刊,1933年12月,第34页。

⑤ 罗子为:《绪言》,《乡村建设》第6卷第17、18期合刊,1937年6月,第1~2页。

别区抱印庄、郎君庄、李家庄等开办林业公会时,教员深感农民对条文规章之厌恶,"乡下人对于条文本来有些讨厌,即作二次之通过,亦不过仍是照前次之说法将办法重说一遍。招集一个全庄大会,乡人本已觉麻烦矣(此吾人乡校功夫尚未到故也),若于会中更再说些不起动的话,岂不更招讨厌,这一次失了他们的心,下次恐怕拉也拉他不来"①。遂在拟定章规制度之后,只经各庄干部会通过,即从会员大会中推出代表,并呈送建设局进行备案。邹平实验县合作事业指导委员会也明定指导原则:"(一)合作社之倡办在手续上于不背合作原理之范围内,力求简捷,一切以事业需要事实可能为依归。(二)多下教育工夫,少用政治力量,引发乡民之自力。"②

通过"简化"或说"变通"制度的方式推行近代组织,可以说是一种本土化的尝试。在事业初期一定程度上能够适应乡民心理、习惯与乡村社会的承受能力,有利于乡建工作的开展,如上述合作社的组织"从认识中国人的态度与站在合作真理的立场上,对于合作社内部机构而有超常的运用,从认识整个中国问题,对于联合社组织方式而有调和之安排;从运用乡村自力方面着眼而有信仓社之创办。这都是表示邹平合作事业是将学术研究与实际活动扣合为一,希望从实际活动中求出中国合作的新路子"③。但从长远来看,重视人治、忽视制度建构的后果是严重的:

其一,在推行事业的过程中,过于注重"人治"而缺乏制度以提供约束力,导致工作者过于顺应环境而无法改造环境,实际工作因循敷衍,甚至弊病频出。

在合作社的运作方面就因没有相应的监察制度而遭遇很多困难。起初,一些地主和富农借机匆忙组织起合作社,甚至只打着合作社的旗号以便得到县政府的资金援助,"许多合作社没有许可证,也没有有效的账目和审计制度。

---

① 马资固等:《特别区印台乡农学校工作报告》,《乡村建设》第1卷第21~30期合刊,1932年7月,第168页。

② 《(附)邹平实验县合作事业指导委员会实施指导原则及第一年度工作提纲》,《地方自治》第2期,1935年6月,第24页。

③ 罗子为:《绪言》,《乡村建设》第6卷第17、18期合刊,1937年6月,第3页。

他们的贷款数目往往很大,并且不经检查使用意图就予以批准。乡绅们常常从合作社借走大笔款项然后以高利率出借给贫苦农民"①。许多已经成立起的合作社也是组织涣散、运作不畅。"邹平现有之合作社,社务平时大半少有活动,社员对于合作意义不甚了解,时生流动,职员亦多不能尽职,以致社务每多落于一二职员之身,此以棉运社为尤甚,盖由于过去偏重业务经营而忽略组织指导之所致也。"②尽管实验县政府及研究院为这一事业投入大量人力物力,但农民却未得多少好处,一些社会人士对邹平的乡建事业的认同也大打折扣。到 1935 年 9 月《合作社法》颁布后,实验区不得不费力重新改组区内合作社组织使其符合法令,"将村社及联合会之组织,一律改为理事、监事制,并将章程修正之,由本会职员协同合作指导委员会指导员,分赴各村社指导改组,重新登记,前后费时约一月"③。

  在定县展开的实验工作则是个鲜明的反例。平教会注重乡村事业的科学化与制度化,"定县实验的目的,是要找出一套县单位的教育与建设的原则方法,技术与制度,希望能推行到各县……第一我们要介绍科学的技术与办法……其次要推行便利,必须顾到县单位的人力,财力,时间,与组织,构成一套实施的制度。要有制度才不至于'人存政举,人亡政息'。质言之,实际的结果,要能制成一种科学化的而又是制度化的教育与建设的方案"④。所建构的制度,如三级卫生保健制既能充分利用当地人才以减少阻力,又有相应的监督约束及激励方式,收效颇佳并得到各方的一致赞誉。对乡村建设运动持批评态度的千家驹也认为这些制度是定县实验的成功之处。"他们整个的哲学虽不免于错误,但实验工作中之某几部分,特别是保健制度与平民读物等等

---

 ① [美]艾恺:《最后的儒家——梁漱溟与中国现代化的两难》,王宗昱、冀建中译,南京:江苏人民出版社 1996 年版,第 260 页。

 ② 罗子为:《绪言》,《乡村建设》第 6 卷第 17、18 期合刊,1937 年 6 月,第 3 页。

 ③ 《梁邹美棉运销合作社第五届概况报告》,《乡村建设》第 6 卷第 17、18 期,1937 年 6 月,第 4 页。

 ④ 许莹涟、李竟西、段继李编述:《全国乡村建设运动概况》第 1 辑上册,邹平:山东乡村建设研究院出版股 1935 年版,第 339 页。

确已获得极大的成功,值得我们推广到别的乡村去实行。"①

依靠"人治"不仅导致组织制度上的无约束力,更使工作者陷入只能顺应环境却不能改造环境的状态。乡村建设运动无疑带有改造社会的意味,"既是一种社会改造运动,就意味着要对自然的,社会的,历史的,现实的种种问题采取革命的措施,弃旧图新,走向光明。我们肩负的使命要求我们永远应当迎着困难上,向困难挑战,最终战而胜之"②。但因担心引起农民"怕麻烦"等负面心理,工作者在开展工作时几乎处处顺应农民需求,如乡农学校的课程内容、上课时间均视农民的喜好为标准,甚至在一些急需变革的缠足、迷信等问题上也因怕引起农民的反感而不强力推进,予以妥协。"如何利用受目前恶劣的社会条件制约的人民去实现未来的良好社会?如果人民所持的价值和习惯模式仍然是目前这个不良社会形成的,他们怎么会真诚一致地去要求那些显然是不受欢迎的东西呢?例如,一些村民无疑仍然喜欢缠足……而且,变革力量本身——即乡村工作者或党的干部——总是退却甚至不能真正获得新的意识"③。

为维系人情关系而事事妥协退让的做法能够使工作者顺利适应环境,但却注定无法完成改造环境的任务。正如李星三在给王平叔的信中所表达的:"生感最危险的就是顺着现在局面流下去,不但无生机,即本身亦恐灭绝矣,我们不贪希幻想伟大之成效,但我们须崭立社会而不浊……生自参观涪陵乡师后,更深感我们的危机,也或者是对涪乡希望太大的缘故,实在觉得我们有时太于顺应环境了,涪乡师在表面看,好像是很有秩序,内容仍然是有点零乱,在学生间亦看不出向上奋发的气息来,教室上课,学生仍然是无精打采的懒洋洋的生着,这不是同其他学校相同吗?将何以菲薄现在教育?关于生活方面,亦是

---

① 千家驹:《中国农村建设之路何在——评定县平教会的实验运动》,见千家驹、李紫翔编著:《中国乡村建设批判》,上海:新知书店1936年版,第111页。

② 宋恩荣编:《晏阳初文集》,北京:教育科学出版社1989年版,第331页。

③ [美]艾恺:《最后的儒家——梁漱溟与中国现代化的两难》,王宗昱、冀建中译,南京:江苏人民出版社1996年版,第218页。

不自然的很,从日记上看亦是千篇一律的些话,日久自陷于虚伪了!"①

其二,从乡村社会的长远发展路向来看,不重视组织制度的建构则无法实现与现代社会的接轨,进而扭转城乡背离化的发展局势,克服"发展危机"。

从传统到近代转变的一个重要特征或说决定性因素即在于"组织和技能更加专业化和传授推广"②,这意味着社会结构的日益复杂化及劳动分工的日益细化与专业化。而在复杂的、充满不确定性的现代社会里,制度的作用无可替代。制度是人们发生互相关系的指南,或说是为了决定人们之间的互相关系而人为设定的一些制约,包括正规制约如成文的法规、法令、规则以及非正规制约如习俗、行为准则等,其作用主要在于为人们的社会活动提供一些通用的框架、模式来减少不确定性,降低"交易成本"③。

近代以来城乡背离化的发展趋势导致近代因子在城市里蕴生与发展,而乡村社会仍处于"中世纪"的状态,陷入"发展危机"。无论是通过振兴农业发展工业,还是工业先行反哺农业等解决农村危机的设想,最终的指向都是实现乡村社会的工业化、城市化与近代化。但要实现城乡之间的沟通或说接轨,首要的是形成一套相同的行为规则与制度框架,而对农村社会来说,这种要求迫切得多,如度量衡制度的统一、法律观念的统一等等。茹春浦就认为很多乡村工作者忽略了法律的意义,"多半是认为法律是都市的产物,和乡村没有什么关系,乡村用不着法律,和用不着马路洋楼电车是一样的理由。因此他们都感觉不到法律的必要,甚至于认为法律是和乡村人的心理和生活根本相反的东西"。但要适应现代社会,法律是一种必备的基本常识,因此他呼吁所有从事乡村事业的团体,应将与民众生活直接相关的重要法律条文作为民众训练、乡村教育的基本内容,通过通俗易懂的解释使法律成为民众生活中的

---

① 《李星三同学上梁漱溟先生王平叔先生两信》,《乡村建设》第 2 卷 27~29 期合刊,1932 年 5 月,第 40~41 页。

② [美]吉尔伯托·罗兹曼主编:《中国的现代化》,上海:上海人民出版社 1989 年版,第 4 页。

③ [美]道格拉斯·C.诺斯:《制度、制度变迁与经济绩效》,刘守英译,上海:上海三联书店 1994 年版,第 4、7 页。

普通知识,"把人民有遵守法律的义务的精神实现了"①。

正如毛泽东所言,梁漱溟太过强调乡村社会的特殊性②,其主导的邹平实验区过于注重人治而不惜变通已然普及化了的基本制度原则,导致无法与现代社会相接轨而陷入困境,印台庄乡农学校在组织机织合作社时的遭遇可谓最好的说明。"机织合作社需效甚急,遂与院长县长商谈进行银行借款。中国银行的条件一是县政府立案,二是在研究院下指导,三是无限责任。民生银行嫌章程有很多条不合必须另改,因为我们章程是按中国民情定的,没有监事理事,只有社长干事,与西洋式合作社根本不同,合作社虽成立多日尚未经县政府许可按程序应先求许可再请登记。为请求许可须再立合法(西洋式)章程。机织合作社没现成章程可用,参考各种生产合作社章程经数次改正才办妥当,现在许可证与登记证都承县政府发给。正在与银行交涉,款项不久可以借下。"③

从合作社等组织的建立及运作来看,乡村建设运动既要适应乡村"熟人社会"的特性而注重人情因素,但同时也要进行必要的现代制度建构。对于引入的西方近代制度即便不能一次性严密建构起来,但制度化的走向不容忽视。适当的方式应是在推行中根据实践经验不断进行修正以符合地方情形,而不是囿于"社会特殊性"而一味变更制度基本原则,导致建设事业只能在一区一地推行而无法与外部世界接轨。人治、法治如同车之两轮,并重方能促进建设的迅速发展,如马博厂所言:"邹平所作的试验,是根据一套新的思想和办法,名词手续等项,又与通行的法令和制度有出入的地方,很容易引起上级机关的误会,且有试行革命推翻固有制度的嫌疑,同时实验制度的推行,自不免与省府各厅职权发生冲突,甚难得着谅解,不过一种新的社会运动,要在文化上有所创造,多半不能为成规所拘束,自应有伸缩适应的余地,所重要者,就在人的关系和谅解上,能有办法就行……县政实验固当注重人才的选择和训练,

---

① 茹春浦:《乡村建设合(和)法律的关系》,《乡村建设》第 3 卷第 14、15 期合刊,1933 年 12 月,第 31~32 页。

② 汪东林编:《梁漱溟问答录》,武汉:湖北人民出版社 2003 年版,第 86 页。

③ 尹明甫:《邹平印台乡农学校报告》,《乡村建设》第 2 卷第 21 期,1933 年 2 月,第 12~13 页。

所以偏重感情,但不可忽略法令统一的重要,人治与法治,应当并重。"①

总之,没有统一的政权,改良性质的乡村建设运动无疑不能成功,而通过对工作者群体的生活状态、工作活动、社会地位、处境及成效的分析,至少在两个方面更进一步提示着民国时期乡村建设运动成效不彰的深层原因,即没有适当处理好政治力量、社会力量以及制度、人情之间的关系。正确认识和把握这两对关系,对当前的新农村建设,亦有一定的借鉴意义。

有必要进行一下最后的总结。20世纪二三十年代时乡村建设运动成为一股强力的历史潮流,大量抱有振兴农村、复兴民族国家宏图的都市知识分子在"下乡去"的口号声中深入乡间,承担起推进乡建事业、培养乡村建设人才的重任,进而形成一个数目可观的乡建工作者群体。这一群体是乡村建设事业的承载者以及路线方针的贯彻者,是运动的骨干与灵魂,也是影响乡村建设运动成效与走向的关键因素。

不容否认,工作者为乡建事业的推进做出了巨大贡献,也取得了一定成果,但所存在的问题也相当明显:一方面在数量上,工作者数量与能力的增长与乡建事业的深化并不若合符节,导致抗战前的乡村建设运动始终在人员与事业的脱节中蹒跚前进,导致乡村建设事业"空洞化";一方面在实际活动中,很多工作者受各种主客观因素的影响而出现角色错位问题,不仅角色意识淡漠,而且角色行为与角色规范也产生背离,不能按照角色规范开展乡建工作,履行所承担的建设义务。这些乡建工作者群体本身所存在着的问题交织在一起,成为影响运动未能取得预期成效的重要致因。

随着七七事变后华北地区乡村建设运动的停滞与瓦解,乡村建设工作者群体也最终分化成若干股力量。一部分就地参与抗敌救亡,一部分转移大后方开辟新的实验区延续乡村建设工作,而另一部分受进步思想影响的工作者意识到多年的乡建工作无法实现救国救民的目的,转而"奔向延安",投身于中国共产党领导的新民主主义革命,为革命的胜利继续贡献着力量。

---

① 马博厂:《邹平实验县政的剖视(续三)》,《行政研究月刊》第2卷第3期,1937年3月,第307~310页。

尽管对乡村建设工作者群体的分析暂时画上了句号，但对乡村建设的思考尚不能止步于此，其中重要一点，即在于应如何把握运动的主体——乡村建设工作者群体的历史地位。如上所述，影响和制约工作者行为活动及成效的因素既有主观动机、能力的不足，也有客观环境的制约，所秉持与贯彻的乡村建设理论在实践中也被证明存在着一定的局限性，并不能适应乡土社会的现实及需要。但必须认清的是，乡村建设工作者群体的形成、发展与活动处于特定的时代，无论是群体领袖抑或普通成员都是在既定历史条件的制约下进行着活动，创造着历史但不能超越历史发展所提供的客观可能性。"人们自己创造自己的历史，但是他们并不是随心所欲地创造，并不是在他们自己选定的条件下创造，而是在直接碰到的、既定的、从过去承继下来的条件下创造"①。在乡村建设运动兴起的 20 世纪二三十年代，国内政治失序、城乡关系结构性失衡不断加剧，国外帝国主义步步紧逼而国难日深，在这样的情势下建设乡村无疑是一个巨大的难题，"中国最重要、最困难问题，无过于乡村建设之实施"②。而属于社会群体性质的乡村建设工作者群体并不像政党之类的社会组织拥有强大的政治、经济实力及影响力，没有足够的民众动员能力，也无力改变所处的时代环境。最为直观的就是在政权不统、地方秩序不靖的环境中，工作者亲政治（政府）则远社会（民众），亲社会（民众）则不能靠政治（政府），处于政府与社会的夹层而无法融合两者的力量，运动越向深入发展，类似的矛盾越明显，使建设事业的开展处处掣肘，无法实现预期目的。显然，要完成乡村建设，统一民族国家权威的建构是大前提，但这却是当时乡村建设工作者所无法完成的使命。历史的演进催生出乡村建设运动，然而这场运动注定无法完成所负载的复兴农村的使命。乡村建设在新中国成立以后甚至直至今日依然任重而道远，所经历的无数次的乡村改革实际上仍是这一任务的延续。从这一发展脉络来看，仅凭乡村建设运动所产生的结果作"倒放电影式"的价值判断是极为片面的，不应抹杀工作者的成绩，更不能苛求责备，工作者群体的真正价值与意义并不在于某项具体的成绩，需进一步

---

① 《马克思恩格斯全集》第 8 卷，北京：人民出版社 1961 年版，第 121 页。

② 《中国乡村建设研究社呈请立案》，台湾近代史研究所档案馆藏，档号：17-21-079-01。

的分析。

乡村问题在近代愈演愈烈,而乡村建设工作者群体可谓近代以来用实际行动尝试建设乡村、解决乡村问题的先驱者,正所谓"古今真事业,青史无姓名"①。其真正意义与价值就在于为当时乃至今日提供了一种认识与解决乡村问题的视角与方案。从历史发展的连续性来看,每一代人的生活和生产都是基于前人成果之上而展开的,都是对此前历史的继承与发展,整个社会正因如此才能实现加速发展、不断进步。"历史的每一阶段都遇到有一定的物质结果、一定数量的生产力总和,人和自然以及人与人之间在历史上形成的关系,都遇到有前一代传给后一代的大量生产力、资金和环境,尽管一方面这些生产力、资金和环境为新的一代所改变,但另一方面,它们也预先规定新的一代的生活条件,使它得到一定的发展和具有特殊的性质。"②通过对乡村建设工作者群体发展历程的分析可以得知,要实现乡村建设必须实现政治环境的稳定,缓解城乡的二元分立发展趋势,同时需要政府给予相应的物质与制度层面的支持与保障,使城市与农村至少在发展战略层面处于同等地位,实现两者在经济、文化等方面的双向流通与接轨,进而摆脱困扰农村近百年的"发展危机"。

今日,以"城乡发展一体化"为手段推动"三农"问题的解决已被列为国家经济建设的"重中之重",政府决心加大统筹城乡发展力度,坚持工业反哺农业、城市支持农村,坚持把国家基础设施建设和社会事业发展重点放在农村,坚持和完善农村基本经营制度,加快完善城乡一体化体制机制,着力在城乡规划、基础设施、公共服务等方面推进一体化,促进城乡要素平等交换和公共资源均衡配置,形成以工促农、以城带乡、工农互惠、城乡一体的新型工农、城乡关系。③这些推动城乡一体化措施的落实同样需要依靠新时期的"乡村建设

---

① 李敏修:《壬申暮秋游山左邹平参观乡村建设研究院盘桓十日意殊未尽归途历济津达平联缀得五古百韵书寄院中诸君子一笑正之》,《乡村建设》第2卷第16期,1933年1月,第13页。
② 《马克斯恩格斯全集》第3卷,北京:人民出版社1960年版,第43页。
③ 《胡锦涛在中国共产党第十八次全国代表大会上的报告》,http://news.cntv.cn/18da/20121117/104650.shtml,新华网2012年11月17日。

工作者群体",无论是培养乡村内生性力量作为城乡之间的桥梁,还是输送人才到乡间作为中介,均需要有相应的制度安排以为支持,给予乡村建设工作者相应的地位,创造工作条件并提供发展空间。可以说,相应制度建构的完成一定程度上是为开展新时期乡村建设的新前提,只有如此,建设乡村的历史任务才能在工作者与乡村社会的共同发展中最终得以完成!

参考文献 REFERENCE DOCUMENTS
ERSHI SHIJI ZHI ZHONGGUO

一、档案

1.《沧口乡区建设办事处召集各村长谈话并劝告书》，青岛市档案馆藏，档号：B0032-001-00797-0150。

2.《青岛市乡区建设办事处规则》，青岛市档案馆藏，档号：B0032-001-00797。

3.故宫博物院明清档案部编:《清末筹备立宪档案史料》下册，北京：中华书局，1979年版。

4.《关于给予派往各乡区建设办事处服务人员旅费数目的指令》，青岛市档案馆藏，档号：B32-1-797。

5.《关于薛家岛办事处条陈建议事项的训令》，青岛市档案馆藏，档号：B32-1-798。

6.《会拟彭学沛等提议促进乡村建设方案意见》，台湾近代史研究所档案馆藏，档号：17-21-088-02。

7.《市长谕令》,青岛市档案馆藏,档号:B27-4-191。

8.《为本院呈准扩充为独立学院校名改为"私立乡村建设学院"希查照由》,"国史馆"藏,档号:25-00-17-002-01。

9.中国第二历史档案馆编:《中华民国史档案资料汇编》第5辑第1编财政经济(七),南京:江苏古籍出版社,1994年版。

10.中国第二历史档案馆编:《中华民国史档案资料汇编》第5辑第1编教育(二),南京:江苏古籍出版社,1994年版。

11.《中国乡村建设研究社呈请立案》,台湾近代史研究所档案馆藏,档号:17-21-079-01。

12.《镇平县地方自治始末》,镇平县档案馆藏,档号:306全宗第11卷。

二、报纸、期刊

《村治月刊》、《东方杂志》、《大公报》、《独立评论》、《复兴月刊》、《经济学季刊》、《经世》、《教育与职业》、《教育杂志》、《民间》、《农村复兴委员会会报》、《农村建设》、《农贷消息》、《南京市政府公报》、《农民周刊》、《全国学术工作咨询处月刊》、《清华周刊》、《申报月刊》、《山东民众教育月刊》、《社会半月刊》、《社会经济月报》、《社会学界》、《实业部月刊》、《乡村改造》、《乡村建设》(邹平)、《乡村建设月刊》(青岛)、《现代读物》、《现代评论二周年纪念增刊》、《新中华》、《行政研究》、《银行周报》、《中华教育界》、《中国经济》、《中国建设》、《中国农村》、《中央民众训练部公报》、《中央日报》、《政治经济学报》、《众志月刊》

三、资料汇编、文集及文史资料

1.中华教育改进社编:《中国教育统计概览》,上海:商务印书馆,1924年版。

2.山东乡村建设研究院:《社会调查及邹平社会》,出版社不详,1931年版。

3.汤茂如:《定县农民教育》,定县:中华平民教育促进会学校式教育部,1932年版。

4.邢必信等编:《第二次中国劳动年鉴》(上册),北平:社会调查所,1932年版。

5.李景汉:《北平郊外之乡村家庭》,上海:商务印书馆,1933年版。

6.李景汉编:《定县社会概况调查》,定县:中华平民教育促进会,1933年版。

7.中华平民教育促进会:《定县的实验》,出版社不详,1933年版。

8.镇平县十区自治办公处编:《镇平县自治概况》,镇平:镇平县十区自治办公处,1933年版。

9.湖北省政府民政厅:《湖北县政概况》(第2册),湖北省政府民政厅,1934年版。

10.教育部编:《第一次中国教育年鉴》,上海:开明书店,1934年版。

11.李景汉等:《定县经济调查一部分报告书》,定县:河北省县政建设研究院,1934年版。

12.内政部编印:《内政法规汇编》第2辑,内政部公报处,1934年版。

13.青岛市李村乡区建设办事处编:《李村乡区建设纪要》,出版社不详,1934年版。

14.行政院农村复兴委员会编:《河南省农村调查》,上海:商务印书馆,1934年版。

15.行政院农村复兴委员会编:《江苏省农村调查》,上海:商务印书馆,1934年版。

16.行政院农村复兴委员会编:《陕西省农村调查》,上海:商务印书馆,1934年版。

17.中华平民教育促进会:《定县实验工作提要》,北平:中华平民教育促进会,1934年版。

18.章元善、许仕廉编:《乡村建设实验》(第1集),上海:中华书局,1934年版。

19.顾复编:《农村社会学》,上海:商务印书馆,1935年版。

20.许莹涟、李竟西、段继李编述:《全国乡村建设运动概况》第1辑上册,邹平:山东乡村建设研究院出版股,1935年版。

21.章元善、许仕廉编:《乡村建设实验》(第2集),上海:中华书局,1935年版。

22.国民政府主记处统计局编:《中华民国统计提要》,上海:商务印书馆,1936年版。

23. 李鼐编:《山东邹平实验县实验规程汇编》,乡平问题研究社,1936年版。

24.内政部年鉴编纂委员会:《内政年鉴》第1册,北京:商务印书馆,1936年版。

25. 山东乡村建设研究院编:《山东乡村建设研究院及邹平实验区概况》,邹平:山东乡村建设研究院出版股,1936年版。

26.萧克木编校:《邹平的村学乡学》,邹平:乡村书店,1936年版。

27.张培刚:《清苑的农家经济(上)》,国立中央研究院社会科学研究所,1936年版。

28.张世文:《定县农村工业调查》,定县:中华平民教育促进会,1936年版。

29.[美]卜凯:《中国农家经济》,张履鸾译,上海:商务印书馆,1937年版。

30.江问渔、梁漱溟编:《乡村建设实验》(第3集),上海:中华书局,1937年版。

31.吴顾毓编:《邹平实验县户口调查报告》,上海:中华书局,1937年版。

32.江西省政府民政厅专员室:《县政资料辑要》第3辑,江西省政府民政厅,1941年版。

33.黄绍竑:《五十回忆》,杭州:云风出版社,1945年版。

34.国民政府主计处统计局:《中国土地问题之统计分析》,正中书局,1946年版。

35.教育部教育年鉴编纂委员会编:《第二次中国教育年鉴》,北京:商务印书馆,1948年版。

36.谭熙鸿、吴宗汾主编:《全国主要都市工业调查初步报告提要》,上海:中华书局,1948年版。

37.章有义：《中国近代农业史资料》（第三辑1927—1937），北京：生活·读书·新知三联书店，1957年版。

38.南开大学经济研究所编：《1913年—1952年南开指数资料汇编》，北京：统计出版社，1958年版。

39.扬州师范学院历史系编：《辛亥革命江苏地区史料》，南京：江苏人民出版社，1961年版。

40.黄季陆主编：《抗战前教育政策与改革》，《革命文献》第54辑，台北："中央"文物供应社，1971年版。

41.张枬、王忍之编：《辛亥革命前十年间时论选集》第3卷，北京：生活·读书·新知三联书店，1977年版。

42.李振华辑：《近代中国国内外大事记（民国元年—二年）》，沈云龙主编：《近代中国史料丛刊续编》第67辑，台北：文海出版社，1979年版。

43.张允侯等：《五四时期的社团》（三），北京：生活·读书·新知三联书店，1979年版。

44.王天奖、邓亦兵：《辛亥革命在河南》，郑州：河南人民出版社，1981年版。

45.中国社会科学院经济研究所中国现代经济史组：《第一、二次国内革命战争时期土地斗争史料选编》，北京：人民出版社，1981年版。

46.《第一次国内革命战争时期的农民运动资料》，北京：人民出版社，1983年版。

47.许道夫编：《中国近代农业生产及贸易统计资料》，上海：上海人民出版社，1983年版。

48. 中国人民政治协商会议河北省委员会文史资料研究委员会编：《河北文史资料选辑》第11辑，石家庄：河北人民出版社，1983年版。

49.中央档案馆编：《中共中央文件选集》第3册，北京：中共中央党校出版社，1989年版。

50.冯友兰：《三松堂自序》，北京：生活·读书·新知三联书店，1984年版。

51.中国社会科学院近代史研究所中华民国史研究室、中山大学历史系孙中山研究室、广东省社会科学院历史研究所合编：《孙中山全集》第3卷，北京：

中华书局，1984年版。

52. 中国人民政治协商会议河南省委员会文史资料研究委员会编：《河南文史资料》1985年第14辑。

53. 广州农民运动讲习所旧址纪念馆编：《广东农民运动资料选编》，北京：人民出版社，1986年版。

54. 陕西省档案馆、陕西省社会科学院合编：《陕甘宁边区政府文件选编》第1辑，北京：档案出版社，1986年版。

55. 中国人民政治协商会议全国委员会文史资料研究委员会《文史资料选辑》编辑部编：《文史资料选辑》第35卷第102辑，北京：中国文史出版社，2000年版。

56. 中共中央马克思恩格斯列宁斯大林著作编译局编：《列宁全集》第39卷，北京：人民出版社，1986年版。

57. 梁漱溟：《我的努力与反省》，桂林：清江出版社，1987年版。

58. 政协山东省郓城县委员会文史科编：《郓城文史资料》1987年第2集。

59. 政协兖州县委员会文史资料研究委员会编：《兖州文史资料》第3辑，济宁：山东省出版总社济宁分社，1987年版。

60. 河南省政协文史办公室编：《河南文史通讯》1988年第2辑。

61. 《清朝文献通考》，杭州：浙江古籍出版社，1988年影印版。

62. 中国人民政治协商会议河南省委员会文史资料委员会编：《河南文史资料》1988年第25辑。

63. 中国人民政治协商会议河南省委员会文史资料委员会编：《河南文史资料》1988年第27辑。

64. 青岛市黄岛区政协文史资料委员会编：《黄岛文史资料》1989年第1辑。

65. 宋恩荣编：《晏阳初文集》，北京：教育科学出版社，1989年版。

66. 中国人民政治协商会议内乡县委员会文史资料委员会编印：《内乡文史资料》1989年第7辑。

67. 中国文化书院学术委员会编：《梁漱溟全集》，济南：山东人民出版社，1989~1993年版。

68. 四川省政协文史资料委员会、巴中县政协文史资料委员会合编：《平民教育家晏阳初》,成都:四川大学出版社,1990年版。

69. 山东省邹平县地方史志编纂委员会办公室:《邹平县志·附录一 乡村建设运动》,出版社不详,1990年版。

70.中共惠民地委党史资料征集研究委员会编:《渤海星火——惠民地区战前党史资料集》,北京:华龄出版社,1990年版。

71.中央教育科学研究所教育史研究室编:《中华民国教育法规选编(1912—1949)》,南京:江苏教育出版社,1990年版。

72.凌耀伦、熊甫编:《卢作孚集》,武汉:华中师范大学出版社,1991年版。

73.《毛泽东选集》第1卷,北京:人民出版社,1991年版。

74. 山东省政协文史资料委员会编:《辛亥革命在山东——纪念辛亥革命八十周年》,济南:山东人民出版社,1991年版。

75.山东省政协文史资料委员会、邹平县政协文史资料委员会编:《梁漱溟与山东乡村建设》,济南:山东人民出版社,1991年版。

76.《陶行知全集》第1卷,成都:四川教育出版社,1991年版。

77.中共河南省委党史工作委员会:《中原大地发春华(下)》,郑州:河南人民出版社,1991年版。

78. 中共湖南省党史委编:《湖南人民革命史·新民主主义革命时期》,长沙:湖南出版社,1991年版。

79. 中共镇平县委党史工作委员会:《中共镇平党史大事记(1928—1949)》,1991年版。

80.中共邹平县委党史资料征集研究委员会编:《中共邹平党史大事记(1925—1949)》,北京:中共党史出版社,1991年版。

81.山东省邹平县地方史志编纂委员会编:《邹平县志》,北京:中华书局,1992年版。

82.宋恩荣主编:《晏阳初全集》,长沙:湖南教育出版社,1992年版。

83.中国人民政治协商会议重庆市北碚区委员会文史资料委员会编:《抗日战争时期的北碚》,1992年。

84.中国人民政治协商会议四川省巴县委员会文史资料委员会编:《巴县文史资料》1992年第9辑。

85.张光宇主编:《中国社团党派辞典》,西安:陕西人民出版社,1992年版。

86.梁培宽编:《梁漱溟先生纪念文集》,北京:中国工人出版社,1993年版。

87.《中国教育大系历代教育名人志》编纂出版委员会:《中国教育大系历代教育名人志》,武汉:湖北教育出版社,1994年版。

88. 中国人民政治协商会议河南省委员会文史资料委员会编:《河南文史资料》1994年第1辑。

89. 中国人民政治协商会议河南省委员会文史资料委员会编:《河南文史资料》1994年第2辑。

90.河南省地方史志编纂委员会编纂:《河南省志》第60卷《人物志(传记上)》,郑州:河南人民出版社,1995年版。

91.靳星五:《烽火挚友》,济南:山东人民出版社,1995年版。

92. 中共中央马克思恩格斯列宁斯大林著作编译局编:《马克思恩格斯选集》第4卷,北京:人民出版社,1995年版。

93.卢广绵等编:《回忆中国工合运动》,北京:文史出版社,1997年版。

94.薛暮桥:《薛暮桥回忆录》,天津:天津人民出版社,1996年版。

95.周秋光编:《熊希龄集》上,长沙:湖南出版社,1996年版。

96.中国近现代史史料学学会贵阳市会员联络处编:《贵州近现代人物资料》,1997年版。

97.中国人民政治协商会议四川省江津市委员会文史资料委员会编:《江津文史资料》1997年第17辑。

98.政协邹平县委员会编:《邹平文史资料选辑》1997年第8辑。

99.白万献等:《南阳历代名人》,郑州:中州古籍出版社,1998年版。

100.定州市地方志编纂委员会编纂:《定州市地方志》,北京:中国城市出版社,1998年版。

101.曲延庆:《邹平通史》,北京:中华书局,1999年版。

102. 中国社会科学院近代史研究所近代史资料编辑部编:《近代史资料》总96号,北京:中国社会科学出版社,1999年版。

103. 政协辉县市委员会文史资料委员会编:《辉县文史资料》1999年第7辑。

104. 王均熙编：《章士钊全集》第4卷，上海：文汇出版社，2000年版。

105. 中国人民政治协商会议南阳市委员会学习文史资料委员会编：《南阳文史资料》第3辑，北京：中国文史出版社，2000年版。

106. 中国人民政治协商会议全国委员会文史资料研究委员会编：《文史资料选辑》第84辑，北京：中国文史出版社，2000年版。

107. 饶怀民、[日]滕谷浩悦编：《长沙抢米风潮资料汇编》，长沙：岳麓书社，2001年版。

108. 《民国宁乡县志》（二），南京：江苏古籍出版社，上海：上海书店，成都：巴蜀书社，2002年影印版。

109. 蒋廷黻：《蒋廷黻回忆录》，长沙：岳麓书社，2003年版。

110. 汪东林编：《梁漱溟问答录》，武汉：湖北人民出版社，2003年版。

111. 中共郓城县委党史委员会：《中共郓城地方革命史》，济南：山东人民出版社，2003年版。

112. 王学珍、张万仓编：《北京高等教育文献资料选编：1861—1948》，北京：首都师范大学出版社，2004年版。

113. 刘士合主编：《中共邹平地方史》第1卷，北京：中国档案出版社，2005年版。

114. [美]艾恺采访，梁漱溟口述，一耽学堂整理：《这个世界会好吗：梁漱溟晚年口述》，上海：东方出版中心，2006年版。

115. 《民国阳原县志》，《中国地方志集成》，南京：江苏古籍出版社，上海：上海书店，成都：巴蜀书社，2006年版。

116. 全国政协文史资料委员会编：《昔年文教追忆》，北京：中国文史出版社，2006年版。

117. 中国李大钊研究会编注：《李大钊全集》第2卷，北京：人民出版社，2006年版。

118. 潘懋元、刘海峰编：《中国近代教育史资料汇编·高等教育》，上海：上海教育出版社，2007年版。

119. 王波、李迎选编：《晋绥风云人物名人·英烈卷》，北京：中央文献出版社，2007年版。

120.于建嵘主编:《中国农民问题研究资料汇编》第1卷(1912—1949)上册,北京:中国农业出版社,2007年版。

121. 政协新乡市学习和文史资料委员会编:《新乡文史资料》2007年第16辑。

122.陶行知:《陶行知文集》,南京:江苏教育出版社,2008年版。

123.镇平县史志办公室编:《中国共产党镇平县历史大事记》,北京:中央文献出版社,2008年版。

124.《金华市教育志》编纂委员会编:《金华市教育志》,杭州:浙江人民出版社,2009年版。

125.姜亚沙、经莉、陈湛绮主编:《中国早期农学期刊汇编》第7册,北京:全国图书馆文献微缩复制中心,2009年版。

126.刘大可主编:《山东重要历史人物》第7卷,济南:山东人民出版社,2009年版。

127.张岱年主编:《中国哲学大辞典》,上海:上海辞书出版社,2010年版。

128.《华北农村建设协进会训练研究委员会记录》,出版社不详,出版时间不详。

四、研究论著

1.教育杂志社编:《乡村教育研究及研究法》,上海:商务印书馆,1925年版。

2.贝华:《中国革命史》,上海:光明书局,1928年版。

3.冯锐:《乡村社会调查大纲》,北平:中华平民教育促进总会,1929年版。

4.吴景超:《都市社会学》,上海:世界书局,1929年版。

5.傅葆琛:《乡村民众教育概论》,江苏省立教育学院研究实验部,1930年版。

6.王寅生、薛品轩、石凯福:《中国北部的兵差与农民》,出版社不详,1931年版。

7.姜书阁编述:《定县平民教育视察记》,张家口:察哈尔教育厅编译处,1932年版。

8.杨开道:《农村问题》,上海:世界书局,1932年版。

9.杨开道:《农村社会》,上海:世界书局,1932年版。

10.陈冰伯:《今日之县政》,上海:同文图书,1933年版。

11.毛应章:《定县平民教育考察记》,南京:拔提书店,1933年版。

12.[日]长野朗:《中国土地制度研究》,陆璞译,新生命书局,1933年版。

13.[苏]马扎亚尔:《中国经济大纲》,徐公达译,上海:新生命书局,1933年版。

14.魏镜:《青岛指南》,青岛:平原书店,1933年版。

15.张宗麟:《乡村教育》,上海:世界书局,1933年版。

16.孔雪雄:《中国今日之农村运动》,上海:中山文化教育馆出版物发行处,1934年版。

17.罗克典:《中国农村经济概论》,上海:民智书局,1934年版。

18.卢绍稷:《中国现代教育》,上海:商务印书馆,1934年版。

19.邱致中:《都市社会学原理》,上海:有志书屋,1934年版。

20.[日]田中忠夫:《中国农业经济研究》,汪馥泉译,上海:大东书局,1934年版。

21.方悴农:《农村建设实施记》,上海:大华书局,1935年版。

22.高践四:《民众教育》,上海:商务印书馆,1935年版。

23. 国民政府军事委员会委员长行营湖北地方政务研究会调查团编述:《调查乡村建设纪要》,武汉:湖北地方政务研究会,1935年版。

24.林和成:《中国农业金融概要》,出版社不详,1935年版。

25.梁漱溟:《村学乡学须知》,邹平:山东乡村建设研究院出版股,1935年版。

26.李宗黄:《考察江宁邹平青岛定县纪实》,南京:正中书局,1935年版。

27.杨开道:《农村社会学》,上海:世界书局,1935年版。

28.杨效春:《乡农的书》,邹平:山东(邹平)乡村建设研究院出版股,1935年版。

29.杨效春:《乡农教育论文集》,巢县:黄麓乡村师范,1935年版。

30.杨效春:《写给乡村工作的朋友》,巢县:黄麓乡村师范,1935年版。

31. 李腾仙:《彭禹廷与镇平自治》,镇平县地方建设促进委员会,1936年版。

32. 古楳编:《中国农村经济问题》,上海:中华书局,1936年版。

33. 千家驹、李紫翔编著:《中国乡村建设批判》,上海:新知书店,1936年版。

34. [日]中泽办次郎:《都市经济与农村经济》,邱致中译,上海:有志书屋,1936年版。

35. 徐宝谦编:《农村工作经验谈》,上海:青年协会书局,1936年版。

36. 袁植群:《青岛邹平定县乡村建设考察记》,成都:成都开明书店,1936年版。

37. 李景汉:《中国农村问题》,上海:商务印书馆,1937年版。

38. 千家驹:《中国的乡村建设》,大众文化社,1937年版。

39. 夏运生:《华北金融研究》第1辑,出版社不详,1939年版。

40. 言心哲:《农村社会学概论》,上海:中华书局,1939年版。

41. 庄泽宣编:《乡村建设与乡村教育》,上海:中华书局,1939年版。

42. 张宗麟编:《乡村教育及民众教育》,上海:商务印书馆,1940年版。

43. 粟显运:《新县制的实施》,国民图书出版社,1941年版。

44. 胡昭华:《新县制概论》,上海:商务印书馆,1942年版。

45. 童润之:《乡村社会学纲要》,南京:正中书局,1944年版。

46. 陈序经:《乡村建设运动》,上海:大东书局,1946年版。

47. 薛暮桥:《中国农村经济常识》,大连:大众书店,1946年版。

48. 费孝通:《乡土重建》,上海:观察社,1948年版。

49. 古楳:《乡村教育讲话》,上海:中华书局,1948年版。

50. 潘光旦:《政学罪言》,上海:观察社,1948年版。

51. 吴晗、费孝通等:《皇权与绅权》,上海:观察社,1948年版。

52. 《梁漱溟思想批判》(第1辑),北京:生活·读书·新知三联书店,1955年版。

53. 《梁漱溟思想批判》(第2辑),北京:生活·读书·新知三联书店,1956年版。

54. 李紫翔:《梁漱溟的四十年》,上海:新知识出版社,1956年版。

55. "国立"编译馆部定大学用书编审委员会主编、杨懋春著:《乡村社会学》,台北:"国立"编译馆,1970年版。

56. 中共中央马克思恩格斯列宁斯大林著作编译局译:《资本论》第3卷,北京:人民出版社,1975年版。

57. 陈志让:《军绅政权——近代中国的军阀时期》,北京:生活·读书·新知三联书店,1980年版。

58. 杨懋春:《近代中国农村社会之演变》,台北:巨流图书公司,1980年版。

59. 苏云峰:《中国现代化的区域研究》(湖北省,1860—1916),台北:"中央研究院"近代史研究所,1987年版。

60. 薛暮桥、冯合法编:《〈中国农村〉论文选》(上),北京:人民出版社,1983年版。

61. 薛暮桥、冯合法编:《〈中国农村〉论文选》(下),北京:人民出版社,1983年版。

62. 黄宗智:《华北的小农经济与社会变迁》,北京:中华书局,1986年版。

63. 《当代中国》丛书编辑部编辑:《当代中国的乡村建设》,北京:中国社会科学出版社,1987年版。

64. 韩明汉:《中国社会学史》,天津:天津人民出版社,1987年版。

65. 杨雅彬:《中国社会学史》,济南:山东人民出版社,1987年版。

66. 何廉:《何廉回忆录》,朱佑慈等译,北京:中国文史出版社,1988年版。

67. [美]艾恺:《梁漱溟传》,郑大华等译,长沙:湖南出版社,1988年版。

68. [美]吉尔伯托·罗兹曼主编:《中国的现代化》,上海:上海人民出版社,1989年版。

69. 周谷城:《中国社会之变化》,《民国丛书》编辑委员会编:《民国丛书》第1编77,上海:上海书店出版社,1989年影印本。

70. 郑杭生主编:《社会学》,北京:学术期刊出版社,1989年版。

71. 刘大鹏:《退想斋日记》,太原:山西人民出版社,1990年版。

72. 罗荣渠主编:《从"西化"到现代化——五四以来有关中国的文化趋向和发展道路论争文选》,北京:北京大学出版社,1990年版。

73.[美]孔飞力:《中华帝国晚期的叛乱及其敌人》,谢亮生等译,北京:中国社会科学出版社,1990年版。

74.四川省政协文史资料委员会、巴中县政协文史资料委员会合编:《平民教育家晏阳初》,成都:四川大学出版社,1990年版。

75.吴怀连:《农村社会学》,合肥:安徽人民出版社,1991年版。

76.张研:《清代族田与基层社会结构》,北京:中国人民大学出版社,1991年版。

77.丁水木、张绪山:《社会角色论》,上海:上海社会科学院出版社,1992年版。

78.马勇:《梁漱溟评传》,合肥:安徽人民出版社,1992年版。

79.贺跃夫:《晚清士绅与近代社会变迁——兼与日本士族比较》,广州:广东人民出版社,1994年版。

80.[美]道格拉斯·C.诺斯:《制度、制度变迁与经济绩效》,刘守英译,上海:上海三联书店,1994年版。

81.马勇:《梁漱溟教育思想研究》,沈阳:辽宁教育出版社,1994年版。

82.从翰香主编:《近代冀鲁豫乡村》,北京:中国社会科学出版社,1995年版。

83.陆学艺主编:《社会学》,北京:知识出版社,1996年版。

84.[美]艾恺:《最后的儒家——梁漱溟与中国现代化的两难》,王宗昱、冀建中译,南京:江苏人民出版社,1996年版。

85.[美]杜赞奇:《文化、权力与国家——1900—1942年的华北农村》,王福明译,南京:江苏人民出版社,1996年版。

86.[美]西里尔·E.布莱克编:《比较现代化》,杨豫、陈祖洲译,上海:上海译文出版社,1996年版。

87.善峰:《梁漱溟社会改造构想研究》,济南:山东大学出版社,1996年版。

88.晏阳初纪念文集编辑委员会编:《晏阳初纪念文集》,重庆:重庆出版社,1996年版。

89.朱汉国:《梁漱溟乡村建设研究》,太原:山西教育出版社,1996年版。

90.王先明:《近代绅士——一个封建阶层的历史命运》,天津:天津人民出版社,1997年版。

91. 苑书义等:《艰难的转轨历程——近代华北经济与社会发展研究》,北京:人民出版社,1997年版。

92. 陈志潜:《中国农村的医学——我的回忆》,成都:四川人民出版社,1998年版。

93. 李正华:《乡村集市与近代社会:20世纪前半期华北乡村集市研究》,北京:当代中国出版社,1998年版。

94. [美]戴维·波普诺:《社会学》,李强等译,北京:中国人民大学出版社,1999年版。

95. [美]马若孟:《中国农民经济:河北和山东的农业发展:1890—1949》,史建云译,南京:江苏人民出版社,1999年版。

96. [美]周策纵:《五四运动史》,陈永明等译,长沙:岳麓书社,1999年版。

97. 徐有礼等:《30年代宛西乡村建设模式研究》,郑州:中州古籍出版社,1999年版。

98. 艾思奇:《大众哲学》,北京:中国社会出版社,2000年版。

99. 李金铮:《借贷关系与乡村变动:民国时期华北乡村借贷之研究》,保定:河北大学出版社,2000年版。

100. [美]黄宗智:《华北的小农经济与社会变迁》,北京:中华书局,2000年版。

101. 马小泉:《国家与社会:清末地方自治与宪政改革》,开封:河南大学出版社,2001年版。

102. 吴相湘:《晏阳初传——为全球乡村改造奋斗六十年》,长沙:岳麓书社,2001年版。

103. 郑大华:《民国乡村建设运动》,北京:社会科学文献出版社,2000年版。

104. 周荣德:《中国社会的阶层与流动:一个社区中士绅身份的研究》,上海:学林出版社,2000年版。

105. 李德芳:《民国乡村自治问题研究》,北京:人民出版社,2001年版。

106. [美]黄宗智:《清代的法律、社会与文化:民法的表达与实践》,上海:上海书店出版社,2001年版。

107. [日]内山雅生:《二十世纪华北农村社会经济研究》,李恩民、邢丽荃译,北京:中国社会科学出版社,2001年版。

108. 杨念群主编:《空间·记忆·社会转型:"新社会史"研究论文精选集》,上海:上海人民出版社,2001年版。

109. 杨雅彬:《近代中国社会学》,北京:中国社会科学出版社,2001年版。

110. 周毅、金成林编:《创造奇葩——陶行知的弟子们》,成都:四川教育出版社,2001年版。

111. 张利民等:《近代环渤海地区经济与社会研究》,天津:天津社会科学院出版社,2003年版。

112. 李金铮:《民国乡村借贷关系研究——以长江中下游地区为中心》,北京:人民出版社,2003年版。

113. 瞿同祖:《清代地方政府》,范忠信等译,北京:法律出版社,2003年版。

114. 王印焕:《1911—1937年冀鲁豫农民离村问题研究》,北京:中国社会出版社,2004年版。

115. 徐秀丽主编:《中国农村治理的历史与现状:以定县、邹平和江宁为例》,北京:社会科学文献出版社,2004年版。

116. 郑起东:《转型期的华北农村社会》,上海:上海书店,2004年版。

117. 陈立旭主编:《社会学概论》,北京:中共中央党校出版社,2005年版。

118. 柴志明、冯溪屏主编:《社会学原理》,杭州:浙江大学出版社,2005年版。

119. [丹]曹诗弟(Thoegersen,S.):《文化县:从山东邹平的乡村学校看二十世纪的中国》,泥安儒译,济南:山东大学出版社,2005年版。

120. 李维武:《长江流域文化与近代中国哲学》,武汉:湖北教育出版社,2005年版。

121. 李金河:《中国政党政治研究(1905—1949)》,北京:中央编译出版社,2006年版。

122. 徐勇主编:《中国农村研究》(2004年卷),北京:中国社会科学出版社,2006年版。

123. 杨念群：《再造"病人"——中西医冲突下的空间政治（1832—1985）》，北京：中国人民大学出版社，2006年版。

124. 黎昕主编：《中国社区问题研究》，北京：中国经济出版社，2007年版。

125. 任吉东：《多元性与一体化：近代华北乡村社会治理》，天津：天津社会科学院出版社，2007年版。

126. [美]黄宗智、尤陈俊主编：《从诉讼档案出发：中国的法律、社会与文化》，北京：法律出版社，2009年版。

127. [美]李怀印：《华北村治：晚清和民国时期的国家与乡村》，岁有生、王士皓译，北京：中华书局，2008年版。

128. 杨明斋：《评中西文化观》，合肥：黄山书社，2008年版。

129. 郝锦华：《新旧学制更易与乡村社会变迁》，北京：人民出版社，2009年版。

130. 李翠莲：《留美生与中国经济学》，天津：南开大学出版社，2009年版。

131. 李伟中：《20世纪30年代县政建设实验研究》，北京：人民出版社，2009年版。

132. 王奇生：《党员、党权与党争：1924—1949年中国国民党的组织形态》，上海：上海书店出版社，2009年版。

133. 王先明：《变动时代的乡绅——乡绅与乡村社会结构变迁（1901—1945）》，北京：人民出版社，2009年版。

134. 王先明：《走向社会的历史学——社会史理论问题研究》，开封：河南大学出版社，2009年版。

135. [澳]豪格、[英]阿布拉姆斯：《社会认同过程》，高明华译，北京：中国人民大学出版社，2011年版。

136. [日]城山智子：《大萧条时期的中国：市场、国家与世界经济（1929—1937）》，孟凡礼、尚国敏译，南京：江苏人民出版社，2010年版。

137. 王奇生：《革命与反革命：社会文化视野下的民国政治》，北京：社会科学文献出版社，2010年版。

138. 宣朝庆：《泰州学派的精神世界与乡村建设》，北京：中华书局，2010年版。

139.谢岳:《抗议政治学》,上海:上海教育出版社,2010年版。

140.[法]勒庞:《乌合之众》,张妤洁译,南京:江苏人民出版社,2011年版。

141.郭星华等:《漂泊与寻根:流动人口的社会认同研究》,北京:中国人民大学出版社,2011年版。

142.王景新、鲁可荣:《中国共产党早期乡村建设思想研究》,北京:中国社会科学出版社,2011年版。

143.熊亚平:《铁路与华北乡村社会变迁(1880—1937)》,北京:人民出版社,2011年版。

144.王先明:《走近乡村——20世纪以来中国乡村发展论争的历史追索》,太原:山西人民出版社,2012年版。

145.张兴杰主编:《现代社会学新编》,北京:北京大学出版社,2012年版。

146.瞿菊农:《乡村教育文录》,农村建设协进会乡政学院,出版时间不详。

147.中国国民党浙江省党部农人部编印:《十六年以前的国内农人运动状况》,出版社不详,出版时间不详。

五、论文

1.倪鹤笙:《批判梁漱溟反共、反人民、反革命的"乡村建设运动"》,《文史哲》1956年第1期。

2. 石工、君里:《在历史教学中加强马克思主义阶级和阶级斗争观的教育——兼驳胡适、梁漱溟关于阶级和阶级斗争问题的反动观点》,《历史教学》1956年第1期。

3. 赵希鼎:《批判梁漱溟反动的乡村建设理论与实施》,《河南师院学报》1956年第1期。

4. 林琳:《就中国新民主主义革命的动力与对象问题驳梁漱溟》,《江汉论坛》1958年第3期。

5.鲁振祥:《三十年代乡村建设运动的初步考察》,《政治学研究》1987年第4期。

6.沈松侨:《地方精英与国家权力——民国时期的宛西自治,1930—1943》,

"中央研究院"近代史研究所集刊第21期,1992年6月。

7.许纪霖:《近代中国变迁中的社会群体》,《社会科学研究》1992年第3期。

8.慈鸿飞:《二三十年代教师、公务员工资及生活状况考》,《近代史研究》1994年第3期。

9.王天奖:《近代河南农村的高利贷》,《近代史研究》1995年第2期。

10.朱汉国:《梁漱溟乡村建设性质新论》,《史学月刊》1995年第6期。

11.孙继文:《梁漱溟"乡村建设"述论》,《河南大学学报(社会科学版)》,1998年3月,第38卷第2期。

12. 夏军:《杜威实用主义理论与中国乡村建设运动》,《民国档案》1998年第3期。

13. 李德芳:《试论南京国民政府初期的村治派》,《史学月刊》2001年第2期。

14.郝锦花、王先明:《清末民初乡村精英离乡的"新学"教育原因》,《文史哲》2002年第5期。

15.徐有礼:《宛西自治:一场夭折的区域现代化实验》,《史学月刊》2002年第10期。

16.王先明、李伟中:《20世纪30年代的县政建设运动与乡村社会变迁——以五个县政建设实验县为基本分析样本》,《史学月刊》2003年第4期。

17.王先明:《从〈东方杂志〉看近代乡村社会变迁——近代中国乡村史研究的视角及其他》,《史学月刊》2004年第12期。

18.王先明:《历史学视野下的"三农"问题》,《光明日报》2004年6月28日B3版。

19.王先明:《中国近代社会史研究的历史、现状与未来》,《晋阳学刊》2004年第1期。

20.赵泉民:《20世纪20年代中国的合作主义思潮论析》,《学术月刊》2004年第8期。

21.邓红:《中国乡村建设思潮的个案解析:论"定县主义"》,《河北大学学报(哲学社会科学版)》2005年第4期。

22.刘恒妏:《论百年来台湾法学教育之变迁》,"国立"台湾大学法律学研究所博士论文,2005年。

23. 李在全:《教会大学与中国近代乡村社会——以福建协和大学乡村建设运动为中心的考察》,《教育学报》第1卷第6期,2005年12月。

24. 王先明、李丽峰:《近代新学教育与乡村社会流动》,《福建论坛·人文社会科学版》2005年第8期。

25. 王先明:《士绅构成要素的变异与乡村权力——以20世纪三四十年代的晋西北、晋中为例》,《近代史研究》2005年第2期。

26. 徐秀丽:《20世纪30年代的乡村公务人员——见之于农村复兴委员会的调查》,《河北学刊》第25卷第6期,2005年11月。

27. 曹天忠:《1930年代乡村建设派别之间的自发互动》,《学术研究》2006年第3期。

28. 曹天忠:《乡村建设派分概念形成史考溯》,《广东社会科学》2006年第3期。

29. 丛小平:《通向乡村革命的桥梁:三十年代地方师范学校与中国共产主义的转型》,《二十一世纪》2006年8月号。

30. 刘仲翔:《20世纪30年代定县的卫生保健运动》,《河北学刊》第26卷第4期,2006年7月。

31. 孙诗锦:《定县实验与农村复兴运动》,《史学月刊》2006年第7期。

32. 徐秀丽:《民国时期的乡村建设运动》,《安徽史学》2006年第4期。

33. 虞和平:《民国时期乡村建设运动的农村改造模式》,《近代史研究》2006年第4期。

34. 郑大华:《关于民国乡村建设运动的几个问题》,《史学月刊》2006年第2期。

35. 彪晓红、杨飞:《梁漱溟乡村建设的人才思想及其借鉴意义》,《青岛农业大学学报(社会科学版)》第19卷第4期,2007年12月。

36. 冯杰:《博士下乡与"乡村建设"——以20世纪二三十年代河北定县平教会实验为例》,《河北大学学报(哲学社会科学版)》2007年第5期。

37. 刘荣争:《〈独立评论〉与20世纪30年代的乡村建设论争》,《学术探索》2007年第2期。

38. 李晔、李振军:《留美知识分子与20世纪30年代的中国乡村建设——以晏阳初在河北定县的实验为例》,《中国农史》2007年第2期。

39. 王欣瑞:《现代化视野下的民国乡村建设思想研究》,西北大学博士学位论文,2007年。

40. 曹天忠:《民国时期乡村建设的派分与联合》,《社会科学战线》2008年第2期。

41. 蒋宝麟:《"帝国主义"与"封建主义":20世纪30年代知识界关于乡村建设运动的论争》,《史学月刊》2008年第5期。

42. 姜新、贾晓燕:《民国乡村工作讨论会评议》,《徐州师范大学学报(哲学社会科学版)》第34卷第3期,2008年5月。

43. 魏本权:《青岛模式与邹平模式——二十世纪二三十年代中国乡村建设的路径与模式刍论》,《东方论坛》2008年第1期。

44. 王蓉:《南京国民政府的乡村建设与农民负担问题》,《福建论坛·人文社会科学版》2008年第9期。

45. 王先明:《从自治到保甲:乡制重构中的历史回归问题——以20世纪三四十年代两湖乡村社会为范围》,《史学月刊》2008年第2期。

46. 王先明:《士绅阶层与晚清"民变"——绅民冲突的历史趋向与时代成因》,《近代史研究》2008年第1期。

47. 陈育红:《战前中国教师、公务员、工人工资薪俸之比较》,《民国档案》2010年第4期。

48. 池桢:《国家、地方与乡村建设——1930—1940年河南宛西地方自治研究》,《史林》2010年第5期。

49. 王丽君、杨竹、吴小翎:《定县模式村卫生员运行机制探讨》,《医学史研究》第31卷第7期,2010年7月。

50. 吴瑞娟:《民国乡村建设运动与农村社会生活习俗变迁——从农村妇女地位及农民业余生活变化分析》,《沧桑》2010年第1期。

51. 王先明:《历史记忆与社会重构——以清末民初"绅权"变异为中心的考察》,《历史研究》2010年第3期。

52. 行龙、胡英泽:《三十而立:社会史研究在中国的实践》,《社会科学》

2010年第1期。

53.孙诗锦:《1930年代定县实验中的同学会及其与乡绅的关系》,《历史教学》2011年第20期。

54.王景新:《中国共产党乡村建设思想90年发展脉络》,《广西民族大学学报》(哲学社会科学版)第33卷第4期,2011年7月。

后 记 POST SCRIPT

ERSHI SHIJI ZHI ZHONGGUO

　　三年前还不敢奢望能进入南开大学攻读博士学位，三年后的今天我已开始提笔进行总结，回想过往种种情事，不免感慨万千。

　　本书所呈现的内容可以说是笔者硕博期间历史学习与研究的一个总结。选题的形成更多的是出于导师王先明教授的影响。在从硕士到博士的学习经历中，我对乡村社会史研究领域产生了较为浓厚的兴趣，并决定在这一领域选择自己的博士论文题目。但由于自身能力的欠缺，起初的几个选题方向如合作运动等并不被导师及同学们所认可、支持，一时间陷入对选题的困惑。而王老师此时也逐渐转向对乡村建设思想史的研究，尝试从新的角度、以长时段的眼光审视近百年来延绵不绝的乡村建设思想，从理论认知的深度和时代演变的高度，寻求思想与社会、历史与思潮之间的内在联系及其互动共进的规律和特征，并由此凝练"中国百年来乡村建设思想"的内涵与特征，建构起一个系统而完整的诠释体系。这一问题意识与研究取向极好地诠释了如何从"老"的题目开拓出新的领域、从常见的材料中发现新的问题，使我深受启发，并产生了也以乡村建设运动为研究方向的想法，一来与导师研究方向接近，可以获得更为切近的指导，二来自身也有一定的资料积累。

随后，我开始翻阅有关乡村建设运动的研究成果与相关史料，寻找可能突破的新方向。在与好友一次偶然的闲谈中，我意识到社会史研究方法中的"眼光向下"等可以运用在乡村建设运动研究中，如我们对乡村建设人物的了解还仅限于梁漱溟、晏阳初等若干领袖，对于其他从事乡村建设工作的人，尤其是负责开展具体建设事业的基层工作人员知之甚少，由此我萌生了以乡村建设工作者群体作为研究主题的想法。这一想法虽谈不上具有怎样的方向开拓性，但应该说具有一定的研究价值，也得到了老师的认可，并顺利通过开题，最后经过年余的写作终成本书。但必须坦诚的是，因笔者学识、能力有限，本书的研究只能说是粗浅的、初步的，对乡村建设工作者群体的展示充其量只能说是骨干已具而血肉模糊，对群体结构、特征、行为活动等的梳理仍不甚透彻，影响着对这一群体及乡村建设运动的认知，相关的研究尚待进一步地展开。

研习历史的人长于总结与反思。在对人生的不断总结中，我时常觉得自己是个幸运儿，每每在人生转折的十字路口都能遇到良师益友，使我能够更好地成长，没有他们就没有今天我的点滴成绩，种种恩泽，如人饮水，唯有心知。

首先应该感谢的就是博硕阶段的两位导师，即南开大学历史学院的王先明教授与华中师范大学近代史研究所的魏文享教授，他们是我极为尊敬与仰望的人。2007年时我顺利完成在河南大学的本科学业，考入华中师范大学近代史研究所继续攻读研究生学位。从一个只知背书、考试、打游戏的本科生转为研究生，我却茫然不知"研究"的含义。在最初的一个月里，我尝试寻找适合自己的学习方法，寻找兴趣所在，但基本一无所获，甚至一度失去信心。然而不久后，魏文享老师有关乡村史的一节课让我感觉找到了方向。当课堂结束时，我第一个找到魏老师并表明了想跟随学习的想法，当下就得到魏老师的口头应允。在后来院系正式举行的导师、学生双向选择会上，我有幸成为魏老师的门下弟子。当时的魏老师很年轻，并不被刚入学的同学们所特别关注，但事实证明我的选择是多么的明智。魏老师史学研究视野开阔，功底扎实，在三年时间里，他带领我和同门兄弟姐妹探讨各类学术问题，从经济到文化、到社会，指导读书、收集史料等方法，将我领进史学研究的大门。可惜诲尔谆谆，听之藐藐，三年时间下来，无论是在学业还是在科研方面，我均未能取得理想成绩。老师的教诲当时未能记在心头，现在想来，字字箴言，包含了老师对一个学生的多少期望！

如果说硕士阶段是入门期，那么博士阶段则是我史学研究的开端。在硕士临近毕业时，我打算继续攻读博士学位，而魏老师则极力建议我去华中师范大学以外的学校，这样有利于开阔自身的视野，吸收更多的理论、方法，有助于自身的发展。于是，我在老师的建议下报考了南开大学历史学院，不过当时只是抱着试试看的态度，甚至没有依惯例跟所报考的导师进行联系。但老天再一次眷顾了我，2010年我顺利考入南开大学历史学院，跟随知名学者王先明教授攻读博士学位，而这是我人生的另一个转折。王老师是知名的乡村史专家，无论是在理论探讨还是在实证研究方面均有着极高的造诣。老师的话语不算很多，但谈及问题往往提纲挈领，一言点出要害。耳濡目染之中，我接触到了许多新的思维模式、理论方法、研究路径，再加上硕士阶段的积累，逐渐对如何进行历史研究有了更深一层的理解。从第一篇论文开始，老师就不厌其烦地指出问题，提出修改意见，让我从中体悟论文的写作，而博士论文从选题，形成框架，再到成文更是倾注了老师许多心力。2012年暑期时，蒙莉莉老师不弃与信任，又将我当时还未完成的博士论文纳入计划组织出版的本套丛书中。同样不能忘怀的是师母陈老师对我们这些学生的关心与帮助，如慈母一般循循善诱，鼓励上进，教以处世之理，对于长年生活在校园内、两耳不闻窗外事的我来说是一笔莫大的财富。但惭愧的是，我却始终未能达到老师的要求，有负于老师和师母的期待，漫遣鲤鱼传尺素，却将燕石报琼华！

还应该感谢的是可亲可敬的同门兄弟姐妹。他们的团结互助营造出了一个小小的但极为温暖的圈子，在这个圈子里，我受益匪浅。忘不了与刘纪荣、魏本权、柳敏、杜威鹏、杨东师兄师姐们的一见如故，彻夜畅谈；忘不了熊亚平、安宝、柳敏、朱军献、付燕鸿师兄师姐、室友张笑龙以及杜鹏、赵鲁臻同学在学业和生活上给予我的帮助与鼓励，与他们探讨问题、交流经验是我能够顺利完成博士论文的动力与保障。感谢苏涵师妹，与她的思想交流也使我"顽固"的头脑改变了对一些事物的看法或说偏见，从新的角度获得了新的认识。

感谢历史学院侯杰、张思老师对本书提出的众多宝贵意见，使我能够进一步完善本书的框架与内容；感谢图书馆、资料室的老师们在查阅资料方面给予我的帮助，没有他们的热心与负责，本书的写作无疑要增加许多的困难。感谢河南科技大学马克思主义学院领导、老师对我的关心与帮助，使初来乍到的我深受鼓舞，他们所营造出的团结、上进的氛围将是我不断进步的保障！

自考入大学以来，长年在外求学而很少回家，父母对我也从来都是报喜不报忧，怕我分心耽搁学业，我不知父母一头黑发何时变为白丝，甚至不知家中情形。自己已到而立之年，而父母日见衰老，是时候承担起自己早应负起的那份责任，而今谨以此书回报父母养育恩情之万一！还要特别感谢我的爱人郭静宜女士，自大学相识，八年来虽未曾经历多少苦难风雨，但聚少离多，有幸能相携而行，一直支持我、鼓励我，我才能有不断前行的勇气与动力！

毕业在即，难舍难分，可如老师所言，路终究还需自己闯。依然清晰地记得面试之前，在给老师的信中写道："希望能在老师的指点下在学问之路上走得更远一些"，尽管现在自身能力尚极为浅陋，但这三年里老师所授予的研究方法、治史路径将是我在史学研究领域不断开拓进取的一把金钥匙。乡村史是我深感兴趣的领域，也有志于在此领域能有更多建树，以严谨的态度、踏实的求证为中国近现代史的研究做一份应有的贡献，也以之回报所有关心与帮助我的人！

目前，学界对于乡村史的研究已有相当高度且日渐深入，而笔者学识有限，加之付梓仓促，书中内容不免有众多错误遗漏之处贻笑大方。另外，为了保证史料的真实性与完整性，本书在征引史料时，尽量保留其原貌，其中部分引文可能存在错别字及其他不符合现代语法之处，敬祈读者诸君察鉴、斧正！

任金帅
2013年1月于洛阳寓所